학교 창의력

김영채

머리말 PREFACE

학교 창의력은 학교 장면에서의 창의력이며 학교교육을 통하여 학생들의 창의력을 교육하기 위한 이론과 실제를 다룬다. 사회가 혁명적으로 변화해 감에 따라 학교는 여러 도전적인 요구들을 받고 있다. 가장 대표적인 것은 학교가 '학습'뿐 아니라 '사고'를 위하여 설계되어야 하고, '생각'할 줄 아는 사람을 교육하는 것이라 믿어진다. 사고를 통하여 학습하고, 학습하여 습득한 지식을 비판하고, 활용하고, 조합하여 새로운 지식을 재생산할 수 있어야 한다는 말이다. 본서는 다음과 같은 몇 가지 내용들을 강조하고 있다.

첫째, 창의력이란 창의적인 사고와 행동을 위한 일련의 기능과 전략이라 정의하며 이러한 잠재능력은 의도적이고 계획적인 교육과 노력을 통하여 누구나 상당 수준까지는 개발할 수 있다고 믿는다. 이것들은 '천재의 창의력'보다는 '일상의 창의력'이나 '소문자-c 창의력' 이론에 바탕하고 있다.

둘째, 창의력을 학교의 '교과내용의 교수학습' 중심으로 설명하고 관련의 이론과 실제를 비교적 자세하게 논의하고 있다. 학교는 '지식'을 수업하고 교수학습을 하는 곳이다. '교과내용'(교과내용 텍스트)을 구조화하면서 텍스트의 '완전한' 이해를 깊은(심층적) 이해, 비판적 이해와 창의적 이해의 세 가지 수준으로 나누어 접근하고 있다. 깊은(심층적) 이해는 저자의 메시지를 재구성하고 복원하여 저자와 비슷한 생각(사고)을 할 수 있는 것이고, 비판적 이해는 사실과 추리에 따라 합리적으로 사정하고 판단하는 것이고, 그리고 창의적 이해는 습득하는 지식을 활용하고 새롭게 종합하여 지식을 재생산할 수 있는 것이다.

셋째, 창의력을 '창의적 체험활동' 등의 교과외 활동에서 어떻게 이해하고 교육할 수 있는지를 다루고 있다. 여기에는 창의적 체험활동, 봉사학습 활동 및 창의적 사회 실현 활동 등이 포함되어 있다. 우리의 국가 교육과정에는 창의적 체험활동은 교과교육과 함께 교육과정을 구성하는 양대 영역 중 하나이며 이들은 상호 보완적이라 말하고 있다.

넷째, 창의력의 기초이론과 함께 '학교 창의력 프로그램'을 제시하면서 창의적 문제해결의 과정을 6개의 단계에 따라 다루고 있다. 이들은 교과내용 텍스트의 교수 학습이나 여러 교과외 활동에서 활용하고 실험해야 하는 구체적인 사고기능이고 전략들이다. 아울러 창의력 교육의 체제 모형을 제시하면서 전문 지식, 창의적 사고기능 및 목적적 동기와 같은 체제 요소들은 모두가 창의력 교육의 출발 지점이 되어야 함을 논증하고 있다.

창의력의 사고기능과 전략이 교과수업이나 교과외 활동에 확장되고 전이되어 적용될 수 있으려면 먼저 이들 사고기능을 의도적, 계획적으로 가르치고 배워야 한다. 이것은 자동차 운전을 배우려면 먼저 운전교습소에서 의도적으로 배우고 점차 현장의 도로 위에서 가이드를 받으면서 운전의 경험을 쌓아가는 것과 비슷해 보인다. 자동차 운전교육은 운전의 방법과 기능을 가르치고 배우는 것이기 때문이다. 졸저 'CPS 창의적 문제해결'(김영채·정세영·정혜인, 2021)은 창의적 사고의 기능과 전략을 직접적으로 교육하기 위한 교육프로그램을 다루고 있어 참고가 될 수 있기를 기대한다.

이렇게 집필을 마무리할 수 있는 것은 저자에게는 커다란 축복이다. 학문의 길을 가르쳐 주신 국내외의 여러 선생님들에게 다시 고개 숙여 감사의 말씀을 드린다. 특히 어려웠던 유학시절 사제의 인연을 넘어 긴 호흡으로 다독여 주시던 Dr. A. B. Boy, Dr. J. W. Costa, Dr. M. H. Marx 생각이 많이 난다. 대한사고개발학회의 여러 동학들과 창의력 한국 FPSP의 연구원들에게도 감사를 전한다. 마지막으로 출판을 맡아주신 박영사의 안종만 회장, 안상준 대표 그리고 장규식 과장과 편집을 맡아주신 이면희 선생님께 감사드린다.

2021. 5
김 영 채

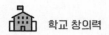

차례 CONTENTS

Chapter 07 교과외 활동과 창의력

Chapter 08 사고와 창의력의 평가

CHAPTER

01

학교
창의력의
개관

이 장에서는 먼저 사회 변화와 시대의 요구를 살펴보면서 창의력(성)과 창의적 문제해결력이 이 시대의 중심 가치임을 확인해 볼 것이다. 거기에는 현행의 국가 교육과정에 나타나 있는 '창의 융합형 인재', 21세기 생존기능 및 혁신을 위한 기능 등을 분석해 보는 것 등이 포함되어 있다. 그리고 학교 창의력을 정의하면서 산출보다는 과정 중심의 정의, '천재'가 아니라 '일반 학생'들의 일상의 창의력 그리고 창의력의 4C와 '실제적' 창의력 등의 특징들을 논의해 볼 것이다. 다음으로 창의력 관련의 용어, 즉 창의력(창조력), 창의성, 창발력, 상상, 종합, 통찰, 발견과 발명 등의 여러 용어들을 함께 비교하여 정리해 본다. 마지막으로 창의력 교육의 목적과 철학, 창의력 교육의 지향과 창의력 개발을 위한 가이드라인을 개관해 볼 것이다.

I

사회 변화와 시대의 요구

　사회는 지식가치, 두뇌중심의 경제로 급속하게 글로벌화하고 있고, 지식기반 사회, 4차 산업혁명, 미디어 시대, IT와 ICT의 시대란 말들이 익숙해지고 있다. 가속도적인 변화, 지식 그리고 경쟁을 특징으로 하는 이러한 '변화 쇼크'는 적극적인 상상과 혁신적인 사고를 요구하게 된다. 복합적인 변화의 시대가 깊어질수록 지식과 기술 그리고 이를 경영할 줄 아는 사고와 행동의 능력이 부(富)와 가치와 권위의 원천이 된다. 그것이 생산성과 경쟁의 우위를 결정하고, 나아가 자아실현을 가능하게 만든다. 사람의 진짜의 가치는 주로 '지식'과 '창의'에 달려 있다. 오늘과 내일의 경제에서는 제품의 가치는 사용한 재료가 아니라 거기에 들어간 지식과 창의의 내용에 따라 크게 결정된다. "인간 창의력은 경제적 자원의 기본이다. 새로운 아이디어와 더 나은 일처리 방법을 생각해 낼 수 있는 능력은 궁극적으로는 생산성을 향상시키고 생활 수준을 높여준다"(Florida, 2002, p. xii).

　여러 기관이나 학자들은 이러한 시대가 요구하는 능력을 다양하게 제시하고 있다. 여러 기관에서는 이러한 기능/능력을 4차 산업혁명 시대 성공의 핵심 요소로, 또는 21세기 생존 기능 등으로 제시하고 있다(www.p21.org). 예컨대 OECD 보고서(Vincent-Lancrin et. al, 2019)에서는 세 가지 능력으로 창의력, 문제해결력, 및 팀워크를 말한다. 단순하고 반복적인 일들은 기계화, 자동화 될 것이고, 미래의 많은 사람들은 아직은 존재하지도 않는 새로운 일자리에서 일해야 할 것이고, 그리고 일거리는 보다 전문적인 것으로 복잡해져 기술적 기능과 창의가 없으면 감당하기 어려워질 것이다. 적극적으로 생각하고 판단할 줄 모르면 대부분의 일은 해결되지 않거나 실패할 것이다. 하던 대로의 자리에 머물러 있으면 도태되고 자연스레 낙오의 인생, 후진 국가가 되고 말 것이다. 일자리나 삶에 대한 이러한 요구는 바로 사회생활과 직업 세계에 충격을 줄 뿐 아니라 미래 세대를 준비하는 교육에 대한 직접적인 요청이 될 수밖에 없다. 오늘과 내일의 세대를 위한 우리의 교육은 이러한 요구를 감당할 수 있는 기능, 능력 및 학습과 삶의 자질을 개발하고 준비시킬 수 있어야 한다. 이러한 요구의 중심에는 창의력 교육이 있을 것이다. 우리가 기대하는 이러한 능력의 사람은 아마도 비판적, 창의적으로 사고하고 남들과 더불어 협력하여 일할 줄 아는 생산적이고 기업가적인 자세의 사람일 것이다.

아래에서는 변화하는 지식가치의 시대에서 학생들이 전문적인 직업인으로 그리고 성숙한 사회인으로 성공하기 위하여 준비해야 하는 기능, 능력, 역량에는 어떤 것들이 있는지를 확인해 본다. 이러한 능력은 직접적으로는 직업 세계가 요구하는 것이지만, 간접적으로는 미래인재를 준비하는 학교 교육이 감당해야 할 요구들이다.

II
창의적인 사고 능력

1. 국가 교육과정의 창의력

(1) 내용의 개관

우리나라 초·중등학교 교육의 기본 설계는 2015 개정 교육과정에 나타나 있다(교육부, 2016. 고시 제2015−80호). 이러한 개정 교육과정의 배경에는 크게 보아 두 가지 요인이 있는데, 첫 번째 요인은 '창의 융합형 인재 양성에 대한 국가 사회적 요구'(p. 25)이고, 다른 하나는 "우리 교육의 근본적인 문제점을 개선하기 위한 교육과정 개정의 방향을 종합적으로 검토"(p. 25)하는 것이라고 한다. 그래서 "질적으로 우수한 학교 교육을 통해 학생의 바람직한 성장을 이끌어내고 국가 경쟁력을 강화하는 것을 목적으로 한다"(p. 25).

2015 개정 교육과정에는 우리가 추구하는 교육의 비전, 이상, 이념, 목적, 꿈을 '바른 인성을 갖춘 창의융합형 인재'로 제시하고 있다. 그것은 미래 사회가 요구하는 인재상이며 또한 학습, 경험의 질 개선을 통한 행복한 사회의 구현에 목적이 있다고 설명한다. "바른 인성을 갖춘 창의융합형 인재는 2015 개정 교육과정에서 추구하는 인간상을 바탕으로 설정된 인재상으로, '바른 인성을 가지고 인문학적 상상력과 과학기술 창조력으로 새로운 지식을 창조하고 다양한 지식을 융합하여 새로운 가치를 창출할 수 있는 사람'을 의미합니다. 창의성은 창의융합형 인재의 중심 가치가 되며, 창의적인 사람은 새로운 의미와 가치를 생성할 수 있어야 합니다"(p. 134). 이들을 정리해 보면 우리나라 교육이 추구하는 교

육의 비전, 지향은 '창의성(력)'에 있음을 알 수 있다.

그리고 2015 개정 교육과정에는 미래 사회가 요구하는 창의융합형 인재가 갖추어야 하고, 교과 교육을 포함한 학교 교육 전 과정을 통해 중점적으로 기르고자 하는 여러 가지의 핵심역량을 제시하고 있다(여기서 말하는 '역량'은 '기능' 또는 '능력'으로 영어로는 skill, capacity 또는 competency 정도일 것이다). "핵심역량은 추구하는 인간상을 구현하기 위해 교과 교육을 포함한 학교 교육 전 과정을 통해 중점적으로 기르고자 하는 역량으로서 2015 개정 교육과정에서는 자기관리 역량, 지식정보처리 역량, 창의적 사고 역량, 심미적 감성 역량, 의사소통 역량, 공동체 역량을 핵심역량으로 제시하였다. 이를 통해 추구하는 인간상, 핵심역량, 학교 급별 목표 간의 연계를 강화하여 학교 교육의 방향을 보다 명료하게 나타내고자 하였다"(p. 29). 그리고 이들 각기의 핵심역량을 간략하게 설명하고 있다. 아울러 우리의 교육이 추구해 가야 할 교육비전으로서 교육적 인간상을 네 가지로 제시하고 있는데 여기에는 자주적인 사람, 창의적인 사람, 교양 있는 사람, 더불어 사는 사람 등이 포함되어 있다. 이것은 "우리 교육이 추구해야 할 과제를 각기 다른 측면에서 요약해 준다고 볼 수 있습니다"(p. 133). 지금까지 알아본 바 있는 우리 교육이 추구하는 인재상, 핵심역량 및 인간상을 보여주고 있는 것이 [그림 1-1]이다.

▍[그림 1-1] 교육과정이 추구하는 인간상, 핵심역량, 그리고 인재상의 관계

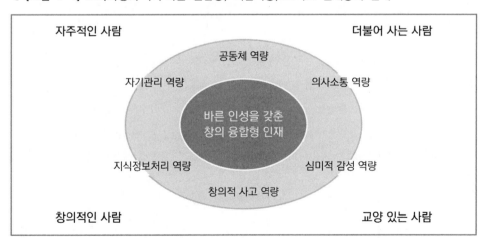

출처: 교육부(2016). 고시 제2015-80호. p. 43

(2) 비판적 분석

앞에서는 2015 개정 교육과정에서 추구하고 있는 비전 내지 목적을 인재상과 이러한 인재가 갖추도록 교육해야 하는 핵심역량을 중심으로 살펴보았는데 아래에서는 이들과 관련하여 몇 가지의 비판적 소견을 제시해 본다. 여기서는 큰 흐름의 것들만 개관해 보고 보다 자세한 내용은 2장에서 다시 다룰 것이다.

첫째, 중심 비전인 '창의융합형 인재'에 대한 개념적 정의와 설명이 충분해 보이지 않는다. "창의성은 창의융합형 인재의 중심가치"란 설명이 거의 전부가 아닌가 싶다('융합'은 융합적 사고, 융합적 인재를 강조하기 위한 것 같이 보이기는 아니지만 '창의성'은 본래가 '융합적'이므로 동의어 반복 같이 보이기도 한다). '창의융합형'을 '창의와 혁신'과 같은 것으로 이해한 것이라면 예컨대 21세기 위원회(p21, Partnership for 21st Century Skills, www.p21.org) 등이 제시하고 있는 창의력의 4C(발산적 사고, 비판적 사고와 문제해결, 커뮤니케이션, 협동), 또는 OECD 연구팀 보고서(Vincent-Lancin, S., et al., 2019)에서 '혁신을 위한 기능'으로 창의와 비판적 사고, 기술적 기능 그리고 사회적 및 행동적 기능 등등을 참고하여 몇 가지의 핵심적인 요소로 나누어 더욱 자세하게 설명하면 설득력이 있을 것이다.

둘째, 창의력에 대한 모든 정의가 '결과 중심적인' 것으로 되어 있는데 학교교육에서는 '과정 중심적인' 정의가 보다 더 중요할 수 있다. 다음 절의 논의에서 보듯이, 창의성에 대한 정의가 반드시 하나여야 하는 것은 아니고 또한 몇 가지의 정의가 있지만 이들이 반드시 서로 갈등하거나 배척하는 것도 아니다. 그러나 교육의 중심은 '과정'에 있다. '과정'이란 교육의 전개와 방법을 말하게 된다.

셋째, 창의융합형 인재의 핵심적인 역량으로 자기관리 역량 등 여섯 가지를 제시하고 있다. 학교는 기본적인 지식을 습득하고, 나아가 컴퓨터와 디지털 미디어 등의 특수영역의 기능과 지식을 습득하고, 이들을 현실문제에 적용하고, 그리고 자기주도적으로 및 협동적으로 과제를 수행할 줄 아는 지식과 태도를 포괄하여 다룬다면, 이들 핵심역량이 얼마나 기본적이고 적절한지에 대한 재검토가 있었으면 한다.

마지막으로, 교육과정의 교육 목표와 내용이 '학습' 못지않게 '사고'(思考)와 '사고의 과정'을 강조하는 것으로 접근의 방식 내지 철학이 변화되어야 한다. 교육과정의 거의 전부는 '학습'과 '학습의 과정'으로 서술되어 있고 '사고'와 '사고의 과정'이나 '사고의 언어'로 서술하는 경우는 오히려 발견하기 어렵다. 학교는 '학습'을 위해서 존재하고, 또한 '사고'를 위해서 존재해야 한다. 여러 종류의 사고의 과정을 통하여 '학습'을 설명할 수 있을 뿐 아니라 학습한 것을 어떻게 비교하고, 적용하고, 의사결정하고, 판단하고 또는 종합하여 창의할 수 있는지를 서술하고 교수학습 할 수 있는지를 제시해야 한다. 거기에는 비판적, 창의적 사고뿐 아니라 추리적, 논리적, 분석적, 독립적, 발산적 사고 등등의 여러 종류의 '사고'가 포함될 것이다. 예컨대 창의융합형 인재란 말은 있어도 이를 '창의융합적으로 사고할 줄 아는 사람'이란 표현은 없다. 그리고 거의 모든 것은 '학습'을 하는 데 맞추어져 있고 '사고'에 따라 진술하는 경우는 거의 없다. 예컨대 교과 내용을 구조화하고 학습량을 적정화하여 심층적 학습이 이루어지는 것을 강조하면서 "교사는 학생들이 핵심개념 및 일반적 지식을 심층적으로 이해하고 이를 중심으로 세부학습 내용들을 서로 관련 지워 이해할 수 있도록 가르쳐야 한다" (교육부, 2016, p. 45)라고만 말한다. 어떠한 사고 과정을 통하여 깊은(심층적) 학습이 이루어져야 하는지에 대한 언급은 없다. 그리고 학습한 내용에 대하여 '융복합적 사고'를 어떻게 강조해야 하며, 이러한 사고를 통하여 '창의융합적 인재'가 가능할 것이란 언급은 찾아보기 어렵다. 요약하면 교육 목표와 교과 수업을 보다 더 '사고'(思考)에 따라 진술하고 접근하는 혁신이 필요해 보인다. '학습'과 '사고'는 적대적인 두 개가 아니다. 학습하기 위하여 사고할 수 있어야 하고, 또한 사고하기 위하여 학습해야 하기 때문이다.

이와 관련하여 Torrance(1995)를 인용해 본다. "내가 보기로는 앞으로 일어날 가장 혁명적인 변화의 하나는 교육 목표를 수정하는 것이다. 오늘의 우리들 학교는 학습을 위해 존재한다고 선언하고 있다. 내일의 학교는 학습뿐 아니라 사고를 위하여 설계되어야 할 것이다. 그리고 오늘의 학교와 대학은 사고할 줄 아는 사람, 새로운 과학 발견을 만들 수 있는 사람, 세계의 문제를 처리해 낼 수 있는 보다 적합한 해결책을 생성해 내는 사람, 세뇌 받지 아니할 사람 그리고 변화에 적응하고 가속도적인 변화의 시대에서 심신을 온전하게 유지할 수 있는 그러한 앞선 사람을 생산해 내라는 요구를 점차 더 강력하게 받게 될 것이다. 이러한 요구는 우리의 교육에는 창의적인 도전일 것이다."(p. 6)

2. 21세기 생존 기능으로서의 창의력

'21세기 기능'(21st century skills) 또는 '21세기 학습기능'이란 개념을 공식적으로 정의하거나 범주화한 곳은 없다. 그러나 대개는 21세기의 사회와 직업세계에서 성공하는 데 필요한 능력, 기능 및 학습태도(자세) 등을 지칭하고 있다. 사회의 모든 것들이 빠르게 변화하고 있지만 21세기는 특히 기술과 경제가 이러한 변화를 주도할 것 같이 보인다. 사회와 직업세계가 가속도적으로 변화해 감에 따라 여러 기관에서는 이에 적응하고 성공하는 데 요구되는 중심적인 기능을 확인해 내고, 학교 교육에서 이러한 기능을 어떻게 교육할 수 있는지를 연구하는 보고서를 발표하고 있다.

(1) P21의 '21세기 생존기능'

대표적인 것은 '21세기 기능전략 위원회'(Partnership for 21st Century Skills(P21), Strategic Council, www.p21.org)이다. 21세기 위원회는 여러 개인, 기관 및 학교들이 파드너십을 이루고 있는 비영리 기관으로 21세기 기능/능력/역량이 미국의 초중등학교 교육에서 중심의 자리를 잡게 하는 조정 내지 촉매자 역할을 수행하고 있다. 이들은 '21세기 학습을 위한 프레임워크'(Framework for 21st Century Learning)를 제시하고 있는데 이것은 21세기 학생에게서 기대하고 우리가 가르쳐야 하는 기능/능력과 혁신적인 지원 체제의 두 가지 부분으로 이루어져 있다. [그림 1-2]의 윗부분에 무지개 모양으로 되어 있는 것은 우리가 학생이 학습하기를 기대하는 능력이고 밑에 풀(pool)처럼 표현하고 있는 것은 지원 체제이다. 이 프레임워크에서 보면 21세기에 대비하여 학생들이 준비해야 하는 핵심적인 기능/능력에는 '학습과 혁신 기능', '정보, 미디어 및 기술 기능' 그리고 '직업과 생활기능' 등의 세 가지가 있는데 이들 가운데 가장 핵심적인 것은 소위 4C(4C's)라는 '학습과 혁신 기능'이다. 이들의 내용은 <표 1-1>과 같다.

▎[그림 1-2] 21세기 학습을 위한 프레임워크

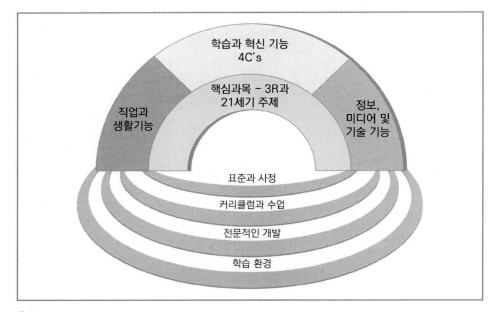

출처: www.p21.org

〈표 1-1〉 21세기 생존 기능
_____

(1) 학습과 혁신(학습기능, 4C)
   • 창의와 혁신
   • 비판적 사고와 문제해결
   • 커뮤니케이션
   • 협동

(2) 디지털 이해기능
   • 정보 이해기능
   • 미디어 이해기능
   • ICT 이해기능

(3) 직업과 생활기능(직업 기능)
   • 융통성과 적응력
   • 진취성과 자기주도력
   • 사회적 및 문화 간 상호작용
   • 생산성과 책무성
   • 리더십과 책임
_____

* '이해기능'은 literacy, 진취성은 initiative를 번역한 것임.

이들 기능은 점차 복합적이게 되어가는 21세기의 생활 및 직업세계에서 준비된 자와 그렇지 못한 사람을 구분해 주는 핵심적인 능력이다. 이들 기능은 바로 창의력(creativity, 발산적 사고), 비판적 사고(critical thinking), 커뮤니케이션(communication) 및 협동 능력(collaboration)이며 이것을 21세기 기능의 4C's라 부른다. <표 1-2>에서는 '학습과 혁신 기능'에 대하여 좀 더 상세하게 알아보고 있다.

〈표 1-2〉학습과 혁신 기능

(1) 창의와 혁신

(ⅰ) 창의적으로 사고한다.
- 아이디어 생성을 위한 다양한 기법들을 사용한다(브레인스톰 등의 발산적 사고 기법)
- 새롭고 가치 있는 아이디어들을 창의해 낸다(점진적인 것과 혁신적인 것의 모두)
- 창의적인 노력을 개선하고 극대화하기 위하여 자기 자신의 아이디어를 정교화하고, 다듬고, 분석하고 그리고 평가한다.

(ⅱ) 남들과 창의적으로 공동 작업한다.
- 새로운 아이디어를 개발하고, 실행하고 그리고 남들에게 효과적으로 커뮤니케이션 할 줄 안다.
- 새롭고 다양한 시각에 개방적이며 반응적이다. 집단의 투입을 받아들이고 이를 작업에 피드백 한다.
- 작업에서 독창성과 발명 재능을 보여주며, 그리고 실제 세계에 있는 한계를 이해하면서 새로운 아이디어를 받아들인다.
- 실패를 새롭게 학습하는 기회로 생각하며, 창의와 혁신은 작은 성공과 빈번한 실수가 순환적으로 작용하는 그러한 과정의 것으로 보고 그리고 장기적인 것으로 이해한다.

(ⅲ) 혁신을 실행한다.
- 창의적인 아이디어를 실행하여 실제적이고 유용한 공헌을 하며, 그리하여 관련의 분야에 혁신이 일어나게 한다.

(2) 비판적 사고와 문제해결

(ⅰ) 효과적으로 추리한다.
- 문제의 장면에 적합한 여러 유형의 추리를 사용한다(귀납적, 연역적 등)

(ⅱ) 시스템적 사고를 한다.
- 전체의 부분들이 어떻게 상호작용하며, 복합적인 시스템에서 전체적인 성과를 어떻게 생산해내는지를 분석한다
- 중요한 대안적인 견해들을 분석하고 평가한다
- 종합하고 그리고 정보와 논증을 서로 연결시킨다
- 최선으로 수행한 분석에 기초하여 정보를 해석하고 결론을 내린다
- 학습의 과정과 경험에 대하여 비판적으로 반성한다

(ⅲ) 문제해결하기
  - 친근하지 아니한 여러 유형의 문제들을 전통적인 방법과 혁신적인 방법 두 가지 모두에 따라 해결한다.
  - 여러 가지의 견해들을 명료화하고 그리고 더 나은 해결책으로 이끌어 갈 수 있는 유의한 질문을 확인하며 또한 자기 자신이 호기심을 가지고 발문한다.

(3) 커뮤니케이션과 협동

(ⅰ) 분명하게 커뮤니케이션 할 줄 안다.
  - 다양한 형태와 맥락에서 구두, 서면 및 비언어적 커뮤니케이션 등을 사용하여 사고와 아이디어를 효과적으로 표현한다.
  - 지식, 가치, 태도와 의도를 포함하여 커뮤니케이션 하고 있는 것의 의미를 효과적으로 경청하고 이해한다.
  - 여러 범위의 목적을 위하여 다양한 커뮤니케이션을 사용한다(예컨대 보고하기, 수업, 동기부여 및 설득을 위하여).
  - 여러 가지 다중의 미디어와 테크놀로지를 활용하며 이들이 미치는 충격과 효율성을 판단하는 방법을 안다.
  - 다양한 환경에서 효과적으로 커뮤니케이션 한다(여러 가지의 언어를 포함하여).

(ⅱ) 다른 사람들과 협동한다.
  - 다양한 팀과 더불어 효과적으로 그리고 겸손하게 작업하는 능력을 발휘한다.
  - 공동의 목표를 성취하기 위하여 필요한 타협을 하는 데 도움 될 수 있게 융통성과 자발적인 태도를 발휘한다.
  - 협동적인 작업에 대하여 책임을 공유하며 각기의 팀 멤버들이 만들어 내는 아이디어와 공헌들을 가치롭게 여긴다.

---

(2) OECD의 '혁신을 위한 기능'

OECD의 연구팀이 수행한 연구보고서(Vincent-Lancrin, S., et al., 2019)에서는 경제 시장의 요구들 가운데 핵심적인 것은 '창의력과 비판적 사고'라 말한다. 그러면서 이들을 가능케 할 수 있는 기능을 포괄하여 '혁신을 위한 기능'이라 부르고 있는데 여기에는 다소간 중복적인 세 가지의 범주를 포함시키고 있다. 이들은 '창의와 비판적 사고'(창의력, 비판적 사고, 상상력), 기술적 기능('무엇을' 아는 것과 '어떻게'를 아는 것), 사회적 및 행동적 기능 등이다. 이들 기능은 함께 개발해야 한다고 이들은 주장한다.

(ⅰ) 창의와 비판적 사고

창의적 사고와 비판적 사고는 유사한 하위의 사고과정을 포함하고 있어 서로 관련되어 있지만 그러나 서로는 독립적인 인지기능이다. 창의력은 새롭고 적절한 아이디어와 산출을 생산하는 것이 목적이지만 비판적 사고는 생산해낸 아이디어들을 조심스럽게 평가하고 판단하여 더욱 그럴듯한 해결책이나 결론에 이르는 것을 목적으로 한다.

(ⅱ) 기술적 기능

기술적 기능(technical skills)이란 교과목의 내용지식(명제적 지식)과 절차적 지식을 말한다. 전자는 '무엇을 아는 것'(know-what), 후자는 '어떻게를 아는 것'(know-how)이라 부르기도 한다. 절차적 지식은 예컨대 수학이나 과학 공식에 대한 지식을 언제 어떻게 적용할지를 아는 것, 또는 음악 악보와 이론에 대한 지식과 이들을 어떻게 적용하여 연주하거나 작곡할지를 아는 것 등이다. 기술적 기능은 어느 교과 어느 연구 분야에서든 간에 시간을 들여 익히고 습득하지 않으면 안 된다.

(ⅲ) 사회적 및 행동적 기능(또는 사회적-정서적 기능)

정서적 기능은 자기 규제적 측면을(이들은 대부분 관찰할 수 없다) 강조하는데 대하여 행동적 기능은 실제의 외적 표현을 강조한다(이들은 대개가 관찰 가능하다). 정서적 기능은 욕망과 에너지, 열정, 자신감과 자존감, 복원력, 성장 마인드세트, 근성 같은 것들이 보기인데, 이들은 역할 모델링과 격려와 보상을 통하여 향상시킬 수 있다. 사회적 기능은 협력과 커뮤니케이션 기능을 말하는데 이들은 행동적 기능에 속한다.

(3) 미국 국가연구위원회의 '21세기 기능'

미국의 '국가연구위원회'(National Research Council, NRC, 2013)에서는 21세기 기능으로 인지적 역량, 개인 내 역량 및 개인 간 역량 등의 세 가지의 범주로 제시하고 있는데, 이들 범주의 내용은 <표 1-3>과 같다.

기타 21세기 기능을 보고한 기관은 여러 곳이 있지만 여기서는 두 개의 기관만 추가하여 살펴본다. '세계경제포럼'(World Economic Forum)에서는 6개의 기초적 기능(문학과 수리능력, 과학 이해 능력, ICT 능력, 재정 능력, 문화 능력), 3개의 역량(비판적 사고/문제해결, 커뮤니케이션, 협동) 및 7개의 성격 특성(창의력, 진취성, 끈기, 적응력, 호기심, 리더십, 사회적 및 문화적 의식)등 전체 16개의 핵심 능력을, 그리고 ISTE(International Society for Technology in Education)에서는 '전국 교육 기술 표준'(National Educational Technology Standards)에서 6가지의 역량을 제시하고 있다. 거기에는 창의와 혁신, 커뮤니케이션과 협동, 연구와 정보기능, 비판적 사고－문제해결－의사결정, 디지털 기본 능력, 기술 조작과 개념 등이 포함되어 있다.

〈표 1-3〉 NRC의 21세기 기능

---

(1) 인지적 역량
- 인지적 과정과 전략: 비판적 사고, 문제해결 분석, 추리와 논증, 해석, 의사결정, 적응적 학습
- 지식: 정보 이해력, ICT 이해력, 구두 및 기술, 커뮤니케이션, 적극적인 경청
- 창의력: 창의와 혁신

(2) 개인 내 역량
- 지적인 개방성: 융통성, 적응력, …
- 직업 윤리/성실성: 자기 주도, 책임, 인내, …
- 적극적 자기평가: 자기평가, 자기관리, …

(3) 개인 간 역량
- 팀워크 역량: 커뮤니케이션, 협동, …
- 리더십: 책임, 주장적 커뮤니케이션, …

Ⅲ

학교 창의력의 정의와 특징

창의력은 여러 가지 요소들이 함께 작용하는 다면적이고 복합적인 성질의 것이기 때문에 그것을 이해하고 정의하는 데는 몇 가지의 상이한 시각이 있을 수 있다. 그리고 각기의 시각에 따라 정의의 방식이나 내용이 다양할 수 있다. 사실 창의력에 대한 연구는 정의를 여러 갈래로 개념화하면서 진화하고 있다고 말할 수도 있다. 지능에 대한 정의와 접근이 다양한 것과 비슷하지만 그렇다고 그것을 혼란스러운 것으로만 치부할 필요는 없어 보인다. Torrance(2000)는 이렇게 말한다. "지난 세기 동안 창의력의 정의에 대한 논쟁은 계속되고 있다. … 그런데 (창의력에 대한) 정의는 끊임없이 계속될 것이다. 그러나 사람들은 그것 때문에 불안해하지는 않으며 오히려 창의력에 대하여 더 많이 알게 될 것이다. 창의력에 대한 정의를 너무 제한하는 것은 옳은 일이 아니다"(pp. 12–13). 창의력에 대한 정의의 진화는 창의력의 학문적인 발전의 궤적이라 말할 수도 있다.

창의적인 것은 새롭고 유용해야 한다. 그래서 일반적으로 보면 창의력의 준거(기준)로 '새로움'(신기성, newness, novelty)과 '유용함'(가치로움, usefulness)의 두 가지를 사용하고 있다. 그리고 '적절한'(appropriate, relevant)을 또 다른 준거로 사용하는 경우도 있지만, 대부분의 문헌에서는 이것을 전제하거나 또는 '유용함'의 한 부분으로 간주한다('적절한' 것이 아니면 아무리 새롭고 유용해도 소용이 없기 때문이다). 그러나 '새로움'(독창성)의 정도나 수준은 다를 수 있고, 창의가 미치는 '유용함'의 임팩트도 많이 차이날 수 있다. 또한 창의의 '무엇에' 집중하느냐에 따라서도 창의력에 대한 구체적인 정의는 다를 수 있다. 어떻든 이들은 모두가 어떤 '산출'(작품)이 어떠냐에 따라 창의력을 정의하고 있다. 그러나 창의력에 대한 정의에는 이와 같이 '산출'에 따른 정의만이 있는 것이 아니다.

아래에서는 창의력에 대한 몇 가지의 접근 유형을 살펴보고 이들 각기의 유형에서 학교 창의력을 어떻게 정의하고 특징지을 수 있는지를 알아볼 것이다.

1. 과정 중심의 창의력과 산출 중심의 창의력

창의력은 다면적인 것이기 때문에 4P(person 사람, process 과정, product 산출, press 환경/분위기)의 각기에 따라 정의할 수도 있다. 그러나 중요한 한 가지는 '과정 중심'(過程)의 정의와 '산출 중심'의 정의로 나누어 보는 것이다. 학교 창의력은 과정 중심의 정의를 더 강조한다.

산출에 따른 정의는 최종적으로 생산되는 산출(결과물)에 따라 어떤 것이 창의적인지 그리고 얼마나 창의적인 것인지를 판단한다. 결과가 창의적이면 그 어떤 것은 창의적이다. 산출(products)은 연필이나 자동차와 같은 어떤 관찰 가능하고, 구체적인 실제의 대상만을 포함하는 것이 아니다. 거기에는 아이디어/지식, 문제해결을 위한 공식 또는 사람을 설득하기 위한 마케팅 전략이나 서비스 등도 당연히 포함된다. 이들을 개념적 창의라 부른다. 대부분의 문헌에서는 창의력을 산출에 따라 정의하고 있다.

후자는 창의력을 과정(過程)에 따라 정의하는 것이다. 달리 말하면 이것은 문제해결의 과정이 어떻게 창의적인지에 따라 창의력을 정의한다. 대표적인 사람에는 E. P. Torrance 그리고 Osborn 등의 CPS 사람들이 있다. Torrance(1995)는 창의력을 창의적 사고라 부르면서 다음과 같이 정의 한다: "우리는 창의적 사고를 아이디어 또는 가설을 생성하고, 그것을 검증하고 그리고 얻은 결과를 커뮤니케이션 하는 과정"(p. 42)이라 정의한다. 보다 자세하게 다음과 같이 정의하기도 한다: "창의적 사고란 어떤 문제, 어떤 결손 또는 어떤 지식에서의 괴리를 민감하게 자각하고, 그것에 대하여 가설을 형성하고 해결책을 찾으려 실험하고, 가설을 수정하고 교정하며 그리고 얻은 결과를 커뮤니케이션 하는 것이라고 정의할 수 있다."(p. 351). 학교 창의력은 민감하게 관찰하고, 문제를 정의·재정의하고, 다양한 많은 아이디어들을 생성해 내고 수렴하며 그리고 커뮤니케이션 하면서 새로운 아이디어나 해결책을 만들거나 실행해 가는 과정의 것이다. 이러한 문제해결의 '과정'이란 달리 말하면 문제해결을 위하여 과정을 수행해 가는 '방법'이다.

우리가 창의력을 창의적 과정에 따라 이해할 수 있으면 교수학습의 방법을 더 잘 전개할 수 있을 것이고 그리고 교육 환경도 보다 더 효과적으로 설계하고 실행할 수 있을 것이다. 그래서 학교 창의력에서는 산출 중심보다는 과정 중심의 창의력을 보다 더 강조하게 된다. 물론 '과정'을 수행하면 어떤 결과를 얻게 되고 그러면 산출의 평가가 필요해진다. 산출 중심의 정의와 과정 중심의 정의는 서로 모순되는 것이 아니라 상보적으로 기능한다. 그러나 산출 중심의 창의력의 중심 기능은 창의의 과정을 피드백 하고 뒷받침하는 데 있어야 한다. 창의는 과정이기 때문이다.

2. 일상의 창의와 천재의 창의

창의력은 생성해 내는 것의 '새로움'의 수준에 따라 '일상의 창의력'(소문자−c 창의력)에서 혁신적인 수준의 '천재의 창의력'(대문자−C 창의력)으로 나눌 수도 있다. 또는 이들 각기 수준에 아래 수준을 하나씩 넣어 '미니−c 창의력(mini−c), 소문자−c 창의력, 프로−c 창의력(Proc−c), 빅−C 창의력(Big−C)'의 네 가지 수준으로 나누기도 한다(Kaufman & Beghetto, 2009). '빅−C'만 대문자이고 나머지는 모두가 소문자로 표기하고 있다.

'빅−C 창의력'은 역사책에 기록될 만한 혁명적인 창의이며 이것을 우리는 '천재의 창의(력)'이라 부르고 있다. 소문자로 표기하는 나머지 수준의 것은 '일상의 창의(력)'이라 부르는데 그러나 사실 역사 발전의 대부분은 이들 일상의 창의에 의한 것이다.

학교 창의력은 '소문자−c' 창의력을 주로 다루는데 이들은 어느 것이나 일반 사람들의 일상의 창의력에 속한다. 창의적인 것은 새로우면서 또한 '유용'해야 한다. 그리고 '유용함'은 '사회적으로 인정받는' 공적(公的)인 것을 의미한다. 그러나 학교 창의력은 '미니−c' 창의력을 포괄하는 것으로 정의할 수 있기 때문에 유용함이 반드시 사회적인 인정과는 상관없이 자신에게 새로운 것이면 그것은 창의적인 것이라 말해야 한다. 이렇게 보면 '새로운 학습'은 어떠한 것이든 간에 창의적인 것의 한 부분이 된다. 다시 말하면 자신이 보기에 '새로운' 것, 새로운 학습은 모두가 창의적인 것이다. 그러나 점차 공적으로 '유용한' 창의력으로 발전해야 한다. 낮은 수준의 것일수록 수용, 인정, 피드백이 중요하고 그리고 발전해 가도록 '연습'할 수 있는 기회를 더 많이 제공하고 격려하는 것이 보다 더 중요하다(Beghetto & Kaufman, 2014).

학교 창의력의 중심은 '천재'에 있는 것이 아니다. 그것은 일상적 또는 일반 전문적인 과제에 중심을 두며, 평범한 모든 학생들을 대상으로 한다. 그렇다고 대문자-C 창의력을 간과하는 것은 아닌데, 그것은 높은 창의력도 아래 수준의 창의력에 바탕하고 있기 때문이다. 일상의 거의 모든 사람들은 누구나 창의적인 잠재력을 어느 정도는 갖고 태어나며 그래서 창의적인 능력과 동기는 상당 정도 보편적이라 전제한다. 또한 이러한 잠재능력은 의도적이고 계획적인 경험과 훈련을 통하여 개발될 수 있다고 믿는다.

3. 창의력의 요소

창의력을 구성하는 요소는 3C 또는 4C 등으로 표현할 수 있다. 3C란 발산적 사고(creative), 수렴적 사고(critical), 커뮤니케이션(communication) 등을 포괄하여 말한다. 새로운 아이디어를 생성해 내는 발산적 사고와 생성해 낸 아이디어를 정리하고 판단하는 비판적 사고가 균형 있게 작동하도록 해야 한다. 발산하고 수렴한 아이디어는 커뮤니케이션 되어 남들을 설득하고 수용을 받아야 한다. 커뮤니케이션 기능에는 말이나 글로 설득하는 것 이외에 남의 말을 경청하는 것까지를 포함한다. 이러한 3C에다 남들과 협동(collaboration) 하는 것을 추가하면 창의력의 4C가 된다. 학교 창의력은 이러한 4C의 사고 과정을 개발하고, 실제적으로는 '창의적 문제해결'의 능력을 개발하는 데 초점을 두고 있다.

4. 학교 창의력의 교육과정과 범위

창의력의 교육은 '발산적 사고'의 기법을 익히고, 다음으로 수렴적 사고의 기법을 익히는 데서 시작한다. 발산적 사고 도구는 많은 아이디어를 생성해 내기 위한 것이다. 그리고 수렴적 사고 도구는 생성해 낸 아이디어를 정리, 분석, 평가 또는 선택한다. 연습/교육은 비교적 간단하고 쉬운 인위적인 연습문제를 사용하는 것에서 시작하여, 익숙해지면 점차 '현실적'인 문제 또는 교과내용의 문제, 교내외의 지역사회 문제와 같은 '현실' 문제를 같이 사용해야 한다. 창의력 교육의 내용은 창의력의 기능(방법)과 전략을 다루기 때문에 이들은 학교의 교과 수업에 쉽게 전이하여 사용할 수 있다. 발산적 사고와 수렴적 사고 등의 기초적인 사고과정은 그 자체가 목적이기보다는 창의적 문제 해결의 과정에서 두 개의 축을 이루는 '수단'이 된다.

그러나 학교 창의력은 '창의적 사고의 기법과 전략'을 교과 외 시간에 독립적으로 교육하는 데 제한되어서는 안 된다. 학교 창의력의 체제적 교육 모형에서는 창의력에 작동하는 주요 요소는 어느 것이나 창의력 교육의 주요 변수 내지 출발지점이 된다고 전제한다(6장의 'XⅢ. 창의력의 체제적 교육 모형' 참조). 대개 창의력 교육 요소의 출발 지점에는 쓸모 있는 기능적인 지식을 교수 학습하는 잘하는 수업, 창의적 사고 기능을 의도적, 외현적으로 가르치는 수업 그리고 목적적 동기 등이 포함된다.

5. 수준에 따른 창의력의 정의

창의력은 수준에 따라 협의의 창의력, 광의의 창의력, 실제적 창의력의 세 가지로 나누어 정의해 볼 수도 있다. 학교 창의력은 교육의 진도에 따라 이들 세 가지 수준의 창의력을 누가적으로 포괄하여 다루는 것이라고 보아야 한다. '협의'의 창의력은 '새로운' 아이디어를 많이, 다양하게 생성해 내는 사고 능력을 말하는데, 이를 발산적(확산적) 사고라 부른다. 이러한 기초적인 정의에서는 '창의력 = 발산적 사고'이며, 발산적 사고의 요소로서 유창성, 융통성, 독창성 및 정교성 등을 강조한다.

'광의'의 창의력은 '새로울' 뿐 아니라 동시에 '유용한'(가치 있는) 것을 생산해 내는 것이다. 이것은 새로운 것을 생산해 내는 발산적 사고에 이어, 생산해 낸 아이디어를 정리, 평가, 선택하는 '수렴적 사고'를 하는 것까지가 포함되기 때문에 한 단계 더 높은 수준의 창의력이다. '수렴적 사고'란 넓은 의미의 '비판적 사고'이다. 여기서는 여러 가지 사실들의(아이디어, 또는 기타의 항목들) 관계를 따져 보며(분석, 종합, 평가 등) 거기에서 어떤 일반적인 결론(주장)에 이르는 추리적 사고가 요구된다. 다시 말하면 많은 아이디어들을 생성해 낸 다음 이들을 질문하고 정리하거나 가장 그럴듯한 아이디어(해결책, 주장)를 선택하고 그런 다음 이를 커뮤니케이션 하는 것을 말한다. 그리고 실제적 창의력은 다음에서와 같은 '창의적 문제해결력'을 의미할 수 있다.

6. 창의적 문제해결

학교 창의력은 '창의력'을 '창의적 문제 해결력'으로 포괄적으로 정의하는 것이 현명해 보인다. 이것은 협의와 광의의 창의력의 정의를 넘어 이들에 기초를 두면서 창의력을 '창의적 문제해결'이라고 실제적으로 정의하는 것이다. 창의적 문제해결이란 문제의 발견/확인, 해결 아이디어의 생성 및 실행계획의 수렴과 실행의 과정 등의 요소가 창의적이란 말이다. 세상의 문제는 성질이나 유형 뿐 아니라 창의적 문제해결에 필요한 단계도 여러 가지로 다를 수 있다. 이론에 따라서는 창의적 문제해결의 단계를 다르게 말하기도 한다. 그러나 어느 것이나 앞에서 언급한 창의적 문제해결의 세 가지 요소를 포함하고 있다. '창의적 문제해결'의 핵심은 '발산적 사고'와 '수렴적 사고(비판적 사고)'가 두 개의 축으로 작동하며 이들은 균형 있게 동반자적인 것으로 사용되어야 한다. 그리고 문제해결의 과정을 전략적으로 접근하는 능력이 중요하다. 문제해결의 단계를 전략적으로 사용할 수 있어야 다루는 문제의 성질에 따라 적절한 단계를 사용하고, 또한 적합한 사고도구를 선택적으로 활용하여 문제해결 할 수 있다(6장 참조).

지금까지 논의한 바 있는 학교 창의력의 특징을 아래와 같이 다시 정리해 본다.

（ⅰ） 학교 창의력은 '산출'보다는 '과정' 중심의 정의가 보다 더 중요해야 한다.

그것은 상황/장면을 민감하게 관찰하고, 가설과 아이디어를 생산하고, 실험하고, 수정하고 판단하고 얻은 결과를 커뮤니케이션 하는 교수학습의 과정/방법이 중요하다는 말이 된다. 산출(결과물)에 따라 새로움과 유용함을 판단하는 것도 중요하지만, 그럼에도 그것은 주로는 창의적인 교수학습을 뒷받침하기 위한 것이어야 한다.

（ⅱ） 학교 창의력은 '천재'가 아니라 일반 사람들의 일상의 창의력이다.

어떠한 것이든 간에 사회적으로 인정받는 것뿐 아니라 개인적으로(주관적으로) 새로운 것이라 생각하면 그것 또한 '창의적인' 것이다. 그리고 창의적인 잠재능력은 누구나 어느 정도는 가지고 있으며 이러한 능력은 연습과 훈련을 통하여 개발할 수 있다고 전제한다. 그렇다고 학교가 천재들의 창의력 교육을 무시할 수 있다는 말은 아니다.

（ⅲ） 창의력의 기본은 4C(발산적 사고, 수렴적 사고, 커뮤니케이션, 협동)에 있으며 학교 창의력은 4C의 사고 과정을 개발하고 이를 바탕 하여 '창의적 문제해결'의 기능과 태도를 가르치는 것을 목표로 한다.

그리고 교육의 과정에서 사용하는 재료/내용은 인위적인 것 현실적인 것 그리고 '현실'의 것으로 누가적으로 적절한 것을 사용해야 한다. 그리고 창의력의 교육은 창의력의 체제적 교육 모형에 따라 접근할 수 있다. 거기에는 전문지식을 기르는 잘하는 수업, 비판적이고 창의적인 사고 기능을 외현적으로 개발하는 수업, 그리고 끈기와 열정을 가진 기업가적 태도인 목적적 동기 부여의 활동 등이 포함될 것이다.

（ⅳ） 창의력을 포괄하는 수준에 따라 협의의 창의력, 광의의 창의력 및 실제적 창의력으로 나눌 수 있는데, 학교 창의력은 '실제적' 창의력으로 보다 포괄적으로 정의할 수 있다.

그것은 발산적 사고와 수렴적 사고를 균형 있게 그리고 문제해결의 요소 및 단계에 따라 이들을 통합적으로 사용하면서 문제를 발견/확인하고, 해결 아이디어와 해결책을 만들어 내고, 그리고 실행 계획을 개발하는 것까지를 포괄하는 것이다.

Ⅳ
창의력 관련 용어

1. 창의, 혁신 그리고 변화

　여기서는 '창의력'과 관련한 몇 가지의 용어를 정리해 본다. 영어로는 'creativity'이지만 이를 과정적(過程的)인 것으로 표현할 때는 '창의'라 표현할 수 있다. 그러나 이를 현상적인 것 또는 인과적인 것을 나타내는 명사형에는 창의력, 창의성, 창조력, 창조성, 또는 창발력(창조 개발력) 등의 몇 가지 용어가 사용되고 있다. 보다 일반적으로는 '창의성'이나 '창의력'이 많이 사용되고 있지만 이들은 상호교환적인 것으로 사용할 수 있다. 물론 '창의성'과 '창의력'의 두 가지의 용어 사이에는 뉘앙스에 다소간에 차이가 있어 보이기는 한다. 예컨대 '창의성'은 '창의적인 성격'을 그리고 '창의력'은 '창의적인 능력'을 쉽게 떠올리게 된다. 그러나 creativity가 의미하는 '창의'는 매우 복합적인 개념으로 거기에는 창의적인 능력이나 창의적인 성격 측면들의 모두가 함께 포함되어 있을 것이다. 창의, 창의력 그리고 창의성은 맥락에 따라 상호교환적인 것으로 융통성 있게 사용하는 것이 현명해 보인다.

　그러면 창의와 혁신은 어떤 관계의 것일까? 혁신(innovation, 革新)이란 기존의 껍질(가죽, 革)을 벗듯이 기존의 관습, 조직, 방법 따위를 바꿔서 새로운(新) 틀을 입히는 것이다. innovation은 라틴어 'inno'('~으로')와 'novus'('새롭다')의 합성어로서 '새로운 것으로의 변화'를 의미한다고 한다. 변화와 변환(transformation)은 기존의 무엇을 새로운 것으로 바꾸는 것을 의미한다. 그런데 창의나 혁신은 모두가 '변화'를 위한 것이지만 그러나 그것은 아무렇게나 일어나는 변화가 아니라 '계획적', '의도적'으로 목표해서 성취하는 변화를 의미한다.

전통적으로 '창의'에 대한 연구와 실제는 개인이나 집단 요인에 초점을 두면서 새로운 아이디어를 생성해 내는 데 집중하고 있다. 그리하여 '창의'(력)을 논할 때는 사업화나 상업적인 성과는 별로 개의하지 아니하였다. 반면에 혁신은 새로운 아이디어를 적용하여 유용하고 가치 있는 제품(산출), 서비스, 방법이나 기술 등을 생산해 내는 데 초점을 두고 있다. 바꾸어 말하면 새롭고 유용한 아이디어와 개념을 사회적 또는 상업적으로 가치가 있는 어떤 것으로 실행하거나 어떤 산출로 변환시키고 사업화하는 것을 강조한다. 그리고 혁신은 이러한 과정에서 필요한 조직의 전략적인 요인과 사용 가능한 도구에 일차적인 관심을 두고 있다. 이렇게 보면 창의와 혁신은 중심적인 초점에서 상당한 차이가 있어 보인다. 그럼에도 불구하고 새로운 제품이나 서비스나 편익을 생산해 내거나 또는 새로운 비즈니스나 시장을 창조해 낼 수 있으려면 창의와 혁신이란 두 가지 영역 모두가 필요하다. 뿐만 아니라 이들은 반드시 하나의 전체로 통합되어 기능해야 한다.

요약해 보면, 창의와 혁신이란 새롭고 가치 있는 독창적인 아이디어나 통찰을 생산해 내고, 그런 다음 그것을 구체적인 실제로 '실행'하여 사람들이 수용하여 사용할 수 있게 사업화/상업화해 가는 과정이라 정의할 수 있다. 여기서는 '실행'이란 말을 사용하였지만 선행의 연구에서는 그 대신에 '활용, 적용, 도입, 실천' 등의 용어를 다양하게 사용하고 있다. 그리고 이러한 양면성을 강조하기 위하여 두 단어 모두를 사용하는 '창의와 혁신'이란 표현을 적극적으로 같이 사용할 수도 있겠다.

또한 여러 용어, 특히 창의-혁신-변화란 용어를 [그림 1-3]에서처럼 위계적인 개념으로 사용하는 것도 가능해 보인다(Damanpour & Aravind, 2012). 여기서는 시스템을 낮은 수준에서(예컨대, 개인), 고차적 수준의 것으로(예컨대, 조직이나 국가) 나누고 거기에 따라 용어를 달리 사용하는 것이다. 체제 이론에 따르면 수준이 높을수록 시스템은 보다 더 복잡해진다. 간단한 수준의 개인을 다룰 때는 '창의(력)'를, 팀이나 작은 부서에서는 혁신과 거기에 포함되어 있는 창의(력)를, 그리고 보다 큰 부서나 조직에서는 창의(력)를 포용하는 혁신 그리고 나아가 혁신을 포용하는 '변화'란 개념을 많이 사용하고 있다. 앞서 지적한 것처럼 이때 사용되는 창의(력)는 아이디어의 생성에 초점이 있고, 혁신은 창의적인 아이디어의 실행과 사업화에 중심이 있다. 그러나 결국 개인이나 조직은 창의와 혁신의 과정을 통하여 '변화'를 수행해 가게 될 것이다.

▌[그림 1-3] 시스템의 수준과 창의, 혁신 그리고 변화

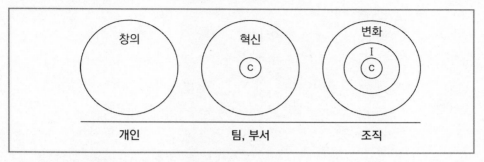

* 'c'는 creativity이고, 'I'는 innovation임.
출처: Damanpour & Aravind(2012). p. 488

2. 상상, 종합 그리고 통찰

(1) 상상력과 종합력

앞에서 다룬 것들 이외에 창의(력)를 의미하는 기타의 용어들도 몇 가지 있다. 예컨대 종합력, 상상력, 발견이나 발명, 통찰(력) 등의 용어가 자주 그리고 중요하게 사용되고 있다. 이들 가운데 가장 많이 사용되는 것은 상상(력)(imaginzation)과 종합(력)(synthesis)일 것이다. 새로운 아이디어를 생산해 내려면 상이한 여러 요소나 부분을 어떤 것으로 새롭게 연결해야 하고 또한 그렇게 할 수 있으려면 상상적인 사고를 적용해야 하기 때문이다. 상상력이란 듣기나 보기와 같은 직접적인 감각을 통하여 지각하지 아니하고 마음속에서 멀리 떨어져 있는 요소나 부분까지를 연결하여 새로운 이미지(image)를 형성하는 능력을 말한다. 많은 서적에서는 창의력이란 바로 상상력 또는 상상적 사고라 말하고 있다. 상상은 새로운 아이디어를 생각해 내는 데 핵심적인 정신적 조작이기 때문이다.

그런데 상상을 공상(환상, fantasy)과 구분하는 사람도 있고 공상을 상상적 사고의 한 측면으로 보는 사람도 있다. 공상은 사람들이 '실현 가능성'이 작거나

거의 없는 가상적이고, 불가능한 것들을 심상이나 생각으로 떠 올렸을 때 사용하는 용어이다. 반면에 상상은 적어도 얼마만큼의 가능성이 있는 어떤 것을 실제적인 심상으로 만들어 내는 것이기 때문에 공상과 심상은 실제적인 '현실성'이 있느냐 없느냐에 따라 구분하고 있다. 그러나 이렇게 구분하기란 애매할 수밖에 없다. 예를 들면 "유명한 가수가 될 꿈을 가지고 자기가 성공했을 때의 모습을 마음속으로 그리면 상상이고 자기가 천사가 되는 꿈을 가졌다면 그건 공상이다"(김재은, 2014, p. 179). 그러나 대개는 상상과 공상을 구분하지 아니하고 포괄하여 사용하는데, 예컨대 Torrance의 TTCT 창의력 검사에서는 '공상'(환상) 할 줄 아는 능력을 창의적인 강점의 하나로 중요하게 다루고 있다.

'종합'이란 이것과 저것을(또는 어떤 부분과 다른 부분, 또는 전체와) 연결(connection)하는 것인데 이를 조합(combination)이라 말하기도 한다. 그러므로 종합력이란 '창의력'의 다른 이름이라 말할 수 있다. 이를 뒷받침하는 하나의 설명을 인용해 본다: "종합력이란 요소와 부분을 조합하여 하나의 전체를 구성하는 능력을 말한다. 여기에는 요소나 부분을 다루는 것과 이들을 다시 조합하고 배열하여 이전에는 명백하게 존재하지 않았던 어떤 새로운 양식이나 구조 같은 어떤 것을 만드는 두 과정이 포함된다."(김호권, 임인제, 변창진, 김영채: 1978, p. 124).

상상이란 기억에서 끄집어낸 정보/지식을 이렇게 저렇게 조합하고, 변형하고, 재배치하고, 조합하는 등의 정신적 조작을 가하여 자유분방하게 무한한 가능성을 생성해 내는 것이다. 이러한 아이디어/가능성은 적지 아니한 경우 거칠고, 말이 되지 않는 엉터리이고, 웃기는 것일 수도 있다. 이러한 아이디어 자체는 우리가 찾고 있는 '새롭고 유용한' 문제나 해결 아이디어는 얼마든지 아닐 수 있다. 그러므로 자유롭게 발산적 사고해 낸 아이디어를 사정하고 그리고 논리적이고, 그럴듯하고, 현실적으로 유용한 것으로 다듬고 수정하는 것이 비판적(수렴적) 사고의 역할이다. 그래서 창의력은 발산적 사고와 수렴적 사고의 두 개의 축이 균형 있게 작동해야 한다는 것을 강조하게 된다.

(2) 통찰, 그리고 발견과 발명

창의(력)와 대등한 의미로 사용되고 있는 또 다른 용어에는 '통찰(력)'(insight)이 있다. Sternberg & Lubart(1995)는 "통찰이란 어떤 것을 새로운 방식으로 보는 것인데 그것은 대개는 갑자기 일어나는 것 같이 느껴지며 그래서 놀라움의 감정 그리고 흔히는 한희의 감정을 유발시킨다"(p. 189)라고 말한다. 이들은 창의적 사고의 기초를 이루고 있는 통찰에는 세 가지 종류가 있는데 이들은 선택적 부호화, 선택적 비교, 선택적 조합의 통찰 등으로 제시하고 있다. 선택적 부호화(selective encoding)란 여러 정보 가운데 적절한 것은 선택하여 활용하고, 부적절한 것은 기각하여 정보를 효과적으로 이해하고 활용하는 것이다. 선택적 비교(selective comparison)는 이전의 지식과 경험 가운데 현재의 정보나 문제에 보다 적절한 것을 기억해 내어 이들을 비교해 볼 줄 아는 능력이다. 선택적 조합(selective combination)은 여러 정보 가운데 적절한 것을 골라 부호화하고 이들을 새롭게 생산적인 방식으로 조합시켜 통찰을 얻는 것을 말한다. 저자들이 제시하고 있는 보기 문제 하나는 다음과 같다:

"A와 B는 세 가지 종류의 가사 일을 수행해야 한다.

a. 거실을 진공청소하기. 진공청소기는 1개이며 30분 소요.
b. 잔디 깎기. 잔디 깎기용 도구는 1개이며 30분 소요.
c. 애기의 기저귀를 갈고 우유 먹이기. 30분 소요.

세 가지 가사 일을 최소 시간에 마칠 수 있으려면 A와 B는 일을 어떻게 나누어야 할까? (세 가지 과제 중 한 개는 서로 나누어 해야 한다. 45분)

그리고 Horwath(2009)는 전략적 사고의 중요성을 강조하면서 이렇게 말한다. "통찰(력)은 가치 전달에 필요한 새로운 접근 방식, 새로운 제품이나 서비스 혹은 새로운 해결책을 생성해 내기 위해 두 가지 이상의 정보나 데이터를 독특한 방식으로 하나로 결합시키는 것이다"(p. 147). 즉 통찰력은 우리가 매일 받아들인 정보를 낱낱이 파헤친 다음, 그것들을 일련의 점으로 나열하여 창조적인 방식으로 다시 연결하는 능력이란 것이다.

그런데 Weisberg(2006)를 비롯한 많은 연구자들은 '아하 경험'(Aha experience)이라 부르기도 하는 통찰은 사실은 한순간에 이루어지는 것이 아니라 통찰의 순간 자체는 새로운 아이디어가 생성되는 전체 과정 가운데 한 부분에 지나지 않는다고 보고 있다. 그리고 애플의 창업자인 스티브 잡스는 '창의력이란 사물들을 서로 연결하는 것이다'(p. 105)라고 말했는데, 그러한 의미에서 보면 정보(자료)는 새로운 아이디어를 생산해 내는 통찰력과는 다르다. 정보는 서로 떨어져 고립되어 있지만, 통찰(력)이란 단편적인 정보들을 서로 연결시켜 하나로 종합하여 새로운 의미나 아이디어를 생성해 내는 능력이다.

마지막으로 창의(력)를 의미하는 용어로 '발견'(discovery)이나 '발명'(invention)을 사용하기도 한다. 사전에 보면 '발견은 찾지 못하거나 알려지지 않은 사물, 사실, 현상을 찾아내는 일'이라 하고, 발명은 '기존의 개념이나 방식을 수정하거나 변형'하여 '새로움의 요소를 보여주는 물체, 과정, 또는 기술을 생산해 내는 것'이라 말하고 있다. 그리고 발명과 같은 지적 재산을 보호하기 위한 것이 '특허'이다.

창의와 발명/발견은 모두가 '새로운' 것을 생산해 낸다는 데 공통점이 있다. 그러나 전자는 주로 '아이디어'를 다루는 반면 후자는 어떤 대상이나 현상에 대한 가시적이고 유형적인 것이라는 데 다소간의 차이점이 있다. 그래서 '창의'와 '발명/발견'을 상호교환적인 것으로 사용하는 경우는 그렇게 많지는 않다. 그러나 비즈니스 창의와 혁신을 다루는 연구자 가운데는 이들을 같은 의미로 사용하는 사람도 쉽게 발견할 수는 있다(예컨대, Roberts, 1988).

V
창의력 교육의 철학과 가이드라인

1. 학교 창의력 교육의 목적

창의력 교육은 다음 세대의 주인공인 학생들에게 미래사회의 요구에 부응하는 역량을 향상시키고 개발하는 데 일차적인 목적이 있다. 이것은 개인적으로는 노동 생산성과 적응력을 기르는 것이며, 조직/회사나 국가 수준에서 보면 경쟁력 향상과 발전에 직결되어 있다. 그리고 창의력 교육은 또한 개인의 복지, 정신 건강과 자아실현에도 중요하다. 예컨대 Torrance(1995)는 말한다: "연구의 증거들이 보여주고 있는 바와 같이, 창의적 사고는 정신 건강, 교육적 성취, 직업 성공 및 기타 인생의 여러 영역에서 중요한 것임이 분명해지고 있다. 창의적 행동의 수준을 향상시키는 것 이상으로 국가의 일반적 복지와 국민들의 만족과 정신 건강에 더 많이 기여할 수 있는 것은 없다"(p. 75). 여러 선행연구를 참고하여 창의력 교육의 목적을 개인 차원에 제한하여 정리해 보면 다음과 같다(김영채, 2019).

(i) 개인 및 직업 생활에서 창의적인 노력의 중요성을 자각한다.
(ii) 생활 주변에 있는 도전과 문제에 대하여 보다 더 민감해지게 하고 더 큰 호기심을 가진다.
(iii) 자신의 창의적인 사고능력에 대하여 자신감을 가진다.
(iv) 다른 사람의 아이디어에 대하여 열린 마음을 가진다.
(v) 지식을 깊게 이해하고 비판적이고 창의적인 능력과 태도를 가진다.

(ⅵ) 창의적 사고의 능력을 개발한다. 창의적이고 비판적인 사고의 도구와 방법을 적용하고 창의적인 문제해결 능력을 길러 질적으로 탁월하고 독창적인 아이디어를 생산하는 능력을 강조하여 개발한다.

2. 학교 창의력 교육의 지향

Torrance(1983)는 창의력 교육의 지향이 될 수 있는 일련의 지침을 개발하였는데 이것은 '아동들을 위한 강령'(The children's manifesto)으로 알려지게 되었다. 이러한 지침은 창의적인 사람의 본질은 '자기가 하는 일을 사랑'하는 것이란 그의 철학에 기초하고 있다. 그리고 그는 창의적인 사람은 몇 가지의 특징적인 성격 특성이 있다고 말하는데 거기에는 용기, 사고와 판단의 독립성, 정직성, 인내심, 호기심, 위험감수 등이 포함된다. 어떤 것을 열정적으로 사랑하고 그 때문에 생길 수 있는 여러 가지의 압력에 견디어 내려면 용기, 독립심, 인내심 등을 개발할 수 있어야 한다. 창의력 교육의 기본적인 신념을 표현하고 있는 Torrance의 '아동들을 위한 강령'의 내용은 다음과 같다.

(i) 어떤 것을 좋아하고 사랑하게 되는 것을 두려워하지 말라. 오히려 그것을 집중하여 추구해 가라.
(ii) 당신 자신이 가지고 있는 가장 큰 장점이 무엇인지를 알고, 이해하고, 그것에 대하여 긍지를 가지고, 연습하고, 개발하고, 활용하고 그리고 그것을 가지고 즐겨라.
(ⅲ) 다른 사람들의 기대에서 벗어나 자유로워지도록 노력하라. 그들이 강요하는 게임은 오히려 멀리하고 자유로운 마음으로 당신 자신의 게임을 즐겨라.
(ⅳ) 당신을 도와줄 수 있는 선생님 또는 상담자를 노력하여 찾아라.
(ⅴ) 원만한 사람이 되려고 자신의 에너지를 낭비하지 말라.
(ⅵ) 당신이 사랑하고 잘할 수 있는 일을 하라.
(ⅶ) 다른 사람과 서로 의존하여 함께 살아갈 수 있는 능력을 학습하라.

그리고 Torrance & Safter(1999)는 '아동들을 위한 선언'에 나타나 있는 창의력 교육의 철학을 이후에 다음과 같이 부연하여 설명하고 있다.

(i) 모든 아동들에게 그들의 잠재능력을 실현하고 성장시킬 수 있는 기회를 공평하게 마련해 주어야 한다. 특히 경제적으로 가난한 사람은 자신의 재능을 개발할 수 있는 기회를 가지지 못할 가능성이 크다. 이들은 동조적이지 않고, 예의 바르지 못해서 그리고 인정과 격려를 받지 못해서 놀림당하고 배척당하기 쉬우며, 그래서 범죄, 폭력 또는 정신적 질환에 빠질 위험이 크다.

(ii) 학교는 모든 아동들에게 어떤 것이든 간에 스스로 해 볼 수 있는 기회를 주려고 노력해야 한다. 그리고 각 아동의 개성을 존중해야 한다. 아동이 가지고 있는 긍정적인 특성과 장점을 인정하고 수용하는 것이 필요하다는 사실을 강조해야 한다.

(iii) 사람은 선하게 또는 악하게 태어난 것이 아니다. 사람은 누구나 '생득적인 잠재능력'을 가지고 태어났으며, 이것이 인간의 발달을 크게 결정한다는 사실을 우리는 받아들여야 한다. 또한 적절한 행동을 하게 하고 잠재능력을 발휘할 수 있도록 '동기 부여하는 것'은 무엇을 빼앗아서 '결핍' 되게 만드는 것이 아니라 '성공적인 행동을 할 때 주목해 주는 것임'을 강조해야 한다. 그들로부터 무엇인가를 박탈하고 빼앗고 그리고 개인이 가지고 있는 장점을 무시하는 데 우리의 자원과 에너지를 낭비하지 말아야 한다. 오히려 아동이 가지고 있는 잠재력을 인식하고, 인정하며, 그것을 사용하여 자신의 기능과 능력과 성공을 쌓아가도록 교육해야 한다. 쉽게 말하면 잠재능력이 개발될 수 있게 하는 것은 때리고 벌하는 것이 아니라 인정하고 격려하는 것이어야 한다는 말이다.

(iv) 고통을 주거나 처벌을 하면 거기에 따라 아동의 성격이 바르게 형성된다는 잘못된 가정을 이제는 내던져버려야 한다. 오히려 아동의 성격 발달에 중요한 것은 이들이 잠재능력을 발휘하려고 할 때 직면할 수 있는 여러 가지의 모험적인 결과와 예측 가능한 스트레스를 건설적으로 대처할 수 있도록 격려해 주어야 한다.

(v) '독립'이 최고의 미덕은 아니다. 오히려 개인 간의 만족과 문화생활을 가능

케 하는 것은 '상호 의존' 하는 것이 최고의 미덕임을 우리는 인정해야 한다. 이 말은 아동이 이웃과 지역사회에 나아가서 필요한 도움을 구할 수 있을 뿐 아니라 그들에게 자신의 재능을 봉사할 줄 아는 것을 의미한다.

(vi) 사람이 성공하는 유일한 길은 다른 사람들을 앞질러 가는 것이라는 잘못된 가정을 버려야 한다. 대신에 우리는 사람은 각기가 독특하며, 소중히 여겨야 하는 특별한 강점을 가지고 있음을 인식해야 한다.

(vii) 어느 민족, 어느 성(性), 어느 문화가 더 우수하거나 열등하다는 가정을 기각하고 대신에 우리의 강점은 다양성에 있다는 사실을 받아들여야 한다. 이 말은 각 개인이 가지고 있는 다양한 재능과 성취를 인식하고, 인정하고, 개발해야 한다는 것을 의미한다.

(viii) 자신의 감정을 표현하는 것은 자신의 약점을 나타내는 것이 아니다. 오히려 그것은 자신의 정신건강을 유지하고 잠재능력을 실현하는 데 핵심적인 것임을 인식해야 한다.

(ix) 유아 초기의 중요성을 인식하고 태어날 때부터 각자의 개성을 기르는 것이 중요하다. 교육은 아동과 사회가 각자의 잠재능력을 인식하고, 인정하고 그리고 수용하는 계속적인 과정이 되어야 한다.

3. 창의력 개발을 위한 가이드라인

창의력을 개발하기 위한 교육을 하려면 그를 위한 적절한 활동을 계획하고 필요한 자료를 준비해야 한다. 여기에는 적절한 교육 프로그램을 찾거나 개발하는 것뿐 아니라 수업 지도안, 연습 문제, 연습 활동, 연출 활동, 지도 요령, 및 사용할 재료를 계획하고 준비 하는 것 등이 다양하게 포함될 것이다. 기존의 교육/훈련 프로그램을 사용하는 경우도 학년 수준과 상황에 맞게 수정할 수 있다. 사용하려는 활동을 준비할 때는 그것이 제대로 '가이드가 있는 경험', 즉 매개적인 학습경험이 될 수 있게 유의해야 한다. 이들은 결코 간단한 작업이 아니기 때문에 그래서 거기에는 엄밀한 가이드라인이 있어야 한다. 다음은 Torrance (1995)가 창의력 개발을 위한 활동을 계획하고 자료를 개발할 때 참고할 수 있게 만든 18개 가이드라인이다.

(i) 창의적 사고를 가치롭게 여긴다. 창의적인 사람의 생애에 있는 에피소드를 극화하거나, 그들의 창의적인 산출을 이야기하고 그들이 미친 공헌을 같이 논의한다.

(ii) 주변 환경에 대하여 더욱더 민감하고 개방적이게 만든다. 창의적인 인물들은 주변 환경에 매우 예민했음을 보여주며, 그들의 전기를 읽고 논의하며 그리고 각자의 환경을 관찰해 보는(보고, 듣고, 느끼는) 기회를 더 많이 가진다.

(iii) 추측해 보고, 실험해 보고 그리고 조작해 보는 것을 격려한다. 이러한 것이 성공한 사람의 특징임을 보여주어야 하며 또한 그러한 활동을 실행해 보는 기회를 많이 가지게 한다.

(iv) 생각해 낸 아이디어를 어떻게 체계적으로 검증하고 판단할 수 있는지를 가르친다.

(v) 창의적 문제해결의 유형을 알도록 한다. 창의적 문제해결의 유형은 한 가지가 아니란 것을 창의적인 인물의 사례를 통하여 알게 하거나 또는 유형이나 버전이 다른 여러 문제를 사용하여 연습한다.

(vi) 창의적인 교실/작업 분위기를 조성한다. 워밍업 활동을 통하여 유머와 웃음이 살아 있게 한다.

(vii) 새롭거나 엉뚱한 아이디어도 받아들이고 인내하며 나아가 그러한 아이디어를 계속하여 더 생각해 보게 한다.

(viii) 자신의 아이디어를 가치롭게 여기도록 가르친다. 그리고 집단 창의(팀워크)에서는 서로의 아이디어와 창의적인 과정을 존중토록 한다.

(ix) 창의적 과정의 각 단계에서 적절한 사고 도구와 전략을 가르치고 그리고 이와 관련한 정보를 제공해 준다.

(x) 위대한 인물의 걸작이 주는 경외감에 압도되지 않도록 개인의 능력 수준을 고려하여 학습 재료를 준비한다.

(xi) 자신이 모험적으로 그리고 자기주도적으로 시작해 보는 학습을 가치롭게 여기도록 격려한다.

(xii) '문제를 찾아보는' 연습을 한다. 문제는 아무리 시시하거나 우스운 것이라도 좋다. 자기에게 불편을 주는 문제에는 어떤 것들이 있는지를 찾아보고 거기에 대하여 해결책을 발견하는 활동을 해 보게 한다.

(xⅲ) 창의적 사고가 필요함을 느끼게 한다. 충분히 도전적이며 그래서 창의
　　　적 사고가 필요한 문제를 가지고 연습한다.

(xⅳ) 조용히 그리고 적극적으로 사고해 볼 수 있는 기회를 가지게 한다.

(xⅴ) 아이디어를 생각해 내는 데 필요한 참고 자료(도서나 사람 등)가 가용
　　　토록 한다. 그리고 추가의 독서 자료나 정보의 출처 등을 알려준다.

(xⅵ) 아이디어가 가지고 있는 의미, 시사점 또는 미치는 효과 등을 생각해
　　　보는 습관을 기른다.

(xⅶ) 건설적인 비판의 습관을 기른다. 가능한 것과 불가능한 것을 고려해
　　　보게 하고, 이들에 대하여 건설적이고 상상적인 평가를 해 보게 한다.

(xⅷ) 어떤 특정의 전문 분야를 넘어 다른 분야의 지식도 다양하게 습득하고
　　　활용하는 것을 격려한다.

텍스트의
이해와
창의력

이 장은 먼저 텍스트(text)의 이해 그리고 지식과 창의(력)의 관계를 논의하는데서 시작한다. 거기에는 텍스트의 완전한 이해를 깊은(심층적) 이해, 비판적 이해 및 창의적 이해의 세 가지 수준으로 나누는 것과 텍스트의 진정한 이해와 창의적 사고와의 관계를 탐색하는 것 등이 포함된다. 이러한 탐색은 창의적 학습의 바탕이 된다. 진정한 이해에서 사용하는 '이해'란 말은 '학습' 또는 '지식 습득' 등의 용어로 대치할 수도 있다. 글, 말 또는 교과 단원은 어느 것이나 어떤 메시지를 전달하기 위한 텍스트이며 그것은 전체가 하나의 응집적인 구조로 조직되어 있다. 이러한 텍스트의 구조와 조직형태를 분석해 본 다음, 메시지를 재구성하고 복원하는 '깊은 이해'를 위하여 묻고 대답해야 하는 '바른 질문들을' 비교적 자세하게 알아보고 있다. 그리고 텍스트의 핵심을 파악해 내는 기본적인 이해기능인 '요약하기'도 함께 살펴본다. 마지막으로, 이러한 논의를 바탕 하여, 교과내용과 깊은 이해에 대한 현행 국가 교육과정의 접근과 서술의 내용 몇 가지를 비판적으로 음미해 볼 것이다.

Ⅰ
이해, 지식 그리고 창의

1. 텍스트의 이해

교과내용은 거의 모두가 텍스트(text)로 되어 있다. 글이나 말은 구조적이고 응집적인 정보 덩어리로 되어 있는데 우리는 이를 텍스트라 부른다. 텍스트는 어떤 주제(theme)를 가지고 있으며 그 주제에 대한 중심 내용(중심 아이디어, 핵심 아이디어, main idea)과 이를 뒷받침하는 세부내용들로 이루어져 있다. 그러므로 텍스트란 하나의 정보 꾸러미이다. 달리 말하면 텍스트(글)는 어떤 제목(토픽, topic)에 대한 어떤 주제를 중심으로 여러 가지 정보가 서로 연결되어 구조적이고 응집적인 의미 구조를 이루고 있다. 텍스트는 '뼈대'를 중심으로 조직화된 하나의 체제(system), 설계(design)를 이루고 있다(Perkins, 1986). 여기서 말하는 뼈대란 글의 중심적인 '개요'이다.

'디자인'에 대하여 간단히 언급해 본다. 디자인이란 어떤 대상, 도구가 목적에 맞도록 '구조', '형태'를 만드는 것을 말한다(마치 '호미'의 용도에 맞게 호미를 디자인 하듯이). 우리가 세상을 이해하고 설명하기 위하여 가지고 있는 '지식'도 우리가 사용하기 위한 '도구'이다. 그래서 지식도 목적에 맞춰 디자인한 '조직 구조'를 가지고 있다. 이러한 조직 구조를 만드는 것은 '글쓰기'이고 글쓰기 해 놓은 것을 재구조화하고 복원하는 것이 '이해'이다.

그런데 텍스트(글)는 크게 보아 두 가지의 특징을 가지고 있다. 하나는 텍스트에는 반드시 '목적'이 있다는 것이다. 저자는 어떤 목적을 가지고 글을 쓰기 때문이다. 두 번째는 텍스트의 메시지(내용)는 어떤 조직적인 형태를 가진다는 것이다. 왜냐하면 저자는 자신의 목적을 달성하기 위하여 의도하는 메시지를 가능한 한 효과적으로 전달하려고 애쓰기 때문이다(목적에 맞는 '도구'를 만든다). 글쓰기 하는 저자는 독자에게 자신의 메시지를 전달하고 설득한다. 그래서 저자는 텍스트의 흐름을 어떻게 조직할 것인지에 대하여 고민한다. 먼저 '뼈대'를 구상하고 그런 다음 거기에다 살을 붙여 결국은 전체가 그럴듯하고 정교한 것이 되게 만든다. 그러므로 텍스트의 종류에 따라 텍스트의 조직 형태는 상당히 달라질 수 있다.

이러한 텍스트의 조직 형태를 알고 있으면 독자는 중요하고 구체적인 '바른 질문하기'를 적극적으로 제기하면서 텍스트를 쉽게 읽고 이해할 수 있다. 그러한 '바른 질문'을 제기하고 거기에 대한 대답을 찾아가면 독자는 저자의 메시지를 쉽게 찾고 그래서 깊게 이해할 수 있다.

그러면 텍스트는 어떻게 이해할 수 있는가? 이해(understanding)란 무엇인가? 독서를 하는 일반적인 목적은 저자의 목적과 의도를 알아내고 저자가 토픽/주제에 대하여 무엇을 어떻게 말하고 있는지를 발견해 내는 것이다. 그것이 바로 이해이다. 다시 말하면 저자의 메시지에 접근하여 그것을 복원하고, 독자 자신의 경험과 지식을 토대로 저자가 전달하려는 내용을 재구성하고, 그리하여 저자와 같거나 비슷한 생각을 할 수 있는 것이다. 그러나 글을 쓰는 텍스트의 저자와 써놓은 텍스트를 이해하는 독자의 접근 방식은 다르다. 저자는 먼저 글을 조직하기 위한 뼈대를 만들고 거기에 살을 붙이면서 자신의 메시지를 어떤 구조로 어떻게 조직할 것인지를 고민한다. 그러나 저자의 텍스트를 읽는 독자는 저자와 반대의 과정을 거친다고 볼 수 있다. 먼저 마치 X-레이를 사용하듯이 보이지 않게 감추어져 있는 뼈대를 들여다보고, 글 속에 가려져 있는 중심 내용을 찾고 전체가 어떻게 조직되어 전개되고 있는지를 발견할 수 있어야 한다. 그런 다음 이를 토대로 뒷받침하는/설명하는 세부내용을 찾고 정교화하면서 잔뼈와 근육과 피부 같은 것들도 발견할 수 있어야 한다. 간단히 말하면 저자의 메시지(내용)을 재구성하여 복원하는 것이 '이해'이다.

2. 깊은 이해와 이해의 수준

창의적 학습은 창의적인 지식을 습득하기 위한 것이다. 이러한 지식은 쓸모 있고 활용할 수 있는 '기능적인' 것이며, 생산적인 사고로 연결될 수 있는 것이다. 완전한 이해의 첫 번째 수준은 텍스트를 '깊은 이해' 하는 것이다. 깊은 이해 (deep understanding, 심층적 이해)는 텍스트에 직접적으로 나타나 있는 외현적 정보를 이해하는 '자구적 이해'(字句的 理解, literal)를 넘어선 이해이다. 자구적 이해는 텍스트에 나타나 있는 내용을 기계적으로 반복하여 읽어서 아는 것이다. 마치 선풍기의 '사용 설명서'나 음식점의 '메뉴'를 읽고 내용을 아는 것과 같다. 이러한 독자에게는 깊은 의미나 내용(명제)들 간의 연결 관계는 중요하지 아니하다. 이들은 자신의 학습 방법을 '나는 재료의 내용을 읽고 또 읽는다', '되풀이하여 말해 본다', '몇 번이고 자꾸 써본다', 또는 '머리에 남을 때 까지 계속 연습한다' 등과 같이 설명할 것이다. 이러한 이해는 거시 구조적 이해가 아니다. 그는 외운대로만 기억하고 그대로 시험지 위에 대답할 수 있는 것으로 만족할 것이다.

반면에 깊은 이해는 텍스트의 내용을 전체적으로 훑어 개관해 보는 데서 시작하여, 바른 질문을 제기하면서 토픽과 중심 내용/주제를 발견하고 그리고 중심 내용을 뒷받침하고 있는 세부내용을 확인하는 것까지가 포함된다. 그리하여 토픽(제재), 중심 내용(주장, 결론), 뒷받침하고 있는 세부내용을 '뼈대'처럼 전체적으로 요약하여 구조화할 수 있어야 한다. 이렇게 깊은 이해를 하는 사람은 저자가 텍스트를 통하여 전달하려는 메시지를 복원하게 되며, 그리하여 저자의 머릿속에 들어가서 마치 저자처럼 텍스트의 내용을 생각하게 될 것이다.

깊은 이해의 독서에는 내용을 요약하고, 그것을 전체적인 시각에서 자신의 말로 표현할 줄 아는 추론적 이해가 중요하다. 그리고 내용을 일반적인 것으로 요약한 것을 바탕으로 이제는 보다 더 자세하게 심화시켜 정교화해 갈 줄도 알아야 한다. 또한 텍스트 '속에 있는' 내용을 서로 연결시켜 조직화할 뿐 아니라 텍스트 '밖에 있는' 것들과도 연결하여 맥락화(contexting)하는 시스템적 사고도 할 수 있어야 한다.

그런데 크게 보면 이해에는 세 가지의 수준이 있다고 말할 수 있다(이에 대하여서는 다음의 절에서 다시 다룰 것이다). 하나는 메시지에 있는 그대로의 자구적 (字句的) 이해를 넘어 '깊게 이해'(심층적 이해)하는 것이다. 이것은 텍스트의 조직 구조를 복원 파악하고 이에 따라 메시지를 전체적으로 이해하는 것이다. 다음은 비판적 이해이다. 이 수준에서는 재구성하여 복원한 저자의 메시지를 맹목적으로 수용하는 것이 아니라 세부내용과 논리가 주장(결론)을 제대로 뒷받침하고 있는지, 믿을 만한 것인지 등을 따져 사정하고 수용 여부를 판단하는 비판적 사고의 이해이다. 그래서 그의 메시지를 수용할 수 있는지 강점과 한계는 무엇인지 등을 파악하는 것이다. 그러므로 비판적 이해는 과학적 사고의 기본이 된다. 마지막 수준의 것은 창의적 이해이다. 저자의 내용에서 더 낫게 수정하거나 그에 바탕하여 다른 새로운 아이디어를 창의할 줄 아는 것이 창의적 사고의 이해이다. 이 수준에 이르면 비로소 우리는 완전한 '진정한 이해'를 말할 수 있다.

지금까지는 '텍스트'와 '독서 이해'란 개념을 주로 사용하였다. 그러나 주목해 볼 수 있는 것은 '텍스트'를 교과내용으로, '독서'를 '수업', '교과 수업' 또는 '교수학습' 등으로 대치해도 지금까지와 꼭 같은 이야기를 할 수 있다는 것이다.

교과내용이란 각 학문의 내용과 기본 개념을 각기의 학문의 탐구 방식이나 논리에 따라 조직화해 놓은 텍스트이다. 말이나 글의 내용을 구조적이고 응집적인 정보 덩어리로 제시하고 있는 것이 텍스트이다. "여러 학문은 개념으로 출발하고, 개념들이 합법적으로 연결된 것이 법칙이고, 관련된 법칙들이 한 이론을 이루고, 관련되는 이론들을 체계화한 것이 학문이라고 나는 간단하게 규정한다"(정범모, 2009, p. 317). 독자는 텍스트에서 제시하고 있는 저자의 메시지를 복원하고 그와 같거나 비슷한 생각을 하게 되는 것을 '이해'라 하였다. 저자와 독자의 생각이나 해석이 비슷할수록 우리는 그것을 '깊은(심층적) 이해'라 말할 수 있다. 교과과정에서 보면 교과의 논리적 측면에 독자의 심리적 측면이 접근 내지 일치하는 과정이 바로 깊은(심층적) 이해라 말할 수 있다. 교과내용을 논리적 측면과 심리적 측면으로 파악하고, 논리적 측면에 저자의 메시지를 그리고 독자의 해석과 복원을 심리적 측면으로 대치하면 심리학적 해석과 교과과정적인 해석은 매우 일치해 보인다. "교과내용은 논리적 측면과 심리적 측면으로 파악할 수 있다. 이 두 가지 측면에 처음으로 주의를 환기시킨 사람은 존 듀이이다. 듀이에서 교과의 논리적 측면은 전문가 또는 교사에게 이해되는 상태로서의 교과, 그리고 심리적 측면은 아동 또는 학습자의 마음속에 발달되어 가는 과정의 교과를 가리키며, 아동이 교과를 학습하는 과정은 곧 심리적 측면이 논리적 측면에 접근 내지 일치하는 과정으로 기술 한다"(박재문, 2003, p. 11).

3. 텍스트의 이해와 창의력

여기서는 '깊은 이해'가 가지고 있는 창의력과 창의력 교육의 두 가지 측면을 강조하고자 한다. 하나는 '깊은 이해'는 그 자체가 창의적 사고를 뒷받침하는 사고 과정이라는 것이고, 다른 하나는 '깊은 이해'의 결과는 '창의적 지식'이며 그 것은 추후의 다른 창의의 기본이고 수단이 된다는 것이다. 이러한 의미에서 깊은 이해는 미래의 창의적 수행을 위한 준비 교육 같은 것이다. 깊은 이해의 구조적인 지식은 창의적인 사고를 통하여 가능하며, 또한 창의적 사고는 깊은 이해의 지식을 기반 해서 비로소 가능하다는 말이 된다.

텍스트의 이해가 깊은 것이고, 나아가서는 비판적이고 창의적인 것일수록 보다 고차적인 사고과정을 적용하고, 실험하고, 새롭게 시도하면서 새로운 지식을 습득해 가게 된다. 예컨대 미시적 사고기능으로 Bloom 등이 말하는 지식, 이해, 분석, 적용, 종합과 평가에서 본다면 분석-적용-종합-분석 등 여러 가지의 고차적 사고를 더 많이 사용해야 한다(8장 참조). 발달적 사고기능에서 보면 깊은 이해를 하려면 개념 형성, 설명, 예측 또는 가설 형성 등의 사고기능을 더 적극적으로 사용해야 한다. 그리고 복합적 사고 전략에서 보면 문제해결, 의사결정 및 비판적 사고를 보다 활발하게 적용하고 활용해야 한다. 요약해 보면 깊은 이해의 독자일수록 여러 종류의 고차적 사고, 창의적 사고를 더 많이 사용한다. 이를 뒤집어 말하면 깊은 이해를 격려하고 창의적으로 수업하는 것은 그것이 바로 창의력 교육의 커다란 한 부분이라 말할 수 있다(3장과 6장 참조). 깊은 이해의 깊은 지식의 습득은 사고의 과정을 통하여 비로소 가능할 수 있다.

다음은 깊은 이해에서 비로소 쓸모 있는 기능적 지식을 습득할 수 있으며 그런 의미에서 기능적 지식을 습득하는 깊은 이해는 추후의 창의적 수행의 준비과정이라 볼 수 있다. 깊은 이해에서 습득하는 '지식'을 우리는 산 지식, 쓸모 있는 지식, 또는 기능적인 지식(functional)이라 부른다. 깊은 이해에서 얻는 기능적인 지식이 없으면 새로운 창의적인 생산은 전혀 불가능하다. 지능이 뛰어나더라도 머리에서 사용하는 재료가 불충분하거나 정확하지 아니하면 사고는 제대로 이루어질 수 없다. 전문가와 초보자의 차이는 기본적으로 보면 사고에서 사용할 수 있는 지식의 차이이다. 지능(지적 능력)은 사고를 움직여 가게 하는 지적인 사고 능력이고 기능인 반면에 지식은 머리를 작동해 가게 하는 바탕의 원재료이고 수단이다(6장 참조).

창의력 분야에는 몇 가지의 체제적 모형 이론이 제시되어 있다. 예컨대 Sternberg & Lubart(1995)의 창의력의 투자이론, Csikszentmihályi(1996)의 체제적 창의력 이론, Amabile(1983)의 비즈니스 창의력 모형 등과 같은 것이다. 체제적 모형(systems model)에서는 창의력이란 복합적이고 다면적인 개념이며 몇 가지의 요소로 구성되어 있다고 본다. 중요한 것은 이들 모형에는 전문지식(전문성, expertise)이 반드시 포함되어 있다는 것이다. "전문지식에는 그 분야의 지식, 정보 그리고 경험 등이 포함된다. 어느 분야, 어떠한 과제를 수행하든 간에 그와 관련한 지식과 정보를 전문가 수준으로 마스트 해야 하며 그리고 상당 수준의 현장의 경험도 가져야 한다"(김영채, 2019, p. 236).

기능적 지식의 중요성을 강조하는 하나의 연구 보고를 예시해 본다. 이것은 학교의 질 높은 교수학습이 바로 창의력 교육의 중요한 한 구성 요소임을 증명해 주고 있다. Niu & Zhou(2017)은 몇 가지의 한계에도 불구하고 중국의 수학과 수업이 창의적임을 Amabile(1983)의 창의력 요소 모형에 따라 설명하면서 다음과 같이 말하고 있다: "중국의 문화에서는 훌륭한 수학 교사는 자신의 전문 분야인 수학과의 지식과 교육학적 배경지식이 풍부한 사람이라 믿고 있다. 그리하여 훌륭한 교사일수록 갖고 있는 교과 지식이 풍부하고, 기능적으로 조직화되어 있어서 이들에 대한 접근이 용이하며, 수업에 쉽게 활용할 수 있다고 본다. 이들은 토픽들 간의 종적인 연결성에 관한 지식도 풍부하여 학생들의 이해를 촉진할 수 있을 뿐 아니라 학생들이 개념을 파악하거나 어려워하는 문제도 효과적으로 처리할 수 있다. 이들은 단순한 암기가 아니라 지식들 간의 연결을 쉽게 안내할 수 있다. … 그리고 훌륭한 교사는 교육학적 지식이 풍부하여 수업 계획서 작성, 자신의 수업 평가하기 및 수업활동 수정하기 등의 연수와 수업 노력에 집중하며 … 중국 수학 수업의 주요 목적은 1) 습득한 지식의 적용력을 촉진하기 위한 수학적 사고활동에 학생들을 적극적으로 참여시키고, 2) 사고의 유연성을 촉진하고, 3) 사고의 폭을 확대하고 그리고 4) 영역 간 지식을 연결하고 통합하도록 지도하는 데 있다"(김영채, 2019, p. 233).

다시 정리하면 텍스트의 깊은 이해의 활동이나 수업은 그 자체가 창의적 사고를 격려하고 향상시키는 창의적인 활동이고 창의적인 수업이라고 보아야 한다. 또한 그것은 기능적인 살아있는 지식을 습득케 한다는 의미에서 보면 앞으로의 창의적 수행을 위한 준비과정이라 말할 수도 있겠다. 이렇게 보면 텍스트를 깊게 이해하게 하는 수업은 달리 말하면 '잘하는' 수업일 것이며, 잘하는 수업은 바로 창의력 교육의 중요한 한 부분이 된다.

II

텍스트의 구조와 조직 형태

1. 텍스트 전개의 구조

대부분의 텍스트는 한두 개의 단락만으로 구성되어 있지 않다. 대학은 물론이고 중고등학교만 되어도 대부분의 읽을거리는 훨씬 더 길고 분량이 많다. 대부분의 교재는 몇 개의 장(章)으로 이루어져 있고, 장은 몇 개의 절(節)로, 절은 몇 개의 항(項)으로 그리고 항은 다시 몇 개의 단락과 문장으로 나뉘고 있다. 각기의 단락이 '정보 페키지'를 이루는 것처럼, '장'별로 또는 '항'별로도 각기는 나름대로 전체적인 정보 페키지를 만들 수 있어야 한다.

교재 → 장 → 절 → 항 → 단락 → 문장

그리고 일반적으로 교과의 단원 또는 텍스트의 저자는 메시지를 전달하거나 독자를 설득하기 위하여 효과적인 글을 쓰려고 노력한다. 모든 내용을 한꺼번에 제시할 수는 없고 그래서 한 줄 한 줄씩 글쓰기 할 수밖에 없지만 그러면서도 전체를 몇 개의 구분되는 부분으로 나누어 구조적으로 제시함으로써 전체의 내용이 질서 있게 논리적인 순서로 배치되도록 노력한다('글쓰기'뿐 아니라 수업에서 '말'로 하는 경우도 마찬가지이다). 그래야 독자가 메시지의 중심 내용과 이를 뒷받침하는/설명하는 세부내용을 보다 쉽게 이해할 수 있기 때문이다.

(ⅰ) 텍스트/글에는 반드시 전체를 구성하는 체제가 있다.

다시 말하면 글/교재의 내용들은 몇 개의 부분, 즉 전체를 몇 개의 구분/구획

섹션으로 구조적으로 나눌 수 있다. 그러므로 글/교재를 깊게 이해하려면 먼저 내용 전개가 어떤 구조로 되어 있으며 어떻게 구획으로 나눌 수 있는지를 확인해야 한다.

(ii) 가장 일반적으로 보면 텍스트의 체제는 '서론, 본론, 결론'으로 이루어져 있다.

이들 각기를 나타내는 제목 또는 표시가 있을 수도 있지만, 길이가 비교적 짧은 단원의 내용 같은 데서는 없는 것이 일반적이다.

서론 부분은 글의 도입이다. 여기에서 저자는 독자의 관심을 불러일으키고 독자들이 익히 알고 있는 친근한 상황을 저자 자신이 다루려는 문제 장면(이슈 장면)으로 연결하여 이끌어 가려고 노력한다. 그래서 독자는 서론에서 글의 목적과 저자가 다루는 이슈(쟁점, issue)가 무엇인지를 알게 된다.

본론 부분은 제기한 문제를 본격적으로 해결하거나 설명한다. '본론'이란 말을 사용하지 않을 때가 많고 전체는 다시 몇 개의 소제목으로 나뉠 수 있다. 본론의 전개는 연역적 또는 귀납적인 방법을 취한다. 연역적 접근법에서는 먼저 결론을 제시하고 이어서 이것을 뒷받침하는/설명하는 세부내용을 제시하는 순서로 진행된다. 귀납적 접근법에서는 이와는 반대로, 세부내용을 먼저 제시하고 그런 다음 거기에서 결론을 도출하는 차례로 내용이 전개된다. 정보적인 텍스트에서 정보/내용을 전개해 가는 구조에는 적어도 다섯 가지의 형태가 있다. 여기에는 서술/나열적인 구조, 순서/시간순서의 구조, 비교/대비의 구조, 원인과 효과의 구조 그리고 문제와 해결의 구조 등이 있다.

2. 텍스트의 조직 형태

어떠한 텍스트(글)이든 간에 텍스트(글)에는 적어도 두 가지의 특징적인 성질이 있다는 것을 다시 주목해 본다. 텍스트(글)에는 반드시 '목적'(이유)이 있다. 저자는 어떤 목적을 가지고 글을 쓴다. 둘째로 글은 어떤 구조적이고 조직적인 형태를 가지고 있다. 왜냐하면 저자는 자신의 목적을 달성하기 위하여 메시지(내용)를 가능한 대로 효과적으로 전달하려고 애쓰기 때문이다. 저자는 글의 뼈대를 만들고 거기에다 살을 붙여서 결국은 전체가 그럴듯한 메시지가 담긴 것이 되게 만든다.

텍스트는 어떤 '주제'(theme)를 가지고 있으며 그 주제에 대한 '중심 내용'(핵심아이디어, main idea)과 이것을 '뒷받침하는 세부내용'(supporting materials)으로 이루어져 있다. 이런 의미에서 보면 텍스트란 하나의 정보 꾸러미이다.

한 개의 단락이 아니라 몇 개의 단락으로 이루어져 있는 글에서는(보다 길이가 긴 절이나 장) '중심 내용'은 다시 몇 개의 '하위 중심내용'(submain idea)으로 나누어진다. 그리고 각기의 하위 중심내용들은 각기 자신의 '중심 내용'을 가지고 있고 그리고 거기에 대하여 '뒷받침하는 세부내용'이 제시되는 식으로 조직되어 있다. 그러므로 '하위 중심 내용'은 전체의 중심 내용을 뒷받침하는 1차적인 세부내용이고, 그것을 뒷받침하는 세부내용은 전체 중심 내용의 2차적인 세부내용이 된다. 이러한 조직형태는 <표 2-1>과 같이 시각화해 볼 수 있다.

〈표 2-1〉 텍스트의 조직 형태

토 픽 / 제 목

Ⅰ. 중심 내용(가장 추상적이고 일반적인 핵심 아이디어)
  1. 하위 중심 내용(1) (보다 구체적인)
    (1) 뒷받침하는 세부내용(보다 더 구체적인)
    (2) …
       ·
       ·
       ·

  2. 하위 중심 내용(2)
   (1) …
      ·
      ·
      ·

Ⅱ. 중심 내용
  1. 하위 중심 내용(1)
     ·
     ·
     ·

이러한 텍스트의 조직형태를 아래와 같이 좀 자세하게 정리해 볼 수도 있다.

(1) 1개 단락의 글은 대개가 '제목 – 중심 내용 – 뒷받침하는 세부내용'으로 조직되어 있다.

반면에 몇 개 단락의 글 또는 절의 내용은 '제목－중심 내용－하위 중심내용－뒷받침하는 세부내용'으로 조직되어 있다.

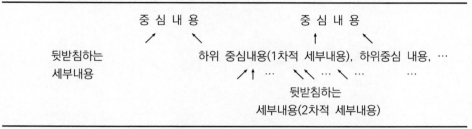

(2) 논설문의 경우 '중심 내용'은 '결론'(주장)이고 '하위 중심 내용'과 이를 '뒷받침하는 세부내용'은 모두가 그러한 '주장'(결론)을 뒷받침하는 내용 (증거, 근거, 전재)들이다.

다만 '하위 중심 내용'은 주장을 직접적으로 뒷받침하고 있는 '세부내용'인 반면에 그것을 '뒷받침하는 세부내용'은 '직접적인 세부내용'을 다시 뒷받침하는 2차적인 것이다.

(3) 서사문(이야기 글)의 경우 '중심 내용'은 '핵심'(요지, gist)이고, '하위 중심 내용'과 이를 '뒷받침하는 세부내용'은 모두가 '핵심내용'에 관련한 주요 내용이다.

그러나 '하위 중심내용'은 '핵심'에 1차적으로 관련되어 있는 데 대하여 그것을 '뒷받침하는 세부내용'은 다시 각기의 '하위 중심내용'에 관련되어 있다.

다음의 각 묶음에는 1개의 제목, 1개의 중심 내용, 및 2개의 세부내용(근거, 증거, 이유)이 나열되어 있다. 각기를 확인해 보라.

• 묶음 1:
    _____ a. 강아지는 어릴수록 시간과 정성이 더 많이 요구되므로 나이를 고려한다.
    _____ b. 개 선택하기.
    _____ c. 개를 선택할 때는 고려해 보아야 할 몇 가지의 요소가 있다.
    _____ d. 개가 자랐을 때의 몸집의 크기도 중요하다.

• 묶음 2:
    _____ a. 나는 축구선수가 되고 싶다.
    _____ b. 몸도 튼튼해져서 좋다.
    _____ c. 축구를 하면 기분이 좋다.
    _____ d. 나의 소망

III

텍스트의 깊은 이해(Ⅰ): 바른 질문하기

1. 텍스트 이해의 과정

여기서는 교과내용의 텍스트를 깊게 이해하기 위한 '바른 질문하기'에 대하여 알아볼 것이다. 그러나 이에 앞서 효과적인 독서의 요령을 몇 개의 단계에 따라 정리해 본다.

(ⅰ) 먼저, 글(텍스트)의 전체가 '무엇에 대한 것'이며 어떤 식으로 조직되어 있는지를 훑어 읽고 개관해 본다. 전체의 조직을 파악하고 전체에 대한 감(感)이 생기면 그때부터 자세하게 정독해야 한다.

(ⅱ) 정독을 할 때는 '깊은 이해'를 할 수 있기 위하여 '바른 질문들을' 차례 대로 제기하고 각기에 대한 '대답'을 찾아야 한다(깊은 이해를 위한 핵심 적인 '바른 질문'들은 다음에서 자세히 다루고 있다).

(ⅲ) 읽는 동안에는 주요 내용을 밑줄치거나, 요약의 형태로 노트하거나 마 인드맵 등의 시각적인 다이아그램으로 정리하면 이해와 집중에 도움 된 다. 전체를 구조적으로 이해하고 텍스트 속에 나타나 있는 저자의 생각 에 빠져 들어가는 것이 깊은 이해이다.

(ⅳ) 독서가 끝이 나면 전체를 다시 개관하고 정리해 본다. 이해를 수리하거나 반성해 보는 것도 중요하다. 그러나 텍스트에 대한 구조적인 깊은 이해는 거기서 끝나는 것이 아니다. 다음에는 구조적인 깊은 이해를 바탕으로 비 판적이고 창의적인 이해의 수준으로 더 크게 넘어갈 수 있어야 한다.

2. 이해를 위한 바른 질문들

텍스트를 깊게 이해하기 위한 바른 질문들을 전체적으로 정리해 보면 다음과 같다.

(i) 무엇에(누구에) 대한 것인가?

• 제목(토픽)을 찾는다.

(ii) 중심 내용은 무엇인가? 저자가 당신에게 정말로 말하고 싶어 하는 것은 무엇인가? 핵심(요지)은 무엇인가?

• 중심 내용(핵심내용, 핵심 아이디어)을 찾는다. 이것은 논설문(논증문과 설명문)의 경우는 '결론'(주장)을 찾고, 서사문(이야기 글)의 경우는 핵심내용(요지)을 찾는 것이다.
• 논설문의 경우는 '결론'(주장)을 찾아낸 다음 이를 기초하여 '이슈'(논점)를 찾는다. 어떤 '이슈'에 대한 것인가? 어떤 '이슈'를 다루고 있는가?
• 서사문(이야기 글)의 경우는 핵심 내용을 찾는다. 핵심 내용은 이야기의 발단(어떤 문제나 갈등이 생겼는가?), 사건이 전개된 줄거리 및 결과(엔딩)를 요약한 것이다. 서사문의 핵심내용은 이야기의 '요지' 같은 것이다.

(iii) 뒷받침하는 세부내용(근거)은 무엇인가?

• 논설문의 경우는 뒷받침하는 이유(증거, 근거, 전제)를 찾는 것이고, 서사문(이야기 글)의 경우는 '주요 관련내용'들을 확인해 내는 것이다.

(iv) 적절한 '복습'의 방법은 무엇인가?

• 시각적인 그래픽 중에는 어떤 것이 적합한가?
• 이해를 바르게 수리해야 할 것은?
• 전체를 상상해 보고 감(感)을 느낀다.

(1) '제목' 찾기

'이 글(텍스트)은 무엇에(누구에) 대한 것인가?'란 질문을 하고 글의 토픽/제목을 찾는다. 텍스트는 언제나 '무엇에 대한' 것이다. '무엇에 대한'의 '무엇을' 토픽 (topic)이라 한다. 그러나 글의 '제목'(title)은 토픽을 좀 더 풀어서 독자가 읽고 싶은 마음이 생길 수 있게 표현한 것이라서 토픽과 약간의 차이는 있을 수 있다. 어떻든 토픽/제목을 찾기 위해서는 글의 전체를 조심스럽게 '개관'해 보아야 한다.

토픽/제목은 글이 무엇에 대한 것인가, 어떤 주제 또는 어떤 제재(題材, subject)에 대한 것인지를 말해 준다. 그리고 대개의 경우 제목은 한 개의 단어, 몇 개의 단어 또는 하나의 구로 표현하고 있다. 그러나 강조하기 위하여 완전문장을 사용하는 경우도 간혹은 있다.

(i) 독자가 발견하는 제목은 저자가 제시해 놓은 것과는 다를 수 있지만 그러나 의미하는 주제는 같을 것이다. 또한 한 가지가 아니라 몇 가지의 제목(토픽)이 가능할 수 있다.

(ii) 어떤 제목을 부칠 것인가? '좋은 제목'일수록 텍스트의 내용을 보다 쉽게 짐작해 볼 수 있고 또한 읽고 싶은 마음이 우러나게 핵심을 짚어 준다.

---

1. 다음의 각기에는 일반적인 제목 1개와 그러한 제목에 속하는 구체적 내용 네 개가 나열되어 있다. 각기에서 일반적인 제목이 될 수 있는 것을 골라 보라.
(i) 깡통,   병,   용기,   항아리,   가방
(ii) 현미경,   망원경,   쌍안경,   확대경,   줌렌즈

2. 다음의 각기에는 일반적인 제목에 속하는 세부내용이 나열되어 있다. 각 리스트에 대한 제목으로 적절한 것은?
(i) 제목: _____
      해머,   톱,   송곳,   집게
(ii) 제목: _____
      가솔린,   석탄,   알코올,   나무
(iii) 제목: _____
      코미디언,   배우,   마술사,   어릿광대

3. 다음에 있는 글의 제목을 붙여보라.
병을 치료할 때 의사는 하얀 가운을 입는다. 공장에서 일하는 사람은 작업복을 입는다. 학생들이 운동할 때에는 체육복을 입는다. 그리고 네거리에서 교통정리를 하고 있는 경찰관은 눈에 잘 띄는 경찰관복을 입는다.

---

(2) '중심 내용' 찾기

'중심 내용은 무엇인가? 저자가 당신에게 정말로 말하고 싶어하는 것은 무엇인가?, 핵심(요지)은 무엇인가?' 이러한 '질문'에 대한 대답을 찾는다. 중심 내용(핵심내용, 핵심아이디어, main idea)은 저자가 제목(토픽)에 대하여 말하고자 하는 핵심적인 메시지이며, 독자에게 전하고 싶어 하는 중심적인 내용이다. 단원 내용의 중심적인 아이디어이다. 대개의 경우 글의 중심 내용은 단락에 있는 문장 속에 진술되어 있는데 이 문장을 중심 문장(토픽 문장, topic sentence)이라 부른다. 중심 내용을 나타내는 중심 문장은 마치 '우산'과 같은 것으로 다른 내용은 모두가 그 밑에 포섭되어 들어간다. 다시 말하면 다른 내용은 모두가 그 중심 내용을 뒷받침하거나 설명하거나 또는 더욱 발전시키기 위한 세부내용이다. 중심 내용을 진술하는 중심 문장은 전체 텍스트의 핵심이 무엇인지를 표현해 준다.

(3) 이슈의 확인

중심 내용은 논설문(논증문과 설명문)의 경우는 결론(주장)이고 서사문(이야기글)의 경우는 핵심 내용(요지)이다. 그런데 논설문의 경우 '결론'(주장)을 찾아내고 나면 그것이 다루고 있는 '이슈'는 무엇인지를 찾아야 한다. '이 글은 어떤 이슈(논점)에 대한 것인가?' 또는 '이 글은 어떤 이슈를 다루고 있는가?'라고 질문해야 한다.

이슈(issue, 쟁점, 논점)란 논의나 말씨름이 벌어지게 하는 어떤 내용이다. 그러므로 논증문이나 설명문은 언제나 어떤 이슈에 대한 것이다. 이슈를 확인해 내어야(특히 논증문/주장문에서) 논의와 사고의 초점이 분명해진다. 그런데 논증문은 규범적 이슈를, 설명문은 기술적 이슈를 다룬다는 것도 주목해야 한다.

규범적 이슈(prescriptive)는 도덕적, 윤리적인 이슈이며, 그러므로 무엇이 맞거나 틀리며, 바람직하거나 바람직하지 아니하며, 또는 좋거나 나쁜지에 대한 것이다. 즉 세상이 어떻게 '되어야 한다'(ought to be)는 것이며, 거기에 대한 대답을 요구하는 것이다. 예컨대 '사형제도는 폐지되어야 하는가?' 또는 '학생들에게 무료급식을 해야 하는가'와 같은 질문이다.

반면에 기술적 이슈(記述的, 서술적, descriptive)는 세상이 어떠했고, 어떠하고, 또는 어떻게 되어 갈 것인지를 기술하고 그에 대한 대답을 요구한다. 이러한 이슈는 세상사의 경향, 형태 또는 질서 등을 반영하고 있다. 예컨대 '착한 학생은 공부를 잘하는가?' '인터넷 중독을 어떻게 방지할 수 있을까?'와 같은 것이다.

(i) 텍스트에서 이슈가 진술되어 있으면 그것을 찾는 것은 매우 간단할 수 있다. 저자는 텍스트의 시작부분이나 제목에서 이슈가 무엇인지를 바로 말해 줄 수도 있다.

- 내가 제기하는 문제는 우리의 세금이 너무 높다는 것이다.
- 속도 제한 완화: 이것은 옳은 처사인가?
- 학교에서 성교육을 반드시 해야 하는가?
- 심청이는 효녀일까요? 먼저 결론부터 말하면 심청이는 효녀가 아니라고 생각합니다.

(ii) 이슈가 텍스트에 외현적으로 진술되어 있지 아니할 때는 먼저 '결론'을 찾아내고, 그것을 기초로 이슈가 무엇인지를 추론해야 한다.

(4) 중심 내용의 위치

먼저 중심 내용을 찾아내는(확인해내는) 요령부터 알아보고, 이어서 중심 내용을 담고 있는 중심 문장의 위치에 대하여 살펴본다.

(i) 단락을 끝까지 훑어 읽는다.

그런 다음 '이 단락의 대부분은 무엇에 대한 것인가?'라고 묻는다. 이 물음에서 텍스트의 가능한 '토픽, 제목'을 생각해 내게 된다.

(ii) 전체 문단의 의미를 핵심적으로 나타내는 문장을 찾는다.

이것은 중심 내용을 포함하고 있는 중심 문장을 찾는 것이다. 다른 모든 문장들은 모두가 이 핵심 문장을 뒷받침하거나 설명하거나 더욱 발전(전개)시키기 위한 것이다.

텍스트에서 중심 문장이 어느 위치에 있느냐에 따라 단락의 구조는 다섯 가지 유형으로 나누어 볼 수 있다.

(i) 단락의 첫 문장에 있는 경우: 단락의 첫 번째 문장이 중심 내용을 진술하고 있는 경우가 가장 많다(대개 보아 모든 글의 약 70~75% 정도). 단락에 있는 다른 세부내용은 모두가 이 첫 번째 문장을 뒷받침하거나 설명하거나 또는 풀어서 발전시키기 위한 것이다.

알고 싶거나 필요한 정보가 있을 때 우리는 여러 가지 자료를 통하여 정보를 찾습니다. 예를 들어, 가족과 함께 여행을 떠나고 싶으면, 여행지를 소개한 책이나 인터넷을 통하여 적당한 여행지를 찾습니다. 공부하다가 모르는 용어가 나오면, 백과사전을 찾아 그 내용을 알아보기도 합니다. 이와 같이 여러 가지 자료를 통하여 원하는 정보를 찾아 읽으면, 알고 싶은 것에 대하여 더욱 정확하고 자세한 내용을 알 수 있습니다.

---

* 가능한 제목은 '정보' 또는 '정보 찾기'일 것이다. 이슈는 '필요한 정보를 찾아야 하는가?'이고 결론은 '여러 가지 자료를 통하여 정보를 찾습니다'이다.

(ii) 단락의 가운데에 있는 경우: 중심 문장이 단락의 가운데 어디쯤에 있을 때는 그에 앞서서 중심 내용을 이전의 단락에 연결시키기 위한 서론적인 문장(단락), 독자의 관심을 끌기 위한 문장(단락), 또는 중심 내용에 대한 배경을 제시하기 위한 문장(단락) 등이 나타난다.

중심 문장은 말 그대로 그 문장에서 가장 중요한 문장으로 그 문단의 기준점이 된다. 뒷받침하는 문장은 중심 문장을 쉽게 풀이하거나 부각하기 위한 문장이다. 이들 중심 문장과 뒷받침하는 문장이 적절히 결합될 때, 하나의 좋은 문단이 만들어지게 된다. 문단은 흔히 중심 문장과 이를 뒷받침하는 문장으로 구성된다. 좋은 문단을 구성하기 위해서는 우선 중심 문장을 적절히 쓸 수 있어야 한다. 그리고 이 중심 문장을 적절히 뒷받침할 수 있는 문장을 구성할 수 있어야 한다. 그리고 이들을 적절히 연결 지을 수 있어야 한다.

---

* 가능한 제목은 '문단의 구성'이고, 이슈는 '문단은 어떻게 구성되는가?'이고 그리고 결론은 '문단은 흔히 중심 문장과 이를 뒷받침하는 문장으로 구성된다'이다.

(iii) 단락의 끝 문장에 있는 경우: 중심 문장이 단락의 끝에 있을 때는 이전의 문장들은 모두가 이 중심 문장을 이끌어 내기 위한 것이다. 그런데 중심 문장이 단락의 처음에 있고 끝에 다시 나타나 있을 수도 있다. 이런 경우는 저자가 단락을 시작하면서 중심 내용을 제시한 다음, 다시 단락의 끝에 가서 그것을 재진술 하는(그러나 대개 단어를 바꾸어 사용하면서) 경우이다.

침엽수는 소나무나 삼나무와 같이 잎이 바늘 모양으로 긴 나무로, 대개는 탄력성이 있기 때문에 건축의 재료로 쓰인다. 활엽수는 느티나무, 오동나무, 옻나무와 같이 넙적한 나무로, 화려한 무늬가 있다. 그리고, 그 무늬는 나무에 따라 고유한 특성이 있으므로, 가구의 제작과 실내장식용으로 쓰인다. 나무는 크게 침엽수와 활엽수로 나누어진다.

* 가능한 제목은 '나무' 또는 '나무의 종류'이고, 이슈는 '나무는 어떻게 나눠볼 수 있는가?'이고, 그리고 결론은 마지막 문장에 있다.

(ⅳ) 진술되어 있지 않는 경우: 어떤 글에는 중심 문장이 없을 수도 있다. 그러나 중심 문장이 없다는 말이 중심 내용이 없다는 말은 아니다. 다만 저자는 세부 내용을 제시하고 그 속에서 중심 내용이 은밀하게 저절로 드러나기를 기대하는 것이다. 이런 경우 독자는 세부적인 내용을 살펴보고 그 속에 내재되어 있는 중심 내용을 짐작해 내어야 한다.

이러한 글에서는 다른 것을 모두 포섭할 만한 '우산' 같은 문장이 없다. 이런 경우 독자는 "이러한 세부적인 내용을 가지고 이야기 하고 싶어 하는 중심 내용은 무엇일까?"라고 물어 보아야 한다. 또는 글을 모두 읽고 난 다음 "… 그래, 그러면?"이라는 질문을 해 보라. 그리하여 중심 내용을 짐작해 보라. 중심 내용을 추론해서 진술할 때는 너무 좁아서 포괄하지 못하는 세부내용이 있어서도 안 되지만, 반대로 너무 추상적이고 광범위해서도 안 된다.

마지막으로 중심 문장이 두 개 이상으로 나뉘어 있고, 각 부분에서는 중심 내용을 다르게 자세히 설명하는 경우도 있다. 이러한 조직 형태를 분리형이라 부른다.

책은 잡지나 추리 소설을 읽듯이 재미로 읽는 것이 있고, 요리책이나 지도책을 읽듯이 실제적인 적용을 위해서 읽는 것이 있다. 독서 과제나 신문을 읽듯이 일반적인 지식을 얻기 위해서 읽는 것이 있다. 전화번호부나 교과서의 색인을 읽듯이 부분적인 정보를 얻기 위해서 읽는 것도 있고, 사설이나 각종 의견서를 읽듯이 비평이나 평가를 하기 위해서 읽는 것도 있다.

* 가능한 제목은 '책 읽기의 종류' 정도이고, 이슈는 '책 읽기에는 어떤 종류가 있는가?'이고, 그리고 결론은 '책 읽기에는 여러 가지 종류가 있다'이다.

(ⅴ) 몇 개 단락으로 된 글에서 중심 내용 찾기: 앞에서는 한 개의 단락에서 '중심 문장'을 찾아보았다. 이런 텍스트는 '중심 내용'−'뒷받침하는 세부내용(근거)'의 형태로 조직되어 있다. 그러나 몇 개의 단락으로 이루어져 있는 절(節)에서는 '뒷받침하는 세부내용'들이 좀 더 복잡할 수 있다.

구체적으로 보면 이런 글은 중심 내용을 1차적으로 뒷받침하는 것과, 그러한 1차적인 뒷받침 내용을 다시 뒷받침하는 2차적인 세부내용이 시퀀스적인 형태로 이루어져 있다. 이때 1차적인 세부내용을 '하위 중심 내용'(subidea), 그리고 2차적인 것을 그냥 '뒷받침하는 세부내용'이라 부른다. 이런 텍스트는 '중심 내용'−'하위 중심 내용'−'뒷받침하는 세부내용'의 형태로 조직되어 있다. 다시 말하면 텍스트의 전체는 중심 내용을 핵심으로('우산'으로) 하고 있다. 그러나 각기의 단락은 중심 내용을 보다 구체적으로 진술하는 '하위 중심 내용'에 대한 것이며 다른 문장들은 모두가 이들 '하위 중심 내용'을 뒷받침하고 있다. 다음의 보기에서 '중심 문장'에 동그라미 치고, 각 단락에 있는 '하위 중심 내용'에 밑줄을 그어 보라.

물건 구매에서 아동이 차지하는 역할은 나이가 들면서 점차 진화해 간다. 아주 어렸을 때는 장난감을 사거나 과자 같은 것을 구입할 때 크게 영향을 미친다. 외식할 때도 작용을 하는 것 같다. 부모가 외식을 하기로 결정하면 아동은 어느 식당에 갈 것인지를 결정할 때가 많다.

그러나 점차 나이가 들면 이들은 의복을 살 때에 보다 더 큰 영향을 미친다. 10대 초기에서 후기로 접어들면 용돈의 규모도 늘어난다. 10대 소년들은 주로 과자, 음료수, 오락 등에 용돈을 많이 쓰고, 이와는 달리 10대 소녀들은 대부분의 용돈을 옷이나 선물 사는데 지출하고 있다.

---

* 위의 보기에서는 첫 번째 문장, 즉 "물건 구매에서 아동이 … 진화해 간다"가 전체적인 중심 문장이다. 다시 말하면 이 글은 아동기에서 10대로 넘어 갈 때의 물건구매의 변화를 다루고 있다. 그리고 각기의 단락은 이 '중심 내용'을 뒷받침하는 보다 구체적인 '하위 중심 내용'을 다루고 있다.

(5) '뒷받침하는 세부내용' 찾기

서사문(이야기 글)에서 뒷받침하는 세부내용은 중심 내용을 펼치고, 그리고 분명하고, 재미있고, 그리고 기억하기 쉽게 만들기 위하여 사용된다. 그리고 논증문(주장문)에서는 결론(주장)이라는 중심 내용을 '증명'하기 위하여 사용된다. 중심 내용은 보다 일반적인 것이기 때문에 이를 뒷받침하는 세부내용이 없으면 독자는 그것을 완전하게 이해하기가 어렵다.

뒷받침하는 세부내용에는 이유, 보기, 사실(통계치), 자세한 재진술, 권위자의 이야기 등이 포함된다. 그러나 뒷받침의 세부내용을 찾아내기가 어려울 수도 있다. 이때 독자가 할 수 있는 한 가지 방법은 중심 내용을 의문문으로 바꾸어 보고 거기에 대한 대답을 찾으면서 읽는 것이다. 의문문은 '누가, 무엇을, 왜, 언제, 어떻게' 등의 단어로 시작할 것이다. 예컨대 다음과 같은 중심 문장이 있다 해보자.

가난한 사람들의 건강문제가 심각함으로 이들을 위한 집중적인 노력이 필요하다.

그러면 이런 의문을 떠올려 볼 수 있다. '어떤 노력이 필요하지?', '가난한 사람들의 건강문제가 어떻게 심각하지?' 등. 이러한 질문에 대답하고 있는 것이 바로 '뒷받침하는 세부내용'이다.

그런데 뒷받침하는 세부내용과 중심 내용을 혼동하는 경우가 있을 수 있다. 읽기에서 흔히 범하는 '독서(경청) 오류' 중의 하나는 세부적인 내용은 기억하지만 그것이 뒷받침하고 있는 중심 내용은 잊어버린다는 것이다. 다시 말하면 '중심'은 잊어버리고 지엽적인 것만 기억하는 것이다. 왜 그럴까? 중심 내용은 보다 일반적이고 추상적인 반면, 뒷받침하는 세부내용은 대개가 재미있고, 이해하기 쉽고, 일상경험에 가까워 친근감이 들기 때문이다. 그리고 세부내용은 상상해 보거나 느껴 보기가 훨씬 쉽다. 시험 문제를 채점하다 보면 결론적인 중심 내용은 잊어버리고 농담 가까운, 세부적인 어떤 내용만 적어 놓은 답안지도 더러 발견할 수 있다.

그러므로 읽기를 할 때는 언제나 자세한 세부내용에 파묻히지 아니하고 그것들이 서로는 어떻게 관련되어 있는지를 알아야 한다. 환언하면 세부내용들이 어떤 중심 내용을 뒷받침하고 있는지를 구조적으로 이해해야 한다. '숲'을 보면서 동시에 '산' 전체도 볼 수 있어야 한다는 말과 같다.

(연습문제) 다음의 글에서 이슈, 결론(주장)과 뒷받침하는 세부내용을 확인해 보라. 그리고 글의 제목도 붙여보라.

경험한 일을 말하고 들으면서 경험의 폭을 넓힐 수 있고, 상대방을 더 잘 이해할 수 있으며, 즐거움을 느낄 수도 있다. 그러면 일상적인 대화는 어떻게 해야 하는가? 경험한 일을 말할 때는 듣는 사람이 그 상황을 잘 이해할 수 있도록 조직하여 말하는 것이 좋다.

- 민희: 종수야, 왜 그렇게 절뚝거려? 어디 아프니?
- 종수: 나 오늘 아침에 정말 어이없는 일을 당했어. 내 실수이긴 하지만.
- 민희: 뭔데?
- 종수: 어제 저녁에 방에서 바나나를 먹었는데, 껍질을 치우기가 귀찮아서 그냥 방바닥에 던져 놓고 잤거든. 아침에, 늦겠다는 엄마 말씀에 잠이 깨어 얼른 화장실로 가려는데, 그만 그 껍질을 밟아 뒤로 벌렁 넘어지고 말았지 뭐야.
- 민희: 하하, 그래?
- 종수: 그런데다 서둘러 화장실에 들어가다가 신발이 미끄러져서 또 넘어졌다고. 아, 정말 ……

이 대화는 종수가 경험한 일을 친구 민희에게 말하는 장면이다. 그런데 민희의 물음에 대해 종수가 "넘어져서 그랬다."라고만 대답을 했다면 민희는 종수가 경험한 일의 상황을 잘 이해하지 못했을 것이고 대화도 더이상 이어지지 못했을 것이다. 그래서 종수는 어제 저녁에 있었던 일부터 시작해서 등교하기 전까지의 일을 차례로 말하고 있다.

* 이슈는 '일상적인 대화는 어떻게 해야 하는가?'이고, 그리고 '경험한 일을 말할 때에는 … 말하는 것이 좋다'가 중심 문장이며 이것이 결론이다. 뒷받침하는 세부내용으로는 대화의 보기와 이에 대한 설명을 사용하고 있다. 제목으로는 '대화의 요령', 또는 '대화와 조직' 등이 가능할 것이다.

Ⅳ

텍스트의 깊은 이해(Ⅱ): 요약하기, 정교화하기 및 시스템적 사고

대개 보아 독서의 목적은 내용을 깊게 이해하고 읽기를 즐기는 데 있다. 우리 모두는 독서 이해(독해)를 '잘할 수' 있기를 소망한다. 독서를 잘하는 것을 효과적인 독서, 성공적인 독서, 훌륭한 독서 또는 숙련된 독서 등으로 부르고 있다. 텍스트의 읽기를 잘하고 회화나 수업의 내용을 깊게 기억하고, 활용할 줄 아는 것은 학교 공부뿐 아니라 전문인의 직업 성공에도 필수적이다. 글 읽기를 잘한다는 것은 텍스트를 완전하게 이해하는 것이며, 거기에는 내용을 깊게 이해하고, 독서한 글의 내용을 합리적으로 판단하고(비판적 이해) 그리고 나아가 그것을 짚고 넘어서 그 위에서 자신의 메시지를 생산할 줄 아는 것(창의적 이해)까지를 포괄하는 것이다.

그러면 텍스트의 이해를 잘하려면 어떻게 해야 할까? 어떤 일을 배우려면 그 일을 잘하는 사람은 어떻게 하는지를 알고 그것을 모델 삼아야 한다. 그것은 독서 이해/글쓰기뿐 아니라 심지어는 바둑도 고수(또는 바둑 AI)를 따라 배워야 한다. 독서를 잘하는 사람은 요약하기, 정교화하기 및 시스템적 사고하기 등의 세 가지 기능/능력이 특히 뛰어난데, 이들 가운데 대표적인 능력은 '요약하기' 기능이다. 사실 요약하기는 텍스트의 메시지를 재구성하고 복원하는 '깊은 이해'의 핵심이기도 하다.

1. 요약하기

글이나 말을 잘 이해하는 사람은 '요약'을 잘하는 사람이다. 요약하기(summarizing)란 텍스트의 중심 되는 내용을 찾아 '뼈대'와 같은 일반적인 골자로 조직화하여 자기 자신의 말로 짧고 간단하게 진술하는 것이다. 요약하기는 긴 내용을 줄여서 '뼈대'를 찾는 것이므로, 이를 추상화(abstraction) 또는 일반화(일반화 사고)라고도 한다. 거기에는 구체적인 두 가지의 추론 과정이 요구된다.

하나는 중요한 정보와 덜 중요한 것을 구분하고 부적절한 것은 요약에서 탈락시키는 것이다. 그리고 다른 하나의 추론 과정은 몇 개의 명제들을 '종합'하여 보다 더 일반적인 명제로 대치하는 것이다. 예컨대 '철수는 퍼즐에 색칠을 하고 있다'와 '철수는 공을 가지고 놀고 있다' 등의 일련의 명제들을 '철수는 장난감을 가지고 놀고 있다'라는 상위의 개념으로 대치시키는 것이다.

결국 요약의 과정은 거시적인 추론의 규칙에 따른 것이다. 거시 규칙은 텍스트의 미시적인 구조가 가지고 있는 세부적인 정보를 줄이고 보다 추상적인 수준에서 조직화하여 전체적인 시각에서 내려다 볼 수 있게 해 준다. 그렇게 하면 텍스트의 핵심적인 요지를 보여줄 수 있다. 거시 구조는 실제로는 여러 수준의 것일 수 있기 때문에 거시 규칙은 구속 조건이 충족될 때까지 몇 번이고 순환적으로 적용될 수 있다.

텍스트를 요약한다는 것은 긴 내용에서 핵심을 찾아 짧게 자신의 말로 재진술하는 것이지만, 그러나 얼마나 짧게 요약할 것인지는 장면의 요구에 따라 다를 수 있다. 간단하게 재진술하기 위한 요약의 거시규칙은 다음과 같다.

(1) 본질적이지 아니한 정보는 탈락(제외)시킨다.

요약을 잘하려면 부적절하거나, 중요하지 않거나, 덜 중요하거나 또는 중심 내용이 아닌 세부 내용을 탈락(제외)시키는 것이 중요하다. 아래의 문단에서 중요하지 아니한 것들을 탈락시키고 나면 대개 보아 밑줄 친 부분이 남게 될 것이다. 밑줄 친 부분만을 가지고 좀 길게 또는 하나의 문장으로 짧게 요약해 볼 수 있다.

> "열대 우기 산림 기후에서 살면 <u>빠르게 변화</u>하고 있지만 그러면서도 <u>전혀 변화가 없는 것</u> 같은 역설적인 생활에 직면하게 된다. 어느 날이 든 <u>아침</u>이면 세찬 비가 계속해서 내린다. 오후가 되면 <u>태양이</u> 얼굴을 내밀고 견딜 수 없을 만큼 <u>덥고 습기</u> 차다. <u>아침</u>에는 레인코트를 입고, 저녁이면 <u>짧은 소매</u>만 걸치고 사는 생활에 당신은 익숙해질 수 있을까요? 그리고 매일 이런 일이 <u>되풀이</u>된다. 일요일에서 토요일까지! 쉼없이."

- "열대 우기 산림 기후는 역설적이다. 아침에는 계속해서 비가 내리고 오후는 덥고 습기 차다. 이런 기후가 매일 되풀이된다."
- "열대의 우기 산림 기후는 역설적이다."

(2) 중심 문장을 확인해 낸다. 그것이 없을 때는 구성해 낸다.

중심 문장(토픽문장, topic sentence)에는 단락의 중심 내용이 포함되어 있다. 중심 내용이란 '결론'과 같은 핵심적인 내용을 말한다. 그러므로 요약을 할 때는 반드시 중심 내용을 포함시켜야 한다. 만약 텍스트에 중심 문장이 나타나 있지 않다면 독자 자신이 중심 문장을 구성해 내어야 한다. 다음의 텍스트에서 처럼 중심 문장이 진술되어 있지 아니한 텍스트를 생각해 보라.

> "1998년이 되자 주식은 나선형적인 모습으로 계속하여 치솟아 올랐다. 수많은 투자자들이 외상으로 주식을 샀다. 사람들은 몇 만 원의 돈만 지불하고 빚을 내어 주식을 사들였다. 시장에는 새로운 편의 제품들이 쏟아져 나왔다. 누구나 냉장고, 라디오, 자동차를 소유하고 있는 것 같이 보였다. 그러나 농부들은 재배한 농작물이 태풍을 맞아 큰 손실을 보고 있었다. 실업률은 증가하고 있었다."

이 글의 저자는 독자가 추리를 적절하게 해 낼 수 있으리라 믿고 있음이 분명하다. 저자는 "겉으로는 번창한 것 같지만 90년대 후반의 경제는 건강한 것이 아니다"란 말을 하고 싶었을 것이다. 이 문단의 의미를 정확하게 이해하려면 독자는 자신이 중심 문장을 구성해 냄으로써 세부내용을 간결하게 일반화할 수 있어야 한다. 이 단락을 좀 더 길게 요약해 보면 다음과 같은 모습이 될 것이다.

> "주가는 오르고 있어도 90년대 후반의 경제는 건강한 모습이 아니었다. 사람들은 빚을 내어 주식을 사고 있다. 실업률은 증가하고 있고 농작물 손실은 크다. 가게에는 팔리지 아니하는 신제품들로 가득 차 있다."

(3) 상위 수준의 단어를 생성/구성해 낸다.

요약을 하려면 텍스트에 있는 내용을 더 높은 수준에서 그들을 포괄할 수 있는 상위의 단어를 새롭게 생성/구성해 낼 필요가 있다. 이러한 상위 개념은 텍스트에는 제시되어 있지 않다. 만들어 낸 상위 단어가 세부적인 내용을 보다 적절하게 포괄할수록 좋은 요약이 된다. 이러한 상위 단어는 독자로 하여금 글을 한 줄 한 줄씩 따라 읽는 것을 넘어 '줄과 줄 사이', 소위 행간(行間)도 읽게 하기 때문에 텍스트의 내용을 훨씬 더 잘 이해하도록 해 줄 것이다. 보기 하나를 들어보면 다음과 같다.

(i) 철수는 추석 때 사과를 많이 먹었습니다. 그리고 배와 복숭아도 먹었습니다. 저녁때는 오렌지와 대추도 맛있게 먹었습니다.

(ii) 또한 철수는 바다에서 난 연어와 갈치를 먹었습니다. 바닷장어, 돔, 오징어도 먹었습니다.

(iii) 그뿐이 아니다. 철수는 소고기 요리, 바비큐한 돼지고기도 맛있게 먹었습니다.

  ⇒ (i) • 사과, 배, 복숭아, 오렌지, 대추 → 과일
          • 철수는 추석 때 여러 가지 과일을 먹었다.
          • 철수는 여러 가지 과일을 먹었다.
    (ii) • 연어, 갈치, 바닷장어, 돔, 오징어 → 해물(바다고기)
          • 철수는 여러 가지 해물을 먹었다.
    (iii) • 소고기, 돼지고기 → 육류
          • 철수는 몇 가지의 육류도 먹었다.
  (i)-(ii)-(iii) • 과일, 해물, 육류 → 음식
           • 철수는 추석 때 여러 가지 음식을 먹었다.

---

(4) 상위의 단어를 사용하여 텍스트의 내용을 일반화(추상화)한다.

앞에서는 상위 단어를 생성하여 세부 내용을 포괄적으로 요약하였다. 그러나 요약은 이에서 더 나아가 일반화하는 '일반적인 진술'까지도 포함시킬 수 있어야 한다. 상위 단어를 사용하여 세부 내용을 일반화할 때는(거시 구조적인 진술을 하면서) 중심 내용이 부각되게 요약을 해야 한다.

텍스트의 서두에서 요약을 해두면 그것은 선행 조직자(advanced organizer)의 구실을 하게 된다. 선행 조직자란 텍스트에 있는 정보를 전체적으로 포섭할 수 있는 추상적 수준의 도입적인 요약을 말한다. 그러므로 그것을 선행적으로 먼저

보게 되면 후속의 내용을 보다 조직적으로 이해할 수 있다.

결국 요약 과정은 거시 규칙에 따르는 것이다. 거시 규칙은 텍스트의 미시구조가 가지고 있는 보다 세부적인 내용을 압축시켜 동일한 내용을 핵심적으로 간단하고 짧게 진술하게 한다. 그리하여 텍스트의 핵심적인 요지(gist)를 파악해 내게 한다. 그러나 거시구조에는 여러 수준이 있을 수 있기 때문에 거시 규칙은 규칙의 구속조건이 충족될 때까지 계속하여 몇 번이고 순환적으로 적용해야 할 수도 있다.

다음의 진술을 하나의 문장으로 요약해 보라.
• (그는) 더러워진 옷은 깨끗하게 빨아 입습니다.
• 지퍼나 단추는 잘 채웁니다.
• 덥다고 옷을 풀어헤치거나 걷어올리지 않습니다.
• 바지가 흘러내리지 않도록 허리띠를 잘 맵니다.

---

* 위의 보기 문제는 '(그는) 옷차림을 단정히 한다'로 요약할 수 있을 것이다.

(5) 서사문(이야기 글)의 경우는 이야기의 줄거리를 개요(outline)로 요약한다.

요약에서 '중심 문장'을 확인해 내거나 그것이 없으면 새롭게 구성해 내는 거시 규칙은 주로 '논설문'(논증문과 설명문)의 경우에 해당된다. 그러면 서사문(이야기 글)은 어떻게 요약할 수 있는가? 이야기 글은 이야기의 줄거리를 개요적으로 요약해야 한다. 서사문(이야기 글)은 소위 '이야기 문법'(story grammar)이라 부르는 몇 가지 요소들로 되어있는데, 거기에는 장면(배경, 시간−장소−등장인물), 문제(갈등, 사건), 구성(줄거리) 및 해결(결말, 엔딩) 등의 네 개의 부분이 포함되어 있다. 그러므로 서사문(이야기 글)을 요약할 때는 이들 요소를 압축해야 한다. 다시 말하면 서사문(이야기 글)은 어떤 '배경'에서(시간, 장소), 어떤 주인공이, 어떤 발단(문제, 사건)이 있어서, 어떤 일련의 사건이 벌어졌으며, 그리고 결말/끝이 어떻게 되었는지를 간단하게 요약해야 한다.

2. 정교화하기

독서 이해를 잘하는 데는 요약하기뿐 아니라 현재의 내용을 깊고 자세하게 정교화할 줄 아는 능력도 필요하다. 요약을 하려면 덜 중요한 것은 탈락시키면서 글의 내용을 더 위로, 보다 더 일반적인 것으로 '추상화'해야 한다. 반면에 '정교화'는 더 아래로, 더 깊고 자세하게, 더 풍부하게 심화시켜 가는 것을 말한다. 요약의 과정에서 보면 빠져 있거나 부족한 부분을 메꾸어 넣고, 감추어져 있는 가정을 짐작해 내고, 세부적인 정보를 연결시키고, 정보들이 의미가 통하는 것으로 만들어 보고, 그리고 필요하면 자신의 선행 지식과 경험에 비추어 보면서 자세하게 정교화할 것이다. 정교화할 줄 아는 사람은 자신이 가지고 있는 배경지식을 사용하여 지금 읽고 있는 내용을 자세하고 풍부하게 만들어 갈 줄 안다. 예컨대 보기를 들고, 공통점과 차이점을 찾고, 다음의 내용을 예상해 보고, 중심 내용에 세부내용을 관련시키고 그리고 독서내용이 시사하는 함의나 문제점을 생각해 보는 것 등이다. 정교화 사고하는 것은 발산적 사고의 과정이며 새로운 창의 과정의 시작일 수 있다.

3. 시스템적 사고하기

독서를 잘하는 데는 내용을 서로 연결시키고 조직화할 줄 아는 능력이 필요하다. 글을 이해한다는 것은 내용들을 서로 '연결'(connection)시키는 것이다. 글의 내용을 이해하려면 문장 속에 있는 단어들을 뜻이 통하게 연결할 수 있어야 하고, 문단의 내용을 이해하려면 문단을 이루고 있는 문장들을 서로 연결시킬 수 있어야 한다. 마찬가지로 여러 단락의 내용이 전체로 연결되어야 단원의 내용을 이해할 수 있다.

이것을 우리는 글의 내용을 '조직화'(organization)한다고 말한다. 독서를 잘하고 이해를 잘하는 사람은 글의 내용을 전체적, 거시 구조적으로 연결시켜 이해하고 조직화할 줄 안다. 이러한 이해를 깊은 이해 또는 체제적(체계적) 이해라 부를 수 있다. 텍스트에는 가장 중요한 '뼈대'가 있고, 그다음으로 중요한 뼈대가 있고, 여기에 살과 피부 등이 붙어 있어 이들은 '전체'라는 체제를 이룬다. 이러한 시스템적 사고(체제적 사고, systems thinking)는 부분들을 연결하여 하나의 전체를 구성하며 '큰 그림'에 따라 생각할 줄 아는 능력이다.

자세한 내용들을 연결하여 조직화하는 데는 구조화와 맥락화라는 두 가지의 방법이 있다. 구조화(structuring)는 글 속에 들어 있는 여러 내용을 연결하여 조직하는 것이고, 맥락화(contexting)는 단원 내의 다른 부분의 내용, 또는 다른 단원이나 다른 교과에서 배운 내용, 또는 자신의 일상 경험의 내용과 관련시켜 조직화하는 것이다. 다시 말하면 글 속의 내용을 이전에 배웠던 내용이나 독자 자신이 가지고 있는 선행의 경험이나 지식에 그리고, 더 나아가 이렇고 저런 세상 지식과 연결하는 것이다. 이때 비로소 우리는 글의 내용을 단순히 아는 것이(knowing) 아니라 깊게 이해하는 것이 된다. 시스템적 사고는 '요약하기'의 바탕이 되는 사고 기능이고 사고 능력이다.

V

국가 교육과정의 비판적 분석

(1) 내용의 개관

현행의 개정 국가 교육과정(교육부, 2016)에는 교과내용을 구조화하고 학습량을 적정화하여 깊이 있는 심층적 학습이 이루어지는 것을 강조하고 있다. 이에 대한 설명을 살펴보면 "교사는 학생들이 핵심 개념 및 일반화된 지식을 심층적으로 이해하고 이를 중심으로 세부학습 내용들을 서로 관련지어 이해할 수 있도록 가르쳐야 한다."(교육부, 2016, p. 45). "핵심개념이란 교과가 기반 하는 학문의 기초적인 개념이나 원리를 포함하는 교과의 근본적인 아이디어입니다.… 일반화된 지식은 핵심개념을 배우기 위해 학생들이 학습해야 될 학교급을 관통하는 핵심적인 원리 및 지식이다. 일반화된 지식은 구체적인 사실적 지식들을 아우르기 때문에 다양한 상황과 사실들에 보편적이고 일반적으로 적용이 가능합니다."(p. 135).

또한 교과가 기반 하는 지식과 기능을 강조하고 있음도 발견할 수 있다. "교과 역량은 교과가 기반한 학문의 지식 및 기능을 습득하고 활용함으로써 길러질 수 있다"(p. 45). "교과 역량을 함양하는 데 필요한 학습 내용을 핵심 개념, 일반화된 지식, 기능(사고 및 탐구기능)을 중심으로 구조화하였고, 이를 내용체계에 제시하였습니다. 핵심 개념이란 … 일반화된 지식은 …. 기능이란 지식을 습득할 때 활용되는 탐구 및 사고기능이면서, 동시에 학습의 결과로서 학생들이 할 수 있어야 하는 능력을 의미 합니다."(p. 135). "핵심 개념 및 일반화된 지식에 대한 학습자들의 심층적 이해는 단순한 지식의 전달이 아닌 교과 고유의 사고 및 탐구기능을 통해 가르칠 때 가능한 것이다. 교과 고유의 사고 및 탐구기능은 핵심개념과 일반화된 지식을 심층적으로 이해하는 것을 가능하게 할 뿐만 아니라 학습한 내용을 다양한 상황에 적용하는 것을 가능하게 한다. 따라서 교사는 학생들이 핵심 개념과 일반화된 지식을 교과 고유의 사고 및 탐구기능을 통해 심층으로 이해하고 이를 다시 다양한 상황에 적용될 수 있도록 교과와 학습자의 특성을 고려한 교수학습이 이루어질 수 있도록 해야 한다"(p. 45).

(2) 비판적 분석

간추려 보면 각 교과에서 가르치는 학습 내용을 지식과 기능으로 나눈 다음 지식을 핵심 개념, 일반화된 지식과 세부내용으로 구조화하고 이를 심층적으로 이해하는 것을 강조하고 있다. 나아가 핵심 개념과 일반화된 지식은 단순한 전달이 아닌 교과 고유의 사고 및 탐구기능을 통해 가르칠 때 비로소 깊은 심층적 이해가 가능하다고 보고 있다. 그리고 다양한 상황에 적용 가능한 지식을 교수학습 하는 것을 강조하여 설명하고 있다. 현행 교육과정의 큰 흐름에 대하여서는 이미 1장에서 비판적으로 음미해 보았다. 이제 보다 구체적인 내용에 대한 몇 가지를 비판적으로 음미해 본다.

첫째, 교과내용을 핵심 개념, 일반화된 지식과 세부내용으로 구조화하여 설명하고 있는 현재의 설명은 애매하고 이해하기 어렵다. 핵심 개념이나 일반화된 지식이 어떤 것인지를 쉽게 납득하기가 어려워 교과 단원의 내용을 거기에 따라 구조적으로 설명하는 것은 쉽지 않아 보인다. 지식이란 사실, 개념, 법칙 및 이론으로 구성되어 있고 "교과내용이란 각 학문의 내용과 기본 개념들을 각기 학문의 탐구 방식이나 논리에 따라 조직화해 놓은 텍스트이다"(박성문, 2003, p. 14). 대개 보아 지식은 관찰에서 개념으로, 개념에서 일반적 법칙으로, 거기에서 다시 이론을 이루는 것으로 구조화하고 있다. 관찰이란 사실적 지식을 말하고, 개념은 이들을 추상적으로 일반화한 것이다. 개념은 다시 범위에 따라 하위개념, 상위개념 등으로 위계화할 수 있다. 이를 기초하여 볼 때 교과의 내용 지식(지식)은, 예컨대 단원을 이루고 있는 내용은, 핵심 내용(중심 내용, 핵심/중심 아이디어)과 이를 뒷받침하는 세부내용들로 이루어져 있고 이들은 응집적이라 설명하는 것이 이해하기 쉬워 보인다. 그리고 핵심 내용을 뒷받침하는 세부 내용도 상위적인 것과 하위적인 것으로 위계적으로 구조화할 수 있다. 그리고 '심층적 이해'란 '깊은 이해'(deep understanding)일 것이다. 심층적 이해/깊은 이해란 전체의 내용을 핵심 내용을 중심으로 세부 내용들을 상하위의 종적 관계 뿐 아니라 다른 단원이나 다른 영역의 개념들과도 그물 모양으로 조직적으로 연결하여 체제적으로 이해하는 것을 말할 것이다. 이것을 달리 말하면 저자의 메시지를 재구성하고 복원하여 저자의 생각과 같은 또는 비슷한 아이디어를 가질 수 있는 것이다.

둘째, 심층적 이해를 위한 '사고 및 탐구기능'을 설명하면서 그것은 '교과 고유'의 것이라 표현하는 것은 적절해 보이지 않는다. 다시 말하면 '교과 고유의 사고 및 탐구기능'을 통해 심층적으로 이해한다는 말은 정확한 것 같지가 않다. '교과 고유'한 것이란 교과목마다 고유하고 특수한 사고 및 탐구 기능이 있다는 말이며, 예컨대 같은 탐구 기능이라도 국어과의 탐구 기능이 다르고 사회과의 탐구기능이 다르다는 말이다. 학문적으로 보면 이것은 '영역 일반적인'(domain-general) 것에 대비되는 '영역 특수적인'(domain-specific) 것임을 말한다. 교과고유의 사고 기능을 주장하는 소수의 학자들이 있기는 하지만 그래도 교과목마다 교과 고유한(특수한) 사고 기능만 있다고 주장하지는 않는다. 영역 특수적인 것은 영역 일반적인 것에서 점차 전문적인 것으로 발전한다고 본다. 특히 초중등학교에서 다루는 사고 및 탐구기능은 대개보아 교과 일반적인 것이다. 실제로 교과 고유의 것이 있다 하더라도 그것이 어떤 것인지를 특정하기도 쉽지가 않다. 예컨대 국어과의 '브레인스토밍' 방법은 과학과의 '브레인스토밍' 방법과 다른가? 어떻게 다른가? 그리고 거의 모든 서술은 '학습', '학습 과정' 등에 따른 것이고 '사고', '사고 과정'에 의한 것은 찾아보기 어렵다. 학습으로부터 '사고'로의 변환이 절실해 보인다.

셋째, 내용의 구조적 이해를 강조하는 심층적 이해(깊은 이해)에 서술이 제한되어 있다는 것이다. 저자의 메시지를 체제적으로 복원하여 저자(교과 단원)의 메시지를 구조적으로 깊게 이해하는 것은 심층적 이해를 위하여 기본적인 것이다. 그러나 이미 우리는 앞에서 언급해 둔 바와 같이 완전한 이해, 진정한 이해를 위하여서는 이러한 수준으로 충분하지 않다는 것을 강조하였다. 저자의 메시지를 증거에 따라 비판적으로 사정하고 판단할 줄 아는 비판적 사고의 이해, 그리고 더 나아가 그것을 활용하고 그 위에서 새롭게 수정하거나 새로운 통찰을 생성해 내는 창의적 이해까지를 같이 제시하지 못해서 아쉬움을 느낀다. 실제로 교육과정의 설명에는 '비판적이고 창의적인 사고 기능'이나 '고차적 사고' 등의 표현은 전혀 찾아볼 수가 없다. 교과내용을 진정으로 이해하고 그것을 비판적,

창의적으로 사고할 수 있어야 '창의 융합형인재'의 교육이 제대로 작동하지 않을까 싶다.

　마지막으로, 교과내용과 활동들이 어떻게 비판적이고 창의적일 수 있는지를 제시하지 못하고 있다. 그리고 교육과정 총론, 교과 교육과정, 교사용 지도서 등에서 지나치리만큼 세세하게 규정하고 있어 교사의 창의력이나 자기주도적인 사고가 발휘될 수 있는 공간이 거의 없어 보인다.

비판적이고
창의적인
이해

이 장은 텍스트의 유형과 비판적 이해의 성질을 개관해 보는 데서 시작한다. 완전한 이해의 두 번째 수준은 텍스트를 비판적으로 사고하는 비판적인 이해이고, 세 번째 수준은 학습한 것을 짚고 넘어서 융복합적으로 새롭게 연결하고 종합하는 창의적인 이해이다. 먼저 논증의 분석과 판단의 과정을 주장과 이유, 사실적 정보의 분석, 가정의 분석 및 논리의 분석 등으로 나누어 비판적 이해를 보다 자세히 알아본다. 다음으로 창의적 이해의 내용을 논의한 다음, 구체적인 요령을 '예상해 보기'와 '읽은 것을 가지고 무엇을 해 보기'로 나누어 제시하고 있다. 또한 질문의 방식과 내용 그리고 질문에 대한 반응의 요령을 알아본 다음 텍스트를 완전하게 이해하고 전문가처럼 사고한다는 것의 의미를 사고의 요소에 따라 분석해 본다. 비판적 사고와 발산적 사고는 각기의 목적은 다르지만 그러나 서로는 상보적으로 동행하면서 창의와 창의적 문제해결의 두 개의 축으로 기능한다. 창의적인 문제해결에는 발산적(창의적) 사고와 수렴적(비판적) 사고의 두 가지의 사고가 기본을 이루며 이들은 균형적으로 작동해야 한다. 수렴적 사고는 비판적 사고의 또 다른 이름이다.

I

비판적 사고와 이해

1. 비판적 사고

정보의 홍수 또는 정보의 바다란 말이 있듯이 세상에는 엄청난 양의 정보가 넘쳐나고 있다. 그러나 이들 정보들 모두가 마찬가지로 타당하거나 유용하다고 말할 수는 없다. 허위이거고 편파적인 것도 결코 적은 수가 아니며, 인터넷에서 발견할 수 있는 정보 가운데는 멋대로 생산해 낸 가짜가 많이 있다. 메스컴에도 '가짜 뉴스'란 단어가 자주 등장하고 있다.

인간은 이성적인 동물이다. 우리는 합리적인 사고를 통하여 뒤섞여 있는 정보 더미 속에서 채로 치듯이 걸러내어 보다 '진실한' 정보를 찾아낼 수 있기를 기대하고 있다. 그렇지 않으면 우리의 판단과 행동은 심각한 오류를 범하기 쉽다. 보고 듣고 읽는 모든 것을 아무런 생각 없이 받아들이고 그에 따라 아무렇게나 행동한다면 인간은 바람개비 이상이 아닐 것이다. 비판적으로 이해하고 판단할 줄 아는 능력은 일상의 생활에서도 필수적이다. 시대가 복잡하게 변화할수록 '가짜'를 걸러내고 합리적으로 판단할 줄 아는 비판적 사고의 중요성은 더 커진다.

(1) 비판적 사고(critical thinking)는 '더 낫게', '더 합리적으로', '더 생각해 보고 판단하기' 위한 사고이다.

얼른 떠오르는 생각에 휩쓸리지 아니하고 일단 그것을 정지시키고 그러한 생각을 조심스럽게 검증해 본 다음 판단하는 사고를 말한다('三思一言'이라는 것과 같은 의미일 것이다). 비판적 사고는 충동적인 사고나 부정적인 사고와 대비가 된다. 충동적인 사고는 '얼른 퍼뜩 떠오르는' 생각에 따라가는 사고이고, 부정적인 사고는 그늘진 곳만 보고 남의 결점을 잡아 '물고 늘어지는' 사고이다. 비판적 사고는 그런 것이 아니다.

(2) 비판적으로 사고한다는 것은 몇 개의 아이디어, 주장, 진술 또는 이론들을 관계지워 살펴보고 판단하며 그리하여 어떤 더 나은 결론이나 주장에 이르는 것이다.

여기에는 진위를 확인하거나 전체를 정리하거나 분류 또는 순위 매기는 것 등이 포함된다. 비판적으로 사고하는 사람은 언제나 '더 낫게', '더 합리적으로', '보다 효과적으로', '보다 이치에 맞게' 생각할 줄 아는 사람이기를 우리는 기대한다. 비판적 사고는 '추리를 통한 판단'(reasoned judgment)의 사고이기 때문에 논증의 분석과 이유를 사정하는 것을 넘어 진술/주장의 목적이나 함의까지도 따져보고 합리적인 판단에 이르고자 한다. '추리를 통한 판단'이란 사고(지식)를 구성하고 있는 몇 가지의 요소를 따져 사정해 보고난 다음에 판단하는 것을 말한다. 판단을 위한 논증의 근거는 수용 가능하고, 적절하고, 충분하고 그리고 그럴 듯한 도전에 대답할 수 있어야 한다. 과학적인 결론은 추리를 통한 판단이어야 한다.

(3) 비판적 사고의 대상은 당연히 '남뿐만 아니라 나 자신의' 사고(생각)이다.

그러나 다른 사람이나 나 자신의 모든 사고를 판단하는 것은 아니다. 각종의 진술은 사실, 의견 그리고 '추리를 통한 판단'의 세 가지로 나누어 볼 수 있는데, 비판적 사고의 대상은 '추리를 통한 판단'의 진술이고 '사실'이나 '의견'은 비판적 사고의 대상이 아니다. '사실'이나 '의견'은 확인의 대상이고 좋아하거나 싫어하는 것일 수는 있지만 이렇게 저렇게 준거에 따라 따져보는 사정의 대상은 아니다.

학생들은 비판적으로 사고하는 능력을 개발해야 하며 그리하여 보거나 들은 것을 아무렇게나 수용하지 않아야 한다. 그러려면 정보가 타당한지를 확인하고, 편파적인 편견을 찾아내고, 건전한 정보에 바탕하여 의사결정하고 판단할 줄 아는 능력을 교육해야 한다. 텍스트의 이해도 이러한 차원에서 이루어져야 한다.

Taylor는 대부분의 학생들은 어떤 유형의 특수 기능이나 재능을 가지고 있다

〈표 3-1〉 Taylor의 다중재능의 요소들

의사결정	• 대안을 고려 • 대안의 평가 • 의사결정을 정당화하기	• 또래 친구들이 좋아하는 장난감을 5개 골라 보라. 이들을 크리스마스 선물로 적합한 순위에 따라 나열해 보라. 왜 이런 순위를 결정했는지를 말해 보라. • 명절 가운데는 '추석'이 제일 좋은가? 아닌가? 왜 그렇게 생각하는가? • 요사이는 친구에게 '의리'를 지키는 마음이 없어졌는가? 설명해 보라.
계획하기	• 구체적인 결과(결말)에 이르는 경로를 자세하게 나열하기	• '추석'에 어떤 사람들이 당신의 집에 찾아왔으면 좋겠는가? 그리고 이들이 일 주일 동안 당신의 집에 머문다고 상상해 보라. 일 주일 동안 모두가 즐길 수 있는 활동 리스트를 계획해 보라. • 당신의 생일날 파티를 한다면 어떤 '메뉴'를 포함시키고 싶은가?
예상하기	• 일어날지도 모르는 사건들을 짐작하기 • 어떤 장면에 대한 원인과 효과를 살펴보기	• 100년 후의 추석은 어떤 모습일까? • 모든 사람들이 '점쟁이'의 말을 믿는다면 어떻게 될까? • 크리스마스가 휴일이 아니라면 어떻게 될까? • 내년 여름방학 동안에는 전국의 어디서든 산에 들어가지 못하게 한다는 보도가 있다해 보자. 그렇게 하는 가능한 이유 7가지를 말해 보라.
커뮤니케이션	• 언어적으로 의사 표현 • 비언어적으로 글쓰기	• 읽어 보았던 책의 내용을 친구와 같이 토론해 보라. • 읽고 있는 책의 '저자'가 앞에 있다고 상상해 보라. 어떤 질문을 할 수 있을까?
창의력	• 새로운 의미 만들기 • 새로운 관계 생성하기 • 새로운 산출이나 아이디어 만들기	• 음식 쓰레기를 재활용할 수 있는 새로운 방법을 생각해 보라. • 산타 할아버지가 굴뚝을 통하여 선물을 가져올 때 더 쉽게 가져올 수 있는 가방을 디자인해 보라. • 시내의 거리를 새롭게 장식하려면?
특수재능	• 다양한 특수한 능력 (학구적, 예술, 드라마, 음악 등)	• 읽어 보았던 책의 내용을 전부 또는 일부를 연출해 보라. • 크리스마스 카드를 디자인하여 만들어 보라. • 생일날에 사용할 수 이는 춤, 노래 또는 무형극을 만들어 보라.

고 말한다. 그의 다중재능 모형(Multiple talent model, 1985)에는 6개 요소가 있는데 이들 가운데 4개 요소는 비판적 사고 요소이다. 나머지 2개 요소는 이들과 균형을 이루기 위한 것으로 거기에는 '창의력'과 '특수재능' 등이 포함되어 있다.

그는 아래의 비판적 사고의 4개 요소와 '창의력'을 합하여 이들을 사고재능 (thinking talents)이라 부른다. 그의 다중재능의 6개의 사고재능 요소들의 내용과 예시의 질문은 <표 3-1>과 같다.

2. 비판적 이해

창의적 지식 습득의 두 번째 수준은 비판적 사고를 통한 비판적 이해이다. 비판적 이해는 텍스트를 정확하게 요약하여 깊게 이해하는 데서 시작한다. 깊은 이해에는 텍스트의 중심 내용과 뒷받침하는/설명하는 세부내용을 확인하고 전체의 조직과 전개를 아는 것뿐 아니라 저자가 의도하는 '목적'을 파악하는 것도 포함된다. 그러므로 비판적 이해는 '당신의 이야기를 이해합니다' 또는 '무슨 말인지 알겠습니다'라고 말할 수 있는 데서 시작하게 된다. 그런 다음 '저자는 자신이 의도하는 목적을 어느 정도 성공하고 있는가?', '이 텍스트는 얼마나 그럴듯한가?' 또는 '저자의 주장(결론)은 믿을 수 있는가?' 등의 질문을 제기해야 한다.

달리 말하면 비판적 이해는 '깊은 이해'를 바탕하여 그것이 얼마나 진실한 것인지를 비판적으로 사고하는 것이다. 깊은 이해는 저자의 메시지를 재구성하고 복원하는 것이며, 그리하여 저자와 같거나 비슷한 생각을 할 수 있는 것이라 하였다. 이제 독자는 복원한 저자의 메시지가 얼마나 그럴듯한지 또는 타당한 증거(이유, 근거)들이 얼마나 이를 잘 뒷받침하고/설명하고 있으며, 그래서 합리적이고 믿을 만한 것인지를 비판/평가해 보아야 한다. 그래서 저자의 주장, 저자의 메시지를 진실한 것으로 수용할 것인지 기각할 것인지를 판단할 것이다.

더러는 '비판 = 반대'로 잘못 생각하는 사람도 적지 않게 있다. 그러나 비판한다는 것은 무조건의 반대나 거부를 의미하는 것이 아니다. 비판/비평은 논증을 이해한 다음, 한 단계 더 나아가 논증을 뒷받침하는 증거와 이유를 사정/평가해 봄으로써 저자의 견해(주장, 결론)에 대하여 따져 보는 과정을 거침으로써 보다 '합리적인 판단'에 이르는 것이다. 다시 말하면 저자의 주장이 사실인지, 진실한지를 판단하여 그것을 더 깊게 이해코자 하는 것이 비판적 이해의 목적이다.

비판적 이해는 두 가지 차원에서 이루어진다. 하나는 텍스트에서 증거로 제시하고 있는 '정보'들이 사실인지, 정확한지, 중요한지, 해석이 공평하게 되어 있는지 등을 확인하여 평가하는 것이다. 설명문은 정보적인 것이므로 거기에는 정의(定義)를 내려 주는 것, 어떤 사건이나 과정을 기술(記述)하거나 보고하는 것, 어떤 이야기를 설명해 주는 것, 역사적 배경을 제시하는 것 또는 사실과 수치를 제시하는 것 등이 포함된다. 논증문(주장문)의 저자는 자신의 주장을 뒷받침하는 여러 가지 증거, 이유, 논거 등을 제시한다. 이들은 모두가 확인과 평가가 필요한 것들이다. 그런데 텍스트에는 설명문과 논증문(주장문) 이외에 서사문(이야기 글)이 있으며 이들을 비판적으로 판단해 볼 수 있는 기준 되는 증거는 설명문의 경우와는 상당히 다를 수 있다(이에 대하여서는 다음에서 별도로 다룬다).

두 번째는 저자의 주장(결론)이 뒷받침하는 세부내용에서 이끌어 낼 수 있는 '논리'가 타당한 것인지를 사정/평가한다. 여기서는 정보가 정확하고 유의한 것인지를 확인하는 것에서 더 나아가 논증이 논리적인지, 논리적인 오류가 없는지를 따져보는 것 등이 포함된다. 다시 말하면 주장/메시지의 '논리'를 사정하는 것이다. 이들을 '논증 분석'이라 하는데 이에 대하여서도 다음의 절에서 보다 자세하게 다룰 것이다.

또한 사려 깊은 비판적 이해의 독자는 저자가 텍스트에서 보여주는 논조(論調)도 분석하면서 읽을 수 있어야 한다. 저자의 논조란 어떤 토픽(제목, 제재)에 대하여 그가 가지고 있는 태도를 말한다. 논조는 저자가 사용하는 단어와 세부적인 내용을 통하여 표현된다. 회화를 하는 '말'의 어조가 그런 것처럼 글 속에 있는 논조는 저자가 어떠한 감정과 목적을 가지고 있는지를 보여주게 된다. 저자는 어떤 제재에 대하여 존경, 사랑, 분노, 증오, 미움, 동정, 또는 동경 등의 여러 가지의 감정을 보일 수 있다. 아래에서 (i)는 부정적인 분노의 논조를, (ii)는 빈정거리거나 조롱하는 듯한 논조를 그리고 (iii)은 긍정적이고 열정적인 태도를 보여주고 있다.

(i) "나는 이 일은 정말 증오해. 고객은 거칠고, 주인은 바보같고, 음식은 썩은 냄새가 난다"

(ii) "이 일을 계속하면 정신병원은 확실하지. 속은 썩고 몸은 병들고, 남는 것은 없고"

(iii) "나는 이 일이 좋아. 같이 일하는 사람들도 마음에 들고, 수입도 괜찮고, 그리고 배가 고프면 이것저것 주어 먹어도 된다"

3. 텍스트의 유형에 따른 비판적 이해

텍스트/글은 논증문(주장문), 설명문, 서사문(이야기 글)의 세 가지로 나눌 수 있다. 이들 각기는 주로 정보적인(informative), 설득적인(persuasive) 또는 즐거움과 감동을 주는 여흥적인 목적을 가지고 있다. 텍스트에 따라서는 이들 세 가지 목표가 모두 포함될 수도 있지만 그러나 저자가 전체적으로 글에서 목적하는 것은 이들 세 가지 가운데 어느 하나이다. 텍스트의 목적이 다르면 거기에 대한 비판/평가의 기준도 당연히 달라진다.

(1) 논증문(주장문)과 설명문을 합하여 '논설문'(정보문)이라 부르기도 한다.

논증문과 설명문은 구분하기가 애매할 수는 있지만 그러나 각기의 목적이 다르다. 설명문은 '기술적 이슈'(descriptive issue)를 다루는데 이것은 세상이 어떠했고, 어떠하고, 어떻게 될 것인지를 다루는 것이다. 이러한 이슈는 세상사의 경향, 형태 또는 질서 등을 반영하는 것으로, 예컨대 '운동을 잘하는 학생은 공부를 잘하는가?' 같은 것이다('이슈'에 대하여서는 2장에서 다루고 있다).

설명문은 정보적인 텍스트이며 정보적 텍스트에서는 증거(이유)로 제시하고 있는 정보가 사실인지 어떤지를 확인하여 평가할 수 있다. 다시 말하면 텍스트가 제시하고 있는 정보를 평가/판단하기 위한 준거로 정보의 정확성, 유의성(중요성) 및 공평한 해석 등의 세 가지를 주로 사용할 수 있다.

논증문(주장문)은 자신의 주장(견해, 결론)이 남들이 동조할 수 있도록 '설득'하기 위한 것이다. 그러므로 그의 '주장'은 주제(중심 내용)이고 '결론'이기도 하다. 논증문은 규범적 이슈(prescriptive)를 다루는 점에서 설명문과 다르다. 규범적 이슈란 세상이 어떻게 되어야 한다(ought to be)고 말하는 것이다. 예컨대 "대학 입시제도는 폐지되어야 하는가?"와 같은 이슈이다.

어떻든 설명문과 논증문을 포괄하는 '논설문'은 정보를 전달하거나 또는 자신의 주장을 설득하는 데 목적이 있다. 그러므로 논설문의 비판은 정보가 얼마나 유용하며 저자의 주장이 얼마나 설득적인지, 그래서 당신은 그것을 수용할 것인지 아니면 기각해야 할 것인지를 판단하는 데 목적이 있다. 여기서 필요해지는 것이 '논증 분석'이다(이것은 다음의 절에서 별도로 다룬다).

(2) 서사문은 다른 말로는 '이야기 글'이며 서사적 텍스트(narrative text)이다.

서사문(이야기 글)은 주인공이 경험하는 사건을 통하여 -가상적 또는 현실적인 사건을 통하여- 독자에게 어떤 메시지(주제)를 전달하고자 한다. 서사문은 여흥적인 즐거움과 감동을 주는 것이 목적이기 때문에 저자는 독자의 상상과 개인적 경험에 호소한다. '여흥' 가운데 대표적인 것은 '껄껄대며 웃는 것'이다. 그러나 서사문이 목적하는 여흥적인 즐거움과 감동에는 '웃음' 이외에도 여러 가지가 있을 수 있다. 좋은 책, 시나 소설(또는 영화나 연극 등)은 회한과 자성, 분노, 동경, 사랑, 상상의 신비와 호기심 또는 동정심 같은 것들이 솟구치게 만든다. 웃음은 이러한 가능한 여러 가지의 '개인적인 반응' 가운데 하나이다. 요약하면 서사문(이야기 글)은 독자에게 여흥적인 즐거움과 감동을 주는 것이 목적이기 때문에 비판/평가는 독자가 느끼는 '개인적 반응'이 얼마나 감동적인가, 성공적인가에 달려 있다.

II

논증의 분석과 판단

텍스트의 구조적 이해와 논증 분석의 비판적 사고를 통한 비판적 이해의 과정을 요약해 보면 다음과 같다.

(ⅰ) 먼저 텍스트를 조직 구조에 따라 깊게 이해한다.

(ⅱ) 텍스트의 논증을 분석한다.

논증은 '주장'과 이를 '뒷받침하는 이유'(전재)로 이루어져 있으며, 논증의 분석을 통하여 저자의 주장을 수용 또는 기각하는 판단을 하게 된다.

이를 위하여 먼저 논증을 이루고 있는 '주장'과 '이유'를 확인해야 하고, 그리고 다음의 세 가지의 작업을 수행해야 한다.

- 사실적 정보의 분석 – 주장을 뒷받침하고 있는 사실적 '정보'들을 확인한다.
- 가정(假定)의 분석 – 주장을 뒷받침하고 있지만 그러나 텍스트에 진술되어 있지는 아니한 '가정'이 그럴듯한 것인지, 아닌지를 판단한다.
- 논리의 분석 – '주장'과 이를 뒷받침하는 증거(이유)를 연결시키고 있는 '관계'가 잘 짜여져 있는 '논리적인' 것인지를 분석하여 결론이 타당한지, 또는 가치가 있는지를 판단한다. 논리학에서는 논리적 오류의 형태를 여러 가지로 제시하고 있다.

(ⅲ) 저자의 주장을 수용/동의하거나 기각한다.

그런데 기각의 판단을 할 때는 그렇게 판단하는 이유를 반드시 같이 제시할 수 있어야 한다.

1. 주장과 이유

주장이란 '진'(眞)인지 '위'(僞)인지를 가릴 수 있는 진술을 말한다. '주장'은 진술의 '결론'이다. 그러므로 주장은 어떤 것이든 반드시 진실이거나 거짓이어야만 한다(예: 운동은 건강에 이롭다, 어제 교통사고로 사망한 사람의 수는 15명이다). 그렇지 않고 진위를 가릴 수 없는 진술, 예컨대 '지금 몇 시입니까?' '안녕하십니까?' 또는 개인의 의견이나 선호를 말하는 것은 주장이 아니다. 주장이 아닌 것은 '판단의 대상'이 아니다.

말이나 글로써 주장을 제기하는 목적은 단순히 정보를 전달하는 데만 있는 것이 아니라 상대를 설득하는 데 있다. 예컨대 '운동은 건강에 이롭다'는 주장은 운동에 대한 우리의 태도를 바꾸거나 나아가서는 운동을 하도록 우리를 설득한다. 그리고 '언제 교통사고로 사망한 사람은 15명이다'라는 주장은 교통사고로 사망한 사람 수가 너무 많다거나 감소했다는 의미를 가질 수 있다. 이들은 모두가 듣는 사람의 믿음이나 태도를 바꾸고 설득하려는 의도가 있다고 봐야 한다. 주장 중에서도 '이유'가 없이 제시되는 주장을 '의견'(선호)이라 하고, 이유와 같이 제시된 것을 '논증'이라 하며 이것은 '추리를 통한 판단'의 대상이 된다. 이러한 판단은 단순한 설득을 넘어 '진위'를 따져보는 논증 분석의 대상이 된다.

> * 논증 = 주장(결론) + 뒷받침하는 증거(이유)

주장은 설득력이 있어야 한다. 그래야 상대의 믿음, 태도, 행동을 바꿀 수 있다. 그리고 주장은 대개의 경우 그 주장을 뒷받침하는(지지하는)/설명하는 이유와 함께 제시된다. 어떤 주장이 이유와 함께 제시되면 그 주장과 이유를 합쳐서 논증(argument)이라 부른다. 결국 비판적 사고는 '이유'를 따져보고 그에 따라 '주장'(결론)이라는 논증의 알맹이의 가치나 진실을 밝히고 그래서 더 나은 판단에 이르고자 한다.

그러면 '이유'란 무엇인가? 논증의 '이유'란 주장(결론)을 뒷받침하고 지지하는 설명이나 근거이다. 대부분의 이유는 증거(evidence, 사실, 보기, 통계, 유추, 비유, 실험 등)들이지만 다른 주장 또는 진술을 이유로 사용할 수도 있다. 그리고 '이유'로 사용되는 다른 주장 또는 진술은 이것 또한 진위를 결정할 수 있는 진술이

| [그림 3-1] 결론과 이유

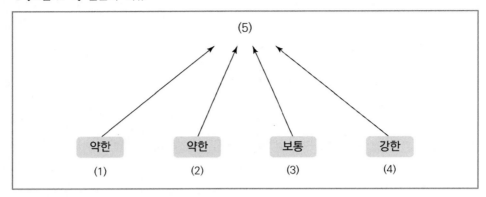

출처: 김영채(2004). p. 177

라는 점에서 '주장'이다. 논리학에서는 이들 가운데 주된 주장을 '결론'이라 하고 다른 주장들을 '전제'라 부른다. 이들 전제들은 결론을 뒷받침하기 위해 제시되는 것이다. [그림 3-1]에 있는 (1), (2), (3), (4), (5)는 모두 주장을 나타낸다. 그러나 주된 주장인 (5)를 우리는 '결론'이라 하고 다른 것들은 '이유'(또는 전제)라 한다. 이유에는 약한 이유, 보통의 이유 또는 강한 이유 등이 있을 수 있다.

논증의 결론을 판단하는 준거에는 크게 보아 다음과 같은 세 가지가 있다.

• 주장을 뒷받침하는 사실적 정보: 이들은 사실에 관한 정보이므로 확인해 보면 진위를 판단할 수 있다.
• 가정: 가정은 미리 전제하고 있을 뿐 텍스트 속에 들어내 놓고 진술하지는 아니한 내용이다. 가정은 어떤 진술과 다른 진술을 이어주는 '연결고리' 같은 역할을 한다. 당신은 저자의 '가정'에 동의할 수도 동의하지 않을 수도 있다.
• 논리: 뒷받침하는 준거에서 주장을 이끌어 내어 말하게 되는 연결 고리의 '논리'가 이치에 맞고 합리적인가?

2. 사실적 정보의 분석

주장을 뒷받침하여 설명하고 있는 사실적 '정보'에 대해서는 다음과 같은 몇 가지의 질문을 던지고 거기에 대한 대답을 확인하여 분석해야 한다.

(ⅰ) 정보는 정확한가?

증거(이유)로 제시하고 있는 정보는 믿을 수 있는 것이어야 한다. 비판적 독자는 제시하고 있는 정보가 '정확한'지를 확인하는 책임이 있다. 사실들(facts)을 다른 여러 정보원의 것과 대조하여 체크해 볼 수 있어야 한다. 인터넷에는 유용할 수 있는 정보가 넘쳐나고 있지만, 이들 가운데 상당 부분의 것은 잘못되어 있다. 왜곡된 '사실' 또는 '가짜'이거나 근거 없는 개인적 의견에 지나지 않는 것들이 적지 않게 있다.

(ⅱ) 정보는 적절하고 중요한가?

제시하고 있는 정보는 텍스트의 목적과 이슈에 적절해야 하고 그리고 중요해야 한다. 텍스트를 읽고 나서 독자가 '그래서?' 또는 '무슨 목적으로 이런 글을 썼지?'라고 대꾸한다면 그런 글은 가치가 없는 것이다. 저자가 자신의 글이 중요한 것이라 생각한다면 그것이 누구에게 중요하며, 왜 중요한지를 말할 수 있어야 한다.

(ⅲ) 정보를 공평하게 해석하고 있는가?

저자는 텍스트에 적절하다고 생각되는 자료를 찾아 그것의 의미를 해석하고 평가하며 그리하여 자신의 논증에 관련시킨다. 그러므로 비판적인 독자는 저자가 어떤 내용의 '사실'이나 '수치'를 사용하고 있는지를 확인하고, 나아가 그것을 어떻게 해석하고 있는지를 체크할 수 있어야 한다.

사실적 정보를 서술하고 있는 그대로의 내용에서부터(예컨대, '국민의 25%'), 이 정보가 의미하는 것 또는 이 정보가 가지고 있는 '함의'(含意)에 대한 해석으로(예컨대, '국민의 불과 25%') 옮겨가는 것도 살펴보아야 한다. 나아가 저자가 '사실'과 그것에 대한 '해석'을 연결시키고 있는 '논리'가 어떤지도 주목해야 한다. 사용하고 있는 정보가 유용하고 가치 있다 하더라도 해석이 편파적이거나 오류일 수 있는데 그러면 저자의 결론은 정당화될 수 없다.

(iv) 정보는 충분하고 대표적인가?

보다 확실한 결론을 내릴 수 있으려면 더 많은 정보를 수집하는 것이 필요할 수도 있다. 정보의 개수가 불충분하거나, 편파적일 수 있고, 또는 저자의 주장에 반대되는 정보는 고의적으로 또는 불가피하게 누락시키고 있을 수도 있다. 또한 소수의 의견이나 증거에 근거하여 결론을 내릴 수도 있다. 이러한 결론을 '성급한 일반화'라 부르기도 하는데 이런 경우 저자의 주장은 정당화되기 어렵다. 반대되는 증거가 많고 강한 것일수록 저자의 결론은 더욱더 수용하기 어렵다.

그리고 논증에 대한 증거로 많이 사용하고 있는 '통계치'와 사례 연구 등에 대하여 간단히 언급해 보기로 한다. 통계치란 숫자로 표현하는 증거이다. 그러한 증거는 매우 인상적인 것 같이 보일 수 있다. 숫자를 사용하면 마치 '사실을' 나타내어 매우 객관적이고 과학적이고 정확한 것 같이 보이기 때문이다. 그러나 통계치는 거짓말을 할 수 있고 또한 실제로 거짓말을 자주 하고 있다. 통계치가 속임수인지를 체크하려면 적어도 다음과 같은 세 가지를 살펴보아야 한다.

첫째는 사용하고 있는 통계치를 어떻게 얻었는지를 확인해 보아야 한다. 둘째는 평균치의 의미를 혼돈하지 말아야 한다. 평균치를 산출하는 방법에는 산술평균치, 중앙치, 최빈치 등이 있고 이들 각기가 가지는 의미는 상당히 다르다. 마지막은 통계치를 그림으로 표시할 때 작게 또는 크게 임의적으로 조작할 수 있다. 예컨대 같은 경제 성장률 5%라 하더라도 이것을 도표에서 작게 나타낼 수도 반대로 크게 나타낼 수도 있다.

개인적인 관찰도 가치 있는 증거로 사용할 수 있다. 그러나 사람들은 자기가 보거나 듣고 싶어 하는 것만을 보거나 듣는 경향이 있기 때문에 이러한 증거는 편파적일 수 있다. 사례연구(case study)도 마찬가지이다. 생생한 사례연구는 증거나 증명이라기보다는 특별한 '보기'라 생각해야 한다.

(ⅴ) 빠진 증거는?

제시되지 아니한 정보는 없는가? 당신이 옳다는 것을 보여줄 수 있는 완벽한 정보는 없다. 그러나 중요한 것이 빠져 있으면 주장은 정당화하기가 어렵다.

3. 가정의 분석

논증을 분석하는 데는 진술되지 않고 숨겨져 있는 생각도 마찬가지로 중요하다. 주장을 뒷받침하는 어떤 것이지만 진술되지 아니한 어떤 생각(아이디어)을 '가정'(假定, assumption)이라 부른다. 제시하고 있는 '이유'(증거)는 완전하다 하더라도 만약에 저자의 '가정'이 당신이 생각하고 있는 것과 다르다면, 그리고 그러한 가정이 결론에 중요한 것이라면, 당신은 아마도 텍스트의 주장을 기각하고 반대할 것이다.

가정에는 '가치 가정'과 '기술적 가정'의 두 가지가 있다고 하였다. 비판적인 독서를 하고 저자의 주장(결론)을 판단할 때 특히 중요한 것은 가치 가정(value)인데, 이것은 규범적 이슈를 다루는 논증문(주장문)에서 특히 중요하다. 예컨대 '대학 입시제도는 폐지되어야 하는가?' '교사의 정년 제도를 의무화해야 하는가?' 등과 같은 것이며, 규범적 이슈에 대한 규범적 질문은 세상이 어떻게 '되어야 한다'고 말하는 가정이다. 그러므로 가치 가정이 다르면 결론은 당연히 달라 질 수 있다.

가치 가정이란 어떤 가치를 다른 가치보다 더 중요하게 생각하는 것이다. 개인이 선호하는 가치는 그가 제시하는 이유에 영향을 미치고, 그래서 결국에는 결론에 영향을 미친다. 예컨대 '대학입시 제도는 전적으로 대학이 자율적으로 결정해야 한다'는 주장에 대하여 당신은 찬성할 수도 반대할 수도 있다. 다른 모든 이유를 상수로 한다면 그것은 전적으로 당신의 '가치 가정'에 달려 있을 것이다. 당신의 가치 가정은 '평등'과 '자유' 가운데 어느 하나를 선호하느냐에 따라 결정될 것이다.

두 번째는 기술적 가정(記述的, descriptive)이다. 기술적 가정이란 세상이 어떠하며 또는 어떻게 될 것인지에 대한 것이지만 텍스트에 진술되어 있지는 아니한 신념이다(… is, will be). 기술적 가정은 기술적 이슈를 다루는 설명문에서 특히 중요하다.

다음의 질문을 생각해 보자. 뚱뚱한 사람은 정서적인 문제를 가지고 있는가? 전기 절약을 위하여 무엇을 할 수 있는가? 대입제도는 어떻게 바뀌어야 할까? 이들은 모두가 '기술적 질문'이다. 이러한 질문에 대한 대답이 '예, 그렇습니다'(또는 '아니요, 뚱뚱한 사람이라고 정서적 문제를 갖는 것이 아닙니다')라면, 그리고 이러한 생각(아이디어)을 논증에서 말로 표현하고 있지는 않고 은연중에 포함시켜 사용한다면 그것은 '기술적 가정'이다.

4. 논리의 분석

모든 이해/사고에는 추리가 포함된다. 추리를 통하여 자료에다 의미를 부여하며 '결론'에 이른다. 다시 말하면 '이것이 이러하므로 저것이 저러하다(될 것이다)' 또는 '이렇기 때문에, 저렇다(저것이다)'와 같은 식으로 추리를 하는데 추리는 그럴듯해야 한다.

지금까지처럼 일단 이슈와 결론, 이유, 가정을 확인해 내고, 그리고 애매한 단어나 구의 의미를 분명히 하고 나면, 이제는 텍스트 전체의 구조가 어떻게 짜여져 있는지에 집중해 보면서 '결론'이 타당한지, 가치가 있는지를 판단해야 한다.

'추리'(reasoning)란 주어진 증거(이유)에서 주장(결론)을 이끌어 도출해 내는 정신 과정이다. 이 정신 과정이 '그럴 듯할 때' 그것은 논리적이고(logical) 그렇지 않으면 비논리적이라 말한다. '논리'란 '관계'를 말하며, 관계가 그럴듯할 때 그것을 '논리적'이라 말한다. 논설문은 '논증 = 결론(주장) + 뒷받침하는 세부내용(이유)'으로 이루어져 있으며, 논증에 있는 결론과 이를 뒷받침하는 세부내용(증거, 전제) 간의 논리적 관계를 분석하는 것을 논증 분석이라 한다.

논증이 그럴듯하고 타당하려면 논리의 원칙에 따라야 하고, 사고가 분명하고 질서정연해야 한다. 달리 말하면 세부내용과 주장(결론)의 관계가 '논리적으로 건전해야' 비로소 텍스트의 주장을 수용할 수 있다. 그러나 논증문은 다툼이 있는 이슈를 다루는 것이기 때문에 텍스트의 논증이 저자의 견해에 맞게 다소간 편파되고 기울어지는 것은 불가피하고 어찌 보면 당연할 수 있다. 만약 그것이 논리적으로 건전하다면 말이다. 논리학자들은 논리적 오류를 범하는 잘못된 사고를 여러 가지로 제시하고 있다. 예컨대 인신 공격적 논증, 원인—효과의 오류, 흑백 논리, 잘못된 유추, 논점 회피, 이름 붙이기와 설명을 혼돈하기, 애매한 말 사용하기 및 권위에의 호소 등이다. 요약하면 논증의 추리가 논리적인지 또는 오류는 없는지를 판단하기 위해서는 다음과 같은 질문을 할 수 있어야 한다.

- 이유(증거)는 목적에 적절하고 충분한가?
  - 이유(증거)가 얼마나 좋은 것인가?
- 가정은 이치에 맞는가?
  - 이들 가정은 수용할 만한가? 의심스러운 가정인가?
- 추리에 속임수는 없는가?
  - 논리 전개가 속임수/오류는 아닌가?

5. 주장의 수용 또는 기각과 이유

비판한다는 것은 언제나 '기각'('반대')을 의미하는 것은 아니다. 비판은 반대 뿐 아니라 '찬성'(수용, 동의)을 의미할 수도 있다. 찬성하는 경우는 더이상 비판하는 일을 할 필요가 없다. 그러나 독자는 저자의 주장(견해)에 동의하지 아니할 수 있는데 이런 경우는 저자의 주장(견해)에 반대(기각)하는 그럴듯한 '이유'를 제시할 수 있어야 한다.

비판적인 사고를 통하여 비판적으로 이해하는 목적은 사실 그리고 세상의 진실을 발견해 내는 데 있다. 객관적 지식과 개인적 의견을 구분할 수 있어야 한다. 그러므로 비판적 판단을 할 때는 그렇게 판단하는 이유를 진술할 수 있어야 한다. 개인적 의견에는 증거나 이유가 필요 없다. 하지만 어떤 주장을 할 때는 반드시 증거/이유로 그것을 뒷받침해야 한다. 그래야 남들을 설득할 수 있다.

이성적인 사람이란 합리적인 사람을 말한다. 합리적인 사람은 증거/이유에 따라 자신의 주장(견해)을 바꿀 수 있어야 한다. Paul(1990)은 자신이 가지고 있는 생각을 합리화하고 변호하기 위하여 사용하는 것을 '약한 의미의 비판적 사고'라 하고, 정말로 더 나은 판단에 이르기 위한 것을 '강한 의미의 비판적 사고'라 하여 비판적 사고를 두 가지로 구분하고 있다. 저자의 주장에 동의하지 아니하는 데는('기각') 다음과 같은 네 가지 경우의 어느 하나이거나 몇 개인 경우이다.

(1) 정보가 부족하다.

저자가 제시하여 해결하려는 문제('주장')에 중요한 어떤 정보/지식이 제시되지 않았거나 부족할 수 있다. 이때 당신은 저가가 어떤 정보/지식의 제시가 부족 또는 결손하고 있는지, 그러한 것들이 왜 중요한지, 그리고 그것이 결론에 어떻게 영향 미칠 수 있는지를 말할 수 있어야 한다.

(2) 정보가 오류이다.

저자가 사용하고 있는 정보 가운데 '사실'(진실)이 아닌 것이 있을 수 있다. 이러한 오류는 사용하고 있는 정보가 저자의 결론에 영향을 미칠 때만 중요하다. 이러한 오류를 지적하는 경우 비판적 독자로서 당신은 저자와는 다른 어떤 '진실한' 아이디어 또는 확률이 더 높은 아이디어를 말할 수 있어야 한다.

(3) 추론(논리)이 오류이거나 설득력이 없다.

저자가 결론을 내리고 있는 '추론'(논리)이 설득력이 없다는 것은 추론이 오류란 말이다. 이러한 오류에는 두 가지가 있는데 하나는 저자가 제시하고 있는 이유에서 그러한 결론을 내릴 수 없다는 것이고, 다른 하나는 저자가 제시하고 있는 진술이 서로 상반되는 것이다. 어느 것이든 간에 비판적인 독자는 오류가 어떤 것인지를 분명하게 지적할 수 있어야 한다. 그러나 실제의 텍스트/논문에 이와 같은 오류가 있다 하더라도 그것들은 보이지 않게 잘 감추어져 있는 경우가 많다. 그러므로 다루는 토픽의 분야에서 어느 정도의 지식을 가지고 있고, 그리고 논증의 전개에 다소간 익숙하지 않으면 이러한 추론의 오류를 찾아내기란 쉽지 않다.

(4) 추론(논리)이 불완전하다.

추론이 불완전하다는 말은 분석이 완전하지 못하다는 말이다. 다음과 같은 경우이다. 제시한 문제 가운데 해결하지 못한 것이 있거나, 가지고 있는 재료를 잘 사용하지 못하거나, 어떤 재료의 중요성을 인식하지 못하거나 또는 중요한 차이점을 주목하지 못하고 있는 경우 등이다.

그러나 추론이 불완전하더라도 그것이 저자의 결론에 치명적이지 않으면 '기각'(반대)의 이유가 되지 못한다. 이때는 '판단 유보'의 결정을 내려야 한다. 그리고 텍스트가 불완전하다고 말하는 것으로 충분하지 않고 어떻게 불완전한지를 정확하게 말할 수 있어야 한다.

위에서와 같은 네 가지 경우의 어디에도 해당되지 않으면 당신은 저자의 견해(주장)에 동의할 수밖에 없다. 예컨대, "당신이 말하는 전제(증거, 이유)에 잘못된 것은 아무 것도 없어, 그러나 나는 당신의 결론에 동의할 수 없어."라고 말할 수는 없다. 이렇게 말하는 것은 독자가 저자의 결론을 '좋아하지 않는다'는 것을 의미한다. 그것은 좋아하거나 싫어하는 당신 자신의 '가치'나 '정서'를 표현하는 것일 뿐 그것으로 당신이 저자의 주장에 '반대'할 수 있는 것은 아니다. 이유가 충분하면 당신은 저자의 결론을 수용해야 한다.

그러면 당신이 '결론에 동의'하는 것과 '좋아하는 것' 사이에는 차이가 있을 수 있을까? 텍스트에 나타나 있는 증거/이유가 충분한데도 불구하고 말이다. 여기에는 두 가지의 가능성이 있을 것이다. 첫째는 합리적인 사람은 강한 이유가 있는 결론은 수용해야 하지만 이러한 사고에 익숙하지 못하기 때문일 수 있다. 둘째는, 당신의 가치 가정이 저자의 것과는 많이 다르다는 것을 고려하지 못했을 수도 있다. 논증을 시작하는 가치 가정이 다르면 도달하는 결론은 완전히 다를 수 있다.

III
창의적 이해

1. 비판적 이해와 창의적 이해

　지식은 반복적으로 암기하여 무조건 수용할 것이 아니라 구조적으로 깊게 이해하여 습득해야 한다. 그리고 이에서 한 단계 더 나아가 텍스트가 말하고 있는 메시지는 무엇이며 그것이 왜 그렇고 어떻게 그럴 수 있는지를 음미해 보는 비판적 사고의 과정을 거쳐야 한다는 것을 강조하였다. 그러나 아직도 충분해 보이지는 않는다. 모든 지식은 활용하고, 적용하고, 문제해결하고 그리고 더 새로운 어떤 것을 생성해 내는 창의적 사고의 바탕이 되어야 하기 때문이다. 이러한 지식이라야 비로소 자신의 것이 되고 자신의 사고와 행동으로 연결될 수 있기 때문에 우리는 이런 지식을 '진정한 기능적 지식'이라 말할 수 있다. 이러한 기능적인 지식이라야 비로소 생산적인 창의의 지식이 될 수 있다. 그리고 이때 비로소 우리는 완전한 이해, 창의적 학습을 말할 수 있다. 그래서 사고를 통하여 학습(지식 습득)하고, 그리고 학습한 것을 가지고 사고할 줄 아는 것을 강조해야 한다.

　많은 경우 우리는 단편적인 기억이나 비판적 이해의 독서만으로는 불충분하며 이러한 상황은 앞으로는 더욱더 그럴 것이다. 텍스트를 읽고 지식(정보)을 기각하거나 수용하는 것도 중요하지만 그보다 훨씬 더 중요한 것은 읽은 내용을 이해하고 그리고 그것을 활용하여 사용하고, 나아가 새로운 지식을 생성할 수 있는 것이기 때문이다. 지식 활용과 지식 생성의 이러한 요구가 바로 창의력 교육의 요청일 것이다. 창의적 독서는 텍스트의 내용을 깊게 이해하고 머릿속에서 비판적, 발산적으로 생각하면서 그것을 짚고 넘어 새로운 세계를 적극적으로 상상해 가는 독서이다. 그것은 깊게 이해한 내용의 '의미를 가지고', 현재의 것을 어떻게 적용하고 확장하고 새롭게 조합해 볼 수 있는지를 더 멀리까지 '상상을 펼치면서' 전개하는 창의적인 이해/독서일 것이다.

다음은 창의적 이해를 위한 활동의 예시이다. 텍스트(글)를 왜 읽는지, 읽는 목적이 무엇인지를 생각하고 되새겨 본다. 읽은 것을 어디에 사용할 수 있는지를 가능한 대로 많이 생각해 본다. 당신의 개인 생활이나 직업생활(학교 공부 등)에서 읽고 있는 내용을 사용할 수 있는 곳을 여러 가지로 생각해 본다. '저자가 무슨 말을 하고 있지?'라고 묻는 데 그치지 않는다. 이러한 비판적 이해에서 더 나아가 '저자가 말하고 있는 것을 어떻게 사용할 수 있을까?'라고 묻는다. 한 가지에 그치지 않는다. 저자가 제시하고 있는 중요한 아이디어를 활용할 수 있는 여러 가지의 가능성을 생각해 본다. 떠올린 내용을 메모해 두는 것도 바람직한 방법이다. 이러한 방법은 익숙한 것이 아닐 수 있지만, 연습을 하면 누구나 어렵지 않게 실행할 수 있다.

창의적인 독서/이해에는 어떤 특별한 장점이 있을까? 독서를 창의적으로 하면 읽고 있는 내용에 대하여 그리고 그와 관련한 가능성에 대하여 더욱 더 민감해 진다. 텍스트에서 제시하고 있는 지식 사이에 있는 괴리, 미해결로 남아 있는 문제, 빠져 있거나 불완전한 내용/요소 또는 관련은 있지만 다소간 떨어져 있는 것 같이 보이는 어떤 것들에 대하여 보다 더 민감하게 의식한다. 그래서 서로 어떻게 관련되고 어떻게 조합할 수 있는가라고 질문하게 된다. 문제에 대하여 민감해지게 되면 거기에서 따라오는 창의적 긴장을 해결하려고 노력한다. 창의적인 독자는 지금의 단원뿐 아니라 여기저기의 단원 내용 또는 생활 속에서 경험했던 것에서 관련 있는 것을 찾아보며, 새로운 조합을 만들며, 비교적 서로 무관해 보이는 요소들을 응집적인 전체로 종합해 보며, 정보 덩어리를 재정의(再定義)하거나 변형하여 새로운 용도를 찾아보며, 그리고 이미 알고 있던 것을 다른 새로운 각도에서 새롭게 들여다볼 수도 있다.

창의적 독자는 이렇게 문제해결을 탐색하는 과정 속에서 가능한 여러 가지의 아이디어를 생각해 내며, 다양한 전략과 접근법을 사용하며, 가용한 정보를 이렇게 저렇게 새로운 시각에서 들여다보고 조합해 보며, 통상적인 해결에서 벗어나 과감한 새로운 대안을 찾으며 그리고 세부적인 내용을 메꾸어 봄으로써 새로운 아이디어를 생각해 낼 수도 있다. 창의적 독자는 흔히 저자의 메시지를 복원하여 저자와 동일시하고(마치 자기가 '저자'인 것처럼 사고하며), 그리고 저자가 마음속에 가지고 있는 여러 생각들을 추리해 보며, 그리고 거기에서 한걸음 더 나아가 저자가 다음에서 말하려는 것까지 예측해 볼 수도 있다. 그리고 저자를 넘어서는 새로운 상상을 해 볼 수도 있다.

'비판적 독자'이면서 동시에 '창의적 독자'가 되는 것이 중요하다. 비판적 독자는 텍스트의 결론과 뒷받침하는 세부내용(근거)을 찾아내며 또한 텍스트가 가지고 있는 결점이나 편견 같은 것도 찾아낸다. 그러나 저자의 텍스트에서 괴리, 모순 또는 약점을 확인해 내고 난 다음 이에서 더 나아가 '진실은 무엇일까' 또는 '어떻게 더 낫게 할 수 있을까?'에 대하여 대안을 생성해 내고 새로운 것을 생각해 볼 수 있는 것은 창의적 독자만이 할 수 있다. 비판적이면서 동시에 창의적인 독자여야 하는 것은 논설문뿐 아니라 서사문(이야기 글)에서도 마찬가지로 중요하다. 그리고 그것은 텍스트의 이해뿐 아니라 대화 등 커뮤니케이션의 어느 곳에서도 마찬가지로 적용되는 진실일 것이다.

2. 요약에서 종합의 창의로

텍스트의 완전한 이해는 구조적인 깊은 이해, 비판적 이해 및 창의적 이해의 세 가지 수준까지를 포함해야 한다. 창의적 학습의 구조적인 깊은 이해는 결국 핵심을 '요약'하는 것이라 말할 수 있다. 깊은 이해를 위한 요약의 사고과정 및 비판적 이해의 정신과정은 창의적 사고를 뒷받침하는 기초가 되며 또한 이들의 여러 정신 과정들은 창의적 사고의 과정과 같거나 비슷하다는 것을 주목해 본다.

요약하는 것은 텍스트에 있는 중요한 정보를 추상화(일반화)하여 자신의 말로 간단하게 진술하는 것이다. 요약은 정보의 요소를 확인하고, 이들을 논리적으로 관계시키고, 중요한 논리를 찾아내고 그리고 이를 자신의 말로 의역하게 된다. 이미 2장에서 알아본 바와 같이, 요약의 과정에는 본질적이지 아니한 정보는 탈락시키고, 중심 내용을 찾아내고, 상위 수준의 단어로 내용을 추상화(일반화)한다. 이러한 정신과정을 통하여 텍스트의 내용을 전체적, 거시 구조적으로 연결시키고 조직화하며 그리하여 메시지를 재구성하여 복원하게 된다. 그리하여 텍스트의 내용을 전체적으로 깊게 이해하고 요약할 수 있다.

요약하기를 통하여 텍스트를 깊게 이해하게 되면 이제는 그것이 믿을만 하고 가치 있는 것인지를 판단하는 비판적 이해가 필요해진다. 비판적 이해를 위하여서는 텍스트의 정보와 논리에서 부족하거나 빠져 있는 것, 괴리, 모순, 불일치 등을 체크해야 한다. 이것은 충분한가, 부족한 것은 무엇인가? 증거는 적절하고 최선의 것인가? 이것과 저것은 어떻게 관계되는가? 의미가 통하는가? 바꾸면 좋을 것은? 다른 가능성은 무엇인가? 다르게 생각해 볼 수는 없는가? 등등의 질문을 하게 된다. 그것은 엄밀한 논증분석의 것일 수도 있고 상식적인 판단을 위한 것일 수도 있다. 이러한 질문의 결과를 바탕으로 저자의 주장(결론)을 수용 또는 기각할 것이고, 기각의 경우는 기각의 이유도 제시하게 될 것이다. 또한 그러한 질문에서 비판적 이해를 짚고 넘어서 새로운 대안을 생성하는 창의적 이해, 창의적 사고에 이를 수도 있다.

(1) 깊은 이해의 요약하기의 정신과정은 고차적 사고의 기초이며 비판적 이해와 창의적 사고의 바탕이 되며 거기에는 같거나 비슷한 하위 정신 과정이 적지 않게 있다.

사실 깊은 이해의 사고 과정에는 구조를 만들어 내는 종합의 창의가 큰 역할을 하는 것 같이 보인다. 텍스트를 깊게 이해하려면 전체를 구조적으로 연결하여 의미 있는 뼈대를 만들어야 한다.

텍스트의 조직화는 부분들을 연결하고 조합하는 것이며 처음에는 문장의 자구 간에서 시작하여 점차 문장 간, 또는 단락 간 등으로 보다 높은 수준으로 전체적인 수준까지 발전해 갈 것이다. 그리하여 궁극적으로는 간단하게 진술하고 요약하는 것이 가능한 조직 구조에 까지 도달하게 될 것이다. 거기에는 시스템적 사고와 정교화 기능이 밑받침하고 있다. 이러한 요약의 과정은 종합(synthesizing)의 과정과 매우 비슷해 보인다. 종합은 퍼즐조각 맞추는 것과 같다. 수많은 퍼즐을 맞추어 의미 있는 형태, 새로운 디자인을 만드는 것이다. 요약하기는 텍스트에 있는 정보 조각들을 배열하고 조합하여 의미 있는 구조적인 뼈대를 만드는 것이고, 종합은 부분 또는 요소들을 새롭게 조합하여 새로운 아이디어를 만드는 것이지만 둘의 과정은 같거나 비슷하다. '요약하기'는 깊은 이해이고 '종합'은 창의적 사고이다.

(2) 비판적 이해와 창의적 사고의 기저의 하위 정신 과정의 상당 부분도 서로 비슷하거나 공통적인 것 같이 보이는 것이 많이 있다.

물론 비판적 이해(사고)와 창의적 이해(사고)의 목적은 다르다. 비판적 이해는 일련의 사고과정을 거쳐 텍스트가 믿을만하고 가치 있는 것인지를 판단하는 것이고, 반면에 창의적 사고는 주어져 있는 것보다 '더 나은', '다른' 아이디어나 산출을 생산해 내는 데 목적이 있다. 그럼에도 텍스트의 괴리, 약점/한계, 모순, 비논리를 사정하는 비판적 이해의 과정은 달리 보면 창의적 사고의 과정에서도 마찬가지로 필요하고 중요한 질문이고 대답이다. 예컨대 부족한 것은 무엇인가? 이것과 저것은 어떻게 맞는가? 등의 질문은 비판적인 이해를 위한 것일 수도 있고 창의적인 사고를 위한 것일 수도 있겠다. 이들 사이에는 공유하는 하위 정신 과정들이 많다는 말이다.

(3) 요약과 비판적 사고와 창의적 사고의 각기의 목적은 다르다.

요약은 메시지를 재구성하여 이해하기 위한 것이고, 비판적 사고(이해)는 사정하고 판단하기 위한 것이고 그리고 창의적 사고(이해)는 다른, 새로운 아이디어를 생산해 내기 위한 것이다. 그러나 이미 앞에서 알아본 바와 같이 요약의 과정에는 창의적 사고에서와 마찬가지의 하위 정신 과정이 작동하고 있고 그리고 비판적 이해에서도 창의적 사고와 같거나 비슷한 하위의 정신과정이 작동하고 있다. 그리고 이들은 누가적이고 진화적인 것 같이 보인다. 여러 가지의 사고 기능을 적용하고 활용하는 것은 창의적 사고 기능을 개발하는 데도 유용할 수 있다. 이것은 창의력 교육에는 발산적 사고뿐 아니라 다양한 형태의 하위의 사고기능을 같이 다루어야 함을 의미할 것이다.

정리하면 '종합'의 창의는 텍스트를 구조적으로 재구성, 복원하여 깊게 이해하는 데서 시작하며 거기에 기초하고 있다. 그리고 비판적 이해를 통하여 논증을 분석하여 괴리, 단점과 강점 그리고 논리를 사정하고 판단한다. 이것은 텍스트의 내부를 세밀하게 진단하는 것이다. 이들을 바탕해야 창의적 사고를 성공적으로 수행할 수 있다. '창의'는 텍스트 내적인 괴리, 약점 또는 비논리성 등을 극복하는 새로운, 더 나은 대안을 생성해 내는 것이어야 한다. 그러나 진정한 창의는 주어진 텍스트 자체만이 아니라 다른 단원, 다른 영역이나 다른 교과 또는 더욱 광범위한 지식이나 경험과 연결하는 더 넓은 융복합적인 사고가 되어야 할 것이다.

Ⅳ

창의적 이해의 요령

창의적인 완전한 이해는 적극적인 이해이다. 지식이란 어떠한 것이라도 목적을 가지고 있으며, 또한 지식은 적극적으로 사용해야 하고 그리고 효과적이고 창의적인 사고를 하기 위한 '수단'이다. 이러한 사실에 어울리는 것이 창의적 이해이고 창의적인 독서, 창의적인 수업이다. 여기에 참고할 수 있는 것은 Torrance (1979)의 '부화식 수업과 학습모형'(Incubation Model of Teaching and Learning)이다. Murdock & Keller-Mathers(2008)은 이 모형의 이론과 방법을 설명하는 것과 함께 이 모형을 학교와 비즈니스 현장에 적용하고 있는 약 30편의 연구들을 종설하고 있다. 부화식 수업의 학습모형에 따르면 텍스트 등 어떤 것을 창의적으로 이해하는 요령에는 크게 보아 두 가지가 있는데, 하나는 '예상해 보기'이고 다른 하나는 '읽은 것을 가지고 무엇을 해보기'이다(관련의 창의력 교육의 내용은 '6장. Ⅹ. 창의력을 어떻게 가르칠 것인가? - 부화식 수업 모형'을 참조할 수 있다).

1. 예상해 보기

이것은 읽기를 시작하기 전에 하는 워밍업 활동(warm-up)이다. 앞으로 읽을 내용을 미리 예상해 보고, 어떤 것을 기대해 보며 그리고 그것을 자기 생활 속에 있는 어떤 유의미한 경험에 관련시켜 본다. 다른 지식과 경험에 '관련시키기' 하는 것은 읽기 전, 읽기 중 및 읽기 후의 어느 단계에서도 가능하고 중요하지만 여기서는 특히 '읽기 전'에 하는 것을 주목한다. 이렇게 예상/기대를 하다 보면 마음속에 '긴장감'이 생기게 된다. 예상/기대하기를 고조된 마음으로 할수록 긴장은 더욱더 생생해진다. 이를 위한 몇 가지의 방법은 다음과 같다.

(1) 토픽(주제)을 제시한 다음 그 글이 무엇에 대한 것일지를 추측해 보게 한다.

다음은 창의적인 독서를 자극할 수 있는 질문의 리스트이다. 이들은 서사문(이야기 글)의 독서를 격려하기 위한 것이지만 다른 유형의 텍스트 이해에도 조정하여 사용할 수 있다.

이러한 질문을 실제의 독서 전, 독서 중 또는 독서 후에 사용하기를 강조하는 이유는 창의적 독서를 하려면 독자는 독서 내용에 대하여 적극적으로 반응해야 하기 때문이다. 그러한 반응을 통하여 텍스트 내용 속에 있는 사실, 아이디어 및 사건 사이의 관계 그리고 이들 내용을 자신이 가지고 있는 선행의 지식/경험에 비추어 생각해 보고 그리고 이후의 전개도 예상해 볼 수 있다.

(i) 이야기의 제목을 보니까 이 글은 어떤 내용 같이 생각되는가?
(ii) 등장 인물들은 어떤 문제를 겪게 될 것 같은가?
(iii) 이 이야기는 웃기는 이야기, 슬픈 이야기, 믿거나 말거나 식의 이야기, 또는 흥미진진한 이야기의 어느 것일 것 같은가? 왜 그렇게 생각하는가?
(iv) 주인공은 어떤 성격의 사람일 것 같은가?

그리고 '읽기 중'에 사용할 수 있는 질문 세 가지는 다음과 같다.

(i) 왜 당신은 이 이야기를 좋아하는가 또는 싫어하는가?
(ii) 만약 당신이 주인공과 같은 처지에 놓인다면 어떻게 행동할 것 같은가?
(iii) 주인공은 어떤 감정을 가졌을까? 당신도 그러한 감정을 가져 본 적이 있는가?

(2) 두 번째 방법은 어떤 부분을 실제로 읽기 전에 "이다음에는 무슨 일이 일어날 것 같은가?"라고 질문하는 것이다.

그리고 읽어 가면서 몇 가지 사실들 사이의 관계를 찾아보게 하고 어떤 논리적인 결론에 이를 수 있도록 질문을 계속할 수 있다. 또는 글의 전개에서 여러 사실이 제시되면 그들을 이용하여 그 다음의 내용을 예상해 보게 하고 그러한 예상이 실제로 일어난다면 그에 따라 어떠한 결과가 벌어질지를 추측해 보게 할 수도 있다. 또한 읽고 난 다음에는 글 속에 있는 실제 사실과 자신이 추측해 본 것을 비교해 보게 하고, 어떻게 해서 예상이 빗나갔는지를 체크해 보게 할 수도 있다.

(3) 마지막은 '마치 자기가 저자인 양' 또는 '주인공인 양' 생각해 보는 방법이다.

이것은 저자(또는 주인공)와 동일시하는 '감정 이입(empathy)의 기능'을 교육하는 방법이다. 감정 이입이란 상대방의 입장에 들어가서 그 사람의 입장과 시각으로 느끼고 생각하는 것이다. 이 방법은 특히 유치원이나 초등학교 저학년생에게 효과적이다. Torrance(1995)는 Bruno Munari의 '코끼리의 소원'을 사용하여 이 방법을 적용해 본 내용을 다음과 같이 보고하고 있다.

이야기는 이렇게 시작한다. "코끼리는 크고 무거운 동물인 것이 싫어졌다. 그는 다른 무엇이 되기를 소망한다. 그가 되고 싶어 하는 것은 무엇이라 생각하나요?" 여기에서 감정 이입적으로 추측하는 게임이 시작된다. 다시 말하면 코끼리의 마음속을 들여다보게 하고, 상상 속에서 자기 자신을 코끼리의 자리에 놓아 보고, 그리고 코끼리인 것이 진저리나고 싫다면 무엇이 되고 싶은 지를 생각해 보게 한다. 이제 다음으로 아동이 코끼리의 마음을 들여다보게 한다. 저자는 코끼리 머리에다 덮개를 만들어 놓고 이를 열어 보면 "그는 날고 노래하는 조그마한 새가 되고 싶어 한다"란 글귀가 나오도록 미리 준비 하였다.

그런데 새로운 문제가 생겼다. "조그마한 새는 날고 노래하는데 싫증이 났다. 새는 다른 무엇이 되기를 소망하고 있다. 그는 무엇을 소망할까요?" 독자는 여기서 다시 추측을 해보고 '새의 마음'을 들여다보게 한다. 이런 식으로 이야기는 고기, 도마뱀, 그리고 게으른 황소 등으로 계속되며 '게으른 황소'는 다시 코끼리가 되기를 소원하는 것으로 끝이 나고 있다.

이러한 이야기는 아동들에게 자신이 가지고 있을 수 있는 어떤 제한적인 구속을 냉소적으로만 받아들이지 아니하고 창의적으로 반응하는 것이 필요하며, 가지고 있는 능력이나 자원이 어떠한 것이든 간에 이들을 잘 사용하는 것이 중요하다는 것을 설명해 주는 것으로 사용할 수 있다. 또한 어떠한 글이라도 불완전하고 결점이 있을 수 있지만 그렇다고 그것을 냉소적, 부정적으로만 볼 것이 아니라 저자가 마음속에서 말하려고 의도했던 것을 도전적으로 찾아보려고 애써야 한다는 것을 예시하는 것으로 사용할 수도 있다.

---

2. 읽은 것을 가지고 무엇을 해 보기

많은 사람들은 공부해서 배운 것을 사용해 보려는 생각을 별로 하지 아니한다. 심지어 배운 내용/정보가 실제로 매우 유용할 수 있다는 생각조차 잘하지 않는다. 예컨대 창의력에 대하여 읽은 것이 창의적인 생활에 어떻게 실제로 사용될 수 있는지를 생각해 보지 아니한다. 신문사설, 연구 보고서, 소설 등 어떠한 성질의 텍스트(글)이든 간에 내용을 잘 기억하도록 요구하거나, 비판적으로 읽을 것을 요구하는 경우와 텍스트(글) 속에 있는 내용(이론, 연구 결과 등)을 사용해서 나름대로 무엇을 해 볼 것을 요구하는 경우의 학습의 결과는 크게 달라질 수밖에 없다.

예컨대 교육학이나 심리학의 어떤 연구 보고서를 읽고 거기에 있는 연구 결과를 교육적으로 사용할 수 있는 방법을 가능한 한 많이 나열해 보게 할 수 있다. 이와 같이 '읽은 것을 가지고 무엇을 해' 보도록 하면 관심을 갖고 집중할 수 있고, 학습한 내용을 보다 창의적으로 활용할 수 있고 그리고 더 나아가 주어진 것에서 더 낫고 새로운 아이디어를 창의해 낼 수도 있다. 아래에서는 그렇게 하기 위한 몇 가지의 방법을 제시해 본다.

(1) 읽은 것을 상상을 통하여 재현해 보기

독서한 내용을 머릿속에서 그림 그려 보거나 재현해 보게 한다. 특히 읽기를 마친 다음 즉시로 머릿속에서 그것을 떠올려 보게 하는 것은 아주 효과적이며 자주 떠올려 보게 할수록 효과적이다. 이렇게 '의미를 가지고' 그리고 '상상을 펼치면서' 독서를 하면 내용을 이해하기가 쉬울 뿐 아니라 의미 있는 기억으로 저장하여 필요한 실제의 장면에서 쉽게 끄집어내어 보다 효과적으로 사용할 수 있다. 이렇게 하면 상상적인 사고력과 함께 창의적인 지식을 습득할 수 있다. 그런데 어린 아동의 경우는 상상하면서 소리 내어 읽기가 어려운 경우가 있을 수도 있다. 이때는 단어를 입으로 하나하나 소리 내어 말하는 대신 의미를 읽도록 격려하는 것이 효과적이다. 다시 말하면 구체적인 단어보다는 텍스트에서 말하고 있는 '실제의 의미대로' 소리 내어 읽도록 연습시키면 효과적일 수 있다. 단어를 잘못 읽을 수도 있지만 그것은 중요하지 아니하다. 의미가 중요하다.

(2) 읽은 것을 정교화하기

'정교화'한다는 것은 내용을 보다 자세하게, 깊게, 풍부하게 만드는 것이다. 정교화의 사고를 하면서 텍스트를 읽으면 이해를 쉽고 재미있게 할 뿐 아니라 이해한 내용을 필요한 장면에서 자동적으로 쉽게 떠올려 유용하게 사용할 수 있다. 읽은 것을 정교화하는 창의적 독서의 방법에는 몇 가지가 있다.

(ⅰ) 읽은 것을 예시해 보거나 적용할 수 있는 보기를 찾아본다.

(ⅱ) 읽은 것을 음악, 노래, 리듬 동작 및 연출을 통하여 실제로 표현해 본다.

(ⅲ) 읽은 것을 좀 다른 형태로 각색하거나 수정해 본다. 예컨대 이야기의 끝 (엔딩, ending)을 다르게 하여 새로운 이야기를 만들어 보는 것, 등장 인물을 좀 다른 어떤 성격의 사람으로 바꾸고 그에 따라 다른 것들이 어떻게 달라지는지를 말해 보는 것, 또는 이야기 속에 있는 어떤 사건을 좀 길고 더 흥미진진하게 확장시켜 보는 방법 등이 있을 것이다.

(ⅳ) 읽은 것을 언어를 사용하지 아니하고 그림을 그리거나 신체 동작을 사용하여 행위 연출로 자세하게 표현해 본다. 이 방법은 지진아나 언어 사용에 자신이 없어하는 학생들에게 특히 효과적이다. 많은 사람들은 먼저 훌륭한 독자가 되어야 비로소 창의적인 독자가 될 수 있다는 고정관념을 가지고 있다. 그러나 사실은 먼저 창의적인 독자가 되어야 훌륭한 독자가 될 수 있다고 말하는 것이 옳다.

그리고 읽은 것을 정교화 하는 활동은 읽은 내용을 독자가 이미 가지고 있는 이전 지식과 관련시키고, 보기와 적용을 찾고, 읽은 것을 사용해 보고, 다른 영역이나 다른 교과의 내용과 관련시키고 그리고 독서한 것을 실제의 경험이나 행동에 관련시키는 등의 사고 능력을 개발하는 데 도움 된다. 정교화 활동은 개인적으로 할 수도 있지만 소집단에서 같이 하는 것이 더 효과적이다.

(3) 읽은 것을 변형하고 재배치하기

작가는 자신의 작품의 줄거리나 등장인물을 모두 새롭게 발명해 내어야 할 필요는 없다고 말한다. 기존의 인물이나 내용을 변형, 재배치하면 전혀 새로운 것이 만들어 지기 때문이다. 역사, 과학, 문화, 우화 등의 이야기 속에 있는 많은 내용들은 드라마, 노래, 그림, 소설, 시, 그림 등을 통하여 창의적인 형태로 새롭게 태어나기를 기다리고 있는 것 같이 보이기도 한다. 물론 이러한 다양한 인물과 줄거리를 읽고 그것을 창의적으로 변형시키거나 재배치하려면 창의적인 능력이 요구될 것이다. 그리고 끈질긴 노력과 연습이 필요할 것이다.

아래에서는 독서 과제에서 변형과 재배치를 격려할 수 있는 몇 가지 방법을 제시하고 있다.

(i) 등장인물 가운데 누구를 좋아하는가? 왜 그렇게 생각하는지를 보여주는 단락을 지적하거나 그 단락의 내용을 그림으로 그려 보라.

(ii) 글을 읽기 전에 제목만 보고 생각나는 것을 적어 보라. 글을 읽을 때는 글 속의 실제의 내용과 사전에 예상해 보았던 것과의 차이를 적어 보라. 당신의 이야기가 더 낫다는 생각이 드는 경우도 있을 것이다.

(iii) 글 속의 등장인물과 저자, 당신과 저자, 책 속에 있는 등장인물과 함께, 당신과 책 속의 어떤 등장인물 또는 당신과 당신의 어떤 친구와 함께 글에 대하여 인터뷰한다고 생각하고 인터뷰할 꺼리를 적어 보라.

(iv) 어떤 인물의 전기를 읽었다면 그 사람이 당신의 나이일 때 당신이 그를 방문한다고 생각해 보라. 어떤 재미있는 일이나 대화가 벌어질 수 있을까?

(v) 친구와 함께 읽었던 글이나 책 속에서 특히 생생하게 기억나는 어떤 장면을 골라 보라. 그리고 그것을 극화하거나 팬터마임의 무언극으로 연출해 보라.

(vi) 당신이 어떤 책의 저자인 척하고 당신의 친구가 그 책에 대하여 당신과 면담을 해 보라.

(4) 읽은 것 이상으로 나아가기

창의적인 사고 과정에서는 한 가지 일에서 더 나아가 다른 어떤 것으로 연결시키고 넘어가는 것이 자연스럽게 허용되어야 한다. 어떤 아이디어에서 다른 어떤 아이디어로 또는 이런 일에서 저런 일로 생각이 자유롭게 이동하여 넘어갈 수 있어야 한다. 창의가 창의를 낳는다. 훌륭한 이야기는 독자로 하여금 그 이야기를 넘어 더 많은 새로운 아이디어와 질문을 자아내게 할 가능성이 크다. 어떤 텍스트를 집단에서 독서할 때는 독서한 내용을 가지고 같이 토론하고 생각해 보게 하는 것은 필요할 뿐 아니라 자연스러운 일이어야 한다.

하나의 방법은 '예상해 보기' 활동을 한 다음 녹음한 테이프를 듣고(또는 어떤 부분까지 읽어 간 다음) 읽었던 것을 바탕하여 앞으로의 전개를 미리 떠올려 보게 한다. 그리고 다시 얼마를 더 읽어 간 다음 그때까지의 내용을 가지고 다시 앞으로의 전개를 예상해 볼 수 있는지를 말해 보게 하는 것이다.

요약하면, 창의적 독서를 통하여 자신의 경험을 확장시키고 그러한 경험을 이용할 수 있도록 하기 위하여 상상/공상의 기법을 즐기고 활용하도록 훈련시키는 것이 중요함을 알 수 있다. 보다 구체적으로 보면, 글 속의 일이 정말로 일어난 것처럼 느껴 보기, 글 속에서 일어난 일들을 말해 보기, 글 속에서 일어난 일들을 신체나 소리로 표현해 보기 그리고 실제로 공상적인 이야기를 써 보기 등의 활동이 있을 것이다. 이야기 글은 비교적 이해하기 쉽고 재미있기 때문에 독서 활동의 초기 단계에서는 서사문(이야기 글)을 사용하는 것이 효과적이다.

V

질문과 반응, 그리고 창의적 사고

깊은 이해와 고차적 사고의 습관은 기본적으로 보면 대화의 과정에서 이루어진다. 대화는 사람과 사람 사이의 것일 수도 있고, 저자와 독자 간의 것일 수도 있다. 대화는 질문과 그에 대한 반응으로 이루어진다. 질문은 호기심에서 시작한다. 효과적으로 질문할 줄 아는 능력은 이해와 탐구를 위한 열쇠이다. 질문은 혼돈을 정리해 준다. 질문은 탐구와 연구를 위한 노력을 자극한다. 질문은 동기를 부여하며, 글을 읽어 이해하고 비판적이고 창의적인 사고를 계속하도록 앞으로 떠밀어 준다. 그리고 질문은 그러한 사고 속으로 더 깊게 빠져들게 만든다. 질문을 제기하는 사람은 의문을 갖고 거기에 대한 대답을 찾으며 호기심을 가지고 세상을 적극적으로 의미 있게 해석하려고 애쓴다.

효과적인 질문은 다음과 같은 몇 가지의 특징적인 성질을 가지고 있어야 한다. 첫째, 질문은 적극적이어야 하며 또한 효과적이고 중요해야 한다. 둘째, 질문을 하는 목적은 '더 나은' 이해, 새로운 아이디어 또는 효과적인 문제해결을 하는 데 있어야 한다. 마지막으로, 질문에는 발산적 질문과 수렴적 질문이 하나의 사이클을 이루는 두 축으로 서로 맞물려 이루어져야 한다. 마치 두 가닥의 '구두끈'을 차례대로 묶어야 전체가 완성되는 것과 같아야 한다.

교사들은(그리고 대개의 지배적이고 독선적인 사람들은) 대개가 말을 많이 한다. 그리고 질문을 많이 한다. 교사는 교실에서 이루어지는 말의 60~70%를 하며, 1분 동안에 3.5개의 질문을 하며 그리고 학생 한 명이 1개 질문을 할 때 교사는 27개 질문을 한다는 보고도 있다. 교사가 하는 많은 질문은 대개는 사소하고 암기와 비교를 요구하는 것들이다. 학생들의 사고를 자극하고 그리고 사려 깊은 판단을 요구하는 것은 오히려 드물다. 학생들의 학습을 지배하고 지시하는 교사는 학생들의 탐구와 창의를 별로 자극하지 못한다. 이러한 교사는 학생들이 독립적으로 그리고 탐구적으로 사고할 수 있게 동기 부여하려고 노력하지 아니하며 암기를 교수학습의 핵심 목표로 삼는 경향이 있다.

질문을 잘하는 것은 과학적인 연구, 과학하기(sciencing)를 잘하는 것과 같다. 모든 창의는 적극적인 질문에서 시작한다. 가설을 생성하는 과학자는 질문을 많이 한다. 바르고 좋은 질문을 하면 생산적인 반응을 얻어 내기가 쉽다. 질문 기법이 신통치 못한 교사는 학생들에게 마구잡이식 추측이나 피상적인 사고를 요구하는 질문을 할 가능성이 크다. 학습 활동은 대개가 교사의 질문(또는 제시하는 과제)에 따라 이루어지기 때문에 교사의 질문은 학생들의 논리적 사고와 창의적 사고의 발달과 가장 직접적으로 관련되어 있다(6장 참조).

1. 바른 질문

아래에서는 비판적이고 창의적인 사고를 자극할 수 있는 질문 기법을 '바른 질문의 방식'과 '바른 질문의 내용'으로 나누어 정리해 본다.

(1) 바른 질문의 방식

(i) 생각을 해 볼 수 있는 충분한 시간을 준다.

적어도 5~15초 정도의 시간은 기다린다. 그래도 대답이 없는 경우라도 대신 대답해버리지 아니한다. 단서나 힌트를 주거나, 문제를 더 쉽게 설명해 주거나, 비슷한 문제를 예시해 줌으로써 어떻게든 반응을 해 보게 유도한다.

(ii) 어떠한 내용의 반응이라도 일단은 그것을 수용하고 받아들인다.

'맞아', '틀렸어'와 같은 반응은 가능한 한 하지 아니한다. 어떠한 반응도 더 나은 것이 발견될 때까지는 있는 대로를 수용하고 '그렇군', '그렇게 생각할 수도 있겠군', '재미있는 생각이야' 등과 같은 말로 격려하고 인정하고 수용한다. 그러므로 기를 죽이는 말씨보다는 긍정적인 대꾸를 많이 한다.

（ⅲ）너무 빨리 너무 많은 질문을 하지 아니한다.

또한 초점이 없거나 추측해서 대답 하는 질문은 하지 아니한다.

（ⅳ）학생들 자신이 질문을 제기할 수 있는 기회를 주고 그래서 토론이 이루어
　　지는 것을 격려한다.

하루에 적어도 한 개 이상의 유의미한 질문을 해보도록 끈기 있게 지도한다.

（ⅴ）질문을 하고 난 다음에는 상대방의 반응을 귀 기울여 경청한다.

사람들은 자기 이야기는 신나게 해도 남의 이야기는 잘 듣지 아니하는 경향
이 있다. 학생의 이야기에 대해서는 더욱더 그러기가 쉽다.

(2) 바른 질문의 내용

바른 질문은 몇 가지로 나누어 정리해 볼 수 있다. 아래에서는 열린 질문, 상
상과 추리를 자극하는 질문, 발산적 사고와 수렴적 사고가 균형을 이루는 질문
그리고 가정 무시하기의 질문들로 나누어 살펴볼 것이다.

（ⅰ）'열린 질문'을 많이 한다.

열린 질문이란 반응/대답이 여러 가지 있을 수 있는 질문으로, 달리 말하면
'발산적 사고'를 요구하는 질문이다. 열린 질문은 더욱 자극적이고 도전적인 질
문이며 유창성, 융통성, 독창성 및 정교성을 강조할 수 있는 질문이다. 그러한
질문은 '예'－'아니오' 또는 하나의 정답만을 요구하는 '닫힌 질문'과는 달리 학생
들의 창의적 사고를 격려할 뿐 아니라 학생들의 참여와 학생들 사이의 토론을
유도할 수 있다. 토론을 유도하기 위해서는 질문을 하고 난 다음 서로의 반응에
대하여 의견을 나누고 코멘트하게 한다. '닫힌 질문'은 수렴적 질문이고, '열린
질문'은 발산적 질문이다.

진정한 질문은 대개가 열린 질문이며, 그래서 가능한 여러 가지의 대답이나
아이디어를 생각해 보게 하는 발산적(확산적) 사고를 요구한다. 이러한 질문은
대개 다음과 같은 형태를 취한다.

- 어떻게 해서 그런 생각을 하게 되었지?
- 왜 그렇게 말하지?
- 좀 더 자세히 말해 보면?
- 좀 더 이야기 해 줄 수 있겠니?
- 무엇 때문에 그런 생각을 하게 되었을까?
- 그러면 어떻게 될까?

(ii) '상상과 추리를 자극하는 질문'을 많이 한다.

구체적으로 보면 "만약에 …?"(What if …?)라는 질문과 "…라고 상상(가상, 가정)하면 … 어떻게 될까?"란 식의 질문을 많이 한다. 예컨대 다음과 같은 질문을 할 수 있다. '만약에 지구의 인력이 50%로 줄어든다면 어떻게 될까?', '만약에 예고 없이 1시간 이상 정전이 계속된다면 어떻게 될까', '만약에 이순신 장군이 거북선을 만들 수 없었으면 어떻게 되었을까?' 등등. 이들은 모두 '만약에 …'의 질문들이다.

이러한 질문은 가상의 또는 상상의 세계나 시나리오를 떠올리고 예상해 보게 한다. 그리고 어떤 것이 어떻게 되었을 때의 결과 내지 효과를 '상상'해 보게 한다. 이처럼 따라오는 결과(효과)를 상상하는 능력은 더 많은 생각과 아이디어를 생성하게 하며 그래서 더 나은 의사결정에 이르게 할 수 있다. '만약에 …'의 능력은 누구나 연습하면 개발할 수 있다.

'만약에 …'의 결과를 상상할 때는 떠오르는 한 개의 생각에 그치지 않아야 한다. 예컨대 지구의 인력이 50%로 줄어드는 경우를 가상해 보자. 물체의 무게나 사람이 걷고 뛰어 다니는 데 영향을 미칠 것이다. 이제 뛰어 가는 경우를 상상해 보면 1층 높이 쯤은 쉽게 뛰어 갈 수 있을 것이다. 만약에 그렇게 된다면 소방시설, 장식 또는 페인팅과 같은 여러 영역에서 생길 수 있는 변화도 상상해 볼 수 있을 것이다. 이런 식으로 하여 상상이 여러 가지로 끝없이 이어질 수 있어야 한다. 상상게임은 좋은 방식 가운데 하나이다.

(ⅲ) 아이디어 생성을 위한 발산적 질문을 하고, 그리고 생성해 낸 아이디어들을 이해하고 정리하고 평가하기 위한 비판적(수렴적) 사고의 질문을 하는 것이 균형을 이루도록 한다.

또한 질문에 대한 반응의 폭이 좁은 질문과 넓은 질문을 섞어가면서 할 수 있도록 노력한다. 단순히 '예'-'아니오'로만 대답할 수 있는 질문은 가급적 하지 않아야 한다. 특히 초점이 없거나 피상적인 추측으로 대답해야 하는 질문은 하지 않는다.

(ⅳ) 창의적인 아이디어 생성을 위하여 '가정 무시하기 기법'을 사용할 수도 있다.

어떠한 문제를 해결하려고 하든 간에 '가정'하고 있는 것에 대하여 의문하거나 무시해 보는 얼마간의 시간을 가지면 크게 도움 될 수 있다. 예컨대 당신이 자동차를 설계하는 일을 맡았다면 이때 당신은 어떠한 가정을 머릿속에서 하고 있을까? 자동차의 바퀴는 네 개여야 한다? 쇠로 만들어야 한다? 가솔린을 사용해야 한다? 빨리 갈 수 있어야 한다? 시동을 걸려면 열쇠가 있어야 한다? 운전석의 옆이 잘 보이지 아니하는 것은 불가피하다? 운전은 앉아서 해야 한다? 등등. 사실 이 모든 가정들은 미래의 자동차 설계를 전공하고 있는 사람들은 이미 무시하고 있는 것들이다. 그러나 많은 가정들은 너무나 익숙하고 우리의 의식 속에 깊숙이 뿌리 박혀 있어 이들을 끄집어내고 의식적으로 들어내 보이는 것이 쉽지는 않다. 이미 친근한 것은 쉽게 눈에 띄지 아니할 때가 많다. '가정 무시하기 기법'을 사용하는 두 개의 단계는 다음과 같다.

• 현재 다루고 있는 대상이 가지고 있는 사실, 요소, 속성 및 측면(특징) 들을 가능한 대로 모두 나열한다.
• 이러한 사실, 요소, 속성 및 측면 들을 부정하거나, 제거하거나 또는 반대되는 여러 경우들을 생각해 본다.

아래의 보기 활동에서처럼 의자에 대한 몇 가지 속성/측면 들을 부정하는 데서 시작하여 우리는 의자라는 개념에 대하여 보다 새로운 방식으로 생각해 볼 수 있다. 그리고 우리는 의자에 대하여 알게 모르게 여러 가지의 가정을 하고 있음을 발견해 볼 수 있다. 예컨대 의자는 편안해야 한다거나, 앉기 위한 것이라고 가정하는 것 등. 가정 무시하기 기법에서 특히 중요한 것은 엉뚱해 보이는 아이디어라도 쉽게 던져버리지 말라는 것이다.

〈보기 활동〉새로운 의자를 만든다고 생각해 보자. 의자의 속성이나 측면에는 어떤 것들이 있을까? 팔걸이, 네 개의 다리, 등받침, 상당한 높이, 나무나 플라스틱 또는 금속으로 만드는 것 등을 생각해 볼 수 있다. 이제 이들 각기를 부정하거나, 제거하거나 또는 반대되는 경우들을 생각해 보라.

(ⅰ) 팔걸이가 없는 의자? 몸을 의지할 수 있는 공기 이외에는 아무것도 없는 의자는 어떤가?
  • 아이디어 A: 공기의 이동에 따라 여러 형태의 의자가 될 수 있게 하는 반중력의 오락용 의자
  • 아이디어 B: 쿠션을 이용하여 뜨거운 공기를 내보내서 원하는 신체 부위에 마사지를 해 주는 의자.
(ⅱ) 의자는 제법 높아야 한다? 만약 의자가 납작하다면 어떨까?
  • 아이디어 A: 누울 수 있는 어떤 재료를 이용한 의자는 어떤가? 큰 바위처럼 의자는 편안해야 한다는 것 또한 하나의 가정일 것이다.
  • 아이디어 B: 의자가 아주 높으면 어떻게 될까? 사용하려면 일어서지 않을 수 없는 것 말이다. 의자는 앉기 위한 것이라 가정했는가? 서 있기 위한 의자는 있을 수 없을까?

---

2. 질문에 대한 반응

학습자의 창의적인 사고를 개발하는 효과적인 전략 가운데 하나는 바른 질문을 하도록 도와줄 뿐 아니라 학습자가 제기하는 질문에 효과적으로 반응하고 피드백 하는 것이다. 어린 아이일수록 수없이 질문을 많이 한다. 그런데 이들이 계속하여 좋은 질문을 할 수 있으려면 교사/부모가 이들의 질문에 대하여 어떻게 '반응'하느냐가 중요하다.

여러 가지의 질문에 대하여 부모나 교사가 반응하는 방식에는 몇 가지의 특징을 찾아 볼 수 있다. Sternberg(1994)는 질문에 대한 반응 방식을 7개 수준으로 나누고 있다. 높은 수준의 반응일수록 학습을 보다 효과적으로 매개할 수 있다. 질문에 대하여 보다 높은 수준의 반응을 할수록 비판적이고 창의적인 지적 기능을 개발하는 데 더 효과적이란 말이다. Sternberg는 자기가 최근 네덜란드를 방문했을 때 느꼈던 '네덜란드 사람들은 왜 키가 클까?'란 질문을 예로 들면서 이러한 간단한 질문에 대

한 반응도 여러 가지 수준에서 할 수 있음을 보여주고 있다.

수준 1: 질문을 거부한다.

학생/아동이 질문을 하면 귀찮다고 무시하거나 고함을 질러버리는 것이다. 애들은 듣기만 하고 말은 하지 않아야 한다는 태도의 산물이다. 이렇게 질문을 '처벌'하게 되면 학생은 점차 질문을 하지 않게 된다. 이것은 '학습하지 않기를 학습'하는 것을 의미한다.

수준 2: 질문 자체를 마치 반응인 것처럼 재진술하는 것이다.

학생의 질문에 대하여 반응하기는 하지만 질문 자체를 말을 바꾸어 다르게 재진술하고 있기 때문에 알맹이가 없다. 예컨대 '네덜란드 사람은 왜 키가 클까?'란 질문에 대하여 '네덜란드 사람이니까', 또는 '크니까 네덜란드 사람이지'와 같이 대답하는 것이다. 또는 누구가 좋은 아이디어를 말하면 '그는 머리가 좋으니까', '지능지수가 높아서'라는 식으로 반응하는 것과 같다. 이러한 반응은 얼른 보면 의미 있어 보이지만 학습과 사고력 개발에 별로 도움이 되지 않는다.

수준 3: 무지를 인정하거나 아는 대로 반응해 주는 것이다.

이것이 가장 흔히 발견할 수 있는 유형의 것이다. 모른다고 말하거나 또는 아는 것을 기초로 할 수 있는 데까지 대답해 준다. 이러한 대답은 대개의 경우 그럴듯한 것이지만 최선의 것은 아니다. 그러나 이러한 대답을 통하여 아동은 어른이라고 모든 것을 아는 것은 아니란 것을 알게 되는 기회는 될 수 있다. 이 수준의 대답은 '비강화적'으로 할 수도 있고 '강화적'으로 할 수도 있다. 강화적으로 대답한다는 것은 대답을 하기 전에 '그것은 아주 좋은 질문이야' 또는 '네가 그런 질문을 하니 반갑군' 등으로 긍정적으로 말해 준 다음 사실은 그 질문에 대하여 자신은 모른다고 말하거나 아는 대로 이야기해 주는 것이다.

수준 4: 관련의 권위자에게 물어서 대답을 찾아보도록 격려한다.

이 수준에서는 대답을 하는 데 필요한 관련의 정보를 찾아보게 한다. 그런데 매개자(부모, 교사)가 직접 권위자에게 대답을 물어보는 책임을 질 수도 있고 아동이 그렇게 하도록 할 수도 있다. 필요한 정보를 남이 찾아 주면 학생은 '수동적인' 학습을 하게 되지만 자기 자신이 직접 찾아보는 책임을 지면 적극적이고 능동적인 학습을 하게 된다.

수준 5: 대안적인 설명을 생각해 보게 한다.

이 수준에서는 불확실하지만 나름대로의 설명을 해 준 다음 학생으로 하여금 그것이 정확한 것인지를 확인해 보게 한다. 예컨대 네덜란드 사람의 키가 큰 것은 음식, 기후, 유전 또는 호르몬 주사를 놓기 때문 등일 수 있음을 말해 줄 수 있다. 그러면 학생은 보기에는 단순한 것 같은 질문도 여러 가지의 간단하지 아니한 가설이 필요해진다는 것을 느끼게 된다. 또는 교사/부모가 대안적인 가설을 제시하지 아니하고 학생들이 가설을 생각해 보도록 격려할 수도 있다.

수준 6: 대안적인 설명뿐 아니라 그것들을 평가하는 방법도 같이 생각해 보게 한다.

이 수준에서는 대안적인 설명을 생성해 보게 격려할 뿐 아니라 이들을 비교해 보는 방법도 생각해 보게 한다. 예컨대 유전 때문이라면 그것을 어떻게 확인해 볼 수 있을까? 음식 때문인지 기후 때문인지를 알아볼 수 있는 방법은 무엇일까 등등. 이러한 질문을 통하여 학생은 대안적인 가설을 생성해 내는 방법뿐 아니라 이들을 검증하는 방법도 생각해 보게 될 것이다.

수준 7: 설명과 평가방법 그리고 그것을 실제로 실험하는 방법을 생각해 보게 한다.

가장 높은 이 수준에서는 대안적인 설명을 해 보고, 그들을 비교하는 평가 방법을 디자인 해 볼 뿐 아니라 그것을 실제로 실험해 보도록 격려한다. 이러한 경험을 통하여 학생은 사고하는 방법뿐 아니라 자신의 사고를 행위화 하는 방법도 배우게 된다. 물론 모든 설명을 검증해 볼 수는 없지만 그래도 어떤 것은 실제로 검증해 볼 수 있을 것이다. 그리고 아동이 질문할 때마다 수준 7의 반응을 할 수는 없다.

어떻든 이 수준까지에 이르면 학습은 무학습에서 수동적인 암기식 학습으로, 다시 분석적이고 창의적인 학습에 이르게 된다. 요약하면 우리는 학생들의 질문을 심각하게 받아들이고 그러한 질문을 학생이 스스로 사고하고 학습할 수 있는 적극적인 기회로 바꿀 수 있어야 한다.

VI
완전한 이해와 사고의 요소

1. 완전한 이해

앞에서는 완전한 이해를 위한 텍스트의 이해를 세 가지 수준으로 나누어 살펴보았다. 거기에는 구조적인 깊은 이해, 비판적 이해와 창의적 이해 등이 포함되었다. 이들은 대개 보아 위계적이지만 반드시 시퀀스적인 것은 아니고 얼마든지 겹쳐 동행하면서 일어날 수도 있다. 텍스트에 있는 저자의 메시지를 구조적으로 재구성하고 복원하여 저자처럼 생각할 수 있는 것이 '깊은 이해'이다. 비판적 사고를 통하여 이해한 메시지의 내용을 객관적으로 들여다보고 그럴듯하고 수용하고 믿을 수 있는 것인지, 장점과 한계는 무엇인지를 음미해 보는 것이 '비판적 이해'이다. 그리고 텍스트의 내용이나 그와 관련한 내용을 살펴보고 더 낫게 할 수 있는지 또는 다른 새로운 대안이나 해결책이 가능한 지를 탐색하는 것을 '창의적 이해'라 하였다. 이러한 수준까지 이를 수 있는 것을 우리는 완전한 이해, 지적(知的)인 이해 또는 '진정한' 이해라 부를 수 있을 것이다. 완전한 이해는 지적인 이해이고 진짜의 학습일 것이다.

이제 어떤 연구 보고서를 읽는 경우를 보기로 들어 이들 세 가지 이해 수준의 독서를 예시해 본다. '깊은 이해'에서는 연구가 무엇에 대한 것이며, 어떤 연구 방법을 사용하고 있으며, 어떤 분석 결과로 어떠한 결론을 제시하고 있는지 등을 확인해야 한다. 필요하면 자세한 세부내용까지도 살펴보고 연구가 전체적으로 어떻게 구성되어 있는지를 발견해야 한다. 그러려면 연구의 목적과 결론 그리고 그것을 뒷받침하고 있는 연구방법이나 증거들을 연결하여 구조적인 전체로 '깊게' 이해할 수 있어야 한다.

그러고 나면 이제는 이러한 깊은 이해를 바탕하여 연구가 중요하고 타당한 것인지를 따져보고 사정하여 비판적으로 이해해야 한다. 연구 보고서를 비판적으로 독서할 때는 연구의 문제 진술에서, 연구의 바탕에 있는 가정과 가설에서, 자료의 수집 및 분석의 절차에서, 얻은 결과의 해석과 결론에서 그리고 연구의 중요성에 대한 것 등등에서 핵심을 파악하고 어떤 결점이나 모순이 있는지를 찾아보아야 한다. 부분들의 내용뿐 아니라 가정하고 있는 것과 결론에 이르는 전개가 논리적이고 타당한 것인지도 분석해 보아야 한다. 비판적인 이해를 하게 되면 연구의 결론(주장)이 어떻게 그럴듯한지, 또는 그럴듯하지 못한지를 파악할 수 있다. 그리고 무엇을 더 낫게 해야 할 것인지도 생각하게 된다. 연구의 방법, 전개나 논리 그리고 연구의 결론에 어떤 결점과 한계가 있는지를 생각해야 한다. 또한 더 나아가 연구가 보이고 있는 한계에도 불구하고 독특한 강점은 무엇이며 그런 것들을 어떻게 살리고 최대화할 수 있는지 등도 상상해 보게 될 것이다.

이제 필요한 것은 '창의적 이해'이다. 깊은 이해와 비판적 판단 위에서 새롭고 유용한 아이디어를 생각하거나 적용 가능성을 찾는 창의적인 이해가 이루어져야 한다. 창의적 이해에서는 연구의 문제 진술에서 새로운 가능성을 시사하고 있는 것은 무엇이며, 문제와 관련한 가능한 대안적인 가설은 무엇이며, 자료의 수집과 처리에서 더 낫게 할 수 있는 방법은 무엇이며, 연구 결과에서 시사 받을 수 있는 것은 무엇인지 등에 대하여 적극적으로 생각해 보아야 한다. 관련 있는 기타의 연구들을 참고해 보면서 단점이나 한계는 무엇이며 가능한 대안은 무엇인지를 상상해 봐야 한다. 텍스트(글)를 어떻게 읽느냐에 따라 이해와 함께 우리의 사고의 수준과 능력이 달라진다. 창의적 독서를 하면 텍스트를 읽고 그냥 끝나버리는 것이 아니라 그것을 넘어서 나름대로의 새로운 아이디어를 더 많이 생성해 내게 된다. 그리고 그러한 아이디어는 대개가 보다 더 창의적이다. 그리고 중요한 것은 이러한 이해는 텍스트뿐 아니라 일상의 대담이나 대화 등의 커뮤니케이션에서도 마찬가지로 적용된다는 것이다.

2. 완전한 이해를 위한 사고의 요소

이미 앞에서 알아본 바와 같이 저자가 가졌던 생각(메시지)을 재구성하고 복원하여 자신이 마치 저자인 것처럼 경험하고 생각하는 정도만큼 우리는 텍스트를 이해하는 것이다. 그러나 '완전한 이해'는 텍스트에 있는 정보를 단순히 받아들이는 것으로 충분하지 아니하고 텍스트 속에 있는 정보들이 가지고 있는 '논리'를 발견할 수 있어야 하고, 판단할 수 있어야 하며 그리고 창의적인 이해를 할 수 있어야 한다. 지금까지 우리는 '텍스트'를 완전하게 이해하는 것을 다루었다. 그러나 이해의 '대상'은 교과목의 단원내용과 같은 텍스트에 한정되지 않는다. 우리가 이해해야 하는 대상에는 사람들의 말이나 글이나 이야기, 행동, 연출, 프레젠테이션, 음악이나 미술 분야의 예술작품 등등 우리가 커뮤니케이션하는 모든 것들이 당연히 포함된다.

그리고 이해의 대상이 되는 이런 것은 텍스트의 경우와 마찬가지로 구조적이며, 몇 개의 요소로 이루어져 있다. 이미 몇 차례 언급해 둔 바와 같이 텍스트는 응집적이고 구조적인 정보 덩어리(지식 덩어리)라는 하나의 체제(시스템, system)를 이루며 이러한 정보 체제는 몇 가지의 요소들로 구성되어 있다. 깊은 이해란 텍스트를 구성하는 지식(정보) 체제의 요소를 확인해 내고 이들이 가지고 있는 구조적이고 논리적인 관계를 구성, 복원하는 것이다. 이러한 요소들 간의 논리를 전체적으로 파악하고, 나아가 이들을 비판적으로 판단하고, 드디어는 그것을 '넘어서는' 창의적인 이해를 할 수 있다면 비로소 우리는 진정한 이해, 완전한 이해를 말하게 될 것이다.

그러면 텍스트를 비롯한 이해 대상이 가지고 있는 지식(정보) 체제는 어떤 요소들로 이루어져 있을까? 비판적 사고의 연구자들은 '지식의 요소'란 말 대신에 '사고(추리)의 요소'란 용어를 주로 사용한다. '지식'이란 대개는 바로 '사고'이기 때문에 어느 것이나 의미하는 것은 마찬가지이다. 다만 지식과 사고는 존재하는 형식은 다를 수 있다. 사고는 머릿속에 있지만 지식은 머릿속뿐 아니라 서적이나 컴퓨터 등과 같은 머리 외적으로 존재할 수도 있다. 어떻든 지식이나 사고는 체제를 이루고 있다. Paul(1990)은 사고에는 8가지 사고(추리)의 요소가 있으며 이들은 서로 관계하는 '논리'에 따라 사고의 전체 체제를 이룬다고 말한다(4장의 '사고의 요소와 내용' 참조). '논리'란 요소들이 가지고 있는 관계이다.

추리(사고)란 이유(증거)를 기초로 어떤 결론을 내리는 것이다. 우리가 결론을 내릴 때는 어떤 상황에서 하며, 어떤 정보나 가정을 기초로 하며, 어떤 개념을 사용하여 관계 지우고 해석하며, 어떤 함의나 귀결을 가지게 되며, 어떤 견해에 입각하고 있으며 그리고 어떤 목적을 갖고 있는 어떤 과제(이슈, 문제)를 해결하려고 한다. 이들을 우리는 '추리(사고)의 요소'라 부른다.

진정한 이해는 이러한 사고의 요소들을 확인하고 이들의 논리를 발견하는 이해이다. 8개의 사고 요소와 이를 탐색하기 위한 질문만을 제시해 보면 다음과 같다(보다 자세한 내용은 4장의 'Ⅲ. 사고의 요소와 내용' 참조).

- (과제) 무엇에 대한 것인가? 이슈는 무엇인가?
- (목적) 목적(이유)은 무엇인가?
- (증거) 사용하는 증거(자료)는 무엇이며 믿을 수 있는가?
- (개념) 사용하는 개념(용어)들은 무엇이며 의미는 분명한가?
- (가정) 전제하고 있는 가정은 무엇인가?
- (해석과 추론) 추론(추리)의 사고는 논리적인가?
- (함의/결과) 일어날 결과는 중요하고 현실적인가? 시사(함의)하고 있는 것은?
- (견해/시각) 견해(시각)는 어떠한가? 대안적인 것에는 어떤 것들이 있는가?

VII

전문가처럼 사고하는 완전한 이해

모든 개념, 아이디어, 텍스트, 활동 또는 산출은 어느 것이나 '정보'와 '논리'로 이루어져 있다. 그러므로 완전하게 이해한다는 것은 단순히 정보를 읽고 기억하는 것이 아니라 정보가 가지고 있는 '논리'를 발견하고 활용할 수 있는 것이다. 그런데 정보의 논리를 발견하는 것은 '사고(지식)의 요소'에 따라 질문하고 대답을 할 수 있는 것이다. 그것이 가능한 만큼 저자와 독자의 이해는 일치하게 되고, 저자의 메시지를 완전하게 재구성하여 복원하게 된다.

학교의 교과내용을 진짜로 깊게 이해하여 공부한다는 것은 그러한 교과내용을 말하거나 연구하는 사람과 비슷한 사고를 할 수 있는 것을 말한다. 예컨대 피타고라스 정리를 이해한다는 것은 피타고라스 정리와 관련한 문제를 발견하고, 그것을 이해하고 문제해결의 과정에 몰두했던 연구자의 사고와 같거나 비슷한 사고를 마찬가지로 경험할 수 있는 것을 말한다. 그래서 과학과 교육은 과학자처럼, 수학과 교육은 수학자처럼, 국어과 교육은 국어학자처럼 … 사고할 수 있게 되는 것이 진정한 이해이고, 진짜의 학습이라 말할 수 있다.

그러므로 진짜로 공부하고 학습한다는 것은 주어진 정보를 주입식으로 기억하고 거기에 있는 대로 시험지에 답하고 그러고는 잊어버려도 되는 그런 것이 아니다. 그렇게 하는 것은 암기식 학습이며 소극적인 사고에 지나지 않는다. 피상적인 반복 학습으로는 고차적인 사고가 가능한 기능적인 지식을 학습할 수 없고, 지식을 적용하는 적극적인 사고의 생활을 할 수가 없다. 과학자가 생각하듯이 과학하고, 수학자가 생각하듯이 수학하고 수학적으로 사고할 수 있어야 한다는 말이다. 각 분야의 전문가의 시각에서 사고하면서 그것보다 앞선 것, 다른 것, 다르게 해석하거나 설명해 보려는 것이 진정으로 '창의적인' 사고의 사람일 것이다.

다음에서는 '음악'과 '역사' 교과의 내용을 보기로 하여 진정으로 지적으로 이해한다는 것의 의미에 대한 구체적인 설명을 추가해 본다. 국어, 수학, 과학 등 뿐 아니라 음악, 미술, 체육 또는 영어과목과 같은 모든 교과에서 사고력 교육, 창의력 교수학습을 디자인 하고 실행할 때 참고할 수 있을 것이다. 아래의 예시는 사고의 요소란 모든 교과내용, 교과활동에서 적용된다는 것을 보여줄 것이다. 이러한 사고(추리)의 각 요소에 대하여 대답할 수 있을 때 비로소 우리는 완전한 이해와 창의적인 사고를 말할 수 있을 것이다.

1. 음악 교과내용과 사고의 요소

"미뉴에트 I. J. S. Bach"

바흐의 Minuet 1 악보를 제시한다. 그리고 음악을 잘 아는 전문 연주자에게 "이 악보에는 당신이 연주하는 데 필요한 모든 것이 들어 있습니까?"라 물어 볼 수 있다. 물론이지만 악보에는 여러 '정보'들이 들어 있다. 온갖 음표, 기호 들이 그 속에 포함되어 있다. "이 악보에는 … 들어 있습니까?"라고 질문하는 것을 바꾸어 말해 보면 "이 악보만 있으면, 바꾸어 말하면, 이 악보 속에 있는 '음악의 정보'만 있으면 작곡가 바흐가 의도한 대로 연주를 할 수 있습니까? 이 악보 종이 위에는 연주에 필요한 모든 것이 들어 있습니까?"라고 질문하는 것이 된다. 질문을 받은 음악가의 대답은 아마도 다음과 같을 것이다: "이 악보를 가지고 바로 연주하기는 어렵습니다. 물론 필요한 정보의 음표, 기호 등이 들어 있습니다만. 그러나 …". 그가 "그러나 … " 다음에 말하고자 하는 것은 무엇일까? 그 것은 바로 이 악보를 보고 그것을 제대로 이해하고 연주할 수 있으려면 이 악보의 '음악의 논리'를 묻고 탐색해 보아야 한다는 것임이 분명해 보인다. 악보는 단순한 '정보'일 뿐이다. 그러므로 바흐의 생각처럼 연주할 수 있으려면 악보 속에 있는 음악의 논리를 발견하여 이들 정보를 깊게 그리고 전체적으로 진짜로 이해할 수 있어야 한다는 말이다.

이 악보가 가지는 '음악의 논리'는 물론이지만 사고(추리)의 요소에 따라 질문해 보면 발견할 수 있다. 그리고 이것이 바로 깊은 이해와 그것을 짚고 넘어선 비판적이고 창의적인 사고이다. 예컨대 미뉴에트(Minuet)란 무슨 의미인가? 이 곡은 무슨 목적으로, 어디서 어떤 시대에 작곡한 것인가? 그 시대의 특징은 무엇인가? 바흐는 어떤 음악을 지향했으며 음악사에서는 그를 어떻게 분류할 수 있는가? 당시의 연주에 사용하던 악기는? 등등. 이 악보가 가지고 있는 이러한 요소들의 논리를 충분히 이해할 때 비로소 이 악보를 제대로 안다고 말할 수 있을 것이며, 바흐가 의도한 대로 제대로 연주할 수 있게 될 것이다.

요약하면, 악보가 가지고 있는 사고의 요소와 이들의 논리를 재구성할 수 있어야 하며, 나아가 이 곡을 비판적으로 이해하고, 그것을 '넘어서' 창의적으로 신선하게 번역하고 해석할 수 있어야 한다. 이때 비로소 바흐가 의도한 대로 제대로 연주할 수 있을 것이고, 어쩌면 바흐 자신도 놀랄 수 있는 새로운 해석의 연주가 가능할 수도 있을 것이다.

2. 역사 교과내용과 사고의 요소

실학은 조선 후기 사회체제의 모순을 극복하고, 새로운 사회를 이루려는 일련의 사상 체계를 말한다. 즉, 실학은 조선 후기의 사회·경제적 변동에 따른 여러 가지 사회적 모순에 직면하여, 그 해결책을 구상하는 과정에서 나타난 사회개혁 사상이었다. 그러므로 그 사상이나 개혁의 논리는 종래의 성리학과 같을 수 없었다. 실학사상은 18세기를 전후하여 재야의 진보적 지식인들에 의해 연구되었다.

위의 내용은 고등학교 국사 교과서에 있는 역사 교과내용의 한 부분으로 실학에 관한 것이다. 역사 교과서에는 전형적으로 많은 '정보'가 포함되어 있는데 위의 보기도 마찬가지이다. 그리고 역사 과목 시험은 연대, 사람, 장소 등에 대한 정보를 기억할 것을 요구할 때가 많다. 아마도 위의 내용을 다루는 시험에는 '실학은 언제 일어났는가?', '어떤 인물들이 여기에 속하는가?', '실학과 반대되는 것은?' 등과 같은 단편적인 정보의 암기를 요구하는 것들이 포함될 가능성이 클 것이다.

위에서 인용해 본 문단에는 적지 아니한 정보가 포함되어 있지만, 그러나 이러한 정보들을 단순히 기억하는 것은 크게 중요하지 아니하다. 이러한 정보가 가지고 있는 논리, 즉 '역사의 논리'를 묻고 발견하지 아니하는 한 우리는 이 정보를 충분하게 이해하지 못한 것이며, 이들을 살아있는 기능적인 지식으로 습득하여 사용할 수가 없다. 다시 정리한다면 역사학자가 생각하는 식으로, 역사학자의 시각에서, 역사학자가 하듯이 역사학적으로 실학을 이해하고 설명할 수 없으면 '지적인 이해', '진정한 지식', '진정한 학습'이 아닐 것이다.

완전한 지적 이해를 할 수 있으려면 정보의 '논리'를 발견해야 한다. 그것은 다른 어떠한 개념이나 아이디어를 공부할 때도 마찬가지로 사고의 8가지의 요소에 따라 질문해 봄으로써 발견할 수 있다. 예컨대 '실학의 목적은?', '실학이 대두하게 된 사회적 배경은?', '실학은 계급제도와 어떻게 관계되는가?', '실학과 조선 후기의 사회, 경제적 변동의 관계는?', '실학의 기본 개념은?', '진보적 지식이란?', '실학이 미친 영향은?', '실학을 오늘의 시대에 적용한다면 시사해 주는 것은?' 등등. 텍스트에 있는 사고의 요소에 따라 질문하고, 이러한 요소가 관계되는 '논리'를 구성해 볼 수 있어야 한다. 그리고 이러한 깊은 이해/사고의 내용을 비판적으로 음미해 볼 수 있어야 한다. 이렇게 하다 보면 독자 자신의 '가치 가정'뿐 아니라 비판의 시각(준거)에 따라 이해가 엄청나게 달라질 수도 있다. 그리고 실학에 대한 이해와 '해석' 또한 달라질 수 있을 것이다. 이것은 바로 역사학자들이 역사상의 사건이나 현상을 다소간 다양하게 이해하고 해석하는 것과 마찬가지이다. 예시한 '실학'에 대한 이해는 다른 교과내용의 것과 마찬가지로 역사학자들이 하는 것처럼 전문가적으로 사고할 수 있기를 요구할 것이다. 그래서 진정으로 지적으로 이해한다는 것은 전문가처럼, 전문가의 사고 과정을 마찬가지로 수행할 수 있는 것이라 말할 수 있다.

CHAPTER
04

지식, 사고 그리고 사고력 교육

학교 창의력

이 장에서는 먼저 '사고'(생각)의 속성과 함께 사고와 지식의 기능적 관계를 음미해 보고 이들이 교수학습에 대하여 가지는 함의를 살펴본다. 그리고 사고과정과 지식구조의 관계를 관찰과 사실적 지식, 추리 및 일반화와 개념 그리고 개념의 일반화와 일반 법칙 등으로 나누어 분석해 보면서 내용 지식을 다시 몇 가지로 나누어 음미해 볼 것이다. 그런 다음 사고(지식, 추리)는 몇 가지의 요소들이 연결되어 전체적인 체제를 이룬다고 보고 이러한 사고의 요소의 내용을 확인해 본다. 또한 비판적 사고의 하위 인지과정을 확인해 보고 비판적 사고와 창의적 사고의 관계를 논의해 보면서 함께 문제해결 중심 수업전략의 하나인 PBL, 즉 문제 중심 학습법도 개관해 볼 것이다.

I

사고와 지식

1. 사고의 속성

사고(thinking)란 '이해'를 목적으로 하는 상징적 활동이며 사려 깊고, 규제적 (disciplined)인 것이며 그리고 현명한 판단과 문제해결을 목적으로 하는 목표지 향적인 정신적 활동이다. 사고도 '행동'이지만 볼펜을 가지고 글을 쓰거나 칫솔로 양치질하는 것과 같은 행동은 아니다. 볼펜을 가지고 글을 쓰는 행동은 '볼펜'이라는 보이는 물건을 가지고 수행하므로 그러한 행동은 우리가 눈으로 관찰해 볼 수 있는 '외현적'인 것이다.

사고는 이러한 행동과는 다른 두 가지의 특징적인 속성을 가지고 있다. 사고는 (i) 문자나 기호(sign)와 같은 '표상'을 다루고 그것을 조작(작동)하는 활동이며 그리고 (ii) 그러한 정신적 과정을 통하여 '의미를 만들고'(의미 부여, 의미의 탐색), 사실과 논리에 따라 판단을 내리고 그리고 문제해결 하는 행동이다.

우리는 '사고'(생각)란 단어를 여러 가지의 맥락에서 사용하지만 사용하는 맥락에 따라 '사고'가 의미하는 내용은 상당히 다르다. 예컨대 '이런 생각, 저런 생각이 떠오른다'에서는 백일몽, 환상 또는 '잡생각'을, '그 사람의 이름이 생각나지 아니한다'에서는 '기억'을, '이 책을 구입하기로 생각했다'에서는 의사결정을, '사고력은 가르칠 수 있다'에서는 '신념'(믿음)을, '자나깨나 건강을 생각해야지'에서는 '주의'(주의집중)를, '그 사람은 오늘 올 것 같이 생각 된다'에서는 '기대'(예상)를, 또는 '생각 없이 생활한다'라거나 '학교 경영하는 생각이 모자란다'에서는 아마도 각기 '사려 깊은 의지'나 '아이디어'를 의미할 것이다. 결국 이들은 사고의 의미가 많다는 것이 된다. 바꾸어 보면 사고에는 여러 가지의 측면이 있고, 그리고 사고는 여러 가지의 기능을 수행하고 있음을 보여주는 것이다. 사고가 가지고 있는 두 가지의 특징적인 속성을 좀 더 자세하게 알아보면 다음과 같다.

(1) 표상 조작으로서의 사고

'사고'란 쉽게 말하면 학습, 기억, 언어, 이해, 의사결정 등과 같은 정신적 활동/과정이며, 머릿속에 있는 표상을 조작(operation)하는 활동이다. 표상(representation)이란 말은 우리의 일상생활에서 자주 사용하는 것은 아니다. 우리가 어떤 물건이나 사건을 경험하면(즉 보거나, 만지거나, 읽거나, 들으면) 그 내용은 우리의 머릿속에 어떠한 형태로든 흔적(기억)으로 남아 보존될 것인데 이것을 표상(기호, 상징)이라 부른다. 표상은 단어, 이미지, 아이디어, 기호, 숫자나 다이어그램 등과 같은 것을 통하여 표현된다. 이러한 표상은 머릿속에 있는 정신적인 것이므로 밖으로 들어나 보이는 것이 아니다.

'어떻게 표상하는가'라는 말은 어떻게 '받아들이는가' 또는 어떻게 '이해'(파악)하는가라는 말과 의미가 같다. 이처럼 읽거나 들은 내용을 머릿속에서 나타내는 것을 '내적 표상'이라 하고, 노트나 메모와 같은 머리 밖 외부적인 것으로 정리하는 것을 '외적 표상'이라 부른다. 어떻든 사고는 이러한 내적 표상을 다루고 조작하는 정신적 활동이다. 여기서 '조작'이란 용어는 '작용', 운전, '작동', '처리' 또는 '계산' 등의 말로 바꾸어 부를 수도 있다. 예컨대 '42 + 39'를 암산하거나 쇼핑을 계획하는 경우 42, 39 또는 쇼핑 항목 등 우리가 기억하고 있는 정보(표상, 지식)에 정신적 작용(처리, 계산)을 가하여 암산하거나 계획의 결과를 만들어 내게 된다.

그리고 중요한 다른 한 가지는 정보(경험)를 어떻게 표상하고 거기에 어떠한 조작을 가하느냐는 것은 '선택적'이란 사실이다. 예컨대 같은 수학 문제를 보고도 이해(해석)하는 것이 다를 수 있으며, 또한 어떤 것을 문제 해결해 가는 과정도 사람에 따라 다를 수 있다. 심지어 방금 표상과 조작은 '선택적'이라 한 말이 무슨 뜻이며 그러면 어떤 과제에서 어떠한 선택이 효과적인 것이라고 생각하는지도 사람에 따라 다를 수 있다. 다를 수 있다는 말은 '선택적'이라는 것과 같다.

'선택적'이란 취할 수 있는 옵션(대안)이 몇 가지가 있다는 말이다. 거기에는 개인이 가지고 있는 이전의 경험과 지식이 중요한 역할을 한다. 요약하면, 사고란 외부의 현실 세계를 있는 그대로 복사하는 것이 아니라 어느 정도는 사람들 나름대로 해석하고 판단하고 결론을 내리는 정신 과정이다. 이러한 과정은 선택적인 것이기 때문에 그것이 얼마나 효과적인 사고인지는 개인의 수준에 따라 달라질 수 있다.

(2) 해석과 의미 추구로서의 사고

사고란 의미를 만들어 가는 과정으로 경험을 이해하고, 결론(해답)에 이르기 위한 목표지향적인 활동이다. '의미'란 경험이나 정보·자료 속에 고스란히 내재해 들어 있는 것이 아니라 그것들을 이용하여 우리가 스스로 만들어야 한다. 정보(자료)가 스스로 나서서 자기가 무엇이며 무슨 의미라고 말해 주는 것이 아니란 말이다. 우리가 할 수 있는 것은 그러한 정보(자료)가 포함할 수 있는 의미를 찾아내어 그것을 '해석'해 볼 수 있을 뿐이다. 다시 말하면 정보(자료, 대상, 사건 등 외부의 모든 것)는 거기에 있거나 없을 뿐이며 생각하는 사람이 거기에다 주관적으로 의미를 '구성'(construction)하고 의미를 '부여'하게 된다.

그리고 이러한 '해석과 의미 추구로서의 사고'는 다소간 목표 지향적이다. 사고의 기능이 다양하고 '사고'란 용어가 여러 가지의 맥락에서 사용될 뿐 아니라 사고가 얼마나 어떻게 목표지향적인가란 점에서도 차이가 난다. '백일몽'의 사고처럼 비교적 비목표 지향적인 것에서 사고 개발을 공부하는 현재의 우리처럼 매우 구체적인 목표를 지향하고 있는 것 사이에 몇 가지의 수준 같은 것을 생각해 볼 수도 있다. 요약하면, 사고란 경험을 해석하고 의미를 만들어 문제 해결이라는 목표를 지향해 가는 과정인데, 이렇게 보는 것을 '사고의 구성주의'라 부른다.

"사고란 머리에서 소리를 끄고 대신 그림을 그리는 거야."

2. 사고와 지식/교과내용

우리는 흔히 '지식'은 '사고'(思考)와는 별개인 것처럼 이야기한다. 지식이란 여러 개의 문장이 그리고 여러 개의 단락이 집합되어 있는 어떤 형태의 것으로 보고, 그렇기 때문에 그것은 어떤 사람이 수집하고 기억하거나 기록하여 다른 사람에게 전해줄 수 있는 어떤 것이라 생각한다―마치 짐보따리를 한 사람에서 다른 사람에게 넘겨주듯이. 이렇게 이야기하면 지식이란 성질상 '사고'에 의존하고 있다는 사실을 간과하거나 오해하게 된다.

지식이란 '사고'를 통하여 생성되고, 사고에 의하여 이해되고, 조직화되고, 분석되고, 유지되고 그리고 사고라는 조작을 통하여 변형되거나 새롭게 조합/종합되어 다른 새로운 지식을 생성(구성)해 낸다. 보다 엄격히 말하면 지식이란 사고를 통하여 생성되고, 이해되고 증명되며 그리고 정당화 내지 타당화된다. 그래서 기본적으로 보면 지식이란 '마음속에서만' 존재한다. 이때 사용하는 '사고'란 이해, 비판 또는 창의를 포함하는 것이다.

그런데 앞에서 '지식이란 마음속에서만 존재한다'고 한 말을 좀 더 부연 설명해 볼 필요가 있을 것 같다. 이미 언급해 둔 바와 같이 지식을 저장 하는 데는 두 가지의 방식이 있다. 하나는 인간의 머릿속에 저장하는 것이다. 그러나 모든 지식/정보를 머릿속에서만 저장한다면 과잉 부하될 뿐 아니라 기억에서 망각될 수도 있고 또는 왜곡될 수도 있다. 실제로 이런 식으로만 지식을 저장한다면 인간의 문명 발달은 많이 지체되었을 것이다. 지식 저장의 두 번째 방식은 인간의 머리 바깥에 저장하는 것으로, 예컨대 노트, 책, 컴퓨터 및 기타의 대중매체를 이용하는 것이다.

그럼에도 기본적인 의미에서 보면 "지식이란 마음속에서만 존재"한다고 말할 수 있다. 책은 지식을 담고 있는 것이 아니며, 책 속에 지식이 있다는 말도 성립되지 아니한다. 다만 책과 같은 외적인 저장고는 '정보'를 저장하고 있다고 말할 수는 있다. 보다 엄격히 말하면 '지식을 인간의 머리 밖에서 저장'한다는 말은 우리가 책과 같은 외부의 저장고에 있는 정보를 통하여 마음속에서 어떤 것을 '알 수 있게' 된다는 파생적인 의미에서만 맞는 말이다. 지식은 원래는 머릿속에서 생성되고 조작되지만 다만 그것이 외부에 보조적으로 존재할 수는 있다. 우리가 가지게 되는 지식은 우리의 '마음'이 책에 있는 것을 주의깊게 읽고, 이해하고 그리고 비판적으로 사고하는 과정을 통하여 재구성하여 비로소 얻을 수 있는 것이다. 달리 말하면 모든 지식은 사고의 과정 속에서만 생성되고 기능할 수 있다.

지식 내용에 대한 이러한 이해/접근은 모든 지식이란 기본적으로 보면 사고 '속에서'(또는 넓은 의미의 '비판적 사고' 속에서) 그리고 그러한 사고를 '통하여' 존재한다는 것을 의미한다. '지식 내용'은 바로 '사고'라는 것이다('내용 = 사고'). 즉 교과서의 내용이란 인간들이 사고한 '내용' 또는 사고를 전개한 '절차'들을 담고 있다. 다시 말하면 '교과 내용'에 있는 '지식'은 바로 '사고'이며, 사고의 한 가지 양식(樣式)이라 본다. '지식 = 사고'이지만 실제로 지식이 존재하는 양식은 머릿속일 수도 있고 교과서나 하드 디스크 등 일수도 있다. 이러한 시각은 지식 내용을 여러 가지 정보를 모아 놓은 정보 꾸러미로 보거나 또는 지식내용은 인간의 다양한 활동들을 기록한 것이라고 보는 시각과는 전혀 다를 수 있다.

학문의 영역(domain)은 국어, 수학, 물리, 역사 등의 어떠한 것이든 간에 사고의 한 가지의 양식(표현 양식, mode)으로 존재한다. 그러므로 예컨대 '수학'을 안다는 것은 '수학적인 사고'를 할 수 있는 만큼 아는 것이지 수학 공식을 외울 수 있는 정도만큼 아는 것이 아니다. 과학 교과서에 있는 사실과 법칙을 기억해 낼 수 있는 만큼 과학을 아는 것이 아니라 과학적인 사고를 할 수 있는 만큼 과학을 안다. 심리학적인 사고를 할 수 있는 정도만큼 심리학을 이해하며, 철학적 사고를 할 수 있는 정도만큼 철학의 지식을 습득하는 것이다. 이러한 논리는 어떠한 지식 영역(학문)에서도 마찬가지로 적용된다. 이것을 '전문가처럼 사고하는 진정한 이해'라 하였다(3장 Ⅶ절 참조).

어떤 교과목에서 학생들을 수업할 때 우리가 그러한 교과목 내용을 이루고 있는 지식 속으로 학생들 스스로가 사고해 가도록(그리하여 '지식' 발견의 과정을 거쳐 가도록) 하지 아니한다면 실제적 의미에서 보면 학생은 아무런 지식도 얻지 못하는 것이 된다. 수업에서 다룰 내용이 많아서 사고하는 것을 희생한다면, 진짜로 이해하는 기능적인 지식이 희생될 것이다. 그러한 수업은 용어, 개념, 원리들을(즉 지식을) 서로 관계없고 논리가 없는 단편적인 것으로 암기하기를 채근하기 쉽다. 이러한 수업에서 얻는 지식은 내용을 깊게 이해하지 못하고, 전체를 서로 연결시키는 '논리'를 발견하지 못하며, 그리고 필요할 때 쉽게 머릿속에서 끄집어내어 적용하기 어렵다. 저자가 교과서나 참고서를 집필하면서 '했던' 그러한 사고를 학습자 자신이 할 수 있어야 교과 내용을 진정으로 이해하는 것이다. 저자의 사고 내용을 복원하고 그와 동일시할 수 있어야 그가 말하는 내용을 진정으로 이해하는 것이다. 이것을 우리는 진정한 이해, 지적인 이해라 하였다(2장과 3장 참조). 그러므로 사고의 과정을 강조하지 아니하는 수업은 진정한 지적인 이해를 격려하지 못하며 결코 바람직한 수업이 아니다.

3. '사고-지식'의 기능적 관계

앞에서 우리는 '지식 = 사고'임을 강조하였다. 그러나 지식과 사고는 존재의 양식이 다소간 다를 수 있다고도 하였다. 사고는 정신적인 과정으로 머릿속에서만 존재하지만, 지식은 사고의 과정을 통한 어떤 결과로 존재한다. 그리고 책이나 기타의 미디어는 이러한 결과를 문자나 언어로 저장하는 양식으로 존재한다.

우리가 참된 지식이라고 받아들이는 지식은 대개의 경우 많은 사람들의 다양한 사고를 통하여 얻어진 것이다. 우리는 '무엇'에 대하여 사고하며 또한 어떤 사고과정을 거쳐서 어떤 결과를 얻는다. 이러한 결과를 우리는 '지식', '내용', '교과 내용' 또는 '지식 내용' 등으로 부른다. 그리고 얻은 결과를 관계지워 체계화하면서 지식의 덩어리(지식체, body of knowledge)를 만들어 간다. 그래서 사고와 지식은 독특한 기능적 관계를 가지게 되는데 이들을 간추려 본다.

(1) 지식은 구조화, 조직화되어야 한다.

조직이 없는 지식은 접근성과 연결성을 가지지 못한다. 따라서 쉽게 접근하여 사용할 수 없으며, 서로 간의 관계를 알기 어렵다. 학자들은 지식을 여러 영역으로 구분해 왔다. 자연과학, 사회과학 … 등의 큰 범주가 있고 그 밑에 다시 수학, 물리학, 화학 등의 세부적인 전공 영역들이 나누어진다. 그러나 이러한 영역의 구분은 애매할 뿐 아니라 변화하고 있다. 융복합 학문이 강조되면서 그러한 변화의 경향은 더욱 심화되고 있다. 지식기반 사회가 되고 여러 분야에 걸친 직장이 늘어나면서 환경 기술자, 뇌 인류학자, 천문 생물학자 등 두 단어 또는 세 단어의 조합으로 된 직업군이 증가하고 있고 그리고 지식은 새롭게 전문화되고 있다. 지식의 지도는 계속하여 진화하고 있으며 지식의 지도가 다르면 사고의 지도도 달라진다.

(2) 지식(교과내용)과 사고는 기본적으로 보아 서로 분리 불가능하며 역동적으로 상호작용한다.

이들의 상호작용은 동시적인 것이면서도 통시적인 것이다. 사고과정을 통하여 개념적 지식(깊게 이해하는 지식)을 습득하고 그리고 다시 그러한 지식을 사용하여 사고 기능을 더욱 개발하게 된다. 사고 기능을 통하여 새로운 개념적 지식을 풍부하게 습득하고, 그러는 과정에서 사고기능 자체를 개발하게 된다는 의미에서 이들은 통시적으로 상호작용한다. 이러한 통시적 관계는 마치 구두끈을 양쪽에서 차례대로 매어가는 것과 같다고 하여 '구두끈 매기 가설'이라 부르기도 한다.

(3) 지식은 사고의 도구이다.

사고는 진공 속에서 이루어지지 않기 때문이다. 유용한 도구가 많이 저장되어 있고, 그러한 도구들이 손쉽게 사용할 수 있게 준비되어 있다면 문제해결 하는 일을 훨씬 더 쉽게, 효과적으로, 성공적으로 수행해 갈 수 있다. 유용한 도구

(지식, 정보)를 많이 학습하여 쓰기 쉬운 모습으로 머릿속에 저장하고 있다면 도전적인 문제를 해결하기 위한 우리의 사고는 더 성공할 것이다.

(4) 지식이라는 적절한 도구가 필요한 것은 사고 기능 자체를 개발하는 데도 마찬가지로 필요하다.

사고의 개발은 적절하고 조직적인 재료(지식, 정보)를 사용함으로써만 가능하다. 연장을 다룰 줄 아는 솜씨는 과제에 맞는 올바른 연장을 충분히 자주 사용해 보아야 제대로 개발될 수 있는 것과 같다. 그러므로 내용 지식을 사용하지 아니하고 사고 개발을 도모하는 것은 전혀 가능하지 아니하다. 그러므로 (교과) 내용과 사고의 과정은 서로의 거래 관계를 통하여 함께 또는 독립적으로 발달한다고 말할 수 있다.

(5) 내용지식은 "얼마나" 양이 많은 것인가에 못지아니하게 "어떤" 지식(지식의 성질, 구조)이냐가 중요하다.

유용한 내용 지식이라면 지식은 많을수록 문제해결의 사고에 도움이 된다. 그러나 내용 지식이 유용하려면 과제에 적절해야 하고 또한 구조적이고 기능적이어야 한다. 지식은 단편적이고 떨어진 것이 아니라 전체가 개념적 형태로 그물처럼 연결되어 있어야 한다. 그리하여 언제든지 자동적으로 가용하고 그리고 쉽게 접근하여 사용할 수 있어야 한다. 이러한 지식은 암기식 또는 주입식으로 배운 지식과는 아주 다르다. 주입식 교육이나 암기식 학습에서 습득하는 지식은 무력한, 생동력 없는, 비기능적인, 수동적인, 활력 없는 지식이 되기 쉽다. 그러한 방법으로 학습한 지식은 재료 내적 및 재료 외적으로 서로 연결되어 습득한 구조적인 것이 아니기 때문이다. 그래서 이들은 단편적이며 캡슐화된(capsuled) 지식일 가능성이 크다. 쓸모 있는 지식은 개념과 아이디어들이 서로 연결되어 구조적이어야 하며 그리고 깊게 이해한 살아있는 지식이어야 한다. '살아있는 지식'을 활용하고 스트레칭하면서 지식의 한계를 어떻게 벗어날 수 있는지는 '창의적 사고'의 몫이다.

간단히 말하면, 사고의 과정을 통하여 유용한 지식을 습득하고 그리고 유용한 지식을 통하여 "생각할 줄 아는" 사람을 교육하는 것이 바로 비판적이고 창의적인 사고력 교육의 과제이다.

(6) 공부/학습은 적극적이어야 한다.

소극적인 지식은 기계적인 반복이나 암기식으로 습득한 것이며 이러한 지식은 창의적인 생산에 별로 쓸모가 없다. 반면에 적극적인 공부는 학습자 자신이 재료를 적극적으로 해석, 종합, 이해하며(적극적 학습자) 재료의 내용을 내적으로 뿐 아니라 다른 재료나 선행의 지식/경험과 외적으로 연결시켜 의미화해가는 것이다. 그러한 학습은 자기 주도적이고 또한 자기 규제적이다. 적극적인 지식의 습득은 대화식 질문-대답 그리고 변증법적 사고와 연결되어야 한다. 그래서 학생들이 복잡하고 애매한 것에 대하여서도 불편해 하지 아니하며 변화하는 세계에서 적응할 수 있는 지식을 학습 할 수 있도록 도와주어야 한다(3장의 'Ⅴ. 질문과 반응, 그리고 창의적 사고력' 참조).

4. 교수학습에 대한 함의

'지식'의 성질을 어떻게 이해/접근하느냐는 것은 교과 수업과 학습의 방법에 매우 결정적인 함의를 가진다. 첫째는 '교과 수업'에 대한 함의이다. 사고과정과 교과 내용의 관계를 어떻게 보느냐에 따라 교과 수업의 형식과 내용이 완전히 달라진다. '내용 = 정보(사실)'라 본다면 교사 중심의 주입식 수업이 된다. '내용 = 활동'이라 보면 학생 중심의 수업이 되며 이때는 내용을 '활동함으로써 학습' 해야 한다. '직접적 경험'을 통한 학습이 중요하기는 하지만 모든 것을 직접적인 경험으로 배울 수는 없다. 경험의 결과가 반드시 직접적이고 분명한 것은 아니기 때문이다. 그러나 통합적 사고력 수업에서는 '내용 = 사고'라 보기 때문에 교사와 학생은 서로가 촉진적이고 조력적이며 상호작용적인 동반관계의 수업이 이루어져야 한다.

'사고력 중심의 통합적 수업', 즉 '통합적 사고력 수업'이란 문자 그대로 교과목의 교과 내용을 수업하는 것과 사고력(사고의 기능과 전략)의 개발을 같이 갈 수 있게 통합하여 함께 수업하는 것이다. 달리 말하면, 적절한 교과내용을 사용하여 사고의 기능과 전략을 수업하고, 동시에 그러한 사고의 과정을 통하여 지적으로 이해하는 기능적인 지식을 습득하도록 수업한다. 통합적 사고력 수업에서 전제하는 지식 내용과 사고의 관계는 다음과 같은 슬로건으로 말할 수도 있다.

- 모든 내용은 사고의 형태로 '살아' 있어야 한다.
- 내용을 통하여 '사고'할 수 있어야 그 내용을 진짜로 깊게 이해하여 습득할 수 있다.

둘째는 학습에 대하여 가지는 함의이다. 지식, 즉 교과 내용을 어떤 것으로 보느냐에 따라 '공부'를 어떻게 효과적으로 할 수 있는지도 당연히 달라질 것이다. '내용 = 사고'란 것을 바꾸어 말하면 교과 재료에 나타나 있는 내용(지식)을 외워야 하는 하나의 정보 덩어리로 간주해서는 안 된다는 것이 된다.

'지식'이란 (누군가의 또는 여러 사람들의) 사고의 과정을 통하여 얻은 결과(소산)나 절차를 문자나 언어로 정리해 놓은 것이다. 그러므로 '내용'이란 어떤 것에 대한 사고의 한 가지 양식이며, 무엇을 이해하거나 해석해 가는 사고의 한 가지 방식이다. 따라서 내용은 '사고의 대상'이며 사고를 통하여 '살아있게' 해야 한다. 또한 생각하는 과정을 통하여 '더욱 살아있게'(깊게, 의미가 통하게, 유의미한 지적인 것으로) 재구성할 수 있어야 한다. 단순히 반복하고 암기하는 것은 적절한 학습의 방법이 아니다. 공부를 효과적으로 하려면 자신의 사고를 학습의 도구로 적극적으로 사용할 수 있어야 한다. 다시 말하면 어떤 교과목의 어떠한 내용도 '사고를 통하여', '사고하는 행위'를 통하여 학습해야 한다. 이때 비로소 유의미하고 깊게 이해하는 지식의 습득이 가능해진다. 그리고 이때 비로소 내용 습득과 사고력 개발이 함께, 통합적으로 성취될 수 있다. 그리고 더 나아가 그렇게 학습한 지식/내용을 활용하고 비판적으로 그리고 창의적으로 사고할 수 있어야 한다.

Ⅱ
사고과정과 지식의 구조

1. 지식의 위계적 조직

　교과목의 단원은 어떤 것이든 간에 그것은 어떤 영역의 어떤 토픽(topic, 주제)에 대한 것이며, ─그것이 큰 영역이든 좁은 영역의 것이든 간에─ 우리는 그것을 응집적인 구조의 정보 덩어리, 즉 텍스트(text)라 불렀다. "글/텍스트란 어떤 토픽에 대한 어떤 중심내용을 기반으로 여러 가지의 정보들이 연결되어 전체가 통일적이며, 그리고 구조적이고 응집적인 의미구조를 이루고 있다. 다시 말하면 텍스트는 '뼈대'를 중심으로 조직화된 하나의 체제 또는 설계(디자인, design)를 이루고 있다. 여기서 말하는 뼈대란 바로 글의 중심이 되는 '개요'이다"(김영채, 2011, p. 181).

　교육은 지식을 다룬다. 그리고 '지식'이라 하면 일반적으로 전공 영역의 '내용수준'의 지식을 말한다. 그러면 지식의 중심내용(핵심내용)과 이를 뒷받침하는 세부내용의 존재 형식은 어떠한 것일까라고 물어볼 수 있겠다.

(ⅰ) 지식은 사실, 개념, 일반적 법칙 등으로 나눌 수 있다.

　이들은 각기 사실적 지식, 개념적 지식 및 일반적 법칙(법칙)의 지식을 의미한다. 지식은 사실, 개념, 법칙, 이론 및 학문으로 위계화할 수 있다. 여러 학문은 개념으로, 법칙으로, 다시 이론으로 체계화되어 있다.

(ii) 그리고 개념적 지식은 상위 개념, 등위 개념, 하위 개념(다시 하위 개념의 하위 개념 식으로)으로 위계적으로 구조화되어 있다.

단원의 '단원명', 즉 주제/토픽은 텍스트가 '무엇에 대한 것'인지를 보여준다. 그리고 텍스트의 '요점'을 보여주는 것이 '핵심 개념'(중심 개념, 중심/핵심 아이디어)이다.

다음에서는 사실-개념-일반적 법칙이라는 각기의 내용 지식의 형식과 이를 생성하고 결정해 내는 사고과정을 알아본다. 여기서는 사고 기능으로 '관찰'과 '일반화'(추상화)만을 다룬다. 미시적 사고 기능(micro-thinking skills)은 Bloom 등(1956) 또는 Stiggins, Rubel & Quellmalz(1988)에서 찾아볼 수 있다(8장 참조). 그리고 비판적 사고에 대하여서는 3장에서 그리고 창의적 사고에 대하여서는 5장과 6장에서 별도로 다루고 있다.

(1) 관찰과 사실적 지식

감각 기관을 통하여 보고, 듣고, 만지고, 냄새 맡고, 맛보고, 또는 마음으로 느끼면 우리는 여러 정보들을 얻게 되는데 이것을 사실(事實, 팩트, facts) 또는 사실적 지식이라 부른다. 사실은 모든 지식의 기본적인 구성단위이다. 그러나 그것은 개별적인 관찰에서 얻은 것이기 때문에 몇 번의 관찰들을 일반화(추상화)하여 만든 어떤 '형태'(pattern)는 아니다. 한 번의 관찰로 얻게 되는 어떤 사실은 미래의 것을 예측할 수 있는 힘이 없다. 그러나 몇 번의 관찰에서 얻게 되는 사실들을 일반화하여 만드는 어떤 '형태'는 다른 어떤 것을 예측하거나 설명하는 힘을 가진다. 이러한 '형태'의 것이 바로 다음에서 설명하는 '개념'이다.

그리고 관찰은 학습자가 '직접' 하는 것도 있고, 독서를 하거나 남의 이야기를 듣는 것과 같이 '간접적'으로 할 수도 있다. 그리고 관찰의 대상이나 원천도 여러 가지일 수 있다. 또한 '사실'은 단순 반복을 통하여 기계적으로 익힐 수도 있는데 이러한 학습을 우리는 '자극-반응 학습'이라 부를 수 있다. 그러나 이들은 '추상화'(일반화)를 통한 학습이 아니기 때문에 유의미한 학습이라 말하기 어렵다.

(2) 추리, 일반화와 개념

우리는 일련의 관찰을 하면서 사실적 지식들을 가지게 되며, 그리고 이들이 가지고 있는 어떤 공통적인 특징에 따라 어떤 '형태'를 만들 수 있다. 이렇게 '일반화'한 것을 '개념'(concept)이라 한다. '개념'에는 어떠한 명칭도 붙일 수 있지만 대개는 관례로 정해져 있는 일반 단어를 사용한다. 이러한 명칭 되는 것을 '개념 단어'라 부르며, '개념 단어'는 대개의 경우 우리가 보통 말하는 '단어'이다('대개의 경우'라 했는데 그것은 포함되는 보기가 하나뿐인 단어는 '개념'이 아니기 때문이다).

1) 추리와 추론

추리(reasoning)란 '주어진 정보' 이상으로 나아가 논리적으로 가능할 수 있는 다른 새로운 결론에 이르는 것을 말한다. 달리 말하면 '관찰'한 것을 기초로 그것을 논리적으로 확대/연장시켜 다른 어떤 결론에 이르는 것이다.

'추리'보다 더 포괄적인 개념에 추론(inference)이 있다. 추론은 외현적으로 주어져 있는(진술되어 있는) 것과 관련하여 떠오르는(시사해 주는, 함의해 주는) 다른 어떤 것을 생각하는 것을 말하며, 그러므로 '추리'보다 폭이 더 넓다. 반면에 추리는 이유들 사이의 관계를 규칙에 따라 '추론'하고 거기에서 새로운 결론에 이르는 것이 특징이다. 그러므로 '추리'란 달리 말하면 '논리적인 추론'이라 할 수 있다. 여기서 말하는 '논리'란 '관계'이다. 따라서 하나의 진술만 있으면 '논리'란 말이 성립하지 않는다. 논리는 반드시 두 개 또는 그 이상의 진술로 이루어진다.

따라서 논리적 추리에는 강력한 방향이 있으며, 그리하여 어떤 필연적인 '결론'에 이르게 된다. 추리는 두 가지의 방향 중 어느 하나로 진행되는데 이들은 귀납적(inductive)인 것과 연역적(deductive)인 것이다.

[그림 4-1]에서 보듯이 귀납적 추리는 개별적인 관찰에서 시작한다. 관찰을 몇 번 계속하다 보면 그들 속에서 어떤 공통적인 속성을 찾고 일반적인 '형태' 같은 것을 발견할 수가 있다. 이러한 과정을 일반화(추상화)라 부른다. 어떻든 이러한 과정을 통하여 어떤 형태의 새로운 결론에 이르게 된다. '일반화'란 달리 말하면 사실들 속에서 핵심적인 것을 찾아내는 '요약'이다. 그림에서는 '저 사람은 하나의 머리를 가지고 있다'에서 시작한다. 그리고 여러 사람을 보면서 '모든 사람은 하나의 머리를 가지고 있다'라고 일반화하는 결론에 이르고 있다.

[그림 4-1] 귀납적 추리와 연역적 추리

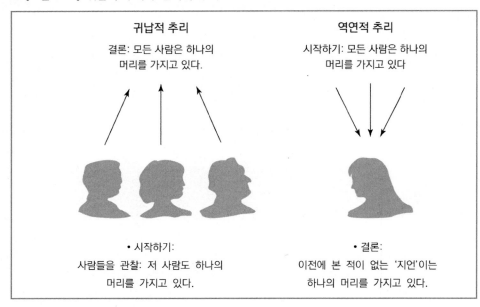

반면에 연역적 추리는 귀납적 사고에서 얻은 일반적인 결론에서 시작한다. [그림 4-1]에서는 '모든 사람은 하나의 머리를 가지고 있다'는 가장 높은 수준의 결론에서 시작한다. 이러한 지식을 토대로 어떤 구체적인 사람의 머리가 몇 개인지에 대하여 결론을 내리게 된다. 그래서 '이전에 한 번도 만나 본 적이 없는 '지언'이도 하나의 머리를 가지고 있다'라는 결론에 이르게 된다.

추론은 매우 광범위하게 일어난다. 우리는 외현적으로 주어져 있는 정보만을 가지고 어떤 것을 충분히 이해하거나 문제 해결하기란 사실상 불가능하기 때문이다. 이러한 추론 가운데서도 대표적인 것이 '일반화' 추론이다. '일반화'를 통하여 우리는 개념 형성을 할 수 있으며 또한 새로운 어떤 것을 설명하거나 예측해 볼 수 있다. 그리하여 새로운 지식을 생성해 내는 것이 가능해지게 된다. 새로운 지식의 생성은 기본적으로 보면 귀납적인 사고과정을 통한 일반화의 과정이라 말할 수 있다.

2) 일반화와 개념형성

추론에서 가장 대표적인 것은 일반화(generalization)이다(또는 추상화(abstraction)라 부르기도 한다). [그림 4-2]는 몇 번의 관찰을 기초로 어떤 '결론'에 이르는 일반화 추론의 과정을 보여주고 있다. 일련의 관찰들을 요약하여 어떤 형태(pattern, 패턴, 정형, 질서)를 나타내 주는 어떤 결론을 내리는 것을 '일반화'라 부른다. 이렇게 해서 얻은 결론에서 다른 새로운 어떤 현상을 설명하거나 예측하는 일도 가능해진다. 예컨대 어린이가 몇 번에 걸쳐 꼬리를 흔들며 걸어 다니는 개들을 보고 '모든 개는 꼬리를 흔들며 걸어 다닌다'라고 일반화할 수 있다. 또는 머리가 하나인 여러 사람들을 보면서 '모든 사람은 하나의 머리를 가지고 있다'라는 결론을 내릴 수도 있을 것이다. 이러한 일반화를 통하여 관찰한 것에 대하여 어떤 의미를 만들고 '형태'를 부여할 수 있게 된다.

예컨대 [그림 4-3]에서는 '가나다'가 무엇인지를 추측해 보게 한다. 첫 번째 그림부터 하나씩 보여 준 다음 어떤 것이 '가나다'의 보기인지 아닌지를 짐작하여 말해 보게 한다. 그러고는 사실 내용에 따라(또는 미리 정해 둔 내용에 따라) '예' 또는 '아니오'를 말해 준다. 그리고 똑같은 절차를 나머지 세 그림에도 적용한다. 거기에는 '예'의 그림이 두 개, '아니오'의 그림이 두 개 있다. 그런 다음 나머지 그림 각기에 대하여 그것이 '가나다'인지 아닌지를 물어보면 대개는 정확한 대답을 할 수 있다. 이것은 관찰한 보기들을 토대로 '가나다'가 가지고 있는 어떤 공통적인 속성을 일반화하고 있음을 의미한다.

▎[그림 4-2] 관찰에서 일반화 추론하기

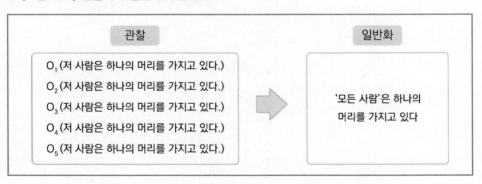

▌[그림 4-3] 관찰에서 형태 만들기

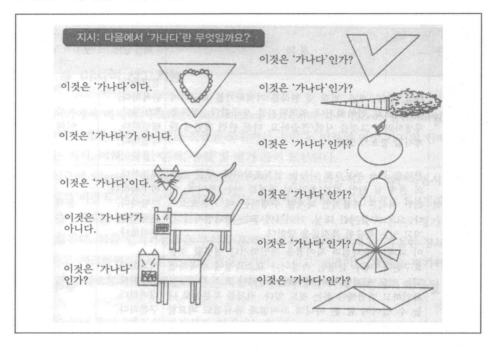

달리 말하면 [그림 4-3]의 보기는 우리는 어떤 것들을 관찰하면 그냥 거기에 머물지 아니하고 어떻게 하든 그들을 조직화하여 의미 있는 어떤 형태(패턴)를 만든다는 것을 보여준다. 자신이 하고 있는 일반화(추론)에 대하여 얼마만큼 자신을 가지게 되는지는 그것을 지지해 주고 있는 관찰을 몇 번 했는가 그리고 관찰한 것들이 일관성을 가지고 있는가 등에 달려 있다. 지지적인 관찰의 횟수가 증가할수록 일반화에 대한 신뢰도는 늘어난다.

일반화(일반화하는 추론)는 공부뿐 아니라 일상생활에서도 항시 작용하고 있는 기본적인 사고 기능이다. 우리는 빈약한 관찰을 가지고서도 의미 있는 어떤 질서, 구조를 만들어 다른 어떤 것을 예측할 수 있는 '형태' 같은 것을 만들기를 원한다. 바꾸어 말하면 우리의 사고는 최선을 다하여(비록 무의식적 수준일지라도) 관찰한 것들에서 어떤 일반적인 정형, 질서, 형태를 만들려는 경향성을 가지고 있다. 지식의 기본 형태인 개념을 형성하는 것도 이러한 일반화 과정을 통해서만 가능하다.

3) 개념의 속성

이제 '개념'이 가지고 있는 몇 가지의 속성들을 정리해 보면 다음과 같다.

(ⅰ) 어떤 개념이 배우기 쉬운지 어떤지는 거기에 속하는 사례(성원)들이 공통
   적으로 가지고 있는 '특징'에 달려 있다.

공통적인 특징의 수가 적거나 추상적인 것일수록 그 개념은 학습하기 어렵다. 그러므로 개념을 가르칠 때는 본질적인 특징이 되는 것과 그렇지 아니한 것을 구분할 수 있도록 외현적으로 도와주어야 한다.

그리고 개념은 관찰한 것에 포함되어 있는 공통적인 측면들을 일반화하여 습득하는 것이기 때문에 그 개념을 나타내는 보기와 비보기를 관찰해 볼 수 있는 기회를 가질 수 있어야 한다. 개념은 특징을 예시해 주는 '보기'를 통하여 배우기 때문에 개념을 학습하는 데는 좋은 보기의 역할이 중요하다. 처음일수록 '이것은 개념의 보기가 되느냐?'라고 묻거나 보기를 들어 보게 해야 한다. '비보기'는 어떤 개념을 다른 개념과 구분하는 변별에 중요하므로 개념 학습의 후반에 도입하는 것이 보다 적절하다.

(ⅱ) 가르치려는 개념의 보기가 취할 수 있는 '형식'들을 본다.

어떤 개념의 보기가 되는 어떤 '실제의 대상'이 있다면 그것이 가장 좋은 보기가 된다. 또한 '운동'을 설명하기 위하여 몸을 실제로 움직여 보이는 것과 같은 '실연'(demonstration)도 보기의 한 형식이 된다. 사진이나 PPT나 스케치 등도 '보기'가 될 수 있다. 그리고 실제의 대상이 없고 그림도 가용하지 아니하면 '모형'(model)을 사용할 수도 있다. '모형'이란 직접적으로 관찰할 수 없는 어떤 것을 시각화해 볼 수 있게 하기 위하여 사용하는 어떤 설명이나 유추이다.

유추란 익히 아는 어떤 것에 비유하여 모르는 어떤 어떤 것을 설명하는 것으로 과학에서 특히 많이 사용된다. 예컨대 원자 구조를 태양계에 비유하거나 성본능을 수돗물 통에 비유하는 것과 같다. 또한 사례, 역할 연기 및 시뮬레이션 등도 보기로 사용할 수 있다. 그러므로 '개념'을 효과적으로 가르치거나 개발하는 일은 얼마만큼 매력적인 보기를 들 수 있느냐에 크게 달려 있다.

(ⅲ) 개념은 개별적인 경험에서 습득하는 것이기 때문에 경험이 다르면 개념의 성질이 달라질 수 있고 또한 잘못된 개념이나 타당하지 아니한 개념을 갖게 될 수도 있다.

어떤 개념에 대하여 부여하고 있는 특징들이 다른 사람들이 일반적으로 수용하고 있는 것과 일치하는 정도만큼 그 개념은 타당하다. 그런데 대부분의 개념들은 학습을 해 감에 따라 더욱 정교하게 변화해 간다. 예컨대 우리가 '아버지'라는 단어를 쉽게 사용하고 커뮤니케이션 하고 있지만, '아버지'가 의미하는 자세한 내용은 사람 따라 다를 수 있고, 또한 살아가면서 얼마든지 달라질 수 있다. 그리고 같은 책의 같은 내용인데도 다시 읽을 때 이해되는 내용은 이전에 읽을 때와는 깊이와 차원이 다름을 느끼는 경우도 적지 않게 있다.

(ⅳ) 각 개념들은 서로 떨어져 있는 것이 아니고 다른 개념들과의 관계 속에서 만들어지고 존재한다.

어떤 새로운 개념이 형성된다는 것은 이전의 지식의 범주를 더 작은 것들로 정교하게 나누는 것이거나, 또는 이전의 개념들을 종합하여 더 넓은 상위의 개념을 만드는 것이다. 전문가일수록 보다 많은 그리고 보다 자세한 개념들을 가지고 있는데 이를 전문성(전문지식, expertise)이라 부른다.

몇 가지 개념이 가지고 있는 서로의 관계를 보여 줄 수 있는 것이 개념도(concept map)이다. 개념도는 두 가지로 나누어 볼 수 있다. 첫째는 개념들을 상위 개념, 등위 개념 및 하위 개념(그리고 다시 하위 개념의 하위 개념 식으로) 등으로 위계화해 보는 것이다. 다른 한 가지 방법은 마인드 맵(mind-map)에서처럼 '중심 개념'을 가운데 두고 여러 개념들의 관계를 그물 모양의 그래프 형태로 방사하듯이 자유스럽게 연결시켜 나타내는 것이다. 하나의 보기는 [그림 4-4]이다.

(3) 개념의 일반화와 일반 법칙

개념들은 서로 연결되어 있으며 또한 어떤 공통적인 속성을 가질 수 있기 때문에 이들 개념을 다시 일반화(추상화)하여 더 큰 형태를 만들 수 있다. 더 높은 수준의 일반화를 통하여 보다 더 광범위한 형태를 이루고 있는 지식을 일반 법칙(generalizations)이라 부른다. '일반 법칙'이란 말 대신에 법칙, 통칙, 원리 등으

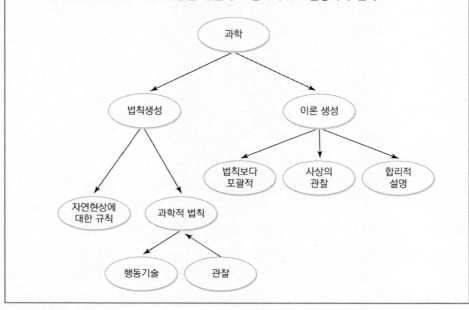

"과학의 한 가지 목적은 법칙과 이론을 생성해 내는 것이다. 법칙이란 자연현상에 대한 규칙이다. 과학적 법칙은 행동을 기술하며 관찰에 기초를 두고 있다. 그리고 이론은 법칙보다 더 포괄적이며 관련되어 있는 것들을 관찰하고 합리적으로 설명하게 된다."

출처: 김영채(2004). p.56

로 부를 수도 있다.

일반 법칙은 두 개 이상의 개념들이 가지고 있는 관계이며(명제적 관계) 이러한 관계들은 어떤 원인－결과를 기술하는 것이거나, 어떤 '형태'들을 나타내는 것이거나 또는 어떤 현상을 설명하거나 예측하는 것이다. 예컨대 '담배를 피우면 폐암에 걸린다'거나 '성적이 나쁘면 취직이 잘 안 된다'라고 말하는 것과 같다.

일반적 법칙은 사실에 기초를 두고 있지만 거기에서 더 나아가 아직껏 경험해 본 적이 없는 장면에 이전의 지식을 귀납적인 추론 과정을 통하여 적용해 볼 수도 있다. 일반적 법칙은 대개는 참이지만 예외가 있을 수도 있다. 예컨대 '담배를 피우면 폐암에 걸린다'는 일반적으로는 사실이지만 폐암에 걸리지 아니하는 예외적인 사람도 있다. 그러나 예외가 없이 참인(진실인) 일반적 법칙도 있는데 우리는 이를 원리(principle) 또는 법칙(law)이라 부른다. "자석의 같은 극은 서로 배척하고 다른 극은 서로 당긴다"라는 진술(명제)은 예외가 없이 참이기 때문에 법칙이다.

2. 내용 지식의 분류

지식은 몇 가지의 기준에 따라 분류해 볼 수 있다. 여기서는 명제적 지식—발견적 지식, 영역 일반적 지식—영역 구체적 지식, 학구적 지식—실제적 지식 그리고 유효한 지식—진부한 지식 등으로 나누어 본다.

(1) 명제적 지식, 절차적 지식 그리고 발견적 지식

어떤 것의 '성질'을 아는 것을 명제적 지식(propositional)이라 부른다('무엇을' 아는 것, know—what). 이는 흔히 내용, 지식 또는 사실의 지식 등으로 부르는 것이다. 이러한 지식에는 지식이란 선택적이고 해석적임을 아는 것이나, 지식은 새롭게 발달하고 변화하며, 그리고 이전에는 수용되던 지식이 기각되고 새로운 지식으로 대치될 수 있음을 아는 것 등도 포함된다. 그리고 절차적 지식(procedural)은 과제를 수행해 가는 '절차', '과정'을 아는 것을 말한다('어떻게'를 아는 것, know—how). 이러한 지식은 다른 말로 '기능'(skills) 또는 '기술'(techniques)이라 부른다. 우리가 '사고력'이라 말하는 것은 '사고의 과정/절차'를 아는 것, 즉 '사고 기능'을 의미한다. 이러한 절차적 지식의 어떤 것을 '언제' 사용할지를 아는 것을 조건적 지식(conditional)이라 부른다.

그러나 습득한 경험·지식을 기초로 여러 가지의 사고를 언제 어떻게 수행해 갈지를 아는 것을 '발견적 지식'(발견법, heuristics)이라 부르는데 이것은 절차적 지식과 조건적 지식을 합친 것이다. 발견적 지식은 알고리즘(algorithm)과는 달리 바라는 결과를 반드시 얻을 수 있는 것은 아니다. 발견적 지식은 사고의 기능과 전략에 못지 않게 사고를 어떻게 수행해 갈 것인지를 아는 '요령' 같은 것이다.

(2) 영역 일반적 지식과 영역 구체적 지식

광범위한 분야에서 일상적으로 사용할 수 있는 지식을 영역 일반적(영역 보편적) 지식(domain—general)이라 하고, 어떤 특정의 주제 분야, 전문(전공) 분야의 지식을 영역 구체적 지식(영역 특수적 지식, domain—specific)이라 부른다. 예컨대 심리학 영역(구체적) 지식, 더 내려와서 '사고' 영역(구체적) 지식 또는 '지식 분류' 영역의 지식 등을 말하는 것과 같다. 영역 구체적인 것일수록 일상생활을 통하여 넓게 사용할 수 있는 세상 지식과는 달리 특수한 어떤 영역에서만 적용될 수 있다. 따라서 전문가일수록 그 분야를 보다 더 해박하게 알며 그리고 그런 지식이 유의미하게 잘 조직화되어 있다.

(3) 학구적 지식과 실제적 지식

지능을 학구적 지능(academic)과 실제적 지능(practical)으로 나누는 것과 같이 지식도 이와 비슷한 두 가지의 유형으로 나눌 수 있다. 학구적으로 지적인 사람은 형식적, 학문적 지식을 많이 습득하여 사용한다. 이런 종류의 지식은 전통적인 지능검사에서 많이 사용하고 있는 지식이다. 반면에 현실적이고 실제적으로 지적인 사람은 암묵적 지식(tacit, implicit)을 많이 습득하여 사용한다. Sternberg(1996)는 암묵적 지식에는 세 가지의 특징이 있다고 말한다: 첫째, 암묵적 지식은 '어떻게'에 대한 것이다. 그것은 행위의 방법을 아는 것이다. 둘째, 이것은 사람들이 실제적으로 가치롭게 생각하는 목표를 획득하는 데 적절한 것이며 현실적으로는 가치가 없는 학구적인 지식과는 다르다. 셋째, 암묵적 지식은 다른 사람의 도움을 거의 받지 않고 스스로 습득하는 지식이다.

대개의 암묵적 지식은 '만약에 …, 그러면 − − − '(if − then)의 조건절로 구성되어 있다. 아래의 보기에서 알 수 있듯이 암묵적 지식은 언제나 특정한 장면에서의 특정한 용도에 관한 것이다. 그러므로 이들 지식은 현실의 실제 장면에 관련된 보다 구체적이며 보다 은밀한 것들이다.

- 만약에 그 사람의 기분을 좋게 하려면, 그러면 − − −
- (만약에) 친구가 어색해 하면, 그러면 − − −

(4) 유효한 지식과 진부한 지식

지식은 계속하여 진화하고 변화해 가고 있다. 끊임없이 새로운 지식이 생성되는가 하면 다른 한편으로는 기존 지식이 도태되어 더이상 '쓸모없어' 지거나 '틀린' 것이 되어 간다. 전자를 유효한 지식이라 하고, 후자를 시대에 뒤처진−그래서 무용하고 '진부한' 지식이라 부를 수 있다. 진부한 지식은 필요 없는 물건으로 가득차 있는 골방과 같다. 사실이나 아이디어, 이론, 이미지, 통찰 등은 변화에 의해 뒤처지거나 나중에 더 정확한 진실이라 여겨지는 것으로 대체되기 마련이다. 변화가 빨라지면 무용지식으로 바뀌는 속도 역시 빨라진다. 끊임없이 지식을 갱신하지 않는 한 학교나 직장 생활을 통해 쌓아 올리는 경력의 가치도 줄어들고 만다. 디지털 데이터베이스건, 두뇌 속이건, 지식이 저장된 곳은 어디서나 낡은 지식으로 가득 찰 수 있다. 뒤처진 무용의 지식은 모든 사람, 기업, 조직, 사회의 지식 토대에 큰 부분을 차지하고 커다란 부담이 될 수 있다. 그래서 우리가 해야 하는 것은 지식의 발전에 뒤처지지 않도록 계속하여 업그레이딩 (up-grading), 업데이팅(up-dating) 하도록 평생 학습하는 것이다.

Ⅲ

사고의 요소와 내용

　사고(생각)의 요소란 '추리'의 요소이며('추리'가 바로 사고이기 때문이다) 또한 '지식'의 요소라 말할 수도 있다. 왜냐하면 사고는 정신적 과정으로 존재하며 '지식'과는 존재의 양식은 다르지만 둘은 동일한 내용의 것이기 때문이다. 사고의 결과나 과정을 문자와 같은 상징적인 기호로 표현하고 있는 것이 지식이다.

　우리가 멈추어 잠시 동안 또는 긴 시간을 들여 고민하면서 사고(생각)하는 이유는 무엇인가? 물론이지만 이것은 충동적인 사고가 아니라 이성적이고 합리적인 사고를 하기 위함이다. '얼른 퍼뜩', '먼저 떠오르는 생각'이 바로 결론이고 행동이 되는 그러한 사고를 우리는 충동적 사고라 부른다. 물론이지만 그러한 사고는 비효과적이고 대부분이 비합리적일 것이다. 이성적으로, 비판적으로 사고한다는 것은 증거(이유)를 기초로 어떤 결론(일반화)을 만들어 내는 것이며, 그리하여 '더 나은' 결론에 이르려는 지적인 사고이다. 그런데 사고(추리, 지식)는 몇 가지 요소들이 서로 연결되어 전체적인 체제를 이루고 있다. 그러므로 비판적인 사고를 할 때는 전체를 지각하면서 그에 따라 요소 하나하나를 질문하면서 효율적으로 수행해야 한다. 어떤 판단을 하고 어떤 결론을 내리는 우리의 사고는 반드시 어떤 상황(장면)에서 하며, 어떤 정보나 가정을 기초로 하며, 어떤 개념을 사용하여 추론하고 해석하며, 그렇게 하면 어떤 함의나 결말을 가지게 되며, 어떤 견해(시각)에 입각하고 있으며 그리고 어떤 목적의 어떤 과제(이슈, 문제)를 해결하려고 한다.

　아래에서는 이러한 사고의 요소를 8가지로 나누어 살펴본다(Paul, 1993). 먼저 다음의 두 가지를 특별히 주목하는 것이 필요하다는 생각이다.

- 모든 사고/지식은 '어떤 것'에 대한 것이며, 무엇을 해결하거나 설명하려는 목적/이유를 가지고 있다. 달리 말하면 모든 사고(또는 지식)는 더 나은 판단이나 해결을 위한 '도구'이고 '수단'이다.
- 사고(지식)의 요소들은 서로 구조적으로 연결되어 전체적인 체제를 이루고 있다. 그리고 관련의 다른 영역의 지식과도 상하 또는 수평으로 어떤 관계로 연결되어 그물 같은 구조를 이룬다. 그래서 사고(지식)는 구조적이고 위계적이다.

(1) 목적

사고를 할 때는 언제나 그러한 사고를 하는 '목적'(이유)이 있다. 우리의 사고는 목적적이다. 사고의 목적이 불분명하거나 비현실적이면 얻게 되는 결과는 신통치 않으며 또한 적절하기 어렵다. 어떤 일이건 간에 일을 시작할 때는 목표를 분명히 해야 한다. 일을 시작할 때는 언제나 '왜'를 물어 보아야 한다.

- 목적(이유)은 무엇인가?
- 목적(이유)은 유의미하고 적절한가?
- 이 일을 '왜'하지?

(2) 과제(질문, 문제, 이슈)

해결해야 하는 문제, 대답해야 하는 질문 또는 이슈(issue, 쟁점)를 확인해야 한다. 어떠한 사고/일을 하든 간에 먼저 문제, 질문 또는 이슈가 무엇인지를 찾아내고 그것을 분명하게 정의할 수 있어야 한다. 다루는 문제를 체크하고 그것을 정의하는 것이 제대로 안되면 결론/대답은 비합리적이거나 부적절하기 쉽다.

- 문제(과제, 이슈)는 무엇인가?
- 무엇을 다루고 있는가?

(3) 증거(정보, 자료, 사실)

사고를 할 때는 언제나 어떤 자료, 정보, 사실 또는 경험 등과 같은 증거를 가지고 한다. 그러므로 그것을 바르게 이해하고, 바르게 해석하여, 적절하게 사용할 수 있어야 한다. 증거가 되는 정보(자료, 사실, 경험)가 적절한지 부적절한지, 중요하거나 충분한지 또는 신뢰할 수 있는 것인지 등을 따져 보아야 한다. 부적절하거나 신뢰도가 낮은 증거에 기초한 결론(대답)은 오류이기 쉽다.

- 결론(주장)은 충분한 증거들이 뒷받침이 되어 있는가?
- 증거(이유)는 적절하고 신뢰로운가?

(4) 개념(이론, 정의, 모형)

모든 사고(추리)는 어떤 개념 또는 아이디어 들을 사용하여 전개된다. 사고는 이들을 통하여 형성되고, 저장되고, 표현되며 그리고 이들은 우리가 무엇을 이해하는 데 도움이 된다. 커뮤니케이션에서의 여러 문제는 말하거나 의미하는 것이 정확하지 않거나 불명확해서 생길 때가 흔히 있다. 효과적인 커뮤니케이션에서는 열린 대화와 자신의 생각을 분명하게 정리하는 기회가 있어야 한다.

학생들에게 묻고 대답하는 소크라테스식 질문을 하면 자기가 사용하고 있는 개념, 이론, 법칙 등에 대한 이해가 깊은 것인지 피상적 수준의 것인지, 명료한지, 적절한지 또는 자신의 시각(견해, 입장)에 맞는지, 아니면 잘못 왜곡하고 있는지 등을 사정해 볼 수 있다.

- 어떤 개념(용어)들을 사용하고 있으며 의미는 분명하게 진술되어 있는가?
- 개념들이 적절하고 정확한가?

(5) 가정

사고(추리)는 반드시 어느 지점, '어디에서'부터 시작해야 한다. 그래서 시작점이 되는 '어떤 것'은 당연하여 의심의 여지가 없는 것으로 또는 상대방이 그것을 알거나 믿고 있는 것으로 전제하고 시작한다. 그런데 우리는 언제나 많은 것을 가정하면서도 가정하고 있다는 것조차 의식하지 못할 때가 많다. 가정들 중에 불분명하거나, 정당화할 수 없는 것이거나, 서로 모순되는 것이 포함되어 있으면 거기에 기초하고 있는 결론은 수용하기 어려운 것이 된다. 가정하고 있는 것을 받아들일 수 없으면 결론은 당연히 받아들이기 어렵다.

- 무엇을 가정하고 있는가?
- 가정하고 있는 것이 타당한가, 일관성이 있는가?

(6) 추리(해석)

모든 사고에는 추리가 포함되며, 추리를 통하여 자료를 해석하고, 의미를 부여하고, 결론을 내린다. 달리 말하면 '이것이 이러함으로써 저것이 저러하게 된다(될 것이다)' 또는 '이렇기 때문에, 저렇다(저것이다)'와 같은 식으로 해석하는 사고가 이루어진다.

이러한 추리/해석 과정을 거쳐서 어떤 결정을 내려야 하고, 행위를 해야 하고 또는 예측을 해야 한다. 그러므로 논리적인 추리와 해석은 그럴듯해야 한다. 그래서 추리가 분명한지, 정당한지, 깊은 것인지 또는 일관성이 있는 것이지 등을 물어보아야 한다.

- 추리(해석)는 일관적이고 논리적인가?
- 추리(해석)가 편파적인가?

(7) 결말과 함의

모든 사고는 우리가 알든 모르든 간에 우리 자신과 남들에게 어떤 결말(효과, 영향, 결과)을 가져오고, 따라서 어떤 함의(시사, 의미)를 미치게 된다. 어떤 행위, 결정 또는 예측을 하면 거기에는 반드시 어떤 결과가 따라오고 어떤 효과, 영향이 발생하기 마련이다. 그러므로 수준 높은 결정과 문제해결을 보장하기 위해서는 이들을 가능한 대로 분명하고 정확하게 따져 보아야 한다.

- 결말(결론)은 무엇이며 함의(의미)는 무엇인가?
- 결과에 따라 미칠 영향은?

(8) 견해(시각)

사고를 할 때는 언제나 어떠한 견해/시각 또는 참조 기제를 가지고 수행한다. 그래서 자신과는 다른 어떤 견해, 입장, 시각이 있을 수 있음을 인정해야 한다. 대안의 견해를 존중할 줄 알고, 자신의 사고를 그러한 다른 시각에서도 음미해 볼 수 있다면 자기 자신의 견해와 결론을 더욱더 타당하고 확고하게 만들 수 있을 것이다. 또한 사고의 전체 과정을 깊게 살펴볼 수 있을 것이다. 자신의 견해가 너무 좁거나, 편협하거나, 잘못된 유추나 비유에 근거한 것은 아닌가, 모순을 내포하고 있는 것은 아닌가 등을 사정해 보아야 한다.

- 어떤 견해(시각)를 취하고 있는가?
- 대안적인 견해(시각)에는 어떤 것들이 있는가?

IV

개별적인 비판적 사고기능

비판적 사고를 제대로 수행하려면 갖추어야 할 몇 가지의 기본적인 '사고 기능'이 있다. 이들 개별적 비판적 사고기능은 '관찰'이나 추리 등과 같은 미시적 사고기능보다는 좀 더 복합적이지만, 문제해결이나 의사결정과 같은 '복합적 사고전략'보다는 덜 복합적이다. '미시적'이란 한두 개의 개념이나 원리를 사용하기 때문에 덜 복합적인 보다 단순한 수준이란 말이다.

Beyer(1988)는 비판적 사고를 Bloom 등의 교육목표 분류학에 있는 것과 같은 미시적 사고기능이나 논리나 철학에서 주로 가르치고 있는 '추리'(연역적, 귀납적, 유추적 추리)와 구분하고 있다(8장 참조). 또한 그는 비판적 사고를 '문제해결'이나 '의사결정'과 같은 고차적이고 복합적인 '사고전략'과도 구분하고 있다. Beyer는 비판적 사고를 '구체적 조작들의 목록', 즉 구체적인 사고기능의 레퍼토리라 보며, 이들은 미시적 사고기능과 고차적인 복합적 사고전략 '사이에' 자리 잡고 있다고 주장한다. 이러한 '비판적 사고기능'들은 독립적으로 사용할 수도 있고 몇 개를 조합하여 같이 사용할 수도 있다.

Beyer가 제시하는 '개별적인 비판적 사고기능'의 리스트에는 다음의 것들이 포함되어 있다. 확인 가능한 사실과 가치관련 주장 구분하기, 적절한 정보와 부적절한 것을 구분하기, 진술의 사실이 정확한지 결정하기, 출처의 신뢰성 결정하기, 애매모호한 주장이나 논증 확인해 내기, 진술하지 아니한 가정 찾아내기, 편견 발견해 내기, 논리적 오류 확인해 내기, 추리 과정에서의 논리적 비일관성 인식해 내기 그리고 논증이나 주장의 장점 찾아내기 등이다. 그리고 그는 사고기능은 미시적 사고기능, 비판적 사고 기능 및 복합적 사고 전략 등으로(문제해결과 의사결정을 포함하는) 이루어져 있으며, 이들 사이에는 위계적인 순서가 있다고 주장한다. 이렇게 보면 비판적 사고를 하려면 그를 위한 미시적 사고기능을 반드시 할 수 있어야 한다. 마찬가지로 문제해결과 같은 복합적 사고 과제를 수행하려면 그를 위한 개별적인 비판적 사고기능을 할 수 있는 것은 필요한 조건이 된다. 다음에서는 비판적 사고의 개별적 기능들을 10가지로 나누어 살펴본다.

(1) 주장의 의미 명확히 하기

어떤 주장의 수용 여부를 결정할 수 있으려면 먼저 그 주장을 명확히 이해할 수 있어야 한다. 그런데 주장의 의미를 명확히 이해하기 어려운 데는 몇 가지의 이유가 있는데 여기에는 주장이 애매하거나, 모호하거나, 또는 주장 속에 있는 단어나 구를 잘 모르는 경우가 포함된다.

(2) 평가 준거 명확히 하기

주장의 수용 여부에 앞서 우리는 그 주장의 신뢰성, 중요성 등을 우선적으로 평가하게 되는데 그러려면 평가의 준거를 명확히 해야 한다. 이러한 준거를 기초로 평가가 이루어지지만 평가의 준거는 평가 대상과 평가의 목적에 따라 달라질 수 있다. 주장의 목적 및 평가를 하는 목적에 맞추어 적절한 준거를 설정할 수 있어야 한다.

예컨대 "오늘부터 청소는 지각생이 하기로 한다"라고 한다면 이 주장의 목적은 지각하는 학생의 수를 줄이는 데 있다. 그러므로 이 주장을 평가하려면 '지각생들에게 청소를 시키면 지각하는 학생이 줄어들까?'라고 질문하고 그에 대한 답을 구해야 한다. 그러므로 이 주장의 평가 준거는 '앞으로의 지각생의 증감 여부'가 된다.

그러면 "대원군의 쇄국정책"의 평가 준거로서 적절한 것은 무엇일까? 대원군이 쇄국정책을 고집한 이유를 1) 조선 전통문화의 보존, 2) 외세침입 방지라 하고 정책 평가의 목적이 그 정책의 성패를 따지는 것이었다고 하자. 그러면 평가의 준거는 그러한 정책을 고집한 두 가지 목적이 제대로 달성되었느냐에 맞추어 설정해야 한다. 그러나 평가의 목적이 대원군의 업적 평가라면 쇄국정책 때문에야기된 국가적 손익계산서가 평가의 준거가 될 것이다. 평가 대상의 목적과 평가를 하는 목적을 구분하는 것이 중요하다.

(3) 정보원(출처)의 신뢰성 평가하기

정보의 출처에는 여러 가지가 있을 수 있다. 이러한 사실을 알고 정보의 신뢰성을 평가할 줄 아는 능력은 비판적 사고를 위한 중요한 기능이다. 정보원의 종류는 서적 등 여러 가지 일 수 있고, 정보의 성격도 1차적인 것에서 2차적인 것 또는 3차적인 것도 있을 수 있다. 정보원이 전문적일수록 그리고 정보의 성격이 1차적인 것일수록 더 신뢰롭다.

(4) 사실, 의견과 판단 구분하기

'사실'(팩트, facts)은 객관적 증거에 의해 그 진실과 진위를 밝힐 수 있다. '의견'은 개인적인 선호이며 거기에는 이유가 제시되지 않는다. 그러나 추리를 통한 '판단'은 이유가 뒷받침되어 있는 주장이다. 따라서 어떤 판단은 더 나은 것일 수도 있고 더 못한 것일 수도 있다. 주장은 뒷받침하는 이유에 따라 판단하게 된다. 다음의 각기는 사실, 의견, 판단의 어느 것일까?

- 영수는 키가 153cm이다.
- 영수는 부지런한 학생이다.
- 영수는 잘 생겨서 틀림없이 공부도 잘 할거야.
- 영수는 신문 배달을 한다.
- 영수는 커피를 좋아한다.
- 영수는 부지런해서 장래성이 있다.

(5) 가정의 확인과 평가

어떤 주장에 대한 올바른 평가를 하기 위해서는 주장의 배후에 감추어져 있는 가정(假定)을 확인하고 평가하는 것이 중요하다. 주장에서 어떤 가정을 하는 이유는 그렇게 생략해도 오해의 여지가 없기 때문일 수도 있고, 독자를 멋대로 오도하려는 목적으로 의도적으로 했을 가능성도 있다. 따라서 비판적 사고자는 숨겨져 있어 나타나 있지 아니한 가정이 무엇인지를 확인해 내고 그 가정의 타당성을 체크할 수 있어야 한다.

- 부자가 천국에 가기는 낙타가 바늘구멍 통과하기 만큼이나 어렵다.

(6) 적절한 정보와 부적절한 정보 구분하기

정보는 결론에 '적절한' 것이어야 한다. 정보의 적절성은 문제, 주장, 결론에 따라 다를 수 있다. 달리 말하면 동일한 정보일지라도 그것이 어떠한 주장이나 어떠한 문제를 해결하기 위한 것인가에 따라 적절하기도 하고 그렇지 못하기도 한다. 강력한 결론은 적절한 증거가 뒷받침되어야 성립된다. 아래에 있는 7개의 여러 가지 전제들은 밑에 있는 두 가지의 결론 중 어느 것에 보다 더 적절한 것일까?

- 서로 돕고 산다는 것은 아름다운 일입니다.
- 인간은 어려운 일이 있을 때마다 서로 돕고 살아 왔습니다.
- 산다는 것은 매우 중요합니다.
- 인간은 남과 같이 있고 싶어 하는 욕구가 강합니다.
- 인간이 살아남기 위해서는 여러 가지가 필요합니다.
- 인간은 필요한 모든 것을 혼자서 충족시킬 수가 없는 동물입니다.
- 하등 동물도 서로 도우며 살아갑니다.

그러므로, 인간은 사회적 동물입니다.
그러므로, 인간은 서로 도우며 살아야 합니다.

(7) 증거의 신뢰성, 적합성 및 충분성 평가하기

증거를 평가할 때는 증거의 신뢰성뿐 아니라 그것이 주장을 뒷받침하는 데 적합한지 그리고 충분한지까지도 따지게 된다. 다음의 두 가지 경우의 증거/이유는 주장(결론)에 적합하고 충분한가?

- 인숙이는 얼굴도 예쁘고, 집도 부자이다.

  그러므로, 인숙이는 착한 학생이다.
- 이 약은 간장 치료에 특효약이다.

  내가 아는 간장 질환자가 이 약을 한 달간 복용한 후 완치되었다.

(8) 다양한 관점에서 따져 보기

"제 눈의 안경"이라는 말이 있다. 이는 보는 시각에 따라 보이는 것의 의미나 가치가 달라진다는 말이다. 이 말은 여러 가지 관점에서 따져 봐야만 어떤 주장의 진정한 가치를 제대로 평가할 수 있다는 교훈을 가진다. 진정한 가치를 안 후에야 합리적인 판단을 할 수 있다는 상식을 인정해야 하기 때문에 이 기능 역시 중요한 비판적 사고 기능이라 할 것이다. 예컨대, '학교 주변의 음식점은 모조리 없애야 한다'란 주장에 대한 수용 여부를 결정하기 위해서는 여러 사람의 관점에서 고려해 볼 필요가 있다. 거기에는 학생, 교사와 교장, 부모, 식당 주인, 식품업계 등이 포함될 것이다.

(9) 상치 사항 인식하기

일관성은 비판적 사고의 중요한 개념이다. 일관성은 상반되는 것이 없는 상태를 말하는 것이므로, 비판적 사고자는 자신이나 남의 주장에서 상치점이 있는지를 주목하고 이를 제거하려고 노력해야 한다. 두 개의 주장이 상치된다는 것은 두 개가 동시에 '진'일 수 없음을 말한다. 주장은 일관성이 있어야 한다. 다음의 각기는 일관성이 있을까? 주장들이 상치되는 것이 있다면 어느 주장일까?

- 모든 사람의 인권이 존중되는 사회를 만들기 위해서는 저런 흉악범들을 우리 사회에서 영원히 추방해야 한다.
- 낙태는 살인행위이기 때문에 금지되어야 한다. 낙태행위가 다시는 벌어지지 않게 하기 위해서는 낙태시술을 하는 의사는 사형으로 다스려야 한다.
- 일본의 역사책은 식민정책을 개화정책이라고 하고, 한국의 역사책은 일제의 식민정책을 약탈정책이라 한다.

(10) 함의 및 결말 탐색하기

주장을 수용한다는 것은 그 주장의 함의(시사점)를 받아들이며, 그것이 행위로 구현되었을 때 나타날 그 결말(효과, 영향)까지도 수용한다는 의미를 갖는다. 그러므로 비판적 사고자는 어떤 주장의 함의 및 그 결말까지를 고려할 수 있어야 한다. 예컨대 '흑인은 백인보다 선천적으로 지능이 낮다'라는 주장의 함의는 교육을 비롯하여 여러 가지가 있을 것이다.

V

하위 인지과정과 문제중심 학습법

비판적 사고는 '더 낫게', '더 합리적으로', '이유를 따져보고' 판단(결정)하는 사고이다. 그것은 얼른 떠오르는 생각에 휩쓸리지 아니하고 멈추어 생각들을 조심스럽게 살펴본 다음 결정을 내리는 사고이다. 텍스트나 대화 등을 깊게 이해하고, 뒷받침하는 이유에 따라 주장(결론)의 타당성, 신뢰성 및 중요성을 사정하고, 그런 다음 그러한 사정에 기초하여 판단을 내리는 사고이다. 존 듀이(John Dewey)는 비판적 사고의 활동을 5개 단계로 나누는데 거기에는 문제의 확인, 문제의 분석, 가능한 해결책의 제시, 결과의 검증 및 해결책의 판단 등이 포함된다. 이것은 창의적 문제해결의 과정과 별로 다르지 아니하다.

1. 비판적 사고의 하위 사고기능

비판적 사고의 사고과정에 대하여 생각해 본다. 교과의 텍스트나 어떤 정보를 이해하는 데서 '판단'에 이르는 전체의 과정은 결코 간단해 보이지 아니한다. 이러한 전체의 과정을 보다 간명하게 구체화할 수 있다면 비판적 사고를 이해하는 데뿐 아니라 그것을 교수학습하면서 무엇을 어떻게 지도할지에도 많은 도움이 될 것이다. '판단'에 이르기까지에는 여러 수준의 여러 가지의 하위 인지조작들이 이루어질 것인데 우선 다음과 같은 진행을 생각해 볼 수 있을 것이다.

(ⅰ) 텍스트의 주장을 깊게 이해하기 위하여 '미시적 사고기능'을 작동한다. Bloom 등(1956)의 목표 분류학에 있는 고차적 기능인 종합력과 평가력을 작동하여 기능적인 지식을 습득해야 한다. 평가력이란 어떤 기준에 따라 주장 등의 논리성 등을 판단하는 것이다(8장 참조).

(ⅱ) 추리와 일반화(요약) 등의 기초적 사고를 통하여 전체를 구조화하고 개념과 명제적 관계를 형성해야 한다.

(ⅲ) 개별적인 비판적 사고기능을 사용한다.

(ⅳ) 논증 분석의 방법 등을 적용하여 판단한다.

(ⅴ) 비판적 사고와 문제해결의 전체 과정을 점검하고 반성한다.

그러나 이렇게 정리해 보아도 비판적 사고를 통한 문제해결의 과정이 간단하지 않음을 다시금 확인할 수 있다. 여기에 하나의 참고가 될 수 있는 것은 Vincent-Lancrin 등(2019)이 비판적 사고와 창의적 사고의 하위의 인지과정들을 네 개 범주로 계열적으로 나누고 있는 것이다. 네 개의 범주에는 탐구하기, 상상하기, 행위하기 및 반성(성찰)하기 등이 있다. 비판적 사고를 이렇게 하위의 인지과정들로 자세하게 위계적인 것으로 제시할 수 있으면 비판적 사고에 대한 이해가 쉬울 뿐 아니라 실제의 교수학습에 유용하게 적용할 수 있을 것이다. 이들은 창의적 사고와 비판적 사고의 '세부 항목표'(rubrics)를 제시하면서 이렇게 말한다: "세부 항목표의 목적은 창의적 사고와 비판적 사고라는 커다란 추상적인 개념들을 간단하게 단순화시켜 현장에서 교육활동을 하고 있는 교사와 학습자들에게 적절한 것이 될 수 있게 만드는 데 있다. 또한 학생들이 그러한 기능을 개발하고 있는지를 교사가 점검하고 형성적으로 사정할 수 있도록 만드는 데 있다. 세부 항목표는 학습이 가시적이고 점검 가능한 구체적인 것이 되도록 하며, 그리고 수업이 의도적인 것이 되게 하는 데 도움 되는 초인지적인 도구이다"(Vincent-Lancrin, et. al. 2019. p. 21). 세부 항목표는 교과목별로 만들어 볼 수 있지만, 그러나 영역 일반적인 것으로 예시하고 있는 것이 <표 4-1>이다. 이들이 제안하고 있는 비판적 사고의 하위 인지기능의 네 개 범주의 내용은 다음과 같다.

(1) 탐구하기

여기서 탐구하기란 다루고 있는 문제가 무엇인지를 확인하여 결정하고 이해하는 것인데 문제의 범위를 확인하는 것도 여기에 포함된다. 이 요소에는 왜 문제가 어떤 방식으로 제시되어 있는지를 따져보거나, 어떤 해결책이나 진술이 부정확한 사실이나 추리에 기초한 것인지를 살펴보고 그리고 지식에서의 괴리를 확인하는 것 등이 포함된다.

탐구 과정에는 사실적, 합리적인 과정도 있지만(예컨대, 사실 체크, 관찰 및 추리의 분석), 보다 '비판적인' 측면도 포함될 수 있다. 예컨대 어떤 아이디어나 해결책이 가지고 있는 가능한 한계를 확인하거나, 밑바탕의 가정이나 해석에 도전하는 것과 같다. 그러나 대개의 경우 탐구하기에는 정보/지식 탐구, 지식 확인, 그리고 문제의 요소들을 전체적으로 그리고 자세하게 음미하는 것 등이 포함된다.

- 문제가 무엇인지를 결정하고 범위를 확인한다.
- 어떤 문제를 제기하거나 해결하기 위하여 취하고 있는 방식, 스타일 또는 가정을 확인하고 의문해 본다.
- 어떤 문제의 맥락/프레이밍(framing)과 한계를 이해한다.

(2) 상상하기

대안, 경쟁적인 견해, 이론 및 가정을 확인하고 검토/체크하며, 그리하여 문제를 여러 가지의 시각에서 고려해 본다. 또한 어떤 증거, 논증 및 가정의 강점과 약점을 더 자세히 확인해 본다.

- 텍스트를 쓰거나, 문제에 접근하는 여러 가지의 시각/견해를 생각해 본다.
- 증거, 논증, 주장과 신념 들의 강점과 약점을 확인한다.

(3) 행위하기

비판적 사고의 산출은 문제에 대한 자신의 입장이나 해결책을 얻게 되는 것이다(또는 다른 사람의 입장이나 해결책에 대한 판단). 그러므로 이것은 좋은 추리

〈표 4-1〉 비판적 사고— 영역 일반적

탐구하기
• 어떤 문제의 맥락/프레밍과 한계를 이해한다.
• 전제하고 있는 가정을 확인하고 질문하며, 사실과 해석의 정확성을 체크하고, 지식 속에 있는 괴리들을 분석한다.

상상하기
• 대안적인 이론과 의견을 확인하고 분석하며, 어떤 문제에 대한 서로 다른 시각들을 상상하거나 비교한다.
• 증거, 논증, 주장과 신념의 강점과 약점을 확인한다.

행위하기
• 어떤 해결책이나 추리를 논리적, 윤리적 또는 심미적 준거나 추리에 따라 정당화한다.

반성하기
• 어떤 해결책이나 입장이 가지고 있는 한계나 불확실성을 평가하거나 인정한다.
• 자기 자신의 시각을 다른 시각과 비교해 보고 그리고 가능한 편파성에 대하여 반성한다.

출처: Vincent-Lancrin, et. al. (2019) pp.109-110

(사고), 문제를 상이한 시각에서 균형 있게 살펴보는 것, 그리고 문제의 복잡성을 인식하는 것 등을 의미한다. 그러므로 자신의 입장을 논리적으로, 합리적으로 논증하고 정당화하는 능력이 중요하다.

• 그럴듯한 기준에 따라 해결책, 작품, 텍스트 등의 강점과 약점을 설명해 본다.
• 어떤 해결책이나 추리를 논리적, 심미적 준거나 추리에 따라 정당화한다.

(4) 반성(성찰)하기

반성하기는 자신이 선택한 시각의 한계와 불확실성 등에 대하여 자기 반성적 과정을 가지는 것이다. 또한 다른 경쟁적인 아이디어에 대하여서는 어느 정도의 겸손함과 열린 자세가 필요하다.

• 어떤 해결책, 해석, 작문, 작품을 다른 가능한 대안적인 것과 비교하여 살펴본다.
• 자신의 시각을 다른 시각과 비교해 보고 가능한 편파성에 대하여 반성한다.

2. 비판적 사고와 창의적 사고의 기능적 관계

앞에서는 텍스트나 문제 장면에 대한 이해를 깊은(심층적) 이해, 비판적 이해 및 창의적 이해의 세 가지로 나누고 이들 각기에 대하여 살펴보았다. 그리고 깊은 이해의 결과는 비판적 이해와 창의적 이해의 바탕 내지 도구가 될 뿐 아니라 깊은 이해의 과정에 포함되어 있는 여러 하위 인지과정들은 창의적 사고과정의 것과 같거나 비슷하다는 것도 확인할 수 있었다. 그리고 비판적 사고와 이를 통한 비판적 이해에 대하여서도 비교적 자세하게 다루었다. 이제는 비판적 이해(사고)와 창의적 이해(사고) 간에는 어떠한 기능적 관계가 있는지를 물어보게 된다. 이들은 모두가 정신적 에너지와 노력을 많이 요구하는 고차적 인지기능이다.

(i) 비판적 사고와 창의적 사고는 서로 상이한 목적을 가지고 있다.

창의적 사고는 여러 가지의 새로운 아이디어를 많이 생산해 내는 데 목적이 있다. 여기서 말하는 '창의적 사고'는 바로 '발산적(확산적) 사고'이다. 반면에 비판적 사고는 제시되어 있는 아이디어, 진술 또는 이론을 조심스럽게 정리, 평가, 또는 판단(선정) 하며, 그리하여 가장 그럴듯해 보이는 것을 선택하는 데 목적이 있다.

(ii) 창의적(발산적) 사고는 반드시 비판적(수렴적) 사고와 동행해야 한다.

많은 사람들은 '창의력'을 '새롭고' '유용한' 것을 생산해 내는 능력이라 정의한다. '새로운' 아이디어를 많이 생성해 내는 것은 창의적(발산적) 사고를 통하여 가능하지만, 이들을 평가하고 '유용해' 보이는 것을 판단(선정)하는 것은 비판적(수렴적) 사고를 통해서 비로소 가능해진다. 창의력 문헌에서는 이들 각기를 발산적(확산적) 사고와 수렴적(초점적) 사고란 이름으로 부르고 있다. 다시 정리하면 창의력은 창의적 사고와 비판적 사고의 두 개의 축으로 이루어져 있다. 이들은 서로 기능적으로 보완적이기 때문에 창의적 문제해결의 과정에서는 '생성하기'와 '수렴하기'가 독립적으로 그러면서 차례대로 두 가지 모두를 균형 있게 작동시키는 것이 중요하다.

(ⅲ) 비판적 사고와 창의적 사고의 각기에 포섭되어 있는 여러 하위 인지과정들은 같거나 비슷하다.

그러므로 비판적 사고를 훈련하면 창의적 사고 기능을 향상시키는 데 기여하게 되고, 마찬가지로 창의적 사고의 방법(기능)을 연습하면 비판적 사고의 기능을 개발하는 데도 도움 된다. 비판적 사고는 예컨대 주로 질문하기와 여러 가지의 가능한 시각/입장을 평가하며, 어떤 아이디어나 이론이 가지고 있는 강점이나 적합성 같은 것을 사정한다. 그런데 이러한 하위의 인지(사고) 과정은 창의적 사고의 과정에서도 마찬가지로 이루어지고 있다. 그러나 거기에 따른 결과는 각기의 목적에 따라 다르게 된다. 이들이 비판적 사고의 하위 과정으로 작동하고 있다면 결국에는 그것을 합리적으로 판단하는 것에 이른다. 그러나 그러한 사고를 창의적 사고의 하위 인지 과정의 하나로 수행한다면 결국에는 어떤 '새로운' 아이디어를 생성해 내게 될 것이다. 예컨대 '이 아이디어는 어떤가?'란 질문은 비판적 사고를 위한 것일 수도 있고 또한 창의적 사고를 위한 것일 수도 있다.

그런데 비판적 사고는 어떤 이론, 페러다임 또는 학문 영역에서 반성적 사고 과정을 통하여 가장 적절한 것을 사정해 내는 데 한정되지 아니한다. 때로는 중요한 가정에 도전하고, 다른 시각/입장이 가지고 있는 가치를 인식하며, 가능한 강점과 단점을 사정하고, 그리고 증명되지 아니한 가정을 인식하고 그리하여 아이디어나 이론의 한계나 편파성이 있을 수 있음을 인식하는 하위 기능도 포괄하고 있다. 그런데 이들 대부분은 창의적 사고에서도 마찬가지로 작동하는 하위기능들이다. 어떤 경우는 비판적 사고를 거치면서 창의적 사고가 동시에 작동한다고 볼 수도 있다. 예컨대 가설을 생성하거나 연구 방법을 생각해 내거나, 또는 가시적인 산출을 생산해 내는 경우이다. 이런 경우 창의적 사고의 산출이 새롭고 유용한 것일수록 그것은 더 '창의적'인 것이라 말할 수 있다. 그런 의미에서 보면 창의적 사고와 비판적 사고는 상당 정도 상호 의존적이고 상호 보완적인 관계이다.

(ⅳ) 그러나 비판적 사고의 모두가 창의적 아이디어를 생산해 내는 데 관여하는 것은 아니다.

비판적 사고 가운데 사실이나 논리를 확인하거나 가정이나 이론에 도전하거나, 또는 자신과 남들의 여러 시각/입장을 비교해 보고 수정하는 것 등과 같은 것이다. 그래서 창의력 문헌에서는 '비판적 사고'란 용어 대신에 주로 '수렴적'(divergent, 초점적, focusing) 사고란 말을 선호하여 사용하고 있다. 그리고 창의력의 두 개의 축으로 '발산적 사고'와 '수렴적 사고'란 말을 많이 사용하고 있다. 이렇게 사용하고 있는 수렴적 사고는 협의의 비판적 사고이다.

3. 문제중심 학습법

문제중심 학습법(PBL, Problem-based learning)은 1968년 캐나다의 맥매스터(McMaster) 대학교에서 전통적 의학 교육 방법을 문제중심 학습법으로 바꾸어 설계한 데서 시작하였다. 학생들이 교과 내용을 깊게 이해하고 나아가 일련의 고차적 사고기능을, 예컨대 탐색/연구 기능, 의사결정 기능, 협동 기능, 비판적 사고기능 및 문제해결 기능 등을 개발하도록 하기 위한 하나의 유망한 학습전략이다. 초중등학교에서는 비교적 최근에 도입하여 주로 과학과 교육에서 사용되고 있다.

McMaster대학교에서 시작한 이래 1970년대와 1980년대의 여러 의과대학에서는 의예과 교육에 PBL 프로젝트를 실시하였다. PBL의 의과 수업이나 프로젝트는 학생들을 바로 임상장면에 집어넣어 스스로 환자를 진단하고 처방할 것을 요구하는 데서 시작한다. 학생들은 아직까지는 환자의 문제를 해결하는 데 필요한 신체기능과 질병 메커니즘에 대한 지식을 갖고 있지 않다. 교수는 이들이 그럴듯한 진단을 하고 처방을 하는 데 필요한 정보를 찾도록 가이드해 준다. 학생들은 필요한 정보를 찾기 위하여 교재에서 관련된 부분을 찾아 읽기도 하고, 도서관이나 인터넷을 뒤적이기도 하고, 또는 관련의 정보를 가지고 있는 교수나 선배를 찾아 도움을 구하기도 할 것이다. 학생들은 진단과 같은 복합적인 문제를 다루는 데 필요한 정보가 어디에 있는지를 확인하고 적절한 내용을 수집하고 그것을 이해해야 한다. 나아가 수집한 여러 정보를 추리하고 논리적으로 연결하면서 그럴듯한 '가설'을 만드는 일을 시행착오적으로 반복할 것이다. 그리고 그러한 가설을 관련의 정보와 이론에 따라 사정하고 정당화하면서 최종적인 의사결정에 도달하게 될 것이다. 학생들은 독립적으로 발견한 진단과 처방을 발표하거나 리포트를 제출한다. 이러한 학습법은 적극적이고 구성적인 학습이며, 의도한 대로만 이루어진다면 습득하는 지식은 임상과 같은 적용 실제의 맥락에 연결되어 있어 쉽게 기억될 것이다. 또한 지식끼리는 서로 조직되어 구조적인 전체로 의미 있게 연결되어 쉽게 활용할 수 있는 살아있는 '기능적인' 지식이 될 것이다. 그리고 가설을 생성하고 검증하는 등의 비판적이고 창의적인 사고과정을 향상시키는 데도 도움 될 것으로 기대할 수 있다.

이와 같은 PBL 학습법과는 대조적으로 보다 전통적인 학습법에서는 학습하는 정보는 임상 실제와는 거의 관련이 없다— 적어도 인턴과정을 시작하기까지는. 교사는 많은 정보를 학생들에게 제시하고, 학생들은 이들을 기억하고 시험에 통과하기를 요구할 것이다. 이러한 지식은 적용하는 장면과는 별 관계가 없고, 정보끼리도 크게 관련이 없어 단편적인 것이 되며, 자신의 이해를 확인할 기회도 거의 없고 그리고 자신이 적극적으로 의미 구성한 유의미한 학습의 지식이 아니기 쉬울 것이다.

PBL 학습은 학생들에게 실세계의 실제 문제를 '제시'하는 데서 시작하여 여러 정보와 지식들을 직접 다루면서 서로 협력하여 문제를 해결해 감에 따라 내용 지식과 절차적 지식을 습득하는 구조적인 협동 학습 프로젝트이다. PBL의 핵심은 실제 세계의 문제를 먼저 제시하고 이를 능동적으로 해결해 가도록 한다는 데 있다. 조연순과 이명자(2017)는 PBL의 특징을 문제, 학생, 교사의 세 가지 측면에서 다음과 같이 정리하고 있다: (i) 문제중심 학습은 '문제'로 시작한다. (ii) 문제중심 학습은 '학생 중심'이다. (iii) 문제중심 학습은 교사의 역할을 '지식 전달자'에서 '학습 진행자'로 전환한다(p. 24).

PBL에는 적어도 세 가지의 원리가 있다: (i) 학습은 내용 구체적이다(따라서 교과 내용에 따라 학습 방법이 달라진다), (ii) 학습자 주도적이며 학생들은 학습과정에 적극적으로 관여한다, (iii) 학습자는 서로 간에 상호작용하고 그리고 지식과 이해의 공유를 통하여 공동의 목적을 성취한다. 그리고 이러한 문제중심 프로젝트에는 다음과 같은 몇 가지의 특징이 있다(Krajcik & Blumenfeld, 2005).

(ⅰ) 주도적인 문제/질문

PBL의 프로젝트는 교사가 먼저 학생들이 수업(코스)의 중심 개념을 깊게 학습할 수 있게 하는 문제나 질문을 제시하고 학생들이 그것을 해결하는데 초점을 둔다. 문제(질문)는 실제 세계의 관심사나 이슈에 관련된 것이며(그리고 교과 내용에 관련된) 그리하여 학생들이 유의미한 실제적인 학습경험을 할 수 있게 하는 것이다. 다루는 문제가 '진실한' 실제 세계의 것이기 때문에 PBL은 교실 수업과 실제 세계를 연결하는 학습 경험을 하게 되며, 또한 학생들의 흥미와 동기를 향상시킬 수 있다.

(ⅱ) 관련 상황의 탐색/연구

PBL은 탐구중심적 접근법이며 탐구/연구의 과정을 통하여 지식과 기능을 익히고 개발한다. 또한 이러한 탐구 활동을 하면서 다른 영역, 다른 교과목에 있는 내용과 지식도 융합적으로 사용하게 된다.

(ⅲ) 협력

동료 친구 및 교사와 협동하고 협력하여 문제를 해결한다.

(ⅳ) 산출/작품 만들기

PBL의 프로젝트는 문제/질문에 대한 이해와 지식 및 경험을 전체적으로 정리하고 해결 아이디어를 생성해 내고 그에 따라 최종적으로 구체적인 어떤 '산출이나 작품'을 만드는 것으로 끝이 난다. 그것은 보고서, 비디오, 스케치, 모형, 시제품 등 다양한 형태일 수 있다.

제시된 문제에서 이를 해결하기 위한 '가설'을 생성하는 것은 기본적으로 보면 '연역적 추리'를 거쳐서 가능하다. 기존의 이론이나 설명을 이해하고 거기에서 문제해결을 위한 대안적인 아이디어, 즉 가설을 생각하기 때문이다. 이러한 가설을 검증하기 위한 '연구 방법'은 경험주의에 입각하여 실증적이고 그럴듯한 증거 자료를 수집하고 분석한다. 그리하여 귀납적 사고와 '논증 분석'의 과정에 따라 실험적 증거를 수집하고 가설을 수용 또는 기각하게 된다. 이러한 전체의 과정은 크게 보면 모두가 비판적 사고의 범주에 속한다.

그러나 그러한 비판적 사고를 거치면서 다른 한편으로는 창의적 사고가 동시에 작동한다. 가설을 생성하거나 연구방법을 생각해 내거나, 또는 최종적으로 가시적인 산출이나 작품을 만들어 낼 때는 다른 것들보다 '새롭고 유용한' 것일수록 우리는 그것이 '창의적'인 것이라 말할 수 있다. 다시 정리하면 비판적 사고와 창의적 사고는 서로 교차적으로 엉켜 있을 뿐 아니라 기저에 있는 여러 가지의 기초적 사고과정들은 공통적일 수 있다. 그러나 서로가 지향하는 목적은 달라서 비판적 사고는 분석과 판단에, 그리고 창의적 사고는 새롭고 유용한 대안(아이디어)을 생산해 내는 데 초점이 있다. 그러면서 이들 두 가지의 고차적 사고과정은 상보적으로 작용한다. 다시 말하면 새로운 여러 아이디어를 생성해 내고, 그런 다음 이들 가운데 가장 그럴듯한 것을 선택하게 되기 때문에 이들은 상보적으로 균형 있게 사용되어야 한다.

그럼에도 자세히 보면 PBL이라는 문제중심 학습법은 창의적인 사고능력을 향상시키는 부분보다는 '비판적 사고'를 보다 더 강조하게 되는 것 같이 보인다. PBL에서 비판적 사고가 특히 필요한 측면은 다음과 같다.

- 탐구하고 연구하기
- 문제의 구조와 내용을 깊게 이해하기
- (문제해결을 위한) 가정이나 이론을 이해하고, 나아가 이에 도전하고 수정하기
- 몇 가지의 대안적인 '증거'들의 강점을 찾아내고 서로 비교해 보기
- 자신이 만들어낸 해결책이나 '산출/작품'이 어떻게 그럴듯한 것인지를 정당화하기
- 자신의 견해나 아이디어를 효과적으로 커뮤니케이션 하기
- 자신과 남들의 시각/입장을 비교하고 수정하기
- 문제해결에 대한 전략적 사고를 적용하고 수정하기

창의력의
기초

이 장은 창의력의 정의와 창의력의 요소를 다루는 데서 시작한다. 그리고 아이디어 생성을 위한 발산적 사고의 원칙/가이드라인을 살펴본 다음 발산적 사고의 기법들 가운데 특히 중요해 보이는 몇 가지를 익히게 될 것이다. 거기에는 브레인스토밍 기법, 강제결부법, SCAMPER, 형태분석법, 문제 진술의 조절을 위한 추상화사다리 기법 및 상상을 통한 창의적 아이디어 생성활동 등이 포함된다. 다음으로 생성해낸 아이디어들은 정리, 평가, 또는 선택하기 위한 수렴적 사고의 원칙/가이드라인을 살펴보고, 이어서 수렴적 사고의 몇 가지의 기법들을 익힌다. 거기에는 조직화하기(핫 스파트와 하이라이팅 기법), 역브레인스토밍 기법, 평가행렬법, 쌍비교분석법 및 ALU 기법 등이 포함된다. 마지막으로 창의력의 개념들은 다소간 추상적인 것이라서 수업의 실제에 적용하기가 어려울 수 있기 때문에 이를 하위 인지과정으로 구체화하여 교수학습에 보다 쉽게 적용하려는 노력에 대하여서도 논의해 볼 것이다.

I
창의력의 정의와 요소

1. 창의력(창의성)이란 무엇인가?

　창의력에 대한 정의는 크게 보아 두 가지의 시각에서 이루어지고 있다. 하나는 최종적으로 얻게 되는 산출(결과물)에 따라 정의하는 것이고 다른 하나는 창의적 문제해결의 과정(過程), 즉 문제해결의 사고과정에 따라 정의하는 것이다. 창의력에 대한 정의는 다를 수 있다. 그래서 산출에 따라 정의하는 것과 과정에 따라 정의하는 것이 반드시 모순되고 갈등되는 것은 아니다. 전자는 창의의 산출을 평가할 때, 후자는 창의력의 교수학습을 다룰 때 특히 유용할 수 있다. 아래에서는 '산출/결과'에 따른 정의를 먼저 논의해 볼 것이다. 그리고 '과정'에 따른 정의는 다음의 6장에서 자세하게 다루게 될 것이다. '과정'은 문제해결의 과정을 말하며, 달리 말하면 '과정'이란 문제를 해결하는 것과 같은 어떤 일을 수행해 가는 '절차' 내지 '방법'을 말한다.

　'산출'에 따라서 보면 '창의력'(성)이란 '새롭고 유용한' 것을 생산해 내는 능력이다. 창의력에는 '새로움'과 '유용함'(가치로움)의 두 가지의 준거가 있다고 본다. 이 접근법에서는 어떤 것이 ―어떤 성격, 지능, 수업 방법, 이론 또는 기술 등 어떠한 것이라도― 그것이 창의적인지 어떤지는 최종적으로 생산되는 결과물/산출에 따라 판단한다. 결과가 창의적이면 그것은 창의적이라 말하게 된다. 최종적인 결과물(outcome) 또는 산출(products)은 반드시 연필이나 발명이나 자동차와 같은 관찰 가능하고, 구체적인 실제의 대상뿐 아니라 아이디어/지식, 문제해결을 위한 방식,

사람을 설득하기 위한 마케팅 전략이나 새로운 서비스 등도 당연히 포함된다. 그리고 대부분의 문헌에서는 '산출'에 따라 정의하는 접근법을 취하고 있다.

(1) 창의력의 요소

'창의적인' 것은 무엇보다도 '새로운'(신기한, 독창적인) 것이어야 한다. 그런데 '새로운' 것이란 말은 다시 몇 가지로 나누어 보다 자세하게 설명할 수 있는데 이를 '창의력(창의성)의 요소'라 부른다.

(i) '새로운 것'은 '많은'(많은 새로운 것), '다양하게'(다양하게 새로운 것), '정교 하게'(정교하게 새로운 것), '독특하게'(독특하게 새로운 것) 새로운 것이다.

이들 각기를 '유창성'(많은), '융통성'(다양한), '정교성'(자세한) 및 '독창성'(독특한)이라 하며, 이들을 창의력의 요소라 부른다.

(ii) 그러나 새로운 것이라고 하여 모두가 창의적인 것은 아니다.

왜냐하면 창의적인 것은 새로우면서도 동시에 '유용해야'(가치 있는) 하기 때문이다. 유용하다는 것은 가치 있고 실제적이라는 말이다.

(iii) 새로운 것을 많이, 다양하게, 자세하게 그리고 독창적으로 생성해 내는 것 을 발산적 사고라 한다.

그리고 생산해 낸 것들을 정리하거나, 평가하고 판단하거나 또는 가장 유용한 것을 선택하는 사고를 수렴적(초점적)사고라 한다(수렴적 사고는 비판적 사고의 또 다른 이름이다).

(2) 발산적 사고와 수렴적 사고

창의적이고 효과적인 문제해결에는 발산적(생성적)사고와 수렴적(초점적)사고가 마치 자전거의 두 바퀴처럼 교행적으로 그리고 상보적으로 수행되어야 한다. 먼저 발산적 사고를 해서 충분한 개수의 대안을(아이디어) 생성한다. 그런 다음 생각해 낸 것들 가운데서 '보다 나은'(또는 '다른') 대안을 찾는 수렴적 사고를 한다. 발산적 사고나 수렴적 사고를 할 때는 각기에서 적절한 사고 도구를 찾아 사용할 수 있어야 한다.

발산적 사고를 하고 그리고 이를 토대로 수렴적 사고를 하여 대안을 정리하거나 선택하면, 이제는 선택한 아이디어를 다른 사람들이 이해할 수 있게 자세하게 커뮤니케이션 해야 한다. 커뮤니케이션은 '글'로 할 수도 있고 '말'로 할 수도 있고, 때로는 '행위'로 할 수도 있다.

(3) 창의적 문제해결

창의적 문제해결은 몇 개의 단계로 개념화할 수 있는데 이들의 각기에서 발산적 사고와 수렴적(비판적)사고 그리고 커뮤니케이션의 세 가지 국면이 교행적으로 이루어져야 한다. 이 세 가지를 창의력의 3C라 부른다. 창의적 문제해결의 모든 단계에서 이들 세 가지 국면을 분명하게 차례대로 사용할 수 있어야 한다 (3C에다 '팀워크/협력'(cooperation)을 추가한 것을 창의력 4C라 부른다). 이러한 전체의 사고 과정을 창의적 문제해결 사고 또는 창의적 문제해결이라 부른다. 발산적 사고와 수렴적 사고를 간단히 정리해 보면 <표 5-1>과 같다. 효과적인 문제해결은 특히 발산적 사고(좁은 의미의 '창의적 사고')와 비판적 사고를 효과적으로 사용할 수 있는 구체적인 사고능력에 달려 있다.

창의적 문제해결 프로그램들 가운데 대표적인 것은 Osborn의 CPS와 Torrance의 FPSP를 들 수 있다. 이들 프로그램은 모두가 단계설을 따르며, 그리하여 세 개의 과정요소(<표 6-2> 참조. 문제의 이해, 아이디어 생성 및 행위를 위한 계획)와 몇 개의 단계를 설정하고 있다.

2. 창의력의 요소

창의적 사고는 '새로운' 아이디어를 생산해 내는 것이지만, 이를 보다 자세하게 몇 가지의 요소로 나눌 수 있다고 하였다. 이들 창의력의 요소에는 유창성, 융통성, 정교성, 독창성 등의 네 가지를 가장 중요하게 다루고 있다. 그러나 장면에 따라서는 다른 요소를 추가하기도 한다.

〈표 5-1〉 발산적 사고와 수렴적 사고의 비교

발산적 사고	수렴적 사고
• 새로운 연결을 만들고 조합하여 아이디어를 생산하고 표현하기	• 생성해 낸 아이디어들을 분석하고, 정리하고, 선택하고 또는 더욱 정교하게 다듬는다.
• 이 과정에서 문제 장면에 있는 괴리, 역설, 도전, 걱정거리 또는 기회를 찾아내고 정의한다.	• 이 과정에서 그럴듯한 가능성을 평가하고, 정리하고 그리고 선택한다.
• 그런 다음, 다음과 같이 하여 새로운 아이디어들을 생성해 낸다(모순/반대를 극복할 수 있는 아이디어를 찾는다). – 여러 가지의 가능성을 생각해 내고, – 서로 다른 견해나 반대들을 변증법적으로 다양한 방법으로 함께 사고하고 경험해 보며, – 엉뚱하고 독창적인 가능성까지를 생각하고, – 아이디어를 확대하고 정교하게 다듬는다.	• 그런 다음, 다음에 따라 수렴(초점화)한다. – 관계를 추론하고 연역해 보고, – 아이디어를 비교하고 대조하고, – 아이디어를 범주화하거나 계열화하여 정리하며, – 그럴듯해 보이는 아이디어를 더욱 다듬고, – 효과적으로 판단하고 의사 결정한다.
• 창의적 사고를 할 때는 – 판단 유보의 원리를 지킨다. 이것은 아이디어를 생성해 낼 때는 좋거나 나쁘다고 판단하는 것을 보류하라는 것이다.	• 비판적 사고를 할 때는 – 긍정적 판단의 원리를 지킨다. 이것은 아이디어를 건설적으로 생각함으로써 더욱 향상시키고 강하게 만들라는 것이다. 아이디어를 잘라내는 데 목적이 있는 것이 아니라 더 나은 가능성(대안)을 찾고 다듬는 데 목적을 둔다.

(1) 유창성

유창성(fluency)은 생성(생산, 생각)해 내는 아이디어의 개수로 평가한다. 제한적인 시간 안에 많은 개수의 아이디어들을 만들어 내는 것이 필요하다. 아이디어 생성이 보다 유창할수록 생성해낸 아이디어 속에 사용 가능하고, 효과적이고 그럴듯한 아이디어가 포함되어 있을 가능성이 커진다. 창의력의 첫 출발은 '유창성'에 있다.

다음에 있는 각기의 과제에 대하여 할 수 있는 대로 '많은' 아이디어를 생각해 보라.
(i) '창의적인' 사람은 무엇이 다를까요?
(ii) '둥근 것'에는 어떤 것이 있나요?
(iii) 왜 공부를 열심히 해야 할까요?
(iv) 오늘 내가 하려고 하는 일 가운데 내일 하루를 행복하게 만들 수 있는 것들에는 어떤
       것들이 있을까요?

(2) 융통성

융통성(flexibility)은 사고의 다양성이라 말할 수 있다. 아이디어가 여러 가지
종류이고 '다양'할수록 여러 시각에서 문제를 폭넓게 이해할 수 있다.

융통성은 생성해 낸 아이디어들의 종류로 평가한다. 어떤 문제/과제를 깊게,
공평하게 그리고 보다 완전하게 다룰 수 있으려면 그것을 여러 가지의 시각(입
장, 견해)에서 생각해 볼 수 있어야 한다. 그렇게 하면 다양한 범주에 속하는 아
이디어를 광범위하게 생성해 낼 수 있기 때문이다. 사고의 융통성이 클수록 당
신의 아이디어는 많은 사람들에게 보다 더 큰 영향을 미칠 수 있다.

어떤 토픽에 대해 가능한 많은 아이디어를 다양하게 생각해 내려고 해도 더
이상 생각이 나지 않는다면 <표 5-2>와 같은 '범주 목록'을 참고하면 여러
종류의 아이디어를 더 많이 생각해 낼 수 있다. 아이디어를 많이, 다양하게 생각
해 낼 때는 우선 단어나 구로 내용을 간략하게 요점을 적는다.

'ㅁ'으로 시작하는 것들을 할 수 있는 대로 많이 생각해 보라(5분). 그리고 생각해 낸 것들을
'종류'(범주)에 따라 분류해 보라. 몇 가지 종류가 있는가?(분류하는 '종류, 즉 범주의 크기
는 다를 수 있다).

(3) 정교성

당신의 아이디어를 남에게 효과적으로 커뮤니케이션 할 수 있으려면 그것의
세부적인 내용을 분명하고 자세하게 진술할 수 있어야 한다. 어떤 아이디어를
자세하고 분명하게 설명하는 것을 정교성(elaboration)이라 부른다.

당신의 아이디어를 정교하게 만들면 당신이 의미하는 것을 다른 사람들이 보
다 쉽게 이해할 수 있다. 아이디어를 많이, 다양하게 생각해 낼 때는 아이디어를

〈표 5-2〉 FPSP에서 사용하는 범주목록

사업과 무역		예술과 취미	
운송		신체건강	
인간관계		정신건강	
환경		기본적인 욕구	
교육		국방	
기술		경제	
레크리에이션		법률과 정의	
정부와 정치		통신	
윤리와 종교		기타	

※ 이 범주목록을 사용하면 토픽이나 대상을 여러 가지 시각(관점)에서 생각해 볼 수 있기 때문에 사고의 융통성을 향상시킨다. 생각이 막힐 때, 다양한 아이디어들을 생성해 내고 싶을 때, 그리고 생성해 낸 아이디어들을 몇 가지로 분류해 보고 싶을 때 이와 같은 범주목록을 사용할 수 있다.

생각해 내는 흐름이 방해받지 않게 요점으로 적는다. 그러나 아이디어를 커뮤니케이션 할 때는 분명하고 정확해서 쉽게 이해할 수 있도록 '정교화'해서 자세하게 적거나 말한다.

　신문 기자들은 어떤 아이디어에 대하여 정교한 기사를 쓰기 위하여 여섯 가지의 질문을 한다. 이것들을 신문기자의 '6하 질문'이라 부른다. 6하 질문에는 '무엇, 누구, 왜, 어떻게, 언제, 어디서' 등이 포함되며 이러한 질문은 아이디어를 정교하게 만드는 데 매우 중요하다. 6하 질문의 내용은 <표 5-3>과 같은데 포함되어 있는 구체적인 내용은 예시이다.

다음의 과제를 해결해 보라.
(i) 당신의 키가 3m라 가정해 보라. 그리고 그에 따라 벌어질 일(결말)을 자세하게 생각해 보라.
(ii) 큰 종이 위에 반지름 5cm의 원을 그린다. 그리고 거기에 어떤 것이라도 그려 넣어 보다 재미있는 그림을 만들어 보라.

〈표 5-3〉 6하 질문

• 무 엇	• 어떻게
– '무엇이' 도전인가?	– '어떻게' 이 도전(문제)이 일어날까?
– '무엇이' 해결 아이디어인가?	– '어떻게' 이 해결 아이디어를 실행시킬까?
	– '어떻게' 해서 이 아이디어는 효과가 있을까?
• 누 구	
– '누가'(누가) 도전(문제)을 일으키고 있는가?	• 언 제
– '누가' 이 아이디어 때문에 영향을 받을까?	– '언제' 이 도전(문제)이 생겨났는가?
– '누가' 이 아이디어를 실행할 수 있을까?	– '언제' 이 해결 아이디어를 실행할 것인가?
	– '언제' 이 아이디어가 생각났는가?
• 왜	
– '왜' 이러한 도전(문제)이 일어나고 있는가?	• 어디서
– '왜' 이 아이디어는 적절한가?	– '어디서' 이 도전(문제)이 일어나고 있는가?
– '왜' 이 해결 아이디어는 효과가 있을까?	– '어디서' 이 해결 아이디어를 실천 할 것인가?
– '이유'가 무엇인가?	– '어디서' 이런 아이디어가 생겨났는가?

* 6하 질문의 각기를 이렇게 저렇게 조합하면 여러 가지의 내용을 만들 수 있다.

(4) 독창성

독창성(originality)은 당신이 생성해 낸 아이디어가 다른 사람들이 흔히 생각하는 것이 아닌 보다 기발하고 특별한 것인지를 말한다. 독창성은 똑같은 과제를 다른 사람들에게도 하게 한 뒤 남들의 반응에는 없는 아이디어의 개수로 계산한다. 다시 말하면 자기 혼자만이 생각해 낸 특별한 아이디어일수록 그것은 독창적이다. 그러므로 독창적인 것은 '새로운' 것 가운데서도 특히 새로운 것이라 말할 수도 있다.

(i) 벽돌을 사용할 수 있는 '용도'들을 할 수 있는 대로 많이 나열해 보라(3분). 이제 생성해 낸 것들 가운데 다른 사람들이 생각하지 못했던 것에는 몇 개나 있나요?(일반적으로 5% 또는 10% 미만의 사람들만 생각해 낸 것을 '독창적인' 것으로 본다).

(ii) '빨리 가는 것'에는 어떤 것들이 있는지를 많이 생각해 보세요. 그런 다음 당신의 유창성, 융통성 및 독창성이 어느 정도인지 알아보세요.

II

아이디어 생성을 위한 발산적 사고: 가이드라인

많은, 다양한, 자세한 그리고 독특한 '새로운' 아이디어들을 생산해 내는 것을 발산적 사고(확산적, divergent thinking)라 한다. 일상에서 통상적으로 하는 사고(ordinary thinking)에서 벗어난 것일수록 창의적인 것이다. 새로운 아이디어를 생성(생산)해 내는 데 도움 되는 '방법', '기법'을 발산적 사고 도구라 부른다. 아래에서는 발산적 사고를 할 때 지켜야 할 '가이드라인'을 알아본다. 그리고 그 다음 절에서는 발산적 사고기법을 몇 가지 익혀 볼 것이다.

아이디어를 생각해 낼 때는 가능한 대로 억압이나 부담 없이 자유로워야 한다. 새로운 생각을 해 낼 때는 자유분방해야 한다는 말이다. 그러나 아무렇게나 멋대로 해도 좋은 것은 아니고 거기에는 반드시 지켜야 할 원칙, '가이드라인'(guideline)이라 부를 수 있는 것이 있다. 이러한 가이드라인은 어떠한 발산적 사고도구를 사용하든 간에 반드시 지켜야 한다. 아이디어 생성을 위한 네 개의 가이드라인을 정리한 것이 <표 5-4>이다.

〈표 5-4〉 아이디어 생성을 위한 가이드라인

• 비판 또는 칭찬하지 않는다.
– 비판이나 칭찬을 유보한다.
– 또한 아이디어에 대하여 '예' 또는 '아니요'란 말을 하지 않는다.
  판단하지 말라!

• 양(量)이 중요하다.
– 아이디어의 개수가 많을수록 그 속에 좋은 아이디어가 포함되어 있을 가
  능성이 커진다.
  많이 생각해 내어라!

• 조합하거나 더 낫게 개발한다.
– 이런 저런 아이디어를 연결하여 새롭게 조합하거나 다른 아이디어에
  살짝 올라타 바꾸거나 보태어 새로운 아이디어를 만든다.
  다른 아이디어에 편승하라!

• 자유분방한 것을 환영한다.
– 아이디어가 거친 것일수록 더 좋다.
– 엉뚱하고 우스운 것일수록 다른 방법으로는 생성해 내기 어려운 새로운
  아이디어나 발견을 가져올 가능성이 크다.
  자유분방하게 상상하라!

Osborn(1963)은 브레인스토밍(brainstorming)의 두 개의 원리와 거기에서 도
출해 낸 네 가지의 규칙을 나열하고 있다. 이들 규칙은 오늘날까지도 그대로 적
용되고 있는데 이들을 발산적 사고의 4S라 부르기도 한다.

• 원리

(i) 판단을 유보한다.
(ii) 양(量)이 질(質)을 낳는다.

• 발산적 사고의 규칙/가이드라인

발산적 사고를 할 때는 반드시 다음과 같은 네 가지의 가이드라인을 지켜야

한다(어떠한 발산적 사고의 도구를 사용하든 간에).

(1) 비판 또는 판단의 유보

아이디어를 '생성'하는 것과 아이디어를 '판단'하는 것을 구분하라. 아이디어를 생성해 내는 동안에는 그것이 어떠한 아이디어이라도 비판이나 칭찬을 하지 않는다. 또한 그것에 대하여 '예' 또는 '아니요'(또는 찬성이나 반대)란 말을 하지 않는다. 발산적 사고를 위한 최선의 원리는 많은 아이디어가 자유롭게 흘러나오게 하는 것이다.

아이디어에 대하여 비판하거나 판단하는 일은 새로운 아이디어를 충분하게 많이 생산해 낼때까지 유보한다. 어떠한 거친 아이디어라고 발산하는 동안에는 일단은 있는 대로 그것을 받아들인다. 비판하고 판단하는 '검열관' 같은 것은 집단 내의 다른 사람일 수도 있고, 당신 마음속에서 일어나는 자기 내적인 것일 수도 있다. 아이디어를 생성해 내는 것과 판단하는 것이 뒤섞이면 아이디어 생성의 흐름이 방해되거나 질식된다(Support).

(2) 양이 중요하다.

할 수 있는 대로 많은 아이디어들을 생성하라. 발산적 사고에서는 양이 질을 낳는다고 믿는다. 보다 많은 아이디어들을 생산해 낼수록 그들 중 어떤 것은 독창적이고 가치 있는 것일 가능성이 커진다고 본다. 생성해 내는 아이디어를 기록할 때는 한두 개의 단어나 구로 간단하게 적으려고 노력하라. 그러면 생각이 끊이지 아니하고 아이디어를 많이 생각해 내는 데 시간을 더 많이 사용할 수 있다(Speed).

(3) 자유분방한 것을 환영한다.

어떠한 아이디어라도 모두 수용하라. 아이디어는 거칠고 우스꽝스러울수록 더 좋다. 엉뚱하고 이외의 것일수록 일상에서는 생각해 내기 어려운 아주 다른 새로운 아이디어나 발견을 가져올 가능성이 크다. 따분한 아이디어에 흥분과 생명을 불어넣기보다는 거친 아이디어를 다듬고 발전시키는 것이 훨씬 더 쉽고 생산적이다(Silly).

(4) 이런저런 아이디어를 연결하여 조합하거나 더 낫게 바꾸어 보라

자기 자신이나 남들이 생각해 낸 이런저런 아이디어를 서로 연결시키고 새롭게 조합하여 새로운 아이디어를 만들어 볼 수도 있다. 또는 이미 생성해 놓은 아이디어를 살짝 바꾸어서 새로운 아이디어를 만들어 볼 수도 있다. 다른 아이디어에 편승하여 새로운 다른 것들을 만들어 보라(Synergy).

Ⅲ
발산적 사고의 기법들

1. 브레인스토밍 기법

(1) 브레인스토밍 기법의 요령

새로운 아이디어를 생성해 낼 때 가장 많이, 가장 광범위하게 사용되고 있는 것이 브레인스토밍(브레인스톰, brainstorm) 기법이다. 이 기법은 1939년 실업가였던 오스본(Alex Osborn)이 창안한 것으로, 집단의 멤버들이 하나의 구체적인 문제에 초점을 두고 가능한 대로 많은 수의 아이디어를 생성해 내도록 하기 위하여 만든 것이다.

브레인스토밍은 아이디어를 많이 생성해 내는 데 목적이 있기 때문에 여러 가지 의견이나 아이디어가 필요한 장면이면 어디서든 사용할 수 있다. 개인적으로 또는 집단에서 사용할 수도 있다. 간단한 과제를 가지고 1분 내외의 짧은 시간 동안에 할 수도 있고 또는 과제에 따라서는 몇 시간 또는 며칠 동안 할 수도 있다. 그러나 브레인스토밍을 제대로 사용하려면 사전에 이 기법에 대한 이해와 준비가 충분해야 하며, 또한 미팅이 초점을 유지할 수 있게 진행이 효과적으로 이루어져야 한다. 진행의 요령은 다음과 같다(양식 <5-1> 참조).

〈양식 5-1〉: 브레인스토밍

과제/프로젝트(어떻게 하면 …?)

_____

_____

아이디어 / 대안

- _____

- _____

- _____

- _____

- _____

- _____

- _____

- _____

- _____

- _____

- _____

- _____

(i) 제한 시간을 알려준 다음(예컨대, 1분, 5분 …), 많은 아이디어를 자유롭게
소리 내어 말한다.

기록자는 이들 아이디어들을 빠짐없이 한두 개의 단어나 구(句)로 '요점'을
적는다. 집단의 크기는 5~12명이 가장 이상적이다.

(ⅱ) 다루는 과제/문제는 가능한 대로 "어떻게(어떻게 하면, 어떤 방법으로 하면) … 있을까요?"와 같은 어간을 가진 의문문으로 진술함으로써 더 많은 아이디어들을 생각해 내도록 자극하고 격려한다.

회의의 안건이나 기타의 문제해결을 위한 새로운 아이디어가 필요할 때는 '의문문'의 형태로 진술하고 적절한 '동사'를 사용하면 도움된다(6장 'Ⅵ. 단계 2: 핵심문제의 선정과 진술' 참조).

(ⅲ) 필요하면 브레인스토밍을 시작하기 전에 다루는 과제/문제의 배경을 잘 이해하기 위하여 먼저 관련의 정보를 수집·분석하고 전체의 내용을 해석하고 논의하는 활동을 한다.

(ⅳ) 사회자와 함께 기록자를 둔다. 사회자는 회의를 진행하고, 기록자는 발표한 아이디어를 칠판이나 큰 종이 위에 기록하며 모든 사람이 보고 확인할 수 있게 한다.

회의나 미팅이 유머러스하면서도 시간에 맞춰 빠른 템포로 진행되게 한다. 성원들이 모두 아이디어 생성에 참여하도록 진행을 격려하고 관리한다. 컴퓨터를 이용할 수도 있다.

(ⅴ) 제한 시간이 되면(제한 시간이 없으면 충분히 많은 개수의 아이디어를 생각해 내었으면) 발산적 사고의 미팅을 종료한다.

• 발산적 사고를 종료하면 이제 수렴적(비판적) 사고도구를 사용하여 생성해 낸 아이디어를 정리하거나 필요에 따라 가장 그럴듯해 보이는 한 개 또는 몇 개를 선택한다.
• 만약에 여전히 만족스러운 아이디어를 발견할 수 없으면 다시 발산적 사고의 과정을 몇 번이고 반복할 수 있다.

(2) 브레인라이팅과 브레인라이팅 게시기법

브레인라이팅 기법(Brainwriting)은 집단 브레인스토밍의 한 가지 변형으로 집단 성원들이 다소간 내성적이거나 또는 분위기 때문에 남들 앞에서 자신의 생각을 말하는 것을 주저할 때 유용하게 사용할 수 있다.

집단 성원마다 소정 양식의 용지를 한 장씩 가지게 하여 시작한다. 그리고 가운데 테이블에는 필요한 개수만큼의 빈 용지를 놓아둔다. 이 용지에는 가로 4칸 × 세로 3칸 = 12칸의 공란이 마련되어 있다. 각자는 먼저 자기가 가지고 있는 용지의 첫 번째 가로 칸 3개 난에 문제(과제, 도전)에 대한 자신의 아이디어를 적어 넣는다. 그런 다음 그것을 테이블 가운데에 가져다 두고 다른 사람이 사용했던 용지를 가져와서 그 다음에 있는 가로 칸 3개 난에 다른 자신의 아이디어를 적어 넣는 식으로 진행한다. 충분한 개수의 용지가 채워지면 이제 가장 좋은 대안을 찾는 수렴적 사고를 시작할 수 있다.

브레인스토밍 기법의 또 다른 변형은 브레인라이팅 게시기법이다. 이 기법은 집단 성원들이 아이디어 생성을 아주 왕성하게 할 때 이러한 아이디어 생성의 흐름이 방해되지 않게 하기 위하여 주로 사용할 수 있다. 이 기법을 사용하면 집단의 열기가 높으며 서로 힌트를 주고받으면서 새로운 아이디어를 더 많이 생성할 수도 있다.

먼저 충분한 개수의 포스트잇(post-it) 용지를 준비한다. 한 개의 용지에는 반드시 한 개의 아이디어만 적는다. 그리고 자신의 아이디어를 다른 사람들이 알아들을 수 있게 큰 소리로 읽고, 그것을 앞자리에 준비해 둔 게시판에 붙인다. 이렇게 포스트잇 용지를 사용하면 다음에서 수렴적 사고를 할 때 분류, 조직화 또는 판단하기가 쉬워지는 장점이 있다.

2. SCAMPER 기법

대표적인 질문 체크리스트 기법이라 말할 수 있는 Osborn의 질문 리스트를 재조직하여 보다 간단한 약성어로 표기한 것이 Eberle(1971)의 SCAMPER이다. SCAMPER는 여러 가지 종류의 질문을 해 봄으로써 새로운 아이디어를 생성해 내기 위한 발산적 사고 도구이다. 질문을 할 때는 반드시 SCAMPER의 순서대로(대치하면, …, 거꾸로 하면?) 할 필요는 없고 또한 다루는 과제/문제에 적절한 것만 골라 사용하면 된다. 그리고 새로운 아이디어들을 많이 생성해 내기 위하여 SCAMPER를 사용할 수 있는 구체적인 장면들은 다양할 수 있는데 이들을 다음과 같이 정리해 본다. SCAMPER의 내용과 보기는 <표 5-5>에 있는 것과 같다.

(ⅰ) 새로운 아이디어들을 생성해 내기

<표 5-5>에는 새로운 아이디어가 필요한 네 가지 경우에서 일곱 가지 질문의 각기를 예시하고 있다. 예시의 것은 필기도구, 이야기, 식단, 우산 디자인이다.

(ⅱ) 상상적인 아이디어 생성해 내기

SCAMPER를 사용하여 상상의 활동을 유도하고 이를 통하여 창의적인 상상적 아이디어를 생산해 내는 데 사용할 수 있다. 이 절에 있는 '6. 창의적 아이디어 상상 활동'을 참조할 수 있다.

(ⅲ) '창의적인 질문 기법'으로 사용하기

여러 가지 아이디어를 생각해 봐야 하는 경우는 많이 있다. 그것은 짧은 시간의 것일 수도 있고 긴 시간일 수도 있고, 의도적이고 집중적인 것일 수도 있고 좀 가벼운 것일 수도 있다. 또한 학교 수업일 수도 있고 또는 브레인스토밍 활동일 수도 있고 그리고 개인이든 집단 활동일 수도 있다. 어떻든 아이디어들을 활발하게 발표하다가 어느 지점에 이르면 아이디어가 생각나지 아니하고 멈춰서 진척이 되지 않아 당황하는 경우가 있을 수 있다. 이때 필요한 것은 하던 식의 고정된 생각에서 벗어나 새로운 시각의 사고를 할 수 있게 유도하는 '창의적 질문'이다. SCAMPER는 여러 가지 종류의 사고를 할 수 있게 유도할 수 있는 창의적 질문의 리스트를 만드는 데 유용하게 사용할 수 있다. 예컨대 바꾸어 보면, 같이 사용한다면, 목적이 다르면, 크게 하거나 작게 하면, 다른 용도는, 순서를 다르게 해 보면 등으로 질문을 할 수 있다. 그러면 새로운 시각에서 또 다른 아이디어 생성을 하도록 자극할 수 있을 것이다.

〈표 5-5〉 SCAMPER 질문 리스트

S (대치하면?) - 대신 사용할 수 있는 것은? (다른 사람이나 대상을 사용하라. 다른 방식/역할을 하게 한다.)
1) 연필이나 볼펜 같은 필기도구를 생각해 보라. 이들을 만드는 재료를 다른 것으로 대신 사용할 수 있는 것을 브레인스토밍해 보라. 연필의 재료를 바꾸어 보라.
2) 주인공이 '할머니'가 아니라 '욕심 많은 할아버지'라면 이야기는 어떻게 달라질 수 있는지를 말해 보라. 주인공을 바꾸면? 성질이 좋았다면?

3) 콩나물은 학생들이 가장 싫어한다. 대신에 학생들이 좋아할 음식은?

4) 우산의 크기와 형태를 바꾸면?, 우산을 무엇의 대신으로 사용할 수 있는가?

C (조합하면?) - 추가할 수 있는 것은?
(아이디어, 재료 또는 장면을 같이 합치거나 조합하면?)

1) 컴퓨터의 속성들을 생각해 보라. 이들이 펜을 더 좋게 만드는데 어떻게 도움이 될 수 있을까?

2) 아기 돼지가 만난 '여우'가 간사할 뿐 아니라 지혜 있는 것이었다면? 그때 바람이 불고 홍수가 일어났다면?

3) 급식 식사를 하면서 어떤 즐거운 일을 같이 할 수 있으려면? 같이 할 수 있는 것은?

4) 우산에다 보탤 수 있는 기능에는? 같이 사용할 수 있는 것은? 우산을 사용 하여 새로운 물건을 만든다면?

A (조정하면?) - 어떤 조건이나 목적에 맞게 어떻게 조정할 수 있는가?
(다른 조건이나 목적에 맞게 수정하여 맞추라.)

1) 펜을 물속이나 유리창과 같은 특별한 장면에서 사용할 수 있으려면 무엇을 다르게 해야 할까? 무엇을 수정하면 새로워질 것은?

2) 이야기의 장면이 바다가 아니라 '하늘나라'에 있는 용궁이라면 이야기는 어떻게 달라질까?

3) 식사 분위기를 개선하기 위하여 급식실을 바꾸려면?

4) 우산을 물놀이에 사용하려면? 손잡이나 중봉(우산대)의 길이를 조정하면? 휴대하기 쉽게 하려면? 여럿이 사용하려면?

M (수정하면?) - 형태/모양/색채를 어떻게 바꿀 수 있는가?
(빈도, 속성, 크기를 바꾸라)
(확대하면?) - 어떻게 더 크게, 더 강하게 만들 수 있는가?
(형태, 질을 확대하라)
(축소하면?) - 어떻게 더 작게 만들 수 있는가?
(크기, 빈도, 무게를 줄여라)

1) 펜을 개량하기 위하여 무엇을 더 크게 할 수 있을까? 모양을 어떻게 확대할 수 있을까? 무엇을 더 작게 할 수 있을까? 호신용으로 만든다면?

2) 그래서 이야기는 어떻게 계속될까요? 이야기를 반으로 줄이면? 이야기를 더 이어간다면?

3) 비용을 더 들이지 않고 급식의 양을 개인에 따라 조절할 수 있는 방법은?

4) 아주 크게 하면? 모양이나 크기를 바꾸면? 원단의 색깔을 다양하게 바꾸면? 아주 작게 하면? 무게를 줄이려면?

P (다른 용도는?) - 다른 어떤 곳에 사용할 수 있는가?
(다른 목적, 다른 장면 또는 다른 방법에 사용하라)

1) 펜이 지금보다 30배 더 크게 만든다면 이것을 어떤 용도로 사용할 수 있을까? 펜을 쓰기 이외에 사용할 수 있는 곳은?

2) 안경을 보는 것 이외에 사용할 수 있는 것은? 이것을 이야기에 넣는다면?

3) 식사가 끝나도 급식 시간이 끝날 때 까지 누구나 제자리에 앉아 있어야 한다면 이들 나머지 시간을 어떻게 활용할 수 있을까?

4) 우산을 비를 피하는 것 이외에 사용할 수 있는 용도는?

1) 펜을 더욱더 유용한 필기도구로 만들기 위하여 제거해버릴 수 있는 것은?

2) 이야기의 어느 부분을 뺄 수 있을까? 왜 그렇게 생각하는가?

3) 급식 시간이 더 즐거울 수 있기 위하여 현재 하고 있는 것에서 제외시킬 수 있는 것은?

4) 없애거나 줄일 수 있는 것은? 우산의 살을 줄이거나 없애면?

1) 더 유용한 펜을 만들기 위하여 지금과는 거꾸로 할 수 있는 것은?

2) '힘센' 늑대가 아니라 '늙은 힘없는' 늑대였다면 이야기는 어떻게 달라질까?

3) 보다 여유 있는 점심시간이 될 수 있기 위하여 스케줄을 재조정한다면?

4) 부분들의 배치를 바꾸면? 거꾸로 할 수 있는 것은? 지금과는 반대로 하려면?

* 표 속에 있는 번호의 내용은 다음과 같다: 1)- 더 나은 필기도구 만들기, 2)- 새로운 작문을 하거나 스토리텔링 하기, 3)- 식단 만들기, 4)- '우산'을 새롭게 디자인하기

3. 강제 결부법

강제 결부법(Force fitting, Forcing relationships)은 다루고 있는 토픽이나 문제와 별로 관련이 없어 보이는 물건, 그림, 소리 또는 단어를 임의로 선택하여 이것을 다루고 있는 토픽이나 문제에 강제로 관련시켜 봄으로써 새로운 아이디어나 가능성을 생성해 낸다.

발명품 가운데는 두 가지를 강제로 연결시켜 만든 것이 많다. 예컨대, 시계 ─ 라디오, 모터 ─ 자전거, 자동차 ─ 스테레오, 주택 ─ 학교, 집 ─ 자동차 등을 결부시켜 새로운 제품을 만든 것과 같다. 예컨대 목욕탕 욕조를 혁신하는 것과 '가위'를 강제 결부시켜 새로운 아이디어를 만들어 보라!(양식 <5-2> 참조)

<양식 5-2>: 강제 결부법

하나 또는 몇 개의　　　당신의 문제 또는　　　새로운 아이디어
대상(물건)을 선택 :　　　과제를 진술 :　　　또는 가능성을 발견/확인

+　　　　**=**

+　　　　**=**

+　　　　**=**

+　　　　**=**

+　　　　**=**

4. 형태 분석법

이 기법(Morphological matrix, Matrix analysis, Gride of possibilities)은 '속성 열거법'(attribute listing)을 더욱 발전시킨 것이라 말할 수 있다. 브레인스토밍에서는 토픽 전체에 대하여 많은 아이디어를 생성해 내는 데 대하여 속성 열거법은

〈양식 5-3〉: 형태 분석법

과제/프로젝트 (어떻게 하면 … ?)				
1				
2				
3				
4				
5				

이를 구조화하여 먼저 토픽과 관련한 주요 '속성'들을 찾아낸 다음, 각기의 속성에 대하여 브레인스토밍 하여 몇 가지 아이디어를 생성한다. 형태 분석법에서는 먼저 토픽(문제)이 가진 주요 속성들을 나열한다. 예컨대 어떤 제품에서는 '모양'과 '재료'로 나눌 수도 있다. 다음으로 찾아낸 주요 속성별로 그 속에 있을 수 있는 여러 가지의 아이디어를 나열한다. 예컨대 다루는 것이 '자동차'라면 '모양' 차원에서는 방탄형, 상자형, 유선형, 각을 살린 고전형… 등을, '재료' 차원에는 철, 나무, 플라스틱, 유리… 등으로 아이디어를 나열해 볼 수 있다. 마지막으로 각 속성에 있는 아이디어를 하나씩 골라 서로 조합해 보고 그럴듯하고 유망해 보이는 아이디어를 생각해 낸다.

대개의 경우는, 물론 반드시 그런 것은 아니지만, 4개의 세로 난과 10개의 가로 난이 있는 <양식 5-3>에 있는 것과 같은 것을 사용한다. 네 개의 세로 난에는 속성을, 그리고 10개의 가로 난에는 각기의 속성에 있을 것 같은 아이디어를 임의로 선택하여 적는다. 그리고 이들을 여러 가지로 조합해 봄으로써 여러 가지의 새로운 대안(아이디어)을 탐색한다(<양식 5-3> 참조). 예컨대 '새로운 의자'를 디자인하기 위하여 속성을 등받이, 시트, 다리 등으로 나누어 보고 형태 분석법을 적용해 보라.

<표 5-6> '추상화 사다리 기법'을 적용한 보기

어떻게 하면 우리 회사가 시장을 독점할 수 있을까?	어떻게 하면 우리가 회사를 확장시킬 수 있을까?	어게 하면 우리가 회사를 일류로 만들 수 있을까?

시장을 독점해기 위해	회사를 확장시키기 위해	일류회사를 만들기 위해
또 왜?	또 왜?	또 왜?
어떤 방법으로 하면 우리 회사가 경쟁회사를 이길 수 있을까?	어떻게 하면 우리 회사가 수입을 더 올릴 수 있을까?	어떻게 하면 우리가 회사의 지명도를 더 높일 수 있을까?

경쟁사에 이기기 위해	수입을 더 올리기 위해	지명도를 높이기 위해
왜?	왜?	왜?

시초의
문제 진술

어떻게 하면 우리 회사가 새로운 고객을 유치할 수 있을까?

어떻게?	어떻게?	어떻게?
사은품을 많이 줘서	광고를 많이 해서	친절한 봉사로

어떻게 하면 우리 회사가 사은품을 더 많이 줄 수 있을까?	어떻게 하면 우리 회사가 광고를 더 많이 할 수 있을까?	어떻게 하면 우리가 더욱 친절하게 봉사할 수 있을까?
또 어떻게?	또 어떻게?	또 어떻게?
고객을 많이 만나서	광고기법을 향상시켜서	부드러운 말씨를 써서

어떻게 하면 우리가 고객을 더 많이 만날 수 있을까?	어떻게 하면 우리가 광고기법을 향상시킬 수 있을까?	어떻게 하면 직원들이 더욱 부드러운 말씨를 쓰도록 할 수 있을까?

5. 추상화 사다리 기법

이 기법(Ladder of abstraction)은 어떤 대안 또는 문제 진술이 너무 광범위하여 좁히고 싶거나, 반대로 너무 좁아서 넓게 만들고 싶을 때 사용한다.

'시초의' 대안/문제 진술에 대하여 '왜'(why)라는 질문을 하고 여기에서 얻는 대답을 가지고 새로운 대안/문제 진술을 만들면 추상화 사다리를 올라가서 보다 넓고 추상적인 것이 된다. 새로운 대안/문제 진술에 다시 '왜'(why)를 묻고 거기에 대한 대답(반응)으로 또 다른 대안/문제 진술을 만들면 더욱 넓고 추상적인 것이 된다. 그리고 '왜'에 대한 대답이 하나가 아니고 여러가지 일 수 있기 때문에 이들 대답 가운데 보다 그럴듯한 것을 골라 사용할 수도 있고 몇 개를 사용할 수도 있다. 그러면 대안/문제 진술의 '폭'이 넓어진다.

반대로 '시초의' 대안/문제 진술에 대하여 '어떻게'(how)라는 질문을 하고 거기서 얻은 대답으로 대안/문제 진술을 하면 추상화 사다리를 내려가게 되고, 새롭게 만들어 내는 대안/문제 진술은 범위가 좁아지고 더욱 구체적이게 된다. '왜'에서처럼 '어떻게'를 차례대로 계속하여 제기할 수도 있고 그리고 이들 가운데 몇 가지 대답을 골라 사용함으로써 범위를 좁혀 갈 수도 있다. 보기는 <표 5-6>과 같다.

6. 창의적 아이디어 상상 기법

(1) 상상(력)과 발산적 아이디어

상상(력)이 바로 창의력이라 말하는 사람도 있다. 대부분의 창의적인 아이디어는 상상을 통하여 생성되기 때문이다. 그러면 상상(력)이란 무엇인가? 그러한 능력은 어떻게 향상, 개발시킬 수 있을까? 그리고 그를 통하여 어떻게 창의적 아이디어를 생산해 낼 수 있을까?

상상(imagination)이란 우리의 감각(感覺)에 실제로는 나타나 있지 아니한 그림, 즉 정신적 이미지(심상, 心像)를 만들어 내는 행위이다. 그것은 마음속에서 '보이지 아니하는 것'을 만들어 내고, 그것을 가지고 여러 가지 조작을 할 줄 아는 능력이다.

창의적 상상은 독특하고 독창적인 정신적 이미지를 형성해 내는 능력이다. 정신적 이미지(심상)는 다섯 개 감각의 어느 것이라도 가능하지만 가장 중요한 것은 머릿속의 시각적 그림(시각적 심상)을 그려 그것을 조작하는 시각적 상상이다.

상상의 과정은 우리의 머릿속의 기억저장고에서 정보/지식을 끄집어내어 이렇게 저렇게 재배치하거나 조작하는 것이며 그러한 과정에서 여러 가지의 정신적 그림, 즉 정신적 심상을 형성해 낸다. 머릿속의 지식(표상)과 경험에 상상적 사고과정을 적용하여 새롭게 연결, 조합 또는 기타의 정신적 조작을 수행하여 창의적인 가능성을 만들어 내게 된다. 이러한 상상에는 환상, 몽상 또는 공상 등을 포괄하며 따라서 생성해 낸 아이디어는 혁신적인 것일 수 있을 뿐만 아니라 또한 매우 거칠고 웃기는 말도 안 될 것 같은 것도 포함될 수 있다. 중요한 것은 '상상'은 발산적 사고의 과정이란 것이다. 발산적 사고의 과정을 통하여 생성해 낸 아이디어는 사정하고 다듬고 개선하여 문자 그대로 '새롭고 유용한' 아이디어를 선택하고 개발하는 것은 이어서 이루어지는 비판적(수렴적) 사고의 몫이다. 이것이 바로 창의력에는 발산적 사고와 수렴적 사고의 두 개의 축이 균형 있게 이루어져야 하는 이유가 된다. 상상의 창의적 과정을 거쳐서 우리는 문제와 문제해결을 위한 창의적 해결책을 생성해 내며, 그리하여 현재 가지고 있는 지식의 한계를 더욱 확장시킬 수 있기를 기대하게 된다.

상상(력)은 연습하면 향상시킬 수 있다. 상상(력)을 통하여 '그림'을 적극적으로 생생하게 그림 그리고 그것을 적극적으로 조작할 줄 아는 능력은 창의적 아이디어를 생산해 내는 데뿐 아니라 텍스트의 내용을 이해하는 것과 같은 학습을 향상시키는 데도 매우 중요하다.

(2) 창의적인 아이디어 상상과 질문

상상(력)을 연습하거나 아이디어를 생성할 때 가장 중요한 것은 여러 종류의 창의적인 아이디어를 생성해 낼 수 있도록 자극하고 단서를 주는 '질문'을 체계적으로 할 줄 아는 것이다. 이러한 질문은 상상의 자극과 단서가 되어 공상적이고 창의적인 '생각', '아이디어'를 자유롭게 생각해 보게 해야 한다. 질문이 유도하는 바에 따라 상상적 사고과정을 기존의 지식과 경험에 적용하여 이들을 자유롭게 조작하면 끝없이 날개를 펴고 새롭고 독창적인 상상의 가능성/아이디어를 탐색할 수 있게 된다.

그리고 여러 종류의 상상을 유도할 수 있는 질문 체크리스트로는 이미 앞에서 알아본 바 있는 SCAMPER가 대표적이다(<표 5-5> 참조). 물론 여기에 있는 일곱 종류의 질문은 다루고 있는 장면의 목적에 따라 선택하여 사용할 수 있고, 또한 어떤 순서로 사용하여도 좋다. 일곱 가지의 종류에는 S(대치하면?), C(조합하면?), A(조정하면), M(수정, 확대, 축소하면?), P(다른 용도는?), E(제거하면?) 및 R(거꾸로, 재배치하면) 등이 있다. 그래서 Eberle(1996)은 이러한 활동을 'SCAMPER 게임'이라 부르고 있다.

상상을 자극하고 유도할 수 있는 '질문'과 함께 중요한 것은 '진행자'가 자유로운 상상이 펼쳐질 수 있게 편안한 자세와 열성을 가지고 진행을 격려할 줄 아는 능력과 의지일 것이다. 상상(력)을 향상시키거나 상상(력)을 통하여 창의적인 아이디어 생성에 도움 되기 위한 아래의 요령은 질문의 수준을 조정하면 어린이에서 성인에 이르기까지 누구에게라도 적용할 수 있다.

1) '창의적 아이디어 상상 여행' 진행의 요령

다음과 같이 지시한다.

(i) 선생님(진행자)이 어떤 것에 대한 말을 하고 그것에 대하여 생각해 보라고 요구할 것이다. 생각하라는 대로 그런 척 '시늉'만 하고 그것을 머릿속에서 '상상'을 해 보라. 선명하게 떠올려 볼수록 좋다.

(ii) 내가 무엇을 하라고 하거나 말을 하도록 요구할 수도 있다. 그러나 실제로 그런 행위를 하도록 요구하는 것은 아니니 그냥 그러한 행위를 하고 있는 척 시늉만 한다. 그런 행위를 하고 있는 것처럼 '상상' 속에서 그렇게 하는 척 시늉만 한다. '예'이면 고개를 끄덕이고, '아니요'이면 고개를 젓는다.

(iii) '상상'을 하려면 눈을 감아야 한다. 손으로 눈을 가리거나 눈을 감고 양손을 편안하게 무릎 위에 놓는다. 그리고 내가 말하는 것을 머릿속에서 '그림'으로 떠올려 보고 하라는 것을 하는 척 시늉을 한다.

⇒ 진행자는 과제/문제에 적합한 '질문 리스트'를 사전에 계획해야 한다(질문 다음에 멈추어 활동을 점검하고 조정할 수 있는 '시간'을 두고 이를 '…'으로 표시해

둔다) 그리고 상상의 활동이 적절히 이루어 질 수 있도록 활동 시간을 주고 진행이 즐거우면서도 적극적인 것이 되도록 노력해야 한다. 질문의 리스트는 SCAMPER에 있는 일곱 종류의 것을 참조할 수 있다. 그러나 장면의 요구에 맞는 적합한 질문/지시를 즉흥적으로 만들어 할 수도 있다.

2) 준비와 연습활동

다음과 같은 연습활동을 하여 요령을 익힌다. 한두 번 연습해서 익숙해지게 지면 눈을 감고 바로 상상 활동을 시작할 수 있다. 상상 활동은 간단하게 할 수도 있고 보다 길게 할 수도 있다.

: 준비가 되었나요? . . .

: 모두 손으로 눈을 가립니다. 눈을 감았나요? . . .

: 좋아요. 앞에 있는 테이블에 아이스크림이 한 접시 놓여 있다고 '상상'해 봅시다. 머릿속에서 '그림'을 떠올립니다.

: 아이스크림이 보이나요? . . .

: 보이면 '예'라고 고개를 끄덕여 보세요. . . .

: 어떤 아이스크림입니까? 그리고 어떤 기분 좋은 향기가 납니까? 말하지는 말고 자신에게만 대답해 봅니다. . . .

: 수저통에 있는 스푼 하나를 가져와서 아이스크림 접시 옆에다 놓으세요. . . .

: 좋아요. 이제 그 스푼으로 아이스크림을 떠서 맛을 보세요.

: 맛이 어때요? . . .

: 접시에 있는 아이스크림을 모두 먹어버립니다. . . .

: 이제 빈 접시와 스푼을 개수대에 가져다 놓습니다. 테이블에 아무것도 남은 것이 없으면 '예'라고 고개를 끄덕입니다. . . .

: 이제 모두 눈을 뜨세요. . . .

: 지금까지는 게임의 요령이었습니다. 이러한 요령에 다르면 '상상 아이디어' 게임은 어디서도 즐겁게 할 수 있습니다.

3) 보기의 활동

(지시) 마분지 상자에는 여러 가지 물건들을 넣을 수 있습니다. 몇 가지 종류들을 생각해 볼 수 있을까요? . . . 상자에는 여러 가지 물건을 넣을 수도 있고 들어낼

수도 있습니다. 조그마한 마분지 상자로 아주 큰 상자를 만들어 볼까요? . . .
마분지 상자로 창고를 만들어 보세요. . . . 어렵지 않지요? 상상 속에서는 무엇이든지
할 수가 있습니다. 마분지 상자를 가지고 상상(력)을 재미있게 사용해 보십시오.

지금부터 '아이디어 상상 여행'을 시작해 보겠습니다. 모두 눈을 감고 손을
무릎 위에 놓으세요. 편안하게 앉아 지시에 따라 머릿속에서 '상상'을 해 봅시다.

- 의자 크기의 마분지 상자를 하나 가지고 있다고 '상상'해 봅시다.
  : 그것을 당신의 앞에 있는 책상 위에 놓으세요. . . .
  : 보기 좋은 크기로 바꾸어 보세요. . . .
  : 크기를 점차 더 크게 하여 천장까지 닿게 해 보세요. 그리고 상자의 색을
    바꾸어 보세요. . . .
- 이제 상자에다 물건을 넣어 볼 것입니다. 상자에 넣을 수 있는 여러 가지
  종류의 물건을 생각해 보세요. . . .
  : 이제 상자 안에 넣으세요. . . .
  : 물건을 차례대로 쌓으세요. . . .
  : 아주 높게 쌓으세요. . . .
  : 이제, 마술처럼 상자 속 모든 것이 모두 사라져버립니다. 상자는 비워있
    지요? . . .
- 납작하게 된 길이가 긴 상자를 가져와서 거기에다 바퀴를 달아 보세요. . . .
  : 손수레를 만들어 보세요. . . .
  : 빨간 손수레를 만들어 밀어 보세요. . . .
  : 손수레를 끌고 마당 구석구석을 돌아다닙니다. . . .
  : 이제 손수레에서 나오세요. 그리고 수레를 책상 밑에 넣어 두세요. . . .
- 마분지 상자를 가지고 또 다른 어떤 것을 만들어 봅시다.
  : 여러 상자들을 가져와서 강아지가 사는 '개집'을 만드세요. . . .
  : 파란 색칠을 하세요. 그리고 강아지 한 마리를 넣으세요. . . .
  : 눈이 크고 꼬리가 긴 개를 만드세요. . . .
  : 이름을 지워주고 세 번 짓도록 합니다. . . .
  : 먹을 것을 준 다음 밖으로 나가 놀게 합니다. . . .

- 이제 마분지 상자를 가지고 우주를 여행하는 우주선을 만들어 봅시다.
  : 출입문과 창문을 달아 보세요. . . .
  : 우주선 안으로 들어가서 문을 닫으세요. . . .
  : 운전대에 앉아 안전띠를 맵니다. . . .
  : 단추를 눌러 엔진에 시동을 겁니다. . . .
  : 우주로 날라가면서 점차 작아져 가는 지구를 봅니다. . . .
  : 달 주위를 천천히 한 바퀴 돕니다. 한 바퀴 더 돌아봅니다. 그리고 이제 천천히 지구로 다시 돌아옵니다. . . .
  : 우주선에서 나와 주위를 둘러봅니다. 어떤 기분인가요? . . .
- 마분지 상자의 모양을 여러 가지 바꾸어 봅니다.
  : 둥근 상자를 만듭니다. . . .
  : 또 어떤 것을 만들 수 있을까요? 다섯 가지 이상을 차례대로 만들어 봅니다. . . .

IV

초점화를 위한 수렴적 사고: 가이드라인

아이디어를 충분하게 많이 생성해 내고 나면 이제는 이들을 정리하거나, 평가하거나 또는 판단하고 선택해야 한다. 모든 아이디어를 아무렇게나 사용할 수는 없기 때문이다. 이것을 수렴적(초점화, 비판적) 사고라 부른다. 다음에서는 수렴적 사고를 할 때 지켜야 하는 가이드라인을 알아본다. 그리고 몇 가지의 수렴적 사고도구는 다음의 절에서 다룬다.

수렴적 사고는 발산적 사고를 통하여 충분한 개수의 아이디어를 생성해 낸 다음 이들을 정리하고, 과제/프로젝트의 목적에 가장 적합한 것을 판단하고 선택하기 위한 것이다. 때로는 선택한 것을 다듬어 더욱 발전시킬 수도 있다. 이를 위하여 다음과 같은 가이드라인을 지켜야 하는데 이를 정리한 것이 <표 5-7>이다.

- 긍정적으로 판단하라.
  - 아이디어를 평가 또는 선택할 때는 먼저 강점을 생각하라.
  - 완벽한 것인가라고 묻기보다 '더 나은 것'이 어느 것인지에 주목하라. 세상에 완벽한 아이디어/대안은 거의 없다.
  어느 아이디어가 더 나은가?

- 계획을 따르라.
  - 전체의 계획을 생각하고, 그에 따라 단계별로 가장 효과적인 사고도구를 사용하라.
  전체의 계획 가운데 우리는 지금 어디에 있는가?

- 눈을 목적에 두라.
  - 성취하고 싶어 하는 목적에 초점을 두고 판단하라.
  - 과제/프로젝트의 목적에 부적절한 것은 아무리 그럴듯해 보이는 것이라도 가치가 없다. 모든 것은 목적에 적절해야 한다.
  우리가 도달하려는 목적은 무엇인가?

- 모든 아이디어에 열린 마음을 가져라.
  - 모든 아이디어에 마음을 열고, 강점은 무엇이며 더 좋은 것은 어떤 것인지를 찾는 데 충실하라. 편견을 가지지 말라.
  열린 마음인가?

- 새롭고 독특한 아이디어를 찾으려고 노력하라.
  - 의도적으로 특별하고 독창적인 아이디어를 찾아보라. 이들은 처음 보면 우습고 엉뚱해 보이기 쉽다. 그래서 내버려지기 쉽지만 그 속에 독창적인 아이디어가 숨어 있을 수 있다.
  특별하거나 독창적인 아이디어는?

(1) 긍정적으로 판단한다.

아이디어를 수렴하는 목적은 잘라내는 데 있는 것이 아니라 최선의 것을 찾거나 만드는 데 있다. 따라서 아이디어가 가지고 있는 '강점'이 무엇인지를 먼저 생각해야 한다.

대부분의 경우 완벽한 아이디어는 없고 '더 나은' 것이 있을 뿐이다.

(2) 과제/프로젝트의 목적을 잊지 않는다.

아이디어는 과제/프로젝트의 목적에 도달하기 위한 것이어야 한다. 아이디어
자체가 아무리 그럴듯해도 '목적'에 적합하지 않으면 소용이 없다. 따라서 과제/
프로젝트의 목적을 달성하기 위한 전체의 과정의 어디에 있느냐에 따라 효과적
으로 사용할 수 있는 방법, 기법도 달라질 수 있다.

(3) 열린 마음을 가지고 과제/프로젝트에 적합한 최고의 아이디어를 최선을
다하여 찾으려고 노력한다.

엉뚱해 보이고 의외의 것 같이 보이는 것들 속에 그러한 아이디어가 숨어 있
을 수도 있다.

V
수렴적 사고의 기법들

우선은 발산적 사고를 통하여 충분히 많은 개수의 아이디어를 생성해 내어야 한다. 그러고 나면 이제 이들을 정리하거나, 가장 그럴듯하고 '유용한' 것을 판단하거나 선택해야 한다. 이때 도움이 될 수 있는 수렴적 사고도구 몇 가지를 알아본다.

1. 조직화하기

생성해 낸 아이디어(대안)를 더 잘 이해하고 다루기 쉽게 정리하거나 분류할 때 사용할 수 있는 방법/기법으로는 핫스파트(hot spot)와 하이라이팅 기법 (highlighting)이 있다.

(i) 문제/과제가 무엇인지를 다시 확인해 본 다음 생성해 낸 아이디어들의 리스트를 전체적으로 훑어 읽어본다.

(ii) 아이디어(대안) 가운데 그럴듯해 보이는 것을 힛트(hits)라 하며 그러한 것의 앞에다 체크(✔) 표시한다.

만약에 전체 리스트를 쭉 체크해 보고 힛트로 표시된 것이 너무 많을 때는 이차로 다시 훑어보고 더블 체크하여 개수를 줄여 갈 수도 있다. 더블 체크는 "✔✔"의 형태로 한다. 더 나아가 힛트를 들여다보고 관련된 것끼리 묶음 할 수도 있는데 이것을 '핫 스파트'라 부른다.

(ⅲ) 하이라이팅 기법은 힛트와 핫 스파트 기법을 이용하여 여러 가지 아이디어를 몇 개의 범주(집단)로 압축하여 분류하는 수렴적 사고도구이다.

먼저 힛트 표시한 아이디어를 관련된 것끼리 묶음 하여 핫 스파트를 만들어 낸다. 그리고 필요하면 핫 스파트를 수정하고 발전시켜 더 나은 대안으로 만들어 갈 수도 있다. 이러한 전체과정을 합하여 하이라이팅 기법이라 부른다. 이 기법은 아이디어를 평가하고 선택하는 간단하면서도 매우 효과적인 방법이다. 이 기법은 끝이 열려져 있기 때문에 집단 장면에서 사용하면 토의가 활발하게 이루어질 수 있다.

(ⅳ) 각 핫 스파트를 살펴보고 각기가 의미하는 것이 무엇인지를 재진술해 본다.

핫 스파트를 나타내 주는 재진술은 거기에 포함되어 있는 힛트 아이디어들이 가지고 있는 일반적인 의미, 함의 또는 가능한 결과(효과) 등을 고려하여 만든다.

(ⅴ) 문제의 요구를 가장 잘 만족시켜 줄 것 같이 보이는 핫 스파트 하나를 선택한다.

괜찮으면 몇 개의 핫 스파트를 조합하여 새로운 하나의 아이디어를 만들어 낼 수도 있다.

2. 역브레인스토밍

이 기법(reverse brainstorming)은 어떤 아이디어가 가질 수 있는 가능한 약점을 많이 찾아내어 그 아이디어를 실천할 때 잘못될 수 있는 것이 무엇인지를 미리 알아보기 위한 것이다. 아이디어 생성을 위한 고전적인 브레인스토밍과 매우 비슷하지만 이 기법은 '아이디어'를 생성해 내는 것이 아니라 생성해 놓은 아이디어에 대한 '비판', 즉 약점/단점을 발견해 내는 데 목적이 있다.

역브레인스토밍 기법은 평가해야 할 아이디어의 개수가 8~10개 이상이면 적절하지 아니하다. 아이디어의 개수가 많을 때는 하이라이팅 기법 등을 사용하여 우선 일차적인 평가 과정을 거쳐 선택한 다음 선택된 몇 개의 아이디어를 심도 있게 분석하는 것이 보다 더 적절하다. 이 기법을 사용하여 아이디어를 평가하는 과정은 다음과 같다.

(i) 차트 용지에다 아이디어 리스트와 함께 목표가 포함되어 있는 문제 진술을 잘 보이는 곳에 붙인다. 그리고 리스트에 있는 첫 번째 아이디어를 보고 그것이 가질 수 있는 약점/단점을 생각하여 그것을 포스트잇과 같은 용지에다 적는다.
(ii) 첫 번째 아이디어에 대한 비판을 모두 하고 나면 두 번째 아이디어를 비판하는 식으로 모든 아이디어를 대상으로 약점/단점을 찾아보고 비판한다.
(iii) 이제 집단 전체가 아이디어를 다시 음미해 보고 찾아낸 약점을 검토해 본다. 필요하면 아이디어에 수정을 가하거나 다듬어 최선의 아이디어를 만들어 낸다.
(iv) 약점이 가장 적고 문제를 가장 잘 해결해 줄 수 있을 것 같은 아이디어를 선택한다. 최선의 아이디어를 선택하고 나면 다음의 단계는 실제에서 실천하기 위한 행위계획을 세우는 것이다.

3. ALU

수렴적 사고도구 가운데 가장 기본적인 것은 ALU 기법(Advantage, Limitation and Unique Qualities, '강점-약점-독특한 내용')이다. 이 사고도구는 새로운 아이디어를 생산적으로 발전시킬 수 있을 뿐 아니라 흔한 것처럼 보이는 아이디어라도 쉽게 내던져버리는 일이 없도록 할 수 있는 구조적인 접근법이다.

이 방법은 수렴적 사고의 가이드라인에 따라 한 개 또는 두세 개 소수의 아이디어를 면밀히 분석하고, 다듬고, 발전시켜 갈 수 있는 유용한 사고기법이다. ALU는 De Bono의 PMI (plus-minus-interesting)와 거의 동일한 기법이다. 사용하는 과정은 다음과 같다.

(i) 먼저 '강점'(이점, 장점)을 살펴본다.

먼저 아이디어가 가지고 있는 강점을 생각한다. 그러면 아이디어를 분석하는 일에 적극적으로 관여하게 될 뿐 아니라 새로운 아이디어를 보면 반사적으로 '아니야'라 말하고 잘라버리는 것을 회피하는 데도 도움된다. 그러나 강점은 분명히 목적에 적합한 것이어야 하며, 사소한 것이거나 위장된 강점 같은 것이어서는 안 된다(실제로는 '약점'인데도 강점같이 보이는 것).

（ⅱ）약점, '제한' 또는 개선이 필요한 영역을 살펴본다.

완벽한 아이디어란 오히려 드물다. ALU는 강점을 살펴본 다음 이 아이디어가 가지고 있는 약점, 제한 또는 문제점을 신중하게 체크한다. 수렴적 사고의 목적은 아이디어를 잘라버리는 것이 아니라 약점을 보완하여 더 나은 아이디어를 만드는 데 있어야 하기 때문이다.

이러한 목적을 위하여 '단점'을 단순히 제시하지 말고 그것을 '어떻게 …' 또는 '어떻게 하면 …'와 같은 의문형으로 진술함으로써 단점을 극복할 수 있는 길을 찾아 본다. 다시 말하면, 단점을 어떻게 넘어설 수 있는지를 묻는 형태로 진술함으로써 약점을 극복하고 아이디어를 더욱 다듬을 수 있는 다른 아이디어를 찾는다. 이러한 이유로 ALU 대신에 ALoU(여기에 있는 'Lo'는 limitation to overcome)로 표기하기도 한다.

（ⅲ）'독특한 잠재력'을 확인한다.

각 아이디어들이 가지고 있는 새롭고 독특한 내용 측면을 의식적으로 생각해 보아야 한다. 아이디어가 가지고 있는 독특하고 특별한 내용/측면/요소 같은 것에는 어떤 것이 있는지를 확인해 낸다. 다시 말하면 아이디어의 '독창적인' 측면을 찾아내는 것이다. 이를 위하여 ALU는 의도적으로 "이 아이디어는 다른 아이디어가 갖고 있지 아니한 어떠한 특별한 내용을 가지고 있는가?" 또는 "이 아이디어가 가지고 있는 독특한 특징 또는 측면은 무엇인가?" 등과 같은 질문을 한다. 이렇게 하면 아이디어가 가지고 있는 유용하고 가치 있는 측면을 확인할 수 있으며, 그렇게 하여 독창적인 새로운 아이디어를 만들 수도 있다. 어떤 아이디어를 좋아한다거나 또는 좋아하지 않는다고만 말하는 대신, ALU를 사용하면 새로운 아이디어를 찾는 데 매우 유용할 수 있다.

우리는 ALU를 아이디어, 제안 및 건의 같은 것을 처리하는 한 가지 방법으로 사용할 수 있다. 다른 사람에게 어떤 아이디어에 대하여 ALU를 하도록 요구할 수도 있고 또는 우리 스스로에게 ALU를 해 보도록 요구할 수도 있다. 보기는 다음의 표에 있는 것과 같다.

ALU를 하고나면 얻은 결과를 가지고 의사결정을 해야 한다. 한 개의 아이디어(해결 대안)를 다루고 있다면 채택 또는 기각할 수 있으며 또는 수정하여 '새로운 아이디어'를 만들 수도 있다. 만약에 두 개 또는 몇 개의 아이디어(해결 대안)를 다루고 있다면 바라는 아이디어를 선택하기 위하여 미리 만들어 놓은 '준거'를 사용하여 이들을 수렴적 평가한다('준거'를 미리 만들어 놓지 않았다면 지금 만들면 된다). 그리하여 가장 그럴듯한 아이디어를 선택할 수도 있고 또는 어떤 것을 수정한 새로운 것을 만들 수도 있다. 예컨대 '혼자 공부하는 방법'과 '친구들과 함께 공부하는 방법'을 ALU를 사용하여 수렴적으로 평가한다면 먼저 '혼자 하는 방법'을 ALU 한다. '강점'에는 집중이 잘되고 주의 산만이 덜한 것이 있을 것이다. '약점'에는 피드백을 받을 수 없고 물어보고 도움이나 지도를 받을 수 없는 것 등이 있을 것이다. '독특한 잠재력'에는 학습의 진도를 자신이 통제할 수 있는 것 등이 있을 것이다. 이제는 '친구들과 함께 공부하는 방법'에 대하여 '강점', '약점' 그리고 '독특한 잠재력'을 발산적 사고하여 많이 생각해 보고 적는다.

이제 비교해 보려는 두 방법 모두에 대하여 ALU를 하고 나면 얻은 결과를 가지고 이들을 평가하기 위하여 미리 만들어 놓은 '준거'를 사용한다. 그래서 어느 방법이 '준거'를 더 잘 충족시키고 있는지를 평가하여 두 가지 방법 가운데 하나를 선택하거나 다른 것을 고려하여 수정한 방법을 만들어 낼 수도 있을 것이다. 그리고 ALU는 두 개 정도의 아이디어를 비교하여 평가하는 데 유용하게 사용할 수 있을 뿐 아니라 어떤 인물이나 정책 등을 평가하는 데도 사용할 수 있다. 즉 비판적 사고의 중요한 도구가 될 수 있다는 것이다. 학교 수업에서는 인물, 정책, 견해 등을 비교·평가해 보아야 할 경우가 많이 있다.

보기의 아이디어: '버스 안에 있는 좌석을 모두 치워버린다.'
A: • 버스에 더 많은 사람이 탈 수 있다.
　　• 버스를 타거나 내리기가 더 쉽다.
　　• 버스를 제작하거나 수리하는 비용이 싸게 될 것이다.
L: • 버스가 갑자기 정지하면 승객들이 넘어질 것이다.
　　• 노인이나 지체 부자유인은 버스를 이용할 수 없을 것이다.
　　• 쇼핑백을 들고 다니거나 아기를 데리고 다니기가 어려울 것이다.
U: • 한 가지는 좌석이 있고, 다른 한 가지는 좌석이 없는, 두 가지 유형의 버스를 생각하게
　　하는 흥미로운 아이디어이다.
　　• 같은 버스라도 유형을 달리하면 보다 효율적일 수 있다는 것은 흥미로운 아이디어이다.
　　• 버스에서는 편안함이 그렇게 중요하지 않을 수도 있다는 재미있는 아이디어이다.

연습: 다음의 각기에 대하여 ALU 해 보라.
1. 모든 자동차의 색깔은 황색으로 하도록 법으로 정한다.
2. 모든 사람들은 그날 자신의 기분이 좋은지 나쁜지를 나타내는 배지를 착용한다.
3. 학생들은 매년 3개월을 돈벌이하는 데 보내야 한다.
4. 모든 성인들은 매년 일 주일을 경찰서에서 일하도록 한다.

4. 평가 행렬법

평가 행렬법(evaluation matrix)은 아이디어를 어떤 판단의 준거에 따라 체계적으로 평가할 때 사용할 수 있다. 이 기법은 아이디어를 평가하고 선택하기 위한 것으로 창의적인 문제해결을 해 가는 어떠한 단계에서도 사용할 수 있다. 활동양식은 <양식 5-4>와 같으며, 다음과 같은 절차를 따른다.

(ⅰ) 행렬표를 준비한다.

평가하려는 아이디어들을 왼쪽에 차례대로 가로 난에 기입한다. 그리고 아이디어를 평가할 때 사용할 수 있는 중요한 준거(기준)들을 생각해 낸 다음 이들을 세로 난에 적는다. 적는 순서는 중요하지 아니하다.

(ⅱ) 평가하는 데 결정적인 준거를 생각해야 한다.

"이 아이디어는 … 할까?"란 질문을 한다. '내게 정말로 중요한 것은 무엇인가? 내가 해결하려는 것에 정말로 좋은 대안은 어떤 것이어야 할까?' 등의 질문을 하라. 당신이 선택한 준거는 중요해야 하며 그래서 아이디어를 선택하는 데 도움되어야 한다는 점을 기억해야 한다.

(ⅲ) 행렬표를 완성한다.

이제 준거에 따라 아이디어들을 평가할 때 사용할 수 있는 평정척도를 만든다(예컨대, 1 - 5, 상-중-하, 부정적 - ? - 긍정적). 그리고 각 아이디어가 각 준거를 어느 정도 만족시키고 있는지를 평정 척도에 따라 평가한다. 한 개의 준거를 가지고 모든 아이디어를 평가하고 그런 다음 두 번째 준거를 사용하여 다시 모든 아이디어들을 평가하는 식으로 진행하는 것이 바람직하다.

(iv) 결과를 해석한다.

'최선의' 또는 '최악의' 대안을 알아내기 위하여 평정한 평가 점수를 단순히 더하기해서 사용하지 않는게 중요하다. 행렬표의 결과는 아이디어들이 어떤 측면에서는 강하고 어떤 측면에서는 약한지를 확인하는 데 사용해야 한다. 어떤 대안의 총점이 높으면 그것은 적용해 본 준거에서 보면 그 대안이 가장 좋다는 뜻이 된다. 그러나 점수가 낮다고 하여 '나쁜' 대안이라 단정하기는 어렵다. 특히 한두 개 준거에서만 점수가 낮고 기타 준거에서는 높은 점수를 받은 아이디어에 대하여서는 "어떻게 하면 …?"라는 어간의 질문을 사용하여 그것을 더욱더 다듬거나 새롭게 발전시킬 수 없는지를 찾아보아야 할 것이다. 평정척도에서 숫자 사용이 부적절하다고 생각되면 서술적인 척도를(예컨대, 부정적, ?, 긍정적) 사용할 수도 있다.

〈양식 5-4〉: 평가 행렬법

대안(아이디어)	준			거		총계

1. 비교 하려는 대안들

대   안: A _____   B _____
              C _____   D _____
              E _____   F _____

2. 모든 쌍들을 비교

아래의 각 쌍을 들여다보고, 더 선호하는 대안에 동그라미 하세요. 그리고 얼마나 더 선호하는 지를 표시할 수 있게 '3-2-1' 가운데 하나를 골라 괄호 안에 적으세요.

A/B [   ]   A/C [   ]   A/D [   ]   A/E [   ]   A/F [   ]
             B/C [   ]   B/D [   ]   B/E [   ]   B/F [   ]
                          C/D [   ]   C/E [   ]   C/F [   ]
                                       D/E [   ]   D/F [   ]
                                                    E/F [   ]

3. 결과를 사용하여 대안의 등위나 우선수위 매기기

총 점: A: ____   B: ____   C: ____   D: ____   E: ____   F: ____

등위나 우선순위: 최고의 선택: _____
                두 번째의 선택: _____
                세 번째의 선택: _____
                네 번째의 선택: _____
              다섯 번째의 선택: _____
              여섯 번째의 선택: _____

5. 쌍비교 분석법

쌍비교 분석법(paired comparison analysis, PCA)은 몇 개의 아이디어를 순위 매기고 이에 따라 어느 것을 선택할 때 사용할 수 있는 기법이다. 예컨대 몇 가지 문제 진술 가운데 어느 것을 다룰 것인지를 결정할 때, 올림피아드와 같은 경쟁에서 등수를 매겨야 할 때, 또는 해결 대안 가운데서 어느 것을 우선적으로 고려하여 심의해야 할 것인지를 결정하는 경우와 같다.

이 기법에서는 모든 아이디어를 한 번에 한 쌍씩 비교해 보고 상대적인 중요성을 결정한다. 이렇게 모든 쌍을 비교해 봄으로써 아이디어들의 상대적인 우선순위에 대한 감을 가질 수 있다. PCA기법은 개인적으로 사용할 수도 있고 또는 집단에서 어떤 합의를 이끌어 내기 위하여 사용할 수도 있다. PCA를 사용하려면 비교하려는 모든 대안을 같은 형식으로 진술하는 것이 중요하다(예컨대, 모든 아이디어들을 긍정적이고 바람직한 형태로 진술). 또한 아이디어들은 서로 너무 비슷하지 않고 특유한 것이어야 하지만, 그렇다고 너무 많은 것을 지나치게 포괄적으로 묶음 하는 것도 피해야 한다. PCA 방법은 힘이 들고 시간이 걸린다. 그럼에도 아이디어들이 모두 중요해서 우선순위를 매길 필요가 있을 때 유용하게 사용할 수 있다. 그러나 행렬에 빠진 다른 유망한 아이디어가 있을 수도 있고, 적용한 준거가 바뀌면 결과도 달라질 수 있음을 유의할 필요가 있다. 또한 아이디어들의 상대적인 중요성을 아는 것이 목적이지 어느 아이디어가 '이긴 것' 또는 '진 것'인지를 결정하는 것도 아님을 주목해야 한다. <양식 5-5>를 이용할 수 있지만 [그림 5-1]에 있는 보기에서는 약간의 차이가 있다.

▌[그림 5-1] 쌍비교 분석법의 예시

	B	C	D	E	F	G	H	I	총점
돈을 감당할 수 있는 A	A^2	C^2	D^2	E^1	F^1	G^1	H^3	I^1	A=2
방 4개 B		B^1	D^2	B^2	B^1	B^3	H^1	B^1	B=8
교통편리 C			D^3	C^2	F^1	C^1	H^1	C^3	C=8
좋은 학교 D				D^3	D^1	D^2	D^1	D^1	D=15
적절한 창고 E					F^1	G^1	H^3	I^1	E=1
주변 환경 F						F^2	H^1	F^1	F=6
유지 관리 G							H^2	I^1	G=2
더 많은 욕실 H								H^2	H=13
매매 용이 I									I=3

척도
1. 약간 더 중요
2. 상당히 더 중요
3. 아주 더 중요

출처: Isaksen, Dorval & Treffinger(2011). p. 127

(i) PCA에 각기의 아이디어와 준거들을 기입한다.

[그림 5−1]에서는 비교하려는 9개의 집들을 A−I 등으로 적고, 그리고 가로 난에 '돈을 감당할 수 있는', '방 4개' 등의 준거 9개를 왼쪽에 아래로 차례대로 나열하고 있다.

(ii) 각 쌍을 비교한다.

예컨대 우선 A와 B를 비교해 보고 어느 것이 더 중요한지를 결정한다. 그리고 더 중요하다고 결정한 것의 철자를 해당 박스에 적는다. 다음으로 선택한 아이디어가 비교해 본 다른 것보다 얼마만큼 더 중요한 것 같은지를 예컨대 '1＝약간 더 중요하다, 2＝상당히 더 중요하다, 3＝매우 더 중요하다'의 3점 척도를 사용해서 결정한다. 그리고 그 값을 선택한 것의 지수가 되게 위에 적는다. 예컨대 A가 B보다 '매우 더 중요하다'고 생각했으면 A3라 적는다. 이런 식으로 하여 모든 쌍들을 비교하여 기입한다.

(iii) 점수를 더하기 한다.

아이디어들의 우선 순위를 결정하기 위하여 모든 박스에 있는 지수를 합계 내어 이것을 총점란에 적는다. 예컨대 [그림 5−1]에서는 B는 5개 박스에서 나타나 있고 지수의 합은 8이므로 총점란에는 'B ＝ 8'이라 기입한다.

(iv) 결과를 해석한다.

PCA의 결과를 해석하기 위하여 각 아이디어에 대한 지수의 합을 들여다본다. 보기의 그림에서 지수의 합은 구입하려는 집들의 상대적인 우선 순위를 보여준다. 숫자의 합이 큰 아이디어일수록 우선 순위가 높고 보다 중요한 것이다. 집 구매의 보기에서는 D(좋은 학교)와 H(더 많은 욕실)의 두 가지가 우선 순위가 차례대로 높은 것으로 나타나 있다.

VI

창의력의 하위 인지과정

    창의력에 관한 정의에는 산출에 따라 하는 것과 문제해결(창의적 사고 과정)의 과정에 따라 정의하는 것의 두 가지가 있다고 하였다. 그리고 이 장의 앞 부분은 최종적으로 얻게 되는 산출/결과물에 따라 창의력을 정의하는 것을 사용하였다. 그런데 여기서는 창의력을 창의적 문제해결의 과정(過程)에 따라 정의한 다음 이를 창의력의 교수학습에 어떻게 번역할 수 있는지를 살펴본다.

    Torrance(1995)는 창의력을 창의적 사고라 부르면서 "우리는 창의적 사고를 아이디어 또는 가설을 생성하고, 그것을 검증하고 그리고 얻은 결과를 커뮤니케이션 하는 과정"(p. 42)이라 정의한다. 좀 더 자세하게는 다음과 같은 하나의 과정으로 정의하고 있다: "창의적 사고란 우리가 어떤 문제, 어떤 결손 또는 어떤 지식에서의 괴리에 민감해지거나 그것을 자각하고, 그것에 대하여 가설을 형성하고 해결책을 찾으려 실험하고, 가설을 수정하고 교정하며 그리고 얻은 결과를 커뮤니케이션 하는 것이라고 정의할 수 있다. 이러한 정의가 함의하고 있는 것은 창의력이란 새로운 어떤 것, 이전에는 본 적이 없거나 존재하지도 아니했던 어떤 것을 창의해 낸다는 것이다. 거기에는 모험적인 사고 그리고 자명하거나 평범한 사고에서 벗어나는 것 등이 포함된다. 그것은 알려지지 않고 아직 탐색되지 아니한 어떤 것으로 성공적으로 발을 들여 놓는 것이다"(p. 351).

    그러면 효과적인 창의력 교육 또는 창의적인 교수학습이란 무엇일까? 위에서 인용해 본 Torrance의 정의를 그대로 따르면 "어떤 문제, 어떤 결손, 또는 어떤 지식에서의 괴리에 민감해지거나 그것을 자각하고, 그것에 대하여 가설을 형성하고 해결책을 찾으려 실험하고, 가설을 수정하고 교정하며 그리고 얻은 결과를 커뮤니케이션 하는" 각 부분과 전체의 과정이 '창의적인' 것을 의미할 것이다. 그것은 '새로운' 아이디어를 생성해 내는 과정을 더욱 자세하게 분석한 것이라 볼 수도 있겠다. 괴리에 민감하게 사고 하는 것을 '창의적으로', 가설 생성과 해결책 찾기를 '창의적으로' 그리고 얻은 결과를 커뮤니케이션 하기를 '창의적으로' 할 수 있어야 한다는 것이다. 그것은 정형화되어 있는 사고기법, 예컨대 브레인스토밍 기법을 사용하는 것 이상이어야 한다. '이상'이란 말은 그것보다 훨씬 더 은밀하고 세밀한 것일 수 있다는 것이다.

그러나 이러한 창의적 사고의 의미와 내용은 다소간 추상적인 것이기 때문에 그것을 바로 사용할 수 있게 간단하게 구체화하기란 쉽지 아니하다. 그래서 국어과, 수학과, 미술과 등 전공교과 영역의 교과 내용을 '수업'할 때 그들을 쉽고 구체적인 것으로 번역하여 적용하기란 쉽지가 않다. 만약에 창의력, 창의적 사고라는 개념을 더욱 단순화하여 실제의 교수학습에 활용할 수 있다면 창의력의 교육 일반과 창의적인 교과 수업에 크게 도움 될 것이다.

하나의 참고는 Vinvent-Lancrin 등(2019)인데 이들은 Lucas, Claxton & Spences(2013)를 참조하여 창의적 사고의 하위과정을 탐구하기, 상상하기, 행위하기, 반성하기의 네 개의 계열적인 범주로 나누고 있다(이미 앞에서 알아본 바와 같이 이들은 '비판적 사고'에 대하여서도 마찬가지의 네 개 범주를 적용하고 있다). 이들 네 개의 범주는 앞에서 인용한 바 있는 Torrance의 창의적 문제해결의 과정을 "어떤 문제, 어떤 결손, 또는 … 그리고 얻은 결과를 커뮤니케이션 하는 것"으로 정의한 것을 네 가지의 계열적인 것으로 단계화한 것 같이 보이기도 한다. 어떻든 이들이 개발한 네 개 범주의 내용은 창의적 사고의 하위의 인지과정을 자세하게 기술하고 있기 때문에 창의적 사고를 이해하고 실제의 교수학습에 적용하는 데 도움이 될 수 있다. <표 5-8>은 4개의 수준을 교과 영역 일반적인(따라서 모든 교과 수업에 적용할 수 있는) 것으로 설명하고 있고 그리고 <표 5-9>는 창의적 사고와 비판적 사고를 향상시키기 위해 사용할 수 있는 기법과 질문을 나열하고 있다. 여기서는 '새로운' 아이디어를 생성해 내거나 비판적인 사고를 할 수 있는 여러 가지의 방법을 제시하고 있어 교수학습에서 유용하게 활용할 수 있을 것이다. 대부분의 것은 비판적 사고와 창의적 사고의 어느 경우에도 사용할 수 있다. 이들 하위의 인지과정은 같은 것이 많지만, 그러나 사용하는 목적은 다르다.

〈표 5-8〉 창의적 사고: 영역 일반적

탐구하기	• 과제/문제에 적절한 경험, 지식 및 정보들을 느끼고, 공감하고, 관찰하고, 기술한다. • 다른 개념과 아이디어에 관련시키고, 다른 영역의 견해나 지식을 통합한다.
상상하기	• 아이디어를 탐색하고, 탐구하고 그리고 생성한다. • 독특하고, 모험적이고 또는 급진적인 아이디어를 장난하듯 자유롭게 다루며 이들을 스트레칭 한다.
행위하기	• 어떤 산출, 해결책 또는 수행에 대하여 개인적으로 새로운 방식으로 생각하고, 수행하고 구상하고, 프로토타입(시제품)을 만든다.
반성하기	• 선택한 해결책 및 그것에 따라올 가능한 결과가 어떻게 새로운 것인지를 반성하고 사정한다. • 선택한 해결책 및 그것에 따라올 가능한 결과가 적합한 것인지에 대하여 반성하고 사정한다.

(1) 탐구하기

탐구하기의 창의적 인지과정은 과학적 탐구와 비슷하다. Torrance(1966)는 창의의 과정에서 문제의 확인, 지식에서의 괴리 그리고 빠져 있는 지식과 요소들을 확인해 내는 것 중요함을 강조하고 있다. 창의(력)란 어떤 영역이나 문제에 대한 지식 없이는 일어날 수 없기 때문에 정보를 찾고, 문제를 이해하고 그리고 다른 가능한 차원/측면들이 있는지를 탐구하는 것은 창의적인 과정의 중요한 측면이다. 여기에는 문제에 따라, 무엇이 이슈이고 문제인지를 마음으로 느껴 다른 사람들과 공감하는 것에서부터 객관적으로 관찰하고, 기술하고 분석하는 것까지 여러 형태를 취할 수 있다(동일한 하위 인지과정이 비판적 사고를 위하여서도 마찬가지로 요구될 수 있음은 이미 지적한 바 있다). 이러한 탐구하기의 창의적 과정에서는 호기심을 가지고 전통적인 방식에서 벗어나 서로 다른 지식과 문제를 자유롭게 탐구하고 새롭게 관련시키는 것이 중요하다.

• 단원, 다른 단원 또는 다른 과목이나 다른 분야에 있는 아이디어나 지식에 관련시킨다.
• 적절한 경험, 지식 및 정보 들을 느끼고, 공감하고, 기술한다.

(2) 상상하기

이것은 마음속에서 아이디어를 그려보고 그것들을 놀이하듯 자유롭게 가지고 노는 것이다. 이 요소에서 사람들은 전통적인 사고에서 벗어나 새로운 아이디어를 추구하고, 새로운 이야기를 만들며, 미래를 예상하고, 다른 시나리오를 추구하고, 사실과 모순되는 것을 상상해 보고, 여러 가지의 아이디어와 해결책이 가질 수 있는 결과를 시뮬레이션해 보게 된다. 창의의 맥락에서 보면 상상은 상당 수준의 의도성을 가지고 아이디어, 이론 및 가정을 자유롭게 그리고 놀이하듯 생성하고 연결시켜 새롭게 조합해 내는 것이다.

- 어떤 문제를 제기하거나 해결하기 위한 여러 가지의 방법, 기법이나 접근법들을 생각해 보고 이들을 자유롭게 다루어 본다.
- 아이디어를 탐색하고, 탐구하고, 생성해 낸다.

(3) 행위하기

창의란 탐구와 상상을 기반 하여 새롭고 적절한 어떤 것을 생성해 내는 것이다. 이것은 대개가 창의적 과정의 통합적 부분인데 생산해 내는 산출은 영역에 따라 여러 다른 형태를 취할 수 있다. 예컨대 산출, 제품, 수행(연주), 아디이어, 신체적 또는 정신적 모델 등일 수도 있다. 행위하기 요소는 상상하고 탐구한 아이디어 가운데 어떤 것을 선택하거나 관찰 가능한 프로토타입을 만드는 것을 의미한다.

- 개인적으로 보아 새로운 스타일이나 방식으로 문제를 다루거나 해결해 본다.
- 새로운 방법, 방식, 기술을 생각하고, 구상하고 수행하고, 프로토타입(시제품)을 만든다.

(4) 반성(성찰)하기

마지막으로 창의에는 계획적인 의도와 반성이 중요하다. 창의는 '의도적'인 것이기 때문에 그것은 어쩌다 우연히 생기는 새로운 것이 아니다. 그래서 창의는 어린 아동들의 무의식적이고 자발적인 것과는 구분된다.

- 문제/과제를 해결하기 위하여 선택했던 방식이나 단계를 되돌아 반성해 본다.
- 선택한 해결책과 그에 따라올 가능한 결과가 적합한 것인지에 대하여 반성하고 사정한다.

〈표 5-9〉 창의적 사고와 비판적 사고의 향상을 위한 질문기법

기법	기법의 질문
브레인스토밍하기	• 이 토픽/문제에 대한 여러분의 아이디어가 필요하다. 몇 가지 의견을 다루기 전에 먼저 많은 아이디어를 생각해 내어야 한다. 아이디어가 많을수록 더 좋다. 나쁜 아이디어란 없다. 어떠한 아이디어라도 거기에는 훌륭한 해결책/발명/산출이 될 수 있는 잠재력이 있다. 다른 사람이 말하는 아이디어를 비판하면 안 된다. 누구나 적어도 한 개씩은 말해야 한다. 모든 아이디어를 칠판에 기록한다.
관련(연결)시키기	• 이 대상/개념에 여러분이 생각해 낼 수 있는 다른 세 개의 개념을 관련(연결)시킨다고 상상해 보라(독립적인 연결). 또는 이 대상/개념이 다른 세 개와 어떻게 관련되는지를 생각해 보라. 또는 다음의 열 개의 무선적인 대상을 서로 관련시킬 수 있는 방법을 찾아보라.
실패한 조건을 찾아 정의하기	• 이들 대안적 접근법 가운데 우리가 바라는 결과에 미치지 못하는 것에는 어떤 것이 있는가? 만약에 이러한 대안적 아이디어를 채택했다면 무엇이 잘못되었을까? 다음에 큰 성공을 거둘 수 있으려면 우리는 무엇을 다르게 해야 할까?
문제/질문을 정의하기	• 여러분은 이 문제를 어떻게 기술할 수 있는가? 어떤 '요구' 또는 이해 때문에 이 해결책은 문제인지를 기술해 보라. 핵심적인 문제/걸림돌은 무엇인가? 이 문제는 보다 작은 하위문제/질문으로 쪼갤 수 있는가? 이 문제/질문의 중심 요소와 이차적 요소를 확인해 보라.
구속(조건) 확인하기	• 이 문제/질문에 대한 해결책을 찾아낼 때 어떤 구속(조건)이 있는가? 이러한 요소는 어떤 면에서 이 문제를 해결할 수 있는 방법을 제한하고 있는가? 이러한 제한적인 조건이 없다면 결과는 어떻게 달라질까?
향상시키기	• 문제의 유형을 확인하고 당신이 가지고 있는 이전의 지식에 관련시켜 보라. 이 문제는 여러분이 과거에 해결했던 문제와 어떻게 비슷한가, 또는 어떻게 차이 나는가? 이 문제를 해결하기 위하여 어떤 전략을 사용할 수 있을까? 당신은 이 문제를 어떤 다른 방식으로 해결할 수 있는가?

불가능해 보이는 아이디어 재검토	• 우리가 할 수 있는 가능성에서 완전히 벗어나 있는 해결책 또는 제안인 것 같이 보이는 아이디어에는 어떤 것이 있는가?(가정에 도전할 수 있는 기회로서)
대안적인 가설	• 이 이슈/문제/질문에 대한 가능한 잠재적인 설명에는 어떤 것이 있을까?
패턴트(PATENT) 방법	• 문제(P): 문제는 무엇인가? 논증(A): 당신의 핵심적인 논증은 무엇인가? 사고(T): 당신의 주장을 어떻게 정당화할 수 있는가? 실험(E): 당신이 제안하는 것이 그럴듯하다는 것을 어떻게 증명할 수 있는가? 필요하고 바람직한 요구(Needs): 이 해결책/산출은 필요한 요구들을 충족시키고 있는가? 이 해결책/산출은 우리가 원하는 요구들을 충족시키고 있는가? 검증(T): 당신이 하고 있는 추리를 설명해 보라. 맞습니다. 그러나 … 당신의 해결책/논증/산출에 대한 잠재적인 제한점/예외/반대는 무엇인가?
근거 제시	• 제안하고 있는 해결책의 (이론적)근거는 무엇인가? 이 해결책을 다른 방식으로 제안하거나 정당화할 수는 없는가?
거꾸로 진행하기	• 잘 알려져 있는 스토리를 거꾸로 말해 보라: 끝에서 시작하여 처음으로 거꾸로 전개해 보라. 스토리가 다른 방향으로 나아갈 수 있었던 순간들을 지적해 보라.
역할 연출	• 당신 자신을 xx에 있는 주인공/등장 인물이라 상상해 보고 yy라는 장면에서 그가 어떻게 느끼고/사고하고/행위 할 것 같은지, 그가 yy 질문에 대하여 어떻게 반응할 것 같은지, yy라는 이슈에 대하여 어떠한 제안을 할 것 같은지를 생각해 보라. 그리고 그것을 자세하게 말하고 행위해 보라.
스워트(SWOT) 방법 및 이전의 것과 비교	• 이 토픽/아이디어/논증에 대한 당신의 첫 번째 반응을 적어 보라. 이제 시간을 들여 이것의 '강점, 약점, 기회 및 우려 사항(Strengths, Weeknesses, Opportunities, and Threats, SWOT)을 생각해 보라. 이것의 핵심적인 강점은 무엇인가? 약점은 없는가? 만약에 이 아이디어/해결책/논증이 사실이라면, 우리는 이것을 가지고 무엇을 할 수 있을까? 따라 오는 위험이나 문제들은 무엇일까? 이들 반응을 당신이 처음에 했던 반응과 비교해 보면 어떤가? 이들은 당신이 가지고 있던 이전의 아이디어에 도전이 되는가?
가설을 검증하고 사정하기	• 이제 여러분이 하나의 해결책을 제안하였다고 상상해 보라. 이것이 바람직한 결과를 낳을 것임을 어떻게 보여줄 수 있는가? 그러한 결과를 어떻게 시뮬레이션 할 수 있는가? 당신의 가설을 검증할 수 있는 실험을 디자인할 수 있는가? 가설이 맞거나 틀린다는 것을 알려면 어떤 유형의 증거가 필요할까?

유추를 사용 하거나 제안하기	• 우리가 관찰해 보았던 것과 비슷한 장면/관계를 생각해 보라. 이 문제/질 문을 다른 주제/분야에 있는 비슷한 문제/질문에 관련시켜 보라.
기다리는 시간	• 대답을 하기 전에 보다 더 통찰적인/더 깊은 반응을 생성해 내기 위하여 몇 분 동안을 기다리면서 생각해 보라.

출처: Vincent-Lancrin, et al. (2019). pp.110-112

CHAPTER
06

창의적
문제해결과
창의력 교육

학교 창의력

이 장에서는 먼저 대표적인 창의적 문제해결 프로그램인 CPS와 FPSP의 발달과 이들이 가지고 있는 내용 구조를 개관해 본다. 그리고 이들을 기초하여 학교의 교과 수업에 적용할 수 있는 '학교 창의력 프로그램'을 여섯 개의 단계에 따라 제시해 볼 것이다. 거기에는 전단계(토픽과 과제 장면의 연구), 단계 1(도전 확인해 내기), 단계 2(핵심 문제의 선정과 진술), 단계 3(해결 아이디어의 생성), 단계 4(해결책의 개발) 및 단계 5(행위 계획의 개발) 등이 포함된다. 또한 디자인 씽킹(DT)을 제시 하면서 학교 창의력 프로그램을 어떻게 융통성 있게 사용할 수 있는지도 살펴볼 것이다. 그리고 Torrance의 부화식 수업모형을 탐구해 보면서 창의력의 체제적 교육모형을 새롭게 제시하고 있다. 여기서는 창의적 사고 기법만을 교과 독립적으로 교육하는 전통적인 창의력 교육의 한계를 지적하면서 창의력에 작용하는 모든 요소들은 어느 것이나 창의력 교육의 출발점이 되고 지렛대가 되어야 한다고 강조하고 있다. 그에 따라 창의력 요소를 전문지식, 창의적 사고기능 및 목적적 동기 등으로 나누면서 이들 각기에 따라 창의력의 체제적 교육모형의 가능한 모습을 개관해 볼 것이다.

I
창의적 문제해결 프로그램의 개관

1. 창의적 문제해결 능력의 의미

　창의력을 실제적으로 정의하면 '창의적 문제해결 능력'이라 말할 수 있다. 창의력의 실제적인 목적은 일상의 또는 전문적인 문제를 창의적으로 해결하는 것이기 때문이다. 창의력을 이렇게 정의하면 Torrance(1995)가 창의력을 '연구용 정의', '예술적 정의' 및 '생존적 정의'의 세 가지로 정의한 것 가운데 마지막의 생존적 정의에 해당된다.

　그는 1950년 6.25 전쟁에 참전한 미국 전투기 조종사들이 격추 등의 위기와 극한적인 조건에서 생존할 수 있도록 훈련을 시키고 있었다. 그는 이렇게 말한다: "전투기 승무원들에게 이 모든 환경조건에서 어떻게 할 것인지에 대한 가능한 모든 정보를 주었을 뿐 아니라 어떻게 하면 포로 수용소에서 벗어나 성공적으로 탈출할 수 있는지에 대한 정보도 할 수 있는 대로 미리 학습시켰다. … 그럼에도 불구하고 이들은 실제의 위기와 극한적인 조건에서는 이미 배워서 알거나 연습해 본 적이 없는 전혀 새로운 장면에 직면하게 될 가능성이 클 수밖에 없다. 진정으로 창의적인 것은 누구에게도 가르칠 수 없다. 그렇다고 창의(력)는 가르치지 않고 저절로 생겨나는 것도 아니다. 새롭게 직면하게 될 생존을 위한 장면에서 전투기 승무원이 창의적인 해결을 할 수 있으려면 이전의 훈련받은 내용이나 지식뿐 아니라 평소의 삶에서 경험했던 것을 현재의 장면을 해결할 수 있는 유용한 아이디어로 상상하고 재조합할 수 있어야 한다. 그런데 중요한 것은 이러한 생존이 걸린 극한의 상황에서 죽고 사는 문제를 해결하고 드디어 생존해 온 비행사들은 창의력이 바로 생존의 도구였음을 증언하고 있다는 것이다. 창의적 문제 해결의 요소들은 가르칠 수 있지만 창의적 사고의 내용 자체는 본인 스스로 발견하고 훈련해야 한다"(김영채, 2019, p. 33).

누구나 살아가다 보면 시도 때도 없이 이런 저런 문제를 접하게 된다. 그것은 대충 넘어가도 되는 사소한 문제일 수도 있고, '더 낫게' 하도록 신경을 써야 하는 일상의 문제도 있고, 고민하여 혁신적으로 극복하면 새로운 세상이 열리는 반전의 기회일 수 있는 혁명적인 경우도 있다. 또한 문제는 위기일 수 있다. 과제와 상황에 숨어 있는 잠재적인 문제를 발견하여 정의하고, 새로운 해결 아이디어를 생성해 내고, 해결책을 전략적으로 실행할 줄 아는 것은 우리 모두에게 필요한 핵심적인 능력이다. 또한 그것은 변화와 성공을 위한 기회가 될 수도 있을 것이다. 익숙한 생활 패턴에 안주하면 이러한 성장과 반전의 기회를 가지기 어렵다.

학교 창의력은 학생들은 누구나 창의적인 잠재능력을 가지고 있으며 이러한 잠재능력은 적절한 환경과 교육을 통하여 개발할 수 있다고 전제한다. 학교 창의력은 '천재'의 창의력이 아니라 '일상의 창의력'이다. "진정으로 창의적인 것은 누구에게도 가르칠 수 없다. 그렇다고 창의(력)는 저절로 생겨나는 것도 아니다. … 창의적 사고의 방법과 전략은 가르칠 수 있다. 창의적 문제해결의 요소는 가르칠 수 있지만 창의적 사고의 내용 자체는 스스로 발견하고 훈련해야 한다"는 말을 되새겨 보았으면 한다. '창의적 문제해결' 교육 프로그램은 다음과 같은 사고능력을 개발하고 향상시킬 수 있기를 기대하고 있다.

(i) 문제/과제의 장면을 이해하고 분석하며(이해와 탐구능력),

(ii) 핵심적인 문제를 발견/확인하고 행동적으로 진술하며(문제 발견 능력)

(iii) 많은, 다양한, 그리고 독특한 해결 아이디어들을 생성해 내고, 이들을 분석하고, 선택하고, 정교화하며, 그리고 장면에 따라 적절한 사고전략과 사고도구를 사용하며(발산적 사고 및 수렴적 사고 능력)

(iv) 아이디어를 실제에서 집행할 수 있는 행위계획을 만들고 실행할 줄 아는 능력(전략적 사고, 계획 세우기와 실행능력)

창의력 교육의 목적은 창의적인 문제해결 능력을 향상시키는 데 있다. 그리고 몇 가지의 성공적인 창의적 문제해결 프로그램들이 개발되어 있는데 대표적인 것은 CPS와 FPSP이다.

아래에서는 대표적인 창의적 문제해결 프로그램인 CPS와 FPSP에 대하여 개괄적으로 알아볼 것이다. 우리들이 접할 수 있는 대부분의 창의적 문제해결 프로그램은 CPS 또는 FPSP이거나, 이들을 수정하거나 새롭게 수정한 것이다.

2. '창의적 문제해결 프로그램' CPS

일반적으로 '창의적 문제해결'이라 하면 개인 또는 집단이 문제를 해결하기 위하여 창의적으로 사고해 가는 전체의 과정을 통칭한다. 그러나 여기서 다루는 CPS(Creative Problem Solving, 반드시 대문자로 표기한다)는 단순한 '창의적 문제해결'이 아니라 등록된 고유명사로서 Osborn이 개발한 독특한 창의적 문제해결 접근법이다. 전 세계 창의력 교육프로그램의 95% 이상이 CPS를 사용하거나 또는 이것을 수정하거나 새롭게 편집하여 사용하고 있다(Nickerson, Perkins, & Smith, 1985). 오랜 경험과 실제적 활용을 통한 시대의 검증을 거치면서 CPS는 학교의 창의력 교육에도 엄청난 영향을 미치고 있다.

CPS는 Alex F. Osborn(1963)이 '오리엔테이션: 문제를 부각시킴' 등 문제해결 7단계를 제시한 데서 시작한다. CPS는 문제해결을 위한 과정 프레임이며, 그러한 문제해결의 전체 과정을 단계적으로 접근한다. 그는 1963년 개정판에서는 보다 포괄적인 세 개의 단계로 CPS를 단순화하고 있다. 이들 세 개의 단계에는 '사실 발견'(fact finding, 문제의 정의와 준비), '아이디어 발견'(idea finding, 아이디어의 생산과 개발) 및 '해결 발견'(solution finding, 평가와 채택) 등이 있다. Osborn은 자신의 CPS 이론을 교육장면에 적용하기 위하여 동료 Sidney Parnes와 함께 작업하였다. 그러나 1996년 그가 죽은 다음 Sidney Parnes와 그의 동료들은 Osborn의 접근법을 수정하여 CPS의 5단계 모형을 제시하고 있다. 그의 5개 단계 CPS과정에는 '사실 발견', '문제 발견', '아이디어 발견', '해결 발견' 및 '수용 발견' 등이 포함되어 있다.

Osborn-Parnes의 CPS는 1970년대와 1980년대에 학교 창의력 교육용 프로그램으로 그리고 기업이나 각종 조직의 워크숍에서 광범위하게 보급되었다. 특히 Parnes는 CPS를 보급하면서 '상상'과 '시각화' 등과 같은 개념을 강조하여 사용하였다. 그리고 Treffinger, Isaksen & Firestien(1982)은 발산적 사고도구와 수렴적 사고도구를 균형 있게 사용할 것을 강조하기 시작하였다. 초기의 CPS에서 사용하던 사고도구들은 대부분 '발산적 사고'에 초점을 둔 것이었다.

그런데 지난 40여 년 동안 CPS는 엄격하고 고정적인 체제가 아니라 사용하기 쉬운 보다 설명적인 버전으로 계속하여 진화하고 있다. 그래서 CPS는 Osborn과 Osborn—Parnes를 거쳐 현재는 Treffinger, Isaksen & Dorval(2000) 등에 이르고 있는데, 이들 저자들은 스스로 CPS의 제3세대라 부르고 있다.

현재의 CPS는 몇 가지의 수준에서 기술할 수 있는 구조를 가지고 있다. 가장 일반적인 수준에서 보면 CPS는 세 개의 과정 요소와 여섯 개의 단계로 이루어져 있는데 <표 6−1>과 같다. 여기서 '과정 요소'라 함은 문제 해결을 창의적으로 할 때 사람들이 일반적으로 관여하는 활동의 범주 또는 일반적 영역이라 말할 수 있다. 세 가지 과정 요소에는 '도전의 이해', '아이디어 생성' 및 '행위를 위한 계획' 등이 있다. '요소'보다 더 구체적인 수준에 '단계'(stage)가 있다. '도전의 이해' 요소 속에 '기회의 발견', '자료의 탐색'과 '문제의 진술' 등의 단계가 있고, '아이디어의 생성'에는 '아이디어의 발견'이라는 하나의 단계가 있다. 그리고 '행위를 위한 계획'에는 '해결책의 개발'과 '수용토대의 구축'의 두 가지 단계가 있다.

3. '미래문제 해결 프로그램' FPSP

(1) FPSP 모형

FPSP(미래문제 해결 프로그램, 현재는 FPSPI로 개칭, Future Problem Solving Program International)는 1974년에 E. P. Torrance가 Osborn(1963)의 CPS를 학교 창의력 교육에 사용할 수 있게 수정하여 만든 창의력 교육 프로그램이다. 이 프로그램은 계속 발전하여 현재는 미국 대부분의 주와 약 13개 국가에서 지회를 운영하고 있으며 참가 학생수나 지회수가 확대되고 요소 과정이 추가되면서 세계적으로 대표적인 학교 창의력 교육 프로그램으로 성장하게 되었다. 언어 재료

〈표 6-1〉 CPS의 3개 과정 요소와 6단계

---

* 3가지 과정 요소와 6단계
  * 도전의 이해
    단계 1: 기회의 발견
    단계 2: 자료의 탐색
    단계 3: 문제의 진술
  * 아이디어의 생성
    단계 4: 아이디어 생성
  * 행위를 위한 계획
    단계 5: 해결책의 개발
    단계 6: 수용토대의 구축
* 6단계의 '발산적-수렴적' 국면
  * 발산적 사고 국면
  * 수렴적 사고 국면
* 2가지 사고 국면의 사고도구
  * 여러 가지의 사고도구들 가운데서 선택하여 사용

를 사용하여 창의력을 직접 교수학습하고 연간 교육 프로그램의 일환으로 '국제 창의력 올림피아드'를 개최하는 세계 유일의 창의력 교육 프로그램이다.

FPSP는 학생들에게 '무엇을'(what) 가르치는 것이 아니라 '어떻게'(how) 사고 할 것인지를 가르친다. 학생들에게 '사고하는 방법'을 가르쳐 변화하는 미래에 적극적으로 대처할 수 있는 능력과 전략을 배우게 한다. 다시 말하면 '미래에 대하여', '창의적으로', '사고하는 방법'을 가르치는 것이 토란스 창의력 교실, FPSP 의 기본 목적이다. 창의적 문제해결력은 학생들이 익혀야 할 21세기의 필수적인 생존 능력이며, 교과 수업뿐 아니라 '창의적 사회실현'과 같은 교과외 활동의 창 의력 교육에도 매우 유용하게 사용할 수 있다(7장 참조). FPSP에서 사용하는 문 제해결의 3개 요소와 6단계 과정 모형은 <표 6-2>와 같다.

<표 6-2> FPSP의 3개 과정 요소와 6단계 모형

- 문제의 이해
    전단계: 토픽의 연구와 미래장면의 분석
    단계 1: 도전 확인해내기
    단계 2: 핵심문제의 선정

- 아이디어 생성
    단계 3: 해결아이디어의 생성

- 행위를 위한 계획
    단계 4: 준거의 생성과 선택
    단계 5: 준거의 적용
    단계 6: 행위계획의 개발

Ⅰ [그림 6-1] FPSP의 요소과정

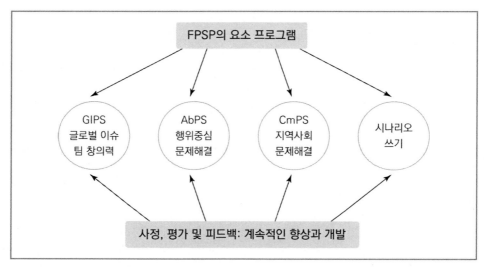

출처: 김영채(2019). p. 10

FPSP에는 네 개의 요소 프로그램이 있는데 여기에는 GIPS, AbPS, CmPS와 시나리오 쓰기 등이 포함된다. GIPS(Global Issues Problem Solving)는 원래는 '팀 문제해결' 요소(FPSP)라 불렀던 것으로 FPSP에서 가장 중심적인 창의력 교육 프로그램이다. 이 과정에서는 교사/코치의 지도하에 원칙적으로 네 명이 한 팀이 되어 6단계 문제해결 모형(FPS 모형)을 사용하여 복합적인 사회적, 과학적, 정치적, 경제적 및 기술적인 토픽의 문제를 해결하는 활동을 한다. 유치원에서 고등학교 3학년생까지를 대상으로 하고 이들을 3개의 부(초등부: 초등 6학년 이하, 중학부: 중학 3년 이하, 고등부: 고교 3년 이하)로 나누어 교육한다.

II

창의적 문제해결의 개발

1. '학교 창의력 프로그램'의 개요

CPS와 FPSP와 같은 창의적 문제해결 프로그램은 문제해결의 단계 접근법을 취하여 문제해결의 전체 과정을 단계적으로 접근한다. 이들 프로그램은 광범위하게 적용할 수 있으며 특히 새롭고 유용한 해결책을 필요로 할 때 언제나 효과적으로 사용할 수 있다. 이들이 가지고 있는 몇 가지 특징을 정리해 보면 다음과 같다.

(i) 유치원에서부터 대학원이나 일반인에 이르기까지 다양하게 사용할 수 있다.
(ii) 여러 가지 교과 교육에 적용하여 사용할 수 있다. 기업체나 각종 조직에서도 활발하게 사용되고 있다.
(iii) 창의적 문제해결의 과정을 익히고 적용하는 데 초점이 있다. 새롭고, 유용하고 그리고 혁신적인 해결이 필요할 때 보다 효과적으로 사용할 수 있다.
(iv) 과제의 성질에 따라 집단이 사용할 수도 있고 개인적으로 사용할 수도 있다.

다음에서 제시하고 있는 '학교 창의력 프로그램'은 CPS나 FPSP의 기본 내용과 프레임을 비슷하게 사용하고 있다. 그러나 교과 수업과는 독립적인 프로그램

〈표 6-3〉 창의적 문제해결의 3개의 과정 요소와 6단계

- 문제의 확인/발견
    전단계: 토픽과 과제장면의 연구
    단계 1: 도전 확인해 내기
    단계 2: 핵심문제의 선정과 진술
- 아이디어 생성
    단계 3: 해결 아이디어의 생성
- 행위를 위한 계획
    단계 4: 해결책의 개발
    단계 5: 행위계획의 개발
* 6단계의 발산적-수렴적 국면
    - 발산적 사고 국면
    - 수렴적 사고 국면

이 아니고 오히려 교과 수업에 쉽게 사용할 수 있게 얼마간의 수정을 가하였다. '학교 창의력 교육 프로그램'은 거의 모든 교과 수업에 유용하게 활용할 수 있을 뿐 아니라 교과외 활동인 창의적 체험활동이나 봉사학습 또는 창의적 사회실현 활동 등에도 유용하게 적용할 수 있을 것이다(7장 참조).

'학교 창의력 프로그램'에는 <표 6-3>에서 보는 바와 같이 세 개의 과정 요소가 있는데 거기에는 '문제의 확인/발견, 아이디어 생성, 및 행위를 위한 계획' 등이 포함된다. 그리고 이들 '과정 요소'를 더욱 자세하게 전단계와 단계 1~5의 여섯 단계로 나누고 있다. 그리고 각기의 단계는 발산적 사고와 수렴적 사고가 교행적으로 작동하는 것으로 이루어져 있다.

2. 프로그램의 접근과 활용

(1) 사실과 아이디어

문제 해결에는 사실(fact)을 요구하는 것과 새로운 아이디어를 요구하는 것으로 나누어 볼 수 있다. 정확한 '사실'을 찾으면 해결되는 문제는 창의적 사고를

요구하지 아니한다. 기존의 정보를 이용하고 정확성을 확인하면 충분하기 때문이다. 그러나 대부분의 문제는 새로운 아이디어가 필요하며, 그래서 창의적인 사고가 요구된다. 그러므로 '사실'을 찾아 그것의 정확성을 확인해야 하는 문제와 '아이디어를 탐색'해야 하는 문제를 구분하는 것이 중요하다. 다음에서 사실을 요구하는 문제와 새로운 '아이디어'를 요구하는 문제를 찾아보라.

(i) 새로 만든 규정을 지키기 위하여 우리 학교에서는 무엇을 해야 하나? (사실) (아이디어)
(ii) 어떤 방법으로 학생들의 불만을 만족시킬 것인가? (사실) (아이디어)
(iii) 어떻게 하면 학생들의 교과외 활동을 증진시킬 수 있는가? (사실) (아이디어)
(iv) 우리 도서관의 장서 수는 얼마일까? (사실) (아이디어)
(v) 어떻게 하면 학생들의 인간관계를 개선할 수 있을까? (사실) (아이디어)

(정답): 아, 아, 아, 사, 아

(2) 발산적 사고와 수렴적 사고의 균형 있는 사용

창의적 문제해결 프로그램을 성공적으로 사용하려면 발산적 사고와 수렴적 사고를 균형 있게 사용해야 한다. 창의적 사고와 수렴적 사고는 상호 보완적으로 팀메이트가 되어 서로 보충적으로 사용되어야 한다. 이들 두 종류의 사고는 서로의 목적은 다르지만 기저에는 공통적인 여러 사고과정들이 작용하며 서로는 교행적으로 보완할 수 있다.

발산적 사고는 유의미한 새로운 '결합'(조합, 연결)으로 새로운 아이디어를 생성해 내고 이를 커뮤니케이션 한다. 다시 말하면 아이디어를 생산해 내는 데 목적이 있다. 이러한 사고를 할 때는 괴리(있어야 할 것이 없거나, 없어야 할 것이 있는 것), 도전 또는 관심사를 의식하고 찾아내며, 많은, 다양한, 독특한 가능성을 생각해 내고 또는 이미 만들어져 있는 대안을 더욱 정교화하고 확대시킨다. 반면에 수렴적 사고는 생성해 낸 아이디어를 분석하고, 평가하고 또는 더욱 따져 보려 할 때 사용된다. 수렴적 사고를 통하여 각 아이디어들의 가능성을 사정하고, 대안을 비교·분석하며, 효과를 추론하고 연역하며, 적합한 판단이나 결정을 내리기 위하여 대안을 선택하거나 더욱 다듬는다. 이미 앞에서 상상(력)을 다루면서 발산적 사고와 수렴적(비판적) 사고가 왜, 어떻게 균형 있게 사용되어야 하는지를 강조한 바 있다(5장, Ⅲ절 참조).

그러나 문제를 해결하는 데 거친 아이디어들을 많이 생성해 내는 것만으로는

〈표 6-4〉 창의적 문제해결 프로그램의 집단이용의 강점과 약점

가능한 강점	가능한 약점
• 지식과 정보를 더 많이 이용할 수 있다. • 아이디어가 서로 교류될 기회가 더 많아진다. 그래서 타인의 아이디어 위에서 새로운 아이디어가 조합/개발될 가능성이 증가한다. • 사용할 수 있는 경험과 시각의 범위가 더 커진다. • 문제해결에 공동으로 참여하기 때문에 얻는 결과를 이해, 수용 및 소유하기가 쉬워진다. • 집단개발의 기회, 집단의 응집성, 커뮤니케이션 및 동료의식이 증가한다.	• 전체적 사고에 대한 사회적 압력 때문에 개인의 기여가 제한되고 동조성이 증가될 가능성이 있다. • 집단사고로 인하여 질에는 관계없이 의견일치가 중요해 보이는 대안에 머물 가능성이 있다. • 지배적인 소수의 개인이 불공평하게 영향을 미칠 수 있다. • 집단작업을 통한 결정이기 때문에 개인의 책임이 줄어들며 그래서 집단이 보다 위험한 결정을 내리는 것을 내버려 둘 수도 있다. • 아이디어와 시각/입장이 다르기 때문에 비생산적인 경쟁을 하게 될 수도 있다.

불충분하다. 또한 몇 개의 가능성, 아이디어만을 가지고 분석과 평가를 되풀이하는 것으로도 불충분하다. 보다 생산적인 문제해결을 할 수 있으려면 먼저 발산적 사고를 통하여 가능한 대로 충분한 개수의 아이디어(대안)를 생성해 내어야 하고, 그런 다음 이들을 가지고 최선의 것을 평가하고, 선택하는 수렴적 사고를 해야 한다. 필요하면 발산적 사고와 수렴적 사고를 몇 번이고 반복할 수 있지만 이들을 균형 있게 사용하는 것이 중요하다.

(3) 개인 사용과 집단 사용

창의적 문제해결 프로그램은 개인적으로 사용할 수도 있고 집단이나 조직에서 협동적으로 사용할 수도 있다. 집단에서 사용하려면 우선 집단의 진행이 관리 가능하고 생산적일 것이라는 확신이 있어야 한다. 그리고 과제가 개인적인 것이 아니라 여러 사람이 공개적으로 다룰 수 있는 것인지를 먼저 확인해 보아야 한다. CPS를 집단에서 사용할 때의 강점과 약점은 다음의 <표 6-4>와 같이 정리해 볼 수 있다. 다음과 같은 경우는 '집단'에서 이용할 수 있다.

• 집단의 성원들이 편안한 마음으로 아이디어를 같이 나눌 수 있고,

- 모든 자료를 테이블 위에 공개적으로 기꺼이 내 놓을 수 있고,
- 새로운 아이디어가 정말로 필요로 하고,
- 여러 가지 새로운 시각에서 문제/과제를 접근해 보기를 원할 때.

그리고 '개인적'으로 사용할 수 있는 경우는 다음과 같다.

- 생각을 확대시켜 새로운 아이디어를 생산해 낼 수 있는 개인적 능력이 있다고 여겨지는 장면.
- 필요한 정보를 모두 가지고 있어서 이제는 자신이 판단하여 행동할 수 있다고 믿어지는 장면.
- 과제가 매우 개인적이고 정서적인 것이라서 공개하여 집단에서 같이 논의하기가 어렵거나 마음 편하지 아니할 때.

Ⅲ

전단계: 토픽과 과제 장면의 연구

전단계와 단계 1 및 단계 2의 전체를 '문제의 확인/발견'의 과정 요소라 부른다. 여기서는 토픽에 관련한 자료들을 연구하면서 여러 도전을 탐색해 보고 가장 중요해 보이는 것을 선택하여 과제/프로젝트가 다루어야 할 '핵심문제'를 진술하는 것까지가 포함된다. 그러므로 '전단계'에서는 토픽을 이해하고 관련 자료를 분석하고 전체를 해석할 수 있어야 한다. 대부분의 학교수업은 먼저 '단원명'이라는 토픽이 주어진 데서 시작하기 때문에 문제해결 과정도 '전단계'에서 시작하게 된다. 단계 1과 2에서는 이를 바탕 하여 수업/프로젝트의 '방향'을 잡고 핵심문제를 발견하게 된다.

전단계: 토픽과 과제 장면의 연구
(1) 토픽(주제)의 발견과 이해
(2) 과제 장면(텍스트)의 이해와 연구
(3) 관련 자료의 분석과 구조화

---

(1) 토픽(주제)의 발견과 이해

교과 단원의 내용인 '텍스트'뿐 아니라 기타의 과제나 프로젝트들은 모두가 '…에 대한 것'인데 이것을 '토픽'(topic)이라 부른다. 수업에서 보면 이것은 '단원명'이고 과제 프로젝트에서는 '과제명' 또는 '주제'이다. 토픽이란 말이 없어도 모든 것에는 토픽이 있으며, 과제/문제는 모두가 그 토픽에 대한 것이다. 물론이지만 경우에 따라서 무엇에 대하여 공부할것인지부터 결정해야 하는 경우도 있는데 이것은 달리 말하면 '토픽'을 찾는 것이 된다.

토픽은 교과 단원내의 것일 수도 있고 또는 중요하다고 생각되는 학교 내외의 지역사회 문제의 것일 수도 있다. 대주제의 것이면 토픽이 너무 넓어 다루기 쉽지 않다. 반대로 너무 좁고 너무 구체적이면 창의적인 생각을 발휘할 수 있는 공간이 제한된다. 그래서 그럴듯하고, 중요해 보이고, 재미있게 다룰 수 있는 범위의 토픽을 선정하는 것이 중요하다. 토픽의 종류는 매우 다양할 수 있다. 실업, 급식, 노인문제, 아동학대, 환경오염, 질병, 세계적인 유행병, 학교 운동시설, 미세먼지, 시험 불안, 교통, 도서관 이용, 가짜 뉴스, 외국인 노동자, 정신건강, 위생, 가족갈등 ….

수업의 '단원명'(단원이름) 등의 어떤 토픽을 제시하고 거기에 대하여 수업하려면 그것에 대하여 이미 가지고 있는 선행의 지식/경험을 떠올려 보거나 연구하고 동기 형성할 수 있어야 한다.

(2) 과제 장면(텍스트)의 이해와 연구

토픽을 선정하고 나면 이어서 그것에 관하여 다루어야 할 구체적인 과제/문제의 장면(상황)을 제시한다. 수업에서 보면 과제 장면은 단원명에 따라 있는 '내용', 즉 텍스트이고, 교과외 활동이나 연구 프로젝트에서는 해결해야 할 과제/문제의 실제 상황이다. 그래서 '과제 장면(텍스트)'이라 표현한 것이지만 어떻든 이제는 이러한 과제 장면의 내용이나 상황을 이해하고 가능한 대로 깊게 스터디하고 연구해야 한다. 이에 앞서 다루는 '토픽'에 적절하고 중요한 '텍스트'를 어떻게 준비할 수 있는지를 알아본다.

1) 유치원에서는 주로 동화나 이야기 글을 사용하고 학교 수준이 올라가면 교과서에 있는 단원 내용을 사용하거나 또는 다른 적절한 것을 골라 사용할 수 있다.

동화, 짧은 이야기 글 또는 교과서의 내용을 수정하거나 더 길게 또는 짧게 재구성하는 것은 크게 어려운 일이 아니다.

그리고 어떤 주제 영역을 다루고 싶으면 기존의 동화나 이야기 글을 그대로 사용할 수도 있고, 이것을 재구성하여 '도전적인 문제'들이 내포되어 있는 '도전 시나리오'를 만들어 사용할 수도 있다. 이러한 '텍스트', 즉 도전 시나리오에 있는 주인공이 직면할 수 있는 여러 가지의 도전/문제를 발견/확인하고 이들 가운데 특히 중요해 보이는 것을 선택하여 그것을 해결해 가는 수업을 할 수 있다. 도전 시나리오에 있는 이야기 글은 배경, 사건, 및 전개 등의 '이야기 문법'으로 구성되지만 그러나 통상적으로 마지막 부분에 있는 '해결'은 제시하지 아니한다 (3장 참조).

2) 단원의 텍스트를 깊게 이해한다.

먼저 텍스트의 전체를 훑어 읽어본다. 그런 다음 깊은 이해의 요령에 따라 깊게 심층적으로 이해한다.

(ⅰ) 중심 내용(핵심 아이디어)을 찾는다.

그것은 전체의 내용을 한두 문장으로 요약한 핵심적인 내용이다. 그리고 이를 뒷받침하는 내용을 찾아 구조적으로 이해한다(2장 참조).

(ⅱ) 이야기 글(시나리오 글)의 경우는 중심 되는 사건과 사건의 전개를 정리한다.

(ⅲ) 다음과 같은 질문을 한다.

• 중심 내용은?
• 이슈(쟁점)는
• 경향은?
• 원인은?
• 결과는 어떻게 될까?

3) 토픽과 과제 장면(텍스트)에 대하여 연구한다.

과제 장면(텍스트)의 배경을 깊게, 넓게 이해할 수 있는 정보를 아래의 (3)에서와 같이 수집하고 분석한다. 유치원에서는 토픽과 도전 시나리오에 대해 특별히 '연구'할 필요는 없다. 동화에 포함되어 있는 내용들을 읽어 보거나 다른 버전을 읽거나 비디오나 영화를 보고 각기가 가지고 있는 정보를 비교해 보아도 좋다.

자료의 수집은 먼저 '알고 있는 것'을 브레인스토밍 한다. 그런 다음 '더 알 필요가 있는 것들'을 브레인스톰 하고 그에 따라 할 수 있는 대로 많은 자료를 수집한다. 그리고 토픽에 대한 연구를 할 수 있는 방법에는 급우, 교사 또는 초청 연사와 면담 하는 것, 도서관이나 신문철을 이용하는 것, 현장 견학을 가는 것, 또는 조사 연구를 실시해 보는 방법 등이 있을 것이다. 정보수집 기능을 개발하기 위하여 좋아하는 영화, 책, 비디오 또는 인기 스포츠맨 등에 대한 연구를 해 볼 수도 있다. 또는 급우나 학교의 선생님을 면담 할 수도 있다. 그러나 학년 수준이 올라갈수록 토픽에 관한 정보/자료를 수집하고 이해하는 탐색활동은 더욱 체계적으로 이루어져야 한다. 디자인 씽킹에서처럼 특히 소비자와 공감하여 소비자의 시각에서 소비자가 원하는 것이 무엇인지 소비자의 요구를 찾아야 할 수도 있다(이 장의 X절 '디자인 씽킹' 참조).

(3) 관련 자료의 분석과 구조화

자료/정보들을 충분하게 수집하고 나면 이들을 정리하여 과제/프로젝트에 대한 전체적이고 거시적인 이해가 가능하게 해야 한다. 이때 수렴적 사고 도구 가운데 힛트와 하이라이팅 기법을 주로 활용할 수 있다.

첫째는, 비슷한 것끼리 묶어서 범주화하고,

둘째는, 이들을 연결하여 전체를 뼈대로 구조화하고,

마지막은, 이들을 시각적인 다이어그램(개념도)으로 표현해 본다. 그러면 토픽과 과제 장면(텍스트)에 대한 어떤 '형태'나 '경향' 같은 것이 구체적으로 들어날 수 있으며, 또한 '주어진 내용을 넘어' 추론하고 상상하기가 쉬워진다.

1) 분류

비슷한 것끼리 범주화할 때는 일관성, 배타성 및 포괄성(완결성)의 세 가지의 원칙을 지켜야 한다. 다시 말하면 분류하는 기준은 일관성이 있어야 하고, 범주끼리는 서로 배타적이지만 그러나 어느 멤버도 빠지지 않고 어느 범주에는 반드시 포함되어 포괄적이어야 한다는 것이다. 환언하면, 두 가지 이상의 범주에 동시에 속해서는 안 되지만 그러나 어느 하나의 범주에는 반드시 속할 수 있어야 한다. 세 가지 분류 범주의 보기는 다음과 같다.

(i) 일관성: 분류할 때는 동일한 기준이 일관성 있게 적용되어야 한다.

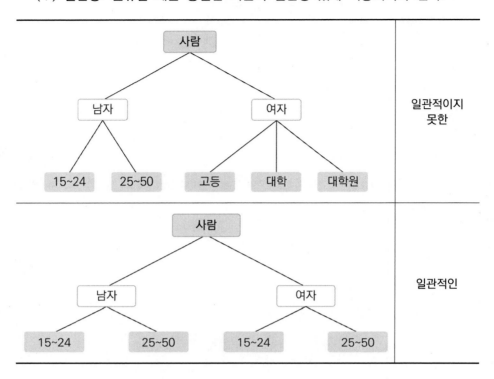

(ii) 배타성: 분류는 중복되지 않아야 한다.

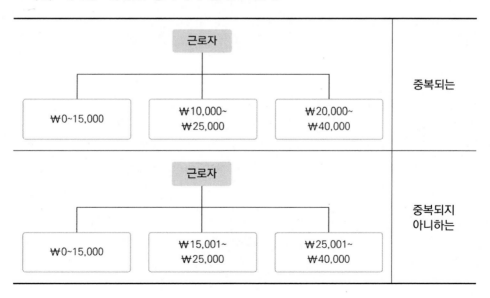

（ⅲ) 포괄성(완결성): 어떠한 것도 빠지지 않고 어느 범주에는 포함되어야 한다.

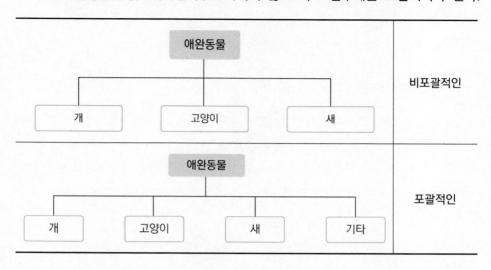

[그림 6-2] '행복'의 마인드맵

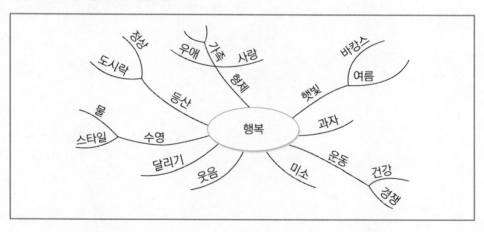

2) 개념도

과제 장면이나 텍스트 관련의 정보를 전체적으로 시각적인 다이어그램으로 표현한다. 거기에는 개념들끼리의 상하위적인 관계를 보여주는 개념도, 중심개념에서 관련된 것들을 방사형으로 선을 그어 나타내는 마인드맵 등 몇 가지 형태가 가능할 것이다.

'개념도'는 가능한 간결해야 한다. 사소한 정보까지 모두 포함시키려 하지 말

라. 유용한 개념도는 [그림 6-2]처럼 '뼈대'와 같은 구조여야 한다. 그러나 텍스트에 있는 정보들은 어떠한 것이라도 그림의 어느 부분에는 걸어 놓을 수 있어야 한다. 보기는 [그림 6-2]와 같다.

(4) 토픽 시나리오 만들기

연구/스터디한 것을 바탕으로 토픽과 과제 장면을 전체적으로 이해하고, 현재의 상황을 적극적으로 접근하여 과제/문제를 발견하고 해결해 가는 데 도움 될 수 있는 것을 하나의 '시나리오'(scenario) 또는 '브리프'(brief)로 요약하여 정리할 수 있다. 이것은 '상황의 개관'이라 말할 수 있는데 여기에는 다음의 것들이 포함될 수 있다.

- 관련의 사실, 정보, 관여하고 있는 사람이나 이슈, 경과 등 토픽 상황을 이해하는 데 도움 될 수 있는 내용.
- 현재까지 어떤 일이 벌어졌으며, 성공적인 것과 부정적인 것.
- 중요할 뿐 아니라 다루어 볼만하거나 다룰 필요가 있어 보이는 이슈나 과제/도전들은 어떤 것들인가?
- 우리의 프로젝트는 어떻게 시작하였으며, 그것이 왜 필요한가?

Ⅳ

단계 1: 도전 확인해 내기

(1) 과제장면 관련 자료의 탐색과 정리
(2) 가능한 도전들을 생성해 내기
(3) 도전의 선택과 진술

　창의적 문제해결의 전단계와 단계 1과 단계 2를 합하여 '문제의 발견/확인 요소'라 부른다. '단계 1'에서는 과제장면(텍스트)에서 있을 수 있는 여러 가지의 가능한 도전/문제를 확인해 낸다. 그러나 아직은 막연하고 덜 구체적인 것이여서 '문제'라 부르기보다는 대개의 경우 그냥 '도전'이라 부르며, 또는 '기회'라 부르고 있다. '단계 1'에서는 과제/프로젝트가 다루어야 할 장면/상황이나 프로젝트가 막연하고 애매하며, 구체적이지 못하여 앞으로 다루어 가게 될 '방향' 같은 것을 탐색하고 결정한다. 그러므로 '단계 1'은 '단계 2'에서 가장 중요한 '핵심 문제'를 발견해 낼 수 있게 하는 선행 단계라 보아야 한다. 이 요소는 다음의 경우에 필요하다.

- 창의적인 노력이 필요한 과제/프로젝트를 확인(발견)해 낼 필요가 있을 때
- 몇 개의 흥미로운 프로젝트들 가운데 하나를 선택해야 할 때
- 알고 있는 복잡한(정의가 잘 안 되어 있는) 과제에서 핵심적인 방향을 찾아 작업을 구체적으로 시작해야 할 때

(1) 과제장면 관련 자료의 탐색과 정리

토픽과 이를 기술하고 있는 과제장면에 대하여 '전단계'에서 연구한 정보, 자료를 다시 확인하고 머릿속에 상황이 그려지게 이해한다. 다음과 같은 질문을 해 보면 도움된다.

- 우리는 무엇에 대하여 작업/봉사/연구하고 있는가?
- 목표는 무엇이며 무엇을 이루고자 하는가?
- 특히 주목해야 할 정보에는 어떤 것이 있는가?
- 우리가 다룰 수 있는 구체적인 문제에는 어떤 것이 있는가, 그리고 그것을 어떻게 발견/확인해 낼 수 있는가?

(2) 가능한 도전들을 생성해 내기

다루고 있는 과제/프로젝트/텍스트 속에 있는 장면(상황)은 대개가 광범위하고 일반적이며, 그래서 아직은 구체적으로 무엇을 해야 할지를 모를 수 있다. 그러므로 그 속에서 '우리가 작업해 가려는 것은 무엇인가?'란 일차적인 질문을 다루어야 한다. 여기서 '과제'(task)란 '내가 바라는 것은 …' 또는 '우리가 정말로 원하는 것은 …'라는 말로 표현할 수 있는 어떤 것이며, 이들은 우리가 향상시키고 싶거나, 새롭게 창조해 내고 싶거나, 불평하거나 또는 변화시키고 싶은 어떤 것이다.

그리고 '도전'이란 다소간 넓은 범위의 문제, 이슈, 걱정거리, 관심사를 말한다(따라서 '도전'과 '문제'를 상호 교환적으로 같이 사용하는 경우도 당연히 있다). 토픽의 장면을 철저하게 분석해 본 정보를 바탕하여 과제의 장면이 일어나게 한 원인이 되는 것, 그러한 장면이 계속되면 벌어질 것 같은 것, 해결하거나 더 낮게 할 수 있을 것 같은 것 등등의 가능한 문제, 도전, 걱정거리, 이슈, 우려사항, 관심사 등을 브레인스토밍 하여 많은 도전들을 생성해 낸다. 결국 이들 가운데 가장 중요한 도전 하나를 선택하여 '핵심 도전'으로 결정하고, 다음의 단계에서 이를 핵심적인 문제로 진술하여 과제를 해결해 갈 것이다. '도전'을 발견해 내는 데는 두 가지 방법이 있다.

(i) WIBNI

'만약에 … 좋지 않을까?'(Wouldn't It Be Nice If …)란 질문을 하여 바라는 희망, 소망, 꿈, 기회, 가능성들을 브레인스토밍 하여 각기를 간단하게 적는다. 예컨대 '만약에 도와주는 친구가 있으면 좋지 않겠나?' '교실이 깨끗하면 좋지 않을까?'

(ii) WIBAI

'만약에 … 큰일이 아닐까?'(Wouldn't It Be Aweful If …)라는 식의 질문을 하여 걱정스러운 것, 피하고 싶은 것, 고치거나 바꾸면 좋을 것, 스트레스 받는 것을 발산적 사고 한다. 예컨대 '만약에 학교 폭력이 늘어나면 큰일이 아닐까?' '만약에 학교에 코로나가 퍼지면 큰일이겠지.' 등등.

그런 다음 WIBAI를 WIBNI로 바꾸어 진술한다. 예컨대 다음과 같이 바꾸는 것이다. '만약에 우리가 프로젝트를 제때 마치지 못하면 큰일이 아니겠나?' → '우리가 프로젝트를 제때 마쳐 인정을 받으면 좋겠다.' '만약에 학교 폭력이 늘어나면 큰일 아니겠나?' → '만약에 학교 폭력이 없으면 좋겠다' 등으로.

(3) 중요해 보이는 몇 개의 도전들을 선택하고 진술

이제 충분히 많은 개수로 생성해 낸 도전들을 수렴하기 위하여 생성해 낸 것들을 비슷한 것끼리 묶음 하여 몇 개의 범주로 분류해 본다. '힛트'와 '핫스파트' 기법을 사용한다(5장 참조). 그리고 이들 가운데 특히 중요해 보이고, 관심(흥미)이 가고, 잘할 수 있을 것 같은 10개 정도의 '도전'들을 선택하고 선택한 '도전들을' 진술한다.

그러나 '도전'의 진술은 아직은 '문제 진술'은 아니며, 따라서 그렇게 엄밀하지 않아도 좋다. '도전'은 보다 일반적이고 넓은 범위의 '문제'이기 때문이다. 다음은 선택한 도전의 보기들이다.

- 전공분야 대학들을 알아보는 것
- 새로운 취미활동을 가지는 것
- 진학 준비를 하는 것
- 친구를 많이 사귀는 것

- 학교에 적응하기
- 생활에 활력을 가지는 것

  그러나 보다 더 효과적인 방식으로 진술할 수도 있다. '만약에 …, 그러면 —'
의 논리적인 형식에 따라 '원인 — 결과'로 연결시켜 진술하는 것이다. 여기서는
'무엇이' 도전이며, '왜' 그것이 도전이며, 그것이 '어떻게' 텍스트의 내용과 관계
되는지를 완전 문장으로 진술한다. 예컨대 '만약에 전공 분야 대학들을 알아본
다면, 그러면 대학 선택이 보다 쉬워지지 않을까?' 이렇게 진술하면 그것이 왜
걱정거리이고 문제인지를 이해하고 나아가 무엇을 추측하거나 예상하는 것이
쉬워진다. 특히 도전을 일으키고 있는 '원인'을 확인해 내는 것이 중요하다.

V

단계 2: 핵심 문제의 선정과 진술

(1) 가장 유망해 보이는 도전을 선택
(2) 핵심 도전을 핵심문제(UP)로 행동적으로 진술
(3) 문제의 재진술과 선택

앞 단계에서 생성하고 선택해 낸 '도전'들은 보다 일반적이고 범위가 넓은 '걱정거리'이거나 또는 우리가 바라는 '기대' 내지 '희망' 같은 것이다. 이제는 이들 도전들 가운데 가장 유망하고 중요해 보이는 한 개를 '핵심 도전'으로 선택하고, 그것을 문제해결의 작업을 시작할 수 있게 보다 구체적이고 행동적인 '문제'로 진술해야 한다. 그러한 문제 진술은 우리에게 적극적인 자극과 격려를 줄 뿐 아니라 문제를 해결해 가는 목적과 '방향'을 구체적으로 지시해 줄 수 있어야 한다.

(1) 가장 유망해 보이는 도전을 선택

가장 유망해 보이는 핵심의 도전을 '선택'을 하려면 토픽과 과제 장면에 관한 연구와 정보를 탐색하고 이를 활용하는 것이 중요하다. 그래야 과제(텍스트)의 전체 모습을 깊게 이해할 수 있고 '예상하지 못했던 중요한' 것도 발견할 수 있다. 이들을 바탕 하여 광범위하게 생성해 낸 '도전들' 가운데 정말로 중요해 보이는 한 개의 도전을 찾아내어야 한다. 문제를 제대로 발견하면 문제는 이미 반 이상 해결된 것이라고 말하기도 한다. 최종적으로 선택한 '도전'을 '핵심 도전'이라 부른다.

다음과 같은 준거(기준)에 따라 어떤 도전/기회를 우선하여 다룰지를 선택할 수 있다. 선택에는 두 가지 방법이 있을 수 있다. 하나는 준거들을 참조하여 어느 것이 가장 그럴듯한지를 '느낌'으로 결정하는 것이다. 다른 하나는 '평가행렬법'을 이용하여 가장 높은 점수의 것을 선택하는 것이다(5장의 'Ⅴ. 수렴적 사고의 기법들'에 있는 '평가행렬법' 참조).

- 친근도: 이것은 내가 충분히 알고 있거나, 또는 어디서 더 많은 정보를 찾을 수 있는지를 알 수 있는 영역의 것인가?
- 중요성: 이 영역이 얼마나 중요하다고 생각하는가?
- 즉시성: 이것은 지금 바로 시작하고 싶은 영역인가?
- 필요성: 이것은 창의적 노력을 할 필요가 있는 것인가, 아니면 사실을 확인하거나 시간이 지나면 저절로 향상될 수 있는 어떤 것인가?

(2) 핵심 문제를 행동적으로 문제 진술

이제는 선정한 핵심 도전을 구체적이고 초점이 있는 '핵심 문제'(UP, Underlying Problem)로 문제 진술한다. 문제의 진술은 구체적인 용어를 사용하여 적극적이고, 작업 가능하고, 방향지시적인 것이 되게 해야 한다. 핵심 문제는 다음과 같은 네 개의 요소가 포함되는 의문문의 완전 문장으로 진술한다. 이러한 형태로 '문제'를 진술하면 아이디어 생성을 자극할 뿐 아니라 바라는 결과가 무엇이며 누가 책임을 지며 어떤 방향으로 창의적으로 행동해 갈 것인지를 분명하게 보여줄 수 있다. 회의나 미팅의 안건도 이러한 행동적인 문제진술로 제시하는 것이 바람직하다.

- 어간: 어떻게 하면 … ? (H2)
   어떤 방법으로 하면 … ? (IWWM)
   어떻게 … ? (HM)
- 문제의 소유자(행위자): 어떻게 하면 '우리가' … ?
   어떻게 하면 '작업 팀이' … ?
   어떤 방법으로 '클럽'이 … ?
- 핵심 동사(구): 1개만의 핵심적인 동사(구)를 사용한다. 그래야 핵심 문제를 해결하기 위하여 무엇을 해야 할지가 분명하게 방향지시 될 수 있다. 문제의 진술에는 당신이 행위하고 싶은 것을 진술하는 '구체적인 행위 동사'가 반드시 포함되어야 한다. 예컨대, '어떻게 하면 우리가 학교 소속감을 증진시킬 수 있을까?'('증진시키다'). 그런데 '행위 단어'는 더 많

은 '아이디어 생성'을 해 낼 수 있게 하기 위하여 '정지 한다'나 '회피하다'와 같은 절대적인 동사보다는 '감소시키다'나 '격려하다'와 같은 융통성 있는 동사를 사용해야 한다.
- 목적: '목적'은 핵심 동사(구)가 나아가는 방향이며, 그리하여 바라는 '목적'이 무엇인지를 기술한다. 목적은 행위의 방향을 지시해 준다.

(3) 문제의 재진술과 선택

일단 문제를 진술하고 나서 되돌아 살펴보면, 이러한 시초의 문제 진술이 너무 넓거나 너무 좁다는 생각이 들 수도 있다. 이런 경우는 시초의 문제 진술이 너무 넓거나 너무 좁지 않게 조정한다. 우리가 원하는 문제진술은 너무 광범위해서도 안 되고, 그렇다고 너무 좁고 구체적인 것이어서도 안 된다. 전자의 경우는 대안의 아이디어가 너무 많고, 후자의 경우는 대안이 너무 제한적이기 쉽다. '추상화 사다리' 기법(ladder of abstraction)은 가능한 문제 진술의 스펙트럼을 조정하는 데 유용하게 사용할 수 있는 기법이다(5장의 '추상화 사다리 기법' 참조).

(i) '어떻게'와 '왜'라는 두 가지 질문을 사용하면 더 좁은 또는 더 넓은 다른 수준의 문제 진술을 생성해 낼 수 있다.

이들 질문을 한 다음, 얻은 반응/대답을 새로운 문제 진술로 바꾸면 당신은 문제 진술의 추상화 사다리를 내려가거나 올라갈 수가 있다.

(ii) '왜'라는 질문이나 '또 왜'라는 질문에서 얻은 대답을 문제 진술로 바꾸면 이때의 문제 진술은 보다 넓고 일반적이고 더 추상적인 것이 된다.

그래서 당신은 추상화 사다리를 올라가게 된다. 반면에 '어떻게'라는 질문이나 '또 어떻게'라는 질문을 하여 얻은 대답을 문제로 진술하면 추상화 사다리를 내려가게 된다. 문제 진술의 보기는 아래와 같다.
- 어떤 방법으로 하면 내가(IWWMI)수업에서 학생들의 동기를 향상시킬 수 있을까?
- 어떻게 하면 내가(H2) 시간 활용의 우선순위를 정할 수 있을까?
- 어떻게 하면(H2) 우리 학급을 위한 비전을 만들 수 있을까?

- 어떻게 내가(HMI) 내 자신의 창의력을 향상시킬 수 있을까?
- 어떻게 하면(H2) 작업할 때 집단 협동을 증진시킬 수 있을까?
- 어떤 방법으로 하면 우리가(IWWMW) 모든 학생들이 교과외 활동을 즐길 수 있는 기회를 확대시킬 수 있을까?
- 어떻게 하면(H2) 사람들이 자신의 창의적 및 비판적 사고의 교육에 관심을 가지게 할 수 있을까?

또한 처음에 만든 시초의 '문제 진술'에 있는 '동사'와 '목적어'를 다른 것으로 바꾸어 보면 중요한 새로운 문제 진술을 얻을 수도 있다. 보기의 요령은 다음과 같다.

- 시초의 진술: '어떤 방법으로 하면 우리가 새로운 고객을 유치할 수 있을까?
- 동사('유치하다')에 밑줄하고 그것 대신 사용할 수 있는 다른 동사들을 나열해 본다.
- 목적어('새로운 고객')에 밑줄치고 그 자리에 다른 목적들을 나열해 본다.
- 동사와 목적어를 '섞고 조합'하여 새로운 문제 진술을 만든다. 그러면 전혀 새로운 방향을 지시해 주는 문제 진술이 가능할 수 있다.

	동사	목적어
어떻게 하면…	**유치하다**	**새로운 고객**
	찾아내다	사업
	발견하다	더 많은 소비자
	유인하다	판매
	계약하다	반복적인 판매
	보장하다	상이한 인력
	끌어들이다	큰손
	잡다	더 넓은 판매망
	붙잡다	위험 감수자
	이기다	새로운 얼굴
	벌다	회원
	흥분시키다	집단 판매
	창의하다	위탁 판매

VI

단계 3: 해결 아이디어의 생성

창의적 문제해결의 두 번째 과정 요소인 '아이디어 생성'에는 '해결 아이디어의 생성'이란 한 개의 단계만이 있다. 여기서는 확인/발견해서 진술한 '핵심 문제'를 해결하기 위한 아이디어를 많이 생성해 내고 그런 다음 그것들을 수렴한다.

(ⅰ) 핵심 문제를 해결하기 위한 많은, 다양한, 독특한 아이디어를 생성
(ⅱ) 그럴듯하고 잠재력이 있어 보이는 아이디어를 선택

다루어 가야 할 핵심 문제를 행동적으로 진술하고 나면 이제는 그 문제를 해결할 수 있는 창의적인 아이디어를 많이 생성해 내어야 한다. 그런데 한 가지 기억해 둘 것은 여기서 말하고 있는 '해결 아이디어'와 다음의 단계 4에서 말하고 있는 '해결책'을 구분하는 것이다. 문제/과제에 적절하고 유용한 아이디어만을 '해결책'이라 하기 때문이다. 모든 해결 아이디어가 문제/과제에 적절하고 유용한 것은 아닐 것이다.

(1) 해결 아이디어의 생성

이제 다루고 있는 핵심 문제를 해결하기 위하여 많은 해결 아이디어를 발산적 사고한다.

• 문제 해결을 위한 아이디어를 생성해 내는 것은 단순히 기억해 내는 것만이 아니다.

- 딱 하나가 아니라 많은 아이디어를 찾으려고 노력해야 한다.
- 새롭고 유용한 아이디어는 기존의 것을 수정하거나 확대한 것일 수도 있고 또는 열린 마음으로 새로운 지평을 탐색하는 것일 수도 있다. 브레인스토밍 기법을 가장 많이 사용한다. 그런 다음 기타의 발산적 사고도구를 찾아 사용할 수 있다(5장의 '발산적 사고의 기법들' 참조).
- 창의력의 요소를 가이드로 해서 발산적으로 사고한다(5장의 '창의력의 요소' 참조).
- 유창성 – 많은(아이디어)
- 융통성 – 다양한
- 독창성 – 독특한
- 정교성 – 자세한

(2) 해결 아이디어의 선택

많은, 다양한, 독특한 해결 아이디어를 충분히 생성해 내었으면 이제 수렴적 사고를 통하여 정말로 그럴듯해 보이는 몇 개로 좁혀 가야 한다. 아직은 한 개의 해결 아이디어를 최종적으로 선택할 필요는 없다.

적절한 수렴적 사고 도구를 선택하여 사용하라. 반드시 한 개의 사고 도구만을 사용해야 하는 것은 아니다. '긍정적 판단' 등과 같은 수렴적 사고를 위한 가이드라인을 지키는 것이 중요하다. 다음과 같은 질문을 해 보면 도움 될 수 있다.

- 생성해 낸 아이디어들 가운데 어느 것이 가장 유망해 보이는가?
- 어느 것이 가장 흥미로운가?
- 어느 것이 실천 가능한 것인가?

(i) 아이디어의 개수가 방대할 때는 먼저 '힛트' 아이디어를 체크한다.

그리고 '핫 스팟'을 찾아라 – 핫 스팟이란 공통적인 주제를 다루고 있거나 공통적인 요소/내용을 가지고 있는 힛트의 묶음을 말한다. 그런 다음 '하이라이팅 기법'을 사용하여 '핫 스팟'의 주제나 결정적인 측면을 확인하여 묶음에 이름을 붙이고 선택한다(5장의 '수렴적 사고의 기법들' 참조).

(ⅱ) 한 개 또는 몇 개의 아이디어를 더욱 면밀하게 따져 보고 싶은 경우. 이러한 경우는 ALU 기법을 사용할 수 있다.

이 기법은 어떤 한 개 또는 몇 개의 아이디어가 마음에 들기는 하지만 집단의 모든 사람들이 같이 이해하고 공감할 수 있게 하거나 또는 그것을 더 낫게, 더 강한 것으로 발전시켜 보고 싶을 때 적절하다.

(ⅲ) 몇 개의 대안들을 우선순위 매겨야 할 경우

이러한 경우에는 쌍비교 분석법 PCA를 사용할 수 있다. 이 기법은 상대적인 순위에 따라 대안을 선택할 때 사용할 수 있는 기법이다(5장 '수렴적 사고의 기법들' 참조).

VII

단계 4: 해결책의 개발

창의적 문제해결의 세 번째 과정 요소인 '행위를 위한 계획'에는 '해결책의 개발'과 '행위계획의 개발'의 두 개의 단계가 포함된다. 여기서는 가장 그럴듯한 '해결 아이디어'를 결정하고 이를 더욱 다듬어 '해결책'으로 만들어 낸다.

(i) 해결 아이디어를 평가할 수 있는 준거의 생성
(ii) 준거를 적용하여 해결 아이디어 선택
(iii) 그럴듯한 해결책 만들기

다루는 문제를 구체적으로 행동진술하고 이를 해결하기 위한 아이디어를 충분한 개수로 생성해 내었으면, 이제는 이들 해결 아이디어 가운데 가장 그럴듯한 것을 선택하거나 몇 개의 해결 아이디어를 하나로 조합하여 문제에 대한 해결책으로 만들어야 한다.

(1) 아이디어 평가를 위한 준거의 생성

유망한 해결 아이디어를 충분한 개수로 생성해 내고 나면 이제는 이들 해결 아이디어 가운데 가장 그럴듯한 것을 선택하거나 이를 더욱 개선 또는 향상시켜 핵심문제 UP에 대한 해결책(solution)을 개발해야 한다. 세 가지 경로에 따라 작업할 수 있다.

(ⅰ) 해결 아이디어들 가운데서 선택하기

여러 그럴듯한 해결 아이디어들을 가지고 있다면 이들을 평가하거나 우선순위를 매기기 위한 준거를 생성하고, 이를 적용하여 선택한다.

(ⅱ) 해결 아이디어들을 조직화하기

해결 아이디어의 개수가 많으면 압도되지 않도록 적당한 숫자의 범주로 압축하여 분류하고, 결집(묶음)을 만든다.

(ⅲ) 그럴듯해 보이는 해결책을 이미 갖고 있다면 이것을 목표에 맞게 더욱 다듬고 강대화하기 위하여 ALU 기법 같은 것을 사용하여 강점과 약점을 철저하게 분석한다. 그리고 더욱 발전시킨다.

여러 해결 아이디어들 가운데 선택하거나 우선순위를 매기려면 먼저 이들을 평가할 수 있는 중요한 준거(기준)를 생성해 내어야 한다.

(ⅰ) 일반적으로는 다음의 다섯 개 준거를 많이 사용한다(CARTS).

• 비용(Cost): 비용 효과적인가, 가용한 예산 범위내인가?
• 수용(Acceptance): 남들이(소비자가, 내가) 수용할 수 있을까?
• 자원(Resources): 필요한 자원이 가용한가?
• 시간(Time): 시간 요구에 맞는가?
• 공간(Space): 필요한 공간이 있는가?

(ⅱ) 준거는 다루는 구체적인 과제와 목표에 적절해야 한다.

다음과 같은 네 개의 가이드라인을 충족시키는 준거를 만드는 것이 바람직하다.

• '어느 해결책이 … ?'로 시작하는 완전문장의 의문문으로 진술한다.
• 각 준거는 한 가지 기준(차원, 측면)만을 다루게 진술한다.
• 최상급을 사용한다.

• 바라는 방향으로 표현되게 한다.

⇒ 보기, 어느 해결책이 학생들에게 가장 안전할까?

(2) 준거를 적용하여 해결 아이디어 선택

무엇을 성취하고 싶은가에 따라 취할 수 있는 경로는 다를 수 있는데 대개보아 여기에는 대안 개발하기, 대안 좁히기 및 대안 평가하기 등이 있다. 사용할수 있는 수렴적 사고 도구는 5장을 참조할 수 있다.

(ⅰ) 몇 개의 해결 아이디어들을 모두 가지고 작업하려는 경우

한두 개 또는 몇 개의 정말로 그럴듯하고 유망한 해결 아이디어가 있는데 이들 모두를 사용할 수 있으면 '해결책의 개발'은 특별히 필요하지 않을 수도 있다. 그러나 이러한 경우도 이들 해결 아이디어를 더욱 완전하고, 강력하고 더욱다듬어진 것으로 만들어야 하는데 이런 경우 사용할 수 있는 것이 ALU 기법이다. 아이디어의 약점(한계)을 극복하면서 독특한 잠재력을 살려 정말로 매력적인것으로 만들 수 있다.

(ⅱ) 등급이나 우선 순위 매기기

몇 개의 그럴듯한 아이디어가 있는데 모두를 사용할 필요는 없는 경우도 있다. 이런 경우는 어느 것이 최선의 것이며, 어느 것을 먼저 사용할 수 있는지,어느 것이 성공할 가능성이 가장 큰 것인지 등을 결정해야 한다. 또는 등수를매겨 시상을 해야 하는 경우도 있다. 이때는 쌍비교 분석법(PCA)으로 가능한 모든 쌍들을 비교해 보고 결정한다. 그러나 아이디어들의 개수가 너무 많으면PCA는 사용하기가 쉽지 않다(5장의 '쌍비교 분석법' 참조).

(ⅲ) 그럴듯해 보이는 여러 개의 아이디어를 평가하여 선택하기

아주 유망해 보이는 해결 아이디어를 여럿 가지고 있지만 모두 어떻게 해야할지를 모를 수도 있다. 이런 경우는 어떤 아이디어가 잠재력이 가장 큰 것인지를 평가해야 하는데 이때 유용하게 사용할 수 있는 것이 '평가 행렬법'이다. 여기서는 한 번에 하나씩의 준거를 가지고 모든 아이디어를 평가한다. 각 준거의 평정 척도는 단어나 구로 할 수도 있고(예컨대, 좋은, 보통, 나쁜), 또는 숫자를 사용할 수도 있다(예컨대, 1(나쁜) ~ 5(가장 좋은)). 중요한 준거에 가중치를 주어 사정할 수도 있다.

준거를 모두 적용하여 얻은 결과에 따라 판단한다. 반드시 한 개의 대안(해결 아디이어) 만을 선택해야 하는 것은 아니다. 즉시적으로 사용할 수 있는 것, 수정하여 사용할 수 있는 것 또는 내용에 따라 한 개 이상의 것을 같이 조합하여 새로운 것을 만드는 식으로 몇 개의 해결 아이디어를 찾아 낼 수도 있다.

(3) 그럴듯한 해결책 만들기

선택했거나 또는 조합하여 만든 해결 아이디어를 '해결책'으로 보다 자세하게 발전시킨다. 여기에는 다음의 것이 포함되게 한다.

- 누가(그것을 실행 할 것이며),
- 무엇을(할 것이며),
- 어떻게(할 것이며),
- 왜(그것을 실행할 것인가?)

VIII

단계 5: 행위 계획의 개발

(ⅰ) 해결책의 실행에 도움될 수 있는 '조력자'와 반대로 방해가 될 수 있는 '저항자'들을
확인
(ⅱ) 행위 단계의 개발과 행위 계획의 진술
(ⅲ) 구체적인 행위 계획의 개발

이 단계에서는 먼저 해결책을 성공적으로 실행해 가는 데 도움 되거나 방해
가 될 수 있는 것들을 확인해 내고, 나아가 이들을 활용하면서 실행을 위한 구
체적인 행위 계획을 만들어 내어야 한다. '좋은' 아이디어와 '유용한' 아이디어
사이에는 커다란 차이가 있을 수 있다. 새로운 변화는 대개의 경우 저항과 거부
에 직면하기 쉽다. 혁신적인 것일수록 더욱더 그럴 것이다. 그러므로 실제로 그
러한 아이디어를 사용하는 소비자의 눈으로 '해결책'을 들여다보고 현실에 먹혀
들게 계획해야 한다. 먼저 수용토대를 구축하여 저항을 극복하고 가능한 조력을
얻어 해결책을 무리 없이 실행해 가기 위한 효과적인 행위 계획을 마련해야 한
다. 아무리 좋은 해결책이라 하더라도 그것을 어떻게 구체적으로 실행할 수 있
는지를 알 수 없으면 그것은 여전히 불완전하다.

(1) 조력자와 저항자 확인

먼저 해결책을 실행하는 데 도움되는 지원이나 조력을 최대로 확보하고, 반
면에 방해되는 것을 최소화하는 노력을 기울여야 한다. 훌륭하고 유망한 해결책

〈표 6-5〉 해결책 실행에 대한 조력자와 저항자

	조력자	저항자
누가? 무엇이? 어디서? 언제? 왜?	도움될 수 있는 사람은? 도움되는 대상, 장비 또는 활동은? 더 유용한 장소 또는 사건은? 적절한 시간이나 장면은? 효과적으로 활용할 수 있는 이유는?	계획에 제동을 걸 수 있는 사람은? 진행에 방해될 수 있는 것은? 불리할 수 있는 장소는? 부적절한 시간이 있는가? 당신의 계획을 수용하지 않을 수 있는 이유는?

도 필요한 지원이나 조치 또는 헌신적인 노력이 모자라 '덩굴 위에서 죽어버리는' 일도 적지 않게 있다. 좋은 아이디어와 실현할 수 있는 유용한 해결책은 크게 다를 수 있다.

조력자(assisters)란 사람만이 아니다. 성공적인 행위의 가능성을 향상시켜 줄 수 있는 것이면 어떤 것도 조력자라 할 수 있다. 여기서 당신은 6하 원칙을 사용할 수 있다.

그리고 가능한 저항자(resisters)들을 확인해 낸다. "잘못될 수 없는 것은 아무 것도 없어"라고 과신하는 잘못된 함정에 빠지지 말라. 잘못될 수 없는 아이디어란 거의 없다. 보다 새롭고 보다 독창적인 아이디어일수록 무엇인가가 잘못될 수 있을 뿐 아니라 실제로 잘못되는 경우가 더 많다. 현명한 문제 해결자는 이러한 현실을 인정하고 거기에 대한 예방대책을 세운다. 저항자란 잘못되거나 문제를 일으킬 수 있는 사람, 장소, 사물, 시간 또는 행위 등이다.

저항자를 다루는 데는 두 가지 방법이 있다: 하나는 그것을 예상하고 그래서, 만약 가능하다면, 그것들이 일어나지 않도록 회피하거나 방지한다. 다른 하나는 만약 당신이 그들을 방지할 수 없다면, 적어도 일어났을 때 그것을 극복하거나 처리할 수 있는 방법을 미리 생각해 본다. 가능한 조력자와 저항자를 생성해 내고 나면 어떤 것들을 가장 중요하게 다루어야 하는지를 정리해야 한다. 그리고 이들에 대한 대응책을 마련하면서 구체적인 '행위 단계'를 개발한다. 조력자와 저항자를 정리하고 있는 것이 <표 6-5>이다.

(2) 행위 단계의 개발과 행위 계획의 진술

해결책의 내용과 이에 대한 조력자와 저항자들을 고려하면서 이제는 해결책을 실행해 가는 구체적인 '행위 단계'를 결정하고 어느 것을, 어떻게, 언제 그리고 어디서 실행할 것인지를 자세하게 계획한다. 일반적으로는 24시간 단계, 단기적인 단계 및 장기적인 단계의 세 가지 행위 단계들을 많이 사용한다.

(i) 24시간 단계. 오래 기다릴수록 실제로 행동에 옮길 가능성은 그만큼 줄어든다.

그러므로 24시간 이내에 당장, 실패하는 일 없이, 바로 취할 수 있는 한 두개의 구체적인 과제를 확인해 낸다. "내일 아침까지 나는 …"이라고 시작함으로서 스스로를 구속하고 그 일에다 발을 담근다.

(ii) 단기적인 단계

다음으로 당신의 계획을 진척시켜 갈 수 있는 몇 개의 단기적인 단계를 확인해 낸다. 얼마나 즉시가 단기적인가? 그것은 전반적인 시간 계획과 다루는 문제에 달려 있다. 무엇을 '단기'로 할 것인지를 결정하고, 그것을 분명하게 표현하고, 그리고 그러한 시간 구조에서 당신이 취하려는 행위를 나열하라(예컨대, "다음 주 이 시간까지, 나는 …").

(iii) 장기적인 단계

마지막으로, 당신의 전반적인 스케줄과 장면의 요구에 따라 '장기'를 정의하고 거기서 당신이 취하려는 구체적인 행위를 나열한다.

(3) 구체적인 행위계획의 개발

조력자와 저항자를 확인하고 이들을 최대로 활용할 수 있는 계획을 만들고 그리고 행위 단계에 따라 일정을 계획하고 나면 전체적이고 구체적인 행위계획을 개발해야 한다.

각 행위 단계에서 해야 할 일, 몇 개의 부서가 있으면 부서별로 역할을 배분하고, 조력과 후원을 구하는 것 등의 작업을 한다. 행위계획을 만들 때는 누가, 무엇을, 언제, 왜 및 어떻게가 포함되게 진술해야 한다. 또한 '행위의 계획' 속에 있는 단계를 실천해 갈 때 무슨 일이 벌어지느냐에 따라 원래의 계획을 반성해 보고, 수정하고, 그리고 어떤 것을 삭제하고 다른 단계를 추가하는 것 등이 필요해 질 수도 있다. 중요한 것은 자신이 '행위의 계획'을 통제할 수 있어야 하며 그래서 언제든지 그것을 수정할 수 있어야 한다는 것이다.

시작할 수 있는 계획을 가지는 것이 중요하다. 그리고 당신이 무엇을 했는지, 성공적인 것은 무엇이었는지(또는 성공적이지 못했는지), 그리고 다음에 할 필요가 있는 것은 무엇인지 등을 자세하게 기록해야 한다. 또한 당신의 계획과 취했던 행위를 어떻게 평가할 것인지도 계획해야 한다. 이렇게 해서 구체적인 실천의 행위계획을 만들어야 한다.

작은 과제/프로젝트라 하더라도 전체에 대한 행위계획에는 적어도 세 개의 단락이 포함되는 완전한 것이어야 한다. 첫째 단락은 행위계획에 대한 개관이고, 두 번째 단락은 당신의 행위계획이 왜 그리고 어떻게 핵심 문제를 해결할 수 있는지를 말하고, 세 번째 단락에서는 당신의 계획이 왜 그리고 어떻게 토픽과 과제 장면에 긍정적인 영향(효과)을 미칠 것인지를 설득력 있게 설명하는 것이다.

IX

디자인 씽킹

여기서는 디자인 씽킹(디자인 사고, DT, Design Thinking)의 창의적 문제해결 방법을 다루어 본다. DT에서 다루는 '문제'는 우리가 눈으로 볼 수 있는 '가시적인 산출이나 과정'(過程)을 생산해 내는 것이다. 반면에 앞에서 알아본 CPS나 학교 창의력의 '창의적 문제해결'에서 다루는 '문제'는 대개가 개념적인 것이며 가시적인 것뿐 아니라 생활의 추상적인 문제를 포괄하는 광범위한 것이다. 그러므로 DT의 '문제'는 FPSP와 같은 학교 창의력 프로그램이 다루는 '문제'의 어떤 특수한 경우라 이해해 볼 수도 있겠다. FPSP에서는 어떤 구체적인 산출을 생산해 내는 구체적인 문제뿐 아니라 보다 '개념적'인 문제, 예컨대 '세계적 대유행병 과제'와 같은 보다 추상적인 것을 많이 다루기 때문이다. 아래에서는 DT를 논의하면서 그것이 학교 창의력 프로그램과 어떻게 상관되는지를 같이 살펴봄으로서 학교 창의력 프로그램을 보다 융통성 있게 사용하는 데 도움 될 수 있기를 기대한다.

디자인 사고는 Simon(1969)이 제안한 것으로 새로운 산출이나 과정(過程, 방법)을 생산해 내기 위한 하나의 비즈니스 방법이다. DT에서는 학생들이 스스로 자신이 디자이너인 것처럼 생각하고 그렇게 행동하는 학습경험을 가지게 하며 그러는 과정에서 자신들의 비판적이고 창의적인 사고기능을 개발하고자 한다.

DT는 복합적인 현실 세계의 문제를 일련의 디자인 과정을 거쳐 혁신적인 해결책을 개발해 보게 하는 학제적인 교수학습 방법이며 또한 창의적 문제해결 방법이다. 학생들은 전문적인 디자이너처럼 중요한 '도전'을 발견하여 여러 가지 해결책을 생산해 내고 그런 다음 이들을 분석하고, 평가하여 더욱더 좋은 콘셉트(concept)로, 그리고 가시적인 프로토타입(시제품, prototype)으로 발전시켜 가야 한다. 그래서 이 접근법은 학생 중심적이고 과정 중심적이다. DT는 점차 여러 분야에서 적용하고 있는데, 예컨대, 한선관(2019)은 정보 교과에서 추구하고 있는 컴퓨팅 사고(computational thinking)를 디자인 기반 모형을 적용한 수업을 보고하고 있다.

DT 수업에는 세 개의 핵심적인 측면이 있는데 이들은 융통성 있는 학습 공간, 팀워크 그리고 문제해결에 대한 체제적 접근 등이다. DT 수업은 학생들의 탐색, 새로운 아이디어에 대한 개방성 그리고 지식의 공유를 강조한다. 또한 DT는 특정 분야에서 단기적으로 할 수도 있고, 장기 과제로 할 수도 있다. 구체적인 디자인 프로세스(디자인 과정)에 대하여서는 몇 가지의 제안이 있지만(IDEO, 2014; Rhinow, Noweske & Meinel, 2012; 김창수, 2019) 아래에서는 5개 단계로 나누어 이들을 정리해 본다. 그리고 이에 대응되는 '학교 창의력 프로그램'의 내용은 괄호 안에서 제시한다.

(1) 공감하기

(i) DT에서는 디자인해야 할 '장면'(상황)은 제시하지만 구체적으로 무엇을 어떻게 디자인해야 할지는 모른다.

그런데 디자인해야 할 '산출이나 과정'에는 반드시 그것을 사용하는 '소비자'가 있다.

(ii) 그러한 장면에서 다루어 볼만한 '도전'에 어떤 것들이 있는지를 많이 발산적사고 한다(이를 '디자인 도전'이라 한다, Design Challenges).

소비자의 마음에 들어가서(소비자와 공감하기, 감정이입하기) 그들이 가지고 있는 니즈(요구, needs), 우려 사항, 소망, 기대 등을 찾아낸다. 다음의 형식에 따라 의문문을 사용하여 많은 디자인 도전을 생산한다.

- '만약에 …, 좋지 않을까?'(WIBNI) (소망하는 형태)
- '만약에 …, 큰일이 아닐까?'(WIBAI) (걱정하는 형태)

(ⅲ) 생성해 낸 '디자인 도전들을' 정리하고 이들에 대하여 '연구'한다(자료 탐색).

관찰, 인터뷰, 체험 등의 방법을 사용하며 과제의 조건과 구속, 장면맥락의 이해 및 현재의 '니즈'를 최대로 확인한다.

(ⅳ) 장면의 도전들을 설명해 주는 '브리프'(Brief)를 만들고 작업 스케줄을 계획한다.

(FPSP의 '전단계'와 '단계 1: 도전 확인해 내기'에 해당된다. 거기에는 '토픽의 연구, 자료/정보의 정리와 이해 및 미래장면의 내용과 이해' 등이 포함되어 있다. DT에는 FPSP의 미래장면에 해당하는 디자인 '장면'(상황)은 사전에 주어진다. 그러한 장면에 있는 도전을 확인해 내고, 이들에 관하여 '연구'하는 것은 FPSP에서와 마찬가지이다. 다만 DT에서는 관찰이나 인터뷰 등을 통하여 소비자와 공감하여 소비자의 마음/입장에서 니즈를 확인하는 것을 특별히 강조한다. 그러나 디자인 도전을 생산해 내기 위하여 WIBNI와 WIBAI 방법을 사용하는 것은 동일하다).

(2) 문제 정의하기

(ⅰ) 그럴듯한 디자인 도전들을 전체적으로 연구해 보고 가장 그럴듯해 보이는 것을 선정한다.

그것은 연구과정을 해석해 보고, 핵심 이슈를 찾아보고, 그리고 '아하' 하는 통찰을 가지게 하는 어떤 것이다. 어떤 소비자에 대한 것이며, 어떤 요구이며, 무엇이 흥미로운 것인지 등을 기록한다.

(ⅱ) 통합 정리하여 서비스 목표가 되는 핵심 문제를 선정하고 의미 있는 아이디어가 생성될 수 있게 핵심 문제를 진술한다.

그리고 문제에 대한 여러 시각들을 수집하고, 해석하고, 종합하여 적절한 통찰과 행위 가능한 해결 아이디어가 생산될 수 있게 한다.

(ⅲ) 핵심 문제에는 다음의 것들이 포함되게 한다.

- A(Audience, 대상): 수요자/고객
- B(Behavior, 행동): 행위동사(구)
- C(Content, 내용): 기대하는 내용(목표)
- D(Doubt, 의문): 의문문의 형태

(FPSP의 단계 2(핵심 문제의 선정)에 해당된다. 단계1에서 생성해 낸 도전들 가운데 가장 유망해 보이는 것 한 개를 핵심도전으로 선정하고 이것을 핵심 문제로 진술한다. 진술은 구체적이고 행동적인 것이어야 한다. 핵심문제 UP의 진술에는 네 개 요소, 즉 CP(조건구), S(의문문의 어간, … 어떻게 하면 우리가 … 할 수 있을까?), KVP(핵심동사구), 및 P(목적, 실행하는 목적이나 이유) 등이 포함되어야 한다. 그러므로 여기서는 DT와 FPSP 사이에는 내용상의 차이가 거의 없다).

(3) 아이디어 생성해 내기

(ⅰ) 문제를 해결하기 위한 다양한 아이디어를 상상하고 생산해 낸다. 특히 브레인스토밍 기법을 많이 사용하여 창의적이고 협동적인 팀이 되게 한다.

(ⅱ) 생산해 내는 아이디어를 마인드맵이나 콘셉트 스케치(concept sketch) 방법으로 시각적으로 제시하면서 아이디어들이 서로 연결되고 융합되게 한다. 그리고 이것을 더욱 자세하게 발전시킨다.

(ⅲ) 그럴듯해 보이는 몇 개의 아이디어가 있으면 평가 기준을 설정하고 적용하여 선택하거나 우선순위를 매긴다.

(FPSP의 '단계3- 해결 아이디어 생성' 및 '단계 4: 해결책의 개발'에 해당된다. 여기서는 많은 해결 아이디어들을 생성해 낸 다음, 평가 준거를 만들고 이를 활용하여 가장 유망한 해결 아이디어를 선택한다. DT에서는 아이디어들을 생성하고 정교화하는 데 시각적인 방법을 보다 중요하게 사용한다는 것 이외는 둘 사이에 차이가 없다).

(4) 시제품 만들기

(i) 가장 그럴듯해 보이는 해결 아이디어(해결 콘셉트)를 가지고, 이제 구체적이고 관찰 가능한 형태의 '시제품'(prototype)을 만든다. 빠르게 그리고 저렴하게 만드는 것이 중요하다. 그것은 쉽게 수정할 수 있으며, 그래서 신통치 않으면 또 다른 해결 콘셉트를 가지고 시제품 만들기를 반복할 수 있어야 하기 때문이다.

(ii) 프로토타입(시제품)이란 머릿속에 있는 개념적인 '해결 아이디어'를 관찰 가능하게 표현한 것으로 제품, 모형, 그림, 행위연출, 만화, 필름 등 해결 아이디어를 이해하도록 할 수 있는 가시적인 것이면 어떤 형태의 것일 수도 있다. 다양한 시제품을 만들어 장단점을 분석하고 가장 그럴듯한 것을 선택한다.

(iii) 시제품은 소비자에게 실제 상황과 같은 경험을 시뮬레이션으로 제공하기 위한 것이므로, 소비자와 의사소통 할 수 있는 최소 수준이면 된다.

(FPSP에는 '행위를 위한 계획'이라는 세 번째의 과정 요소에서 핵심 문제를 해결할 수 있는 최선의 해결 아이디어를 선정하고 거기에서 '해결책'을 만든다. 그런 다음 이를 실제로 실행하기 위한 '행위 계획'을 개발하고 그것을 실제로 실행할 수 있기를 기대한다. 그러나 경우에 따라서는 시간이나 자원이 가용하다면, 생산해낸 해결책을 가지고 어떤 '산출'의 '시제품'을 만들거나 또는 어떤 산출에 대한 '디자인'이나 '계획'(플랜)을 만들도록 요구할 수도 있다. '시제품'이란 해결책을 관찰 가능한 어떤 가시적인 형태로 만드는 것이기 때문에 '해결책'의 내용이 어떤 것인지를 쉽게 이해할 수 있게 된다. 그러나 DT에서는 해결책(해결 콘셉트)이 정해지면 그것을 가지고 반드시 '시제품'을 만들어야 한다. DT에서는 어떤 새로운 산출을 디자인하거나 발명하거나, 또는 생산해 낼 것을 요구하는 '과제'를 다루며, 그러로 가능한 가시적인 산출이나 과정을 창의해 내는 것이 목표이기 때문이다).

(5) 검증하기(발전시키기)

(i) 생산해 낸 시제품에 포함되어 있는 아이디어와 해결책에 대하여 검증 과정을 거치고, 수정하고 더 나은 것으로 발전시킨다. 그리하여 시제품

의 실제 활용 가능성을 체크한다.

(ⅱ) 교사, 동료, 및 기타 관계자나 소비자에게 시제품을 사용해 볼 기회를 주고 이들로부터 피드백을 받는다.

(ⅲ) 피드백은 소비자에 대하여 더 깊게 이해하는 과정이며 시제품에 대하여 만족스러운 점, 불편한 점 또는 대안적인 아이디어를 찾기 위한 것이다.

(ⅳ) DT의 과정은 반복적인 성질이 있어서 하나의 국면에서 다른 국면으로, 또는 몇 개의 단계나 전체 과정을 왔다갔다하거나 반복할 필요도 있을 수 있다.

(FPSP에는 행위 계획을 개발하는 단계 5에서 끝이 난다. 그러면 실제로 행위 계획을 실천하면서 계획을 수정할 수도 있고, 또는 단계 1~5의 어느 것으로 되돌아가는 경우도 있다. DT에서는 이러한 과정을 '시제품'을 만들면서 반복하는 셈이다. FPSP에서 시제품을 만드는 경우는 이러한 과정은 동일할 것이다).

디자인 씽킹의 비즈니스 방법에서 다루는 원래의 문제는 '정의가 잘되어 있지 아니한 것'이다. 문제의 장면(상황)만 주어져 있을 뿐이고 구체적으로 어떤 문제를 어떻게 창의적으로 디자인해야 하는지를 모르는 데서 시작한다. 그래서 우리는 디자인 도전들을 상상하면서 핵심 이슈를 찾아 그것을 행동적으로 문제로 진술하고, 프레임으로 정의하고 그리고 소비자의 요구를 분석해야 한다.

디자인 과정에서 학생들은 자신의 사고와 행위를 효과적으로 적용할 수 있기 위하여 분석적 및 전략적 사고를 사용할 수 있어야 한다. 문제 장면과 문제가 지니고 있는 복합적인 성질들을 인지하고 위험을 감수하고 그리고 오뚝이 같이 다시 또다시 일어서 시작할 수 있는 복원력을 보여줄 수 있어야 한다. 실수는 할 수 있지만, 중요한 것은 그러한 실수의 경험을 바탕하여 또 다시 앞으로 성취해 갈 수 있음을 믿어야 한다.

X

창의력을 어떻게 가르칠 것인가?
- 부화식 수업모형

창의력/창의적 사고는 새롭고 유용한 아이디어/해결책을 생산해 내는 능력이다. 이러한 창의적인 능력은 일상생활뿐 아니라 전문적인 도전/문제를 해결하는 데도 성공적으로 사용할 수 있어야 한다. 문제에는 개인이나 집단의 문제, 직업적 문제, 비즈니스 문제, 기획 문제 등이 다양하게 포함될 것이다. CPS나 FPSP의 '창의적 문제해결' 모형은 유치원에서 대학생까지 조직이나 기업체에 있는 성인에 이르기까지 다양하게 활용하고 있고 또한 실제로 적용하여 사용하고 있다.

그러면 창의적 사고력의 교육은 어떻게 접근할 수 있을까? 학교에서 창의적이고 비판적인 사고력을 가르치는 데는 크게 보아 세 가지 이론이 제안되어 있는데 이들은 모두가 정규 교과목 수업과의 관계에 따른 것이다. 하나는 '독립적 접근법'으로 창의적 사고력을 교과 수업과는 별도로 방과후 또는 독립적인 시간에 외현적으로 가르친다. Torrance의 FPSP와 CPS가 대표적인 보기이다. 둘째는 '몰입형 접근법'(immersed)으로 창의적 사고과정과 기능을 외현적으로 가르치기보다는 교과내용을 깊게 이해하는 것이 바로 창의력 교육의 필요하고 충분한 조건이라 말한다. 깊게 이해할 수 있는 지식은 사고의 과정을 통하여 비로소 습득하게 된다. 여기서는 창의적 사고의 과정보다는 지식의 역할을 강조한다. 마지막 세 번째는 '통합적 접근법'으로 적절한 사고의 과정을 통하여 교과 내용을 깊게 이해하며, 또한 교과내용을 사용하여 창의적이고 비판적인 사고과정과 전략을 교육하고자 한다. 다시 말하면 교과내용의 수업과 창의적 사고력 수업을 하나로 통합시켜야 한다는 이론이다.

뒷부분에서 다루고 있는 '체제적 교육 모형'에서는 창의력을 하나의 시스템이라는 '체제'로 창의력 교육을 접근할 것을 주장하고 있다. 이러한 체제적 교육 모형에서는 창의력 교육의 지렛대 되는 시작 지점으로 '전문지식, 창의적 기능 및 목적적 동기'의 세 가지를 들고 있다. 이러한 이론 모형을 앞에서 다룬 세 가지 접근법에 적용해 보면 대개 보아 '독립적 접근법'은 '창의적 기능'을 교과수업과는 독립적으로 교육하는 것이 되고, '몰입형 접근법'은 '전문지식'을 강조하는 것이 되고, '통합적 접근법'은 '전문지식'과 '창의적 기능'을 통합하여 교육하는 것이 될 것이다. 그러므로 후자는 지식을 통하여 창의적 사고기능을 가르치고, 또한 창의적 사고기능을 통하여 지식/교과내용을 가르치는 것이 된다. 또한 이러한 과정 전체를 통하여 '목적적 동기'를 활성화 하고 자극할 수 있기를 기대할 것이다. 그리고 여기서 다루고 있는 '부화식 수업모형'은 이러한 통합적 접근법을 매우 구체적으로 제시하고 있다고 보아야 한다.

Torrance(1995)의 '부화식 수업 모형'(the incubation model of teaching)은 교과수업이나 기타의 교육 활동에서 교과내용을 가르치면서 비판적(논리적) 사고와 그것을 넘어서는 창의적 사고를 적용하고, 또한 그를 통하여 이들 고차적 사고력을 촉진하기 위한 하나의 모형이다. 그래서 이 수업모형은 독서 지도와 같은 수업을 계획할 때, 수업 재료를 개발할 때 그리고 수업 지도안을 만들 때 등 거의 모든 수업 활동과 문제에서 유용하게 사용할 수 있다. 이 수업 모형은 학생이 학습하는 내용에 대하여 생각하고, 질문하고, 실험하고, 궁극적으로는 학습한 것을 적용해 보는 경험을 해 보게 함으로써 수업하는 단원의 토픽을 깊게 파고들어 가게 만든다. 부화식 수업모형은 세 개의 단계로 이루어져 있는데, 단계 1은 '예상해 보기', 단계 2는 '깊게 이해하기', 단계 3은 '현재의 내용을 넘어서기'이다. 그런데 '예상해 보기'와 '현재의 단계를 넘어서기'에 대하여서는 이미 '3장. Ⅳ. 창의적 이해의 요령'에서 얼마를 별도로 다루었기 때문에 그 부분을 참조할 수 있다.

단계 1: 예상해 보기

이것은 수업의 도입 단계이며, 일종의 워밍업 과정(warm-up)이다. 여기서는 배우려는 것을 예상(기대)해 보게 하며 그래서 실제로 내용/정보가 제시되기 전, 제시되는 동안 또는 제시된 다음에 배우는 내용에 대하여 적극적으로 반응하도록 격려한다. 이 단계의 목적은 배움에 대한 열망을 가지게 하며, 호기심을 자극하고, 상상력을 북돋우며 그리고 지금의 수업 또는 활동을 하는 '이유'를 떠올려 보게 하는 것이다.

워밍업의 준비활동에는 심리적, 사회적, 신체적 활동 등이 다양하게 포함될 수 있다. 수업도입의 구체적인 방법에는 몸을 스트레칭(stretching)하거나 심호흡 하는 것과 같은 간단한 방법도 있다. 배우려는 내용을 마음속에서 상상해 보거나 '시각해' 볼 수도 있다. 그리고 수행 하려는 활동이나 논점을 예상해 보고, 어떤 것을 기대해 보게 하고, 배우려고 하는 것과 자기 생활에 있는 중요한 어떤 것 사이에 있을 수 있는 관계를 생각해 보게 할 수도 있다. '브레인스토밍' 기법은 이러한 목적을 위하여 특히 유용하게 사용할 수 있다. 쉽게 할 수 있는 활동을 예시해 보면 다음과 같다.

(i) 애매한 것 또는 불확실한 것을 제시하기
(ii) 예상/기대를 고조시키기 위한 질문하기
(iii) 해결해야 할 토픽이나 문제에 대하여, 가능한 미래의 요구에 대하여, 또는 예상되는 문제(애로사항, 어려움)에 대하여 생각해 보기
(iv) 문제에 대한 관심과 미래의 니즈(요구)나 수요를 예상해 보기
(v) 새로운 것에 대한 호기심과 알고자 하는 지적 욕망을 자극하기.
(vi) 정보를 다른 여러 시각에서 들여다보기
(vii) 새로운 방식으로 생각해 보도록 다루려는 정보에 대한 도전적인 질문하기
(viii) 정보를 넘어서는 어떤 예측을 해 보기
(ix) 대체적인 방향을 짐작할 수 있는 정도로만 구조화 하여 내용을 제시하기
(x) 수업하려는 정보를 신체 운동으로 표현하여 워밍업 하기

단계 2: 깊게 이해하기

수업할 것을 미리 예상해 보고 기대해 보는 것만으로는 충분하지 아니하다. 다음의 단계에서는 단원/토픽의 내용을 깊게 이해해야 하며, 그리고 예상하지 못했던 것을 새롭게 배우게 되면서 기대가 더욱더 심화되어 가도록 지도해야 한다. 이 단계에서는 깊은 이해와 비판적 사고가 큰 몫을 한다. 이해를 깊게 하기 위해서는 다음과 같은 두 가지 방법을 유용하게 사용할 수 있다.

(1) 첫째, 표면적인 내용을 넘어 핵심의 중심 내용을 찾아보게 하며, 주어진 정보들을 연결시키고, 그리고 있을 수 있는 가능한 문제점들을 찾아보게 한다.

다시 말하면 중심내용과 이를 뒷받침하는 세부내용을 확인하고, 이들을 구조적인 것으로 깊게 이해한다(2장의 '깊은 이해' 참조).

(2) 둘째, 한 번 읽거나 들어보고 쉽게 판단해버리지 않도록 한다.

새로운 정보와 통찰을 찾아보는 열린 마음을 가지며, 상상과 느낌을 통하여 내용을 정말로 이해하도록 노력한다. 배우는 내용을 여러 번 접근하여 평가하고 재평가해 보게 한다. 깊은 이해를 격려하기 위하여 다음과 같은 활동들을 사용할 수 있다.

(i) 어떤 아이디어에 한계나 약점이 있더라도 그것을 냉소적으로 받아들이지 아니하고 잠재적인 가능성을 살펴보면서 건설적으로 받아들이기
(ii) 창의적인 문제해결 과정을 적용해 보기
(iii) 정보를 체계적으로 그리고 더욱 자세히 생각하면서 정교화하기
(iv) 불완전한 형태의 정보를 제시하고 거기에 있는 괴리나 빠져 있는 간격을 메꾸어 보게 하는 질문하기
(v) 부적절한 요소와 분명한 것들을 같이 제시하기
(vi) 이해하기 어려운 것을 계속하여 탐색하고 해결해 보기

(vii) 결말(효과)을 예상해 보기

(viii) 제한적인 정보를 주고 거기에서 앞으로를 예측해 보기

(ix) 정보를 발견하기 위한 방법을 찾아보고 그것을 사용하도록 격려하기

(x) 뜻밖에 놀랄 수 있는 일을 계획적으로 사용하기

(xi) 낙서를 하거나 그림을 그리는 등으로 시각화해 보는 것을 격려하기

단계 3: 현재의 내용을 넘어서기

창의적 사고가 계속하여 일어나기 위해서는 하나의 것에서 다른 어떤 것이 연결되어야 하며, 그리고 배웠던 내용을 적용하여 무엇인가를 해 보는 기회를 많이 가져야 한다. 그러므로 학생들이 현재의 교과 내용, 교재, 활동을 '넘어서', 또는 교사를 '넘어서' 다른 추수적인 활동을 해 보도록 격려해야 한다. 이들은 모두가 창의적 이해를 위한 것이다(3장의 Ⅳ절 참조).

수업에서 배운 아이디어 때문에 관계되는 사람을 만나 보거나, 지역사회에 나가서 적용해 보거나, 실험을 수행해 보거나 또는 작문을 해 보는 등의 활동이 보기가 된다. 구체적인 활동으로는 다음의 것들을 예시해 볼 수 있다(7장의 '교과 외 활동' 참조).

(i) 내용들 사이의 모순이나 괴리를 심도 있게 느껴보게 하는 것

(ii) 건설적인 반응이나 해결을 해볼려고 도전해 보기

(iii) 새로이 알게 된 내용(정보)과 다른 교과목의 내용이나 실제 생활의 경험 과 관련시켜 보기

(iv) 단점이나 제한을 창의적으로 그리고 건설적으로 받아들이기

(v) 분명해 보이고 일반적으로 수용하고 있는 것이라도 더 깊게 파고들기

(vi) 주어진 정보를 보다 더 자세하게 정교화하기

(vii) 조그마한 것이라도 배운 것을 실제로 실험해 보기

(viii) 문제에 대한 해결책을 찾아보기 위하여 공상해 보기

(ix) 수업한 것과 관련하여 미래에 대한 계획을 세워 보도록 격려하기

(x) 주어진 정보를 사용하여 재미있는 유머 만들기

(ⅺ) 정보를 서로 관련시켜 새로운 내용을 만들어 보기
(ⅻ) 정보를 몇 가지의 상이한 시각에서 들여다보기
(ⅹⅲ) 아이디어나 대상을 실험적으로 조작해 보기
(ⅹⅳ) 몇 가지의 가능한 가설들을 만들어 보도록 격려하기

'창의력 개발을 위한 부화식 수업 모형'은 학습자들이 공부하는 것에 대하여 흥미를 가지고 '도전적인 질문'을 제기하고, 내용을 깊게 이해하며, 나아가 주어진 것을 넘어서 적용하고 탐색하게 하는 것이 핵심이다. 여기서는 관심을 가지고 수업할 것을 미리 예상해 보게 하고, 수업할 것이 무엇이며, 그리고 그것이 '왜' 의미가 있는지를 스스로 질문해 보게 하며, 지식을 구조적으로 깊게 이해하게 하며, 그리고 새로운 지식과 적용을 촉진하고 자극하는 질문을 강조하고 있다. 그리고 이러한 과정에서 깊은 기능적인 지식의 습득뿐 아니라 창의력의 특징적인 요소인 유창성, 융통성, 독창성 및 정교성 등의 사고과정과 내용에 공감하는 감정이입, 호기심과 민감성, 모험하기, 상상하기, 복잡하고 애매한 것에 대한 인내심도 강조하고 있다. 이 수업 접근법은 여러 가지의 수업/학습 장면에서 유용하게 활용할 수 있을 것이다.

XI

창의력의 체제적 교육 모형

1. 전통적인 창의력 교육

창의적인 사고와 행동의 능력을 향상시키기 위한 전통적인 창의력 교육은 몇 가지 특징을 가지고 있다. 이들 창의력 교육은 대개가 교과 수업과는 독립적인 '독립적 접근법'을 취하고 있으며 주로 다음의 내용을 다루고 있다(CPS 창의적 문제해결, 김영채, 2021 참조).

- 창의력의 요소와 발산적 사고와 수렴적 사고기법을 훈련하고 나아가 생성해 낸 아이디어를 커뮤니케이션 하는 것에 초점을 두고 있다.
- 다음의 수준으로 창의력 3C, 즉 발산적 사고, 수렴적 사고 및 커뮤니케이션을 균형 있게 전략적으로 적용하는 창의적 문제해결의 과정을 훈련한다.
- 일상의 자료나 인위적인 재료를 사용하는 것에서 점차 현실적인 것으로, 그리고 상급수준에서는 학교의 교과내용이나 지역사회 문제까지를 같이 다룬다. 그리하여 창의적인 사고능력이 수업이나 실생활 등으로 보다 광범위하게 전이되어 활용될 수 있기를 기대한다.

이러한 전통적인 창의력 교육의 훈련의 효과는 매우 긍정적이다. Torrance (1972)는 TTCT를 준거로 사용한 142개 훈련 프로그램들의 결과를 종설하고 있다. 그는 프로그램을 목적, 대상 및 설계상의 특징 등에 따라 CPS 등 9개 유형으로 분류하여 분석하였는데 종설한 프로그램의 적어도 50% 이상이 성공적이었음을 발견하고 있다. Rose & Lin(1984)은 Torrance의 연구를 업데이팅 하면서 역시 TTCT를 준거로 사용한 46개 훈련 프로그램을 종설하고 있다. 이들은 대부분의 교육/훈련 프로그램이 언어적인 연습이나 강의법 등을 사용하며('도형'이 아니라) Osborn – Parnes의 CPS가 평균 효과 크기가 가장 크다는 것을 발견하고 있다(.63). 선행의 여러 연구들은 다음과 같은 세 가지 중요한 사실들을 보여주고 있다(Mumford, 2012). 창의력 훈련/교육은 창의적인 사고 능력을 향상시키는 데 효과적이고, 인지적 훈련 프로그램이 특히 성공적이며 그리고 사용하는 프로그램들은 설계, 훈련 절차 및 평가방법 등에서 다양하다는 것 등이다. 그러나 이러한 효과가 실생활의 창의력에 얼마나 유의미한 것인지에 대하여 회의하는 사람도 어렵지 않게 발견할 수 있다(정미선·정혜인·정세영·김영채, 2013).

그럼에도 '창의적 사고기법'에 집중하는 전통적인 창의력 교육의 방법은 접근의 스펙트럼이 매우 제한적인 것 같이 보인다. 그래서 창의력 교육의 새로운 모형을 모색해 보려는 노력도 더러 발견할 수 있다. 이러한 맥락에서 참고할 수 있는 것은 Beghetto(2013, 2017)이다. 그는 지금까지의 창의력 교육은 창의적 사고기법만을 주로 다루고 있음을 지적하면서 다음과 같이 말한다: "이것은 창의력 수업/교육의 좁은 한 부분일 뿐이다. … 이제 교사는 창의력을 위한, 창의력에 관한, 그리고 창의력을 가지고 하는 수업으로(창의력 교육의 스펙트럼을 넓혀) 더 넓게 이해하고 어떻게 더 잘 가르칠 수 있는 지를 더 고민해 볼 필요가 있다"(Beghetto, 2017, p. 559).

2. 체제적 교육 모형

(1) 창의력 교육의 전재

전통적인 창의력 교육은 주로 '창의적 사고기능'을 수업과는 별도의 시간에 그리고 별도의 프로그램으로 가르치고 있다. 이러한 접근은 중요하고 효과 또한 직접적일 수 있다 하더라도 학교 교육의 중심인 교과 수업을 제쳐두고 창의적 기능만을 다루는 것은 접근의 스펙트럼이 너무 좁다는 비판을 받게 된다.

그러면 창의력의 교육을 어떻게 접근할 것인가? 그것은 창의력을 어떻게 이해하고 정의하느냐에 크게 달려 있을 것이다. 거기에 따라 창의력 교육의 전제가 달라질 수 있기 때문이다. 창의력 교육의 전제들을 확인해 보기 전에 먼저 두 가지를 소환해 볼 수 있다.

하나는 학교 창의력의 정의이다. 이미 1장에서 개관해 본 바와 같이 학교 창의력은 과정 중심적인 것이며 '천재'가 아닌 일반 사람들의 일상의 창의력을 다룬다. 그것은 달리 말하면 '소문자-c의 창의력'이다.

다음은 창의력을 단일 요소적인 것이 아니라 '체제적인' 것으로 이해하는 것이다. 체제적 창의력 이론(systems theory)에서는 창의적인 사고와 행동은 몇 가지 구성요소들의 상호작용의 과정으로 이해한다. "체제(system)란 일련의 상호의존적인 요소들의 집합이며 이들은 함께 하나의 복합적인 전체를 이루고 있다. 요소들은 하위 체제적이며 그리고 이들은 상호 관련되어 있다. 그래서 체제는 상호의존적인 것이 중심적인 특징이다"(김영채, 2015,p. 5). 예컨대 Torrance(1979)의 창의적 행동모형에는 능력, 기능 및 동기의 세 개 요소가 있고, Sternberg & Lubart(1995)의 창의력의 투자이론에는 지적능력(지능), 지식, 사고 스타일, 성격 동기 및 환경적 맥락의 여섯 개 요소가 있고, Csikszentmihályi(1996)의 체제이론에는 사람, 사회체제 및 문화의 세 개 요소가 있고, 그리고 Amabile(1996)의 비즈니스 창의력 모형에는 영역 관련의 기능, 창의력 관련의 과정 및 과제동기 등의 세 가지 요소들이 포함되어 있다. 그리고 [그림 6-3]에 있는 창의력 모형에는 전문지식, 창의적 기능 및 목적적 동기 등의 세 가지 요소가 포함되어 있다. 체제적 창의력 모형에서는 이들 요소들이 하나로 통합되고 수렴되어 이루어지는 것이 창의력(창의와 혁신)이라고 본다.

이러한 논의를 바탕하여 학교 창의력 교육의 접근 방향을 제시하는 데 중요할 수 있는 전제를 아래와 같이 확인해 본다.

(i) 창의력(성)이란 창의적인 사고와 행동을 위한 일련의 기능이고 전략이다. 그러므로 창의력 교육은 이러한 기능과 전략의 '방법'을 개발하는 것이다. 이들을 다양하고 융통성 있게, 전략적으로 그리고 즉석 구성적으로(improvisational) 사용할 수 있을수록 사고는 창의적이다.

(ii) 창의적인 잠재력은 누구나 다소간 소유하고 있으며 이러한 능력은 노력과 연습을 통하여 상당 수준까지는 개발할 수 있다. 이러한 두 가지의

전제는 주로 '소문자-c 창의력' 이론에 바탕하고 있다.

(iii) 학교 창의력 교육은 창의력이란 체제를 이루고 있는 주요 요소들의 모두를 교육의 출발점 내지 지렛대 경로로 다루어야 한다.

그러므로 '창의적 기능'을 교과수업과는 별개로 가르치는 것은(창의력 교육의 '독립적 접근법') 충분한 것이 아니다. 창의력 교육은 창의력 체제의 주요 요소들의 모두를 상승적이고 동반자적인 것으로 다루는 체제적 접근이 필요하다.

(2) 창의력 교육의 출발점

여기서는 [그림 6-3]에 있는 창의력 체제의 주요 요소인 전문지식, 창의적 기능 및 목적적 동기의 세 가지에 대하여 각기의 내용을 개관해 본다.

(i) 전문지식(expertise, 전문성: 지식, 정보 및 경험)

전문지식은 자원이고, 또한 '수단'이다. 깊게 이해한 지식과 경험은 기능적인 지식이기 때문에 이를 활용할 수 없으면 창의적 사고는 전혀 불가능하다. 조작하고 '짚고 넘어설' 무엇이 없기 때문이다. 전문지식과 경험은 창의적 사고가 기능하고, 연결하고, 조합하고, 융복합적으로 조작하는 대상이며 창의력의 '원재료'이다. 그러므로 '사고'를 통하여 잘 가르치는 교과 수업은 바로 창의력 교육의 중요한 한 부분이란 말이 된다. 지금까지 이 책에서 텍스트의 '깊은 이해'와 '비판적이고 창의적인 이해'를 강조한 이유도 여기에 있다.

(ii) 창의적 사고 기능

창의적으로 사고할 줄 아는 기능과 전략, 즉 사고의 '방법'을 교육하는 것이다. 전통적인 창의력 교육에서는 이 요소만을 주로 가르치고 있어서 창의력 교육의 스펙트럼이 좁다는 비판을 받는다. '전문지식'이 자동차의 몸체라면 '창의적 기능'은 이를 조작해 가는 운전기능에 해당된다. 전문지식과 조작기능의 어느 것이 불충분해도 자동차는 제대로 굴러 갈 수 없다. 창의력의 자동차는 '전문적인 지식과 경험'이 구조적으로 조직되어 있는 것이고, 그리고 자동차의 운전은 바로 '전문지식과 경험'을 조작하여 실행하는 '창의적 사고기능'일 것이다. 올

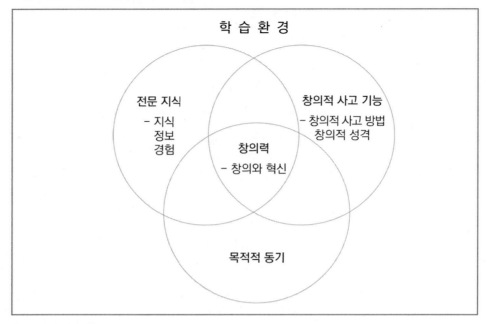

출처: 김영채(2019)

바른 운전기술(기능)은 배우고 연습해야 하듯이 창의적 사고도 직접적으로 배우는 것이 곁눈질로 시행착오 하는 것 보다 훨씬 더 효과적일 것이다('CPS 창의적 문제해결', 김영채, 2021 참조).

(ⅲ) 목적적 동기

창의적인 일을 수행하려는 욕망, 욕구(요구), 열망 및 추진하려는 의지를 말한다. 하고 싶은 마음이 없으면 아무리 전문적인 지식이 뛰어나고 사고 기능이 뛰어나도 새로운 것을 창의적으로 생성해 내는 것은 가능하지 아니하다. 수행하지 않으면 어떤 것도 얻을 수 없다. 인간은 기본적으로 주어진 것에서 의미를 만들고, 호기심을 가지고 더 낫게, 다르게 해 보고 싶은 목표지향적인 성향을 갖고 있다고 본다. 목적(목표)이란 달리 말하면 '꿈'이고 '미래의 모습'이며, 어떤 과제/일을 수행하는 '이유'이다. 보다 쉬운 말로는 '왜'이고, 한마디로 요약하면 '삶의 태도'라 말할 수 있겠다. 이러한 '왜'의 태도를 개발하는 것은 창의력 교육의 중요한 한 부분일 것이다.

3. 체제적 창의력 교육모형의 실제

앞에서 살펴본 창의력의 체제적 교육 모형은 전문지식, 창의적 기능 및 목적적 동기의 세 개 요소로 구성되어 있다. 체제적 교육 모형에서는 창의력의 구성 요소의 모든 것은 바로 창의력 교육의 변수라 주장한다. 이러한 맥락에서 앞의 여러 장에서는 텍스트/교과 내용을 완전하게 이해하는 것은 깊게, 비판적으로 그리고 창의적으로 이해하는 것을 강조하였다. 그리고 그것이 바로 창의적 학습/교육이며 넓게 보면 이들은 '사고력 교육'일 것이다. 또한 이때 말하는 '이해'란 용어는 '학습', '지식 습득' 또는 '사고' 등의 용어로 대치할 수 있음도 다시 주목해 본다. 아래에서는 [그림 6-3]에 있는 세 개 요소별로 창의력 교육의 실제의 모습은 어떠한 것일 수 있는지를 스케치해 본다.

(1) '전문지식' 요소

'잘 가르치는' 수업은 창의력 교육의 중요한 한 부분이다. 잘 가르치는 수업이란 교과내용에서 살아있는 기능적인 지식을 습득하고 이것을 쉽게 가용하여 사용할 수 있게 가르치는 수업이다. 그러한 기능적인 지식은 그물 모양 같은 구조적인 지식이며 그리고 의미 있고 쓸모 있는 지식이다. 그러한 학습은 학생들이 스스로 생각하고 반성해 보게 하는 고차적 사고과정을 통하여 비로소 습득이 가능하며, 그리고 구조적이고 기능적인 지식은 모든 창의적 사고의 원재료가 되고 수단이 된다. '지식'은 바로 '사고'란 말을 다시 주목하면 도움 될 것이다.

(ⅰ) 교과내용을 '깊게 이해'케 하는 수업은 창의적인 수업이다.

거기에는 다루는 전체의 내용을 구조적, 응집적으로 이해하는 것을 넘어, 따져보는 비판적 이해, 그리고 주어진 내용을 넘어 상상하는 창의적 사고까지가 포함 되어야 한다. 그러면 완전한 기능적인 지식을 습득할 수 있고 또한 이러한 지식을 활용할 줄 알게 된다.

(ⅱ) 창의적 교과 수업을 위하여 교사는 자신의 전공 영역의 지식과 교육학적 지식을 많이 알아야 할 뿐 아니라 교과 연구를 깊게 해야 한다.

그리고 자신의 지식이 다른 영역의 지식과 다양하게 연결되어 융복합적 사고를 할 수 있어야 한다. 그래서 수업에서는 유형과 버전이 다른 여러 가지의 설명과 보기를 들 수 있고 학생들의 여러 가지 질문에 대하여 단원이나 교과 영역을 넘나드는 설명과 질문을 할 수 있어야 한다. 사고를 자극하고 격려할 수 있는 질문을 하고, 또한 학생의 질문에 대하여서는 창의를 격려하는 반응을 할 수 있어야 한다.

(ⅲ) 추측하고, 실험하고, 조작해 보는 것을 격려하며, 나름의 아이디어를 생각해 보고 자신의 아이디어를 가치롭게 여기도록 가르친다.

'잘 가르치는' 수업에는 다음의 것이 의도적으로 포함될 것이다.

• 창의적 사고를 외현적으로 들어내 놓고 가르치는 것.
• 실험하고 선택하고 발견하는 기회를 제공하는 것.
• 학생들의 학습과 사고의 동기를 격려하는 것.
• 창의력을 뒷받침하는 학습 환경을 조성하는 것.
• 학습하는 동안 상상력을 사용할 수 있는 기회를 제공하는 것.

(2) '창의적 사고 기능' 요소

창의적 사고의 기법과 전략을 의도적으로, 직접적으로 가르치는 것이다. 여기에는 창의력의 요소뿐 아니라 수렴적 사고의 도구와 가이드라인을 수업하는 것이나 창의적인 문제해결 등이 포함된다. 운전 학원에서 자동차 운전 기능을 직접적으로 배우는 것처럼, 우리의 머리를 운전하는 창의적 사고의 기능/방법도 의도적, 직접적으로 가르치는 것이 효과적이다. 그러나 운전 학원에서도 초보운전을 익히고 나면 '도로 실습'을 하듯이 창의적, 수렴적 사고 기능도 처음에는 쉬운 인위적인 것에서 점차 현실적인 것, 그리고 드디어는 실제 세계의 현실의 문제를 다루면서 익혀가야 한다. 전통적 창의력 교육은 대개가 교과 수업과는 독립적인 프로그램으로 이루어지고 있지만 궁극적으로는 교과 수업에 적용하는 통합적 모형으로 발전해 가야 한다.

(ⅰ) 기본적인 것은 '브레인스톰'(brainstorm)과 같은 발산적 사고기법 그리고
이들을 활용할 때 지켜야 할 '원칙'을 익히는 것이다.

어떠한 수업에서도 학생들에게 "생각을 많이 해 보세요", "여러 아이디어들
을 만들어 보세요"와 같은 요구를 자주할 수 있다. 이러한 요구/지시가 자유로
운 아이디어의 생성 흐름을 격려할 수 있게 다듬어 놓은 것이 브레인스톰 기법
이다. 그러므로 브레인스토밍 기법을 제대로 활용할 수 있다면 창의적인 사고의
교육은 상당 정도 이미 이루어지고 있다고 볼 수 있다.

(ⅱ) 많은 아이디어들을 생성해 내고 나면 이들을 정리하거나 판단해야 하는데
이때 사용할 수 있는 수렴적 사고 도구가 있는데, 상황에 맞는 적절한 기
법을 골라 사용할 줄 알아야 한다.

(ⅲ) 발산적 사고와 수렴적 사고의 기법을 익히고 나면 '창의적 문제해결'의 단
계에 따라 이들을 적용하는 연습을 한다.

대개 보면 문제를 확인/발견하는데, 해결 아이디어를 생성해 내는 데, 그리고
구체적인 해결책을 개발하는 데 발산적 사고와 수렴적 사고를 교행적으로 사용
한다. 창의적 문제해결을 위한 전략적 사고가 중요하다.

(3) '목적적 동기' 요소

창의적인 일을 하고 싶은 마음이 생기게 동기부여 하는 것은 창의력 교육의
중요한 한 부분이다. 여기에는 크게 보아 두 가지 영역이 포함될 것 같은 생각
을 한다. 하나는 내재적 또는 외재적 동기인(動機因)을 관리하는 것이고, 다른 하
나는 바른 질문을 하고-경청하고-바르게 반응(대답)을 할 줄 아는 것이다.
Amabile(1983)은 동기를 조작하면 창의적 수행이 직접적으로 달라진다는 것을
여러 실험 연구들을 통하여 보여주고 있다. 먼저 동기인의 관리에 대하여 개관
해 본다.

(i) '동기'란 행위 하도록 끌어당기는 힘, 동력 또는 유인(incentive)이다. 동기의 어원인 라틴어 'movere'는 '움직이다'란 의미라고 한다.

내재적 동기(intrinsic)는 욕구가 자기 자신의 내부에서 생겨나는 것으로, 어떤 것을 사랑해서, 좋아해서, 하고 싶어서, 그 자체가 의미가 있어서 행위하는 것이다. 반면에 외재적 동기(extrinsic)는 동력이 자기 자신이나 일 이외의 다른데서 나오는 것인데, 예컨대 금전, 명예, 승진을 하기 위한 것이며, 현재의 활동은 목표가 아니라 목표 달성의 수단이다.

(ii) 창의력을 개발하는 최선의 방법은 자신이 좋아하고 사랑하는 어떤 일을 할 수 있는 기회를 주고, 그것을 자극하고 격려하는 것이다.

학생들에게 가능한 대로 선택의 자유를 주고 간섭을 최소화하는 것이다. 그래서 문헌들은 내재적 동기를 현명하게 사용하는 것을 크게 강조하고 있다.

(iii) 그러나 모든 일이 즐겁고 재미있기 때문에 할 수 있는 것은 아니다.

지루한 일을 반복해야 하거나, 오랜 시간 동안 일을 계속해야 하거나, 하기 싫지만 견디고 마무리해야 하는 것 등의 일도 적지 않게 있다. 이런 경우는 돈이나 보상이나 칭찬과 같은 외재적 동기인이 효과적일 수도 있다. 때로는 견딜 수 있을 만큼의 고춧가루를 뿌리는 일도 필요할지 모른다. 하지만 어떠한 경우에도 상대를 인정해 주고 건설적인 피드백을 제공하는 것이 중요하고, 인격이나 자신감(일에 대한 통제감)을 손상시키는 일은 없어야 한다.

(iv) 내재적 동기인과 외재적 동기인을 경우에 따라 효과적으로 매칭시켜 활용한다.

내재적인 것은 아이디어를 생성해 내는 단계에서 그리고 외재적인 동기인은 정보를 수집하거나, 아이디어를 검증하거나 또는 실행계획을 세우는 등과 같이 끈기 있게 버텨야 하는 단계에서 특히 유용하다(Amabile, 1996).

(v) 어떤 일/과제를 하는 '이유', '왜'를 상기시키고 그것이 행동의 초점과 방향이 되도록 강조한다.

우리는 언제, 어디서나 새로운, 다른, 엉뚱한 생각을 하고 그것을 아무렇게나 표현할 수 있는 것은 아니다. 그러므로 자기 자신을 알고, 상황을 읽고 이해하는 전략적 사고, 창의력에 대한 초인지적 사고를 기르는 것이 중요하다.

다음은 '바른 질문-바른 반응'이다. 일상생활은 물론이고 학교 교육의 많은 부분은 '질문하고 반응'하는 대화로 이루어진다. 이것이 소위 '문화'라는 것을 크게 결정할 것이다. 특히 교사가 던지는 질문과 교사가 학생들의 대답에 대하여 어떻게 반응하느냐가 중요하다. 그 사이에 적극적으로 경청하고 이해하는 것은 필수이고, 혼돈스러운 것을 정리해 주면서 이해와 탐구를 격려하는 사려 깊은 질문이 필요하다. 그리고 학생들이 바른 질문을 하도록 도와 줄 뿐 아니라 학생이 제기하는 질문에 효과적으로 반응하고 피드백하는 것을 모델 보이고 격려할 수 있어야 한다(이 부분에 대하여서는 3장, 'Ⅴ. 질문과 반응, 그리고 창의적 사고력'을 참조할 수 있다). 그리고 소크라테스식 대화법은 중요한 참조기제가 될 수 있다(김영채, 2004).

(4) '사회적 환경' 요소

창의력의 사회체제적 이론에서는 가정, 학교, 직장과 각 문화계 그리고 사회 전반의 정신풍토를 강조한다: "창의력 배양은 교육 방법 여하의 문제이기 전에 먼저 각층 집단의 분위기 여하의 문제로 보아야 하고 … 그 정신풍토부터 반성하고 개조해 나가야 한다는 말이 된다"(정범모, 2009, p. 358). 사회적 환경 요소에는 물리적인 것, 심리사회적인 것, 교육학적인 것 및 외적 측면적인 것들이 다양하게 포함될 것이다.

(ⅰ) 심리 사회적인 것은 집단의 분위기, 집단의 정신풍토를 말한다.

학교뿐 아니라 가정이나 사회 전반의 것이지만 부모와 교사가 가지고 있는 창의력에 대한 신념, 가치관이 특히 중요하다. 거기에 따라 교육 실제는 사고(생각)할 줄 아는 사고력, 창의력을 격려하기도 하고 억압하기도 할 것이다. 그리고 그에 따라 열린 대화, 상호존중, 상호협력, 자유와 억제의 균형 등이 좌우될 것이다.

(ⅱ) 학교 내외의 가용한 자료, 공간 및 시간이 다소간 여유가 있고 융통성 있게 사용할 수 있으면 창의력 향상에 도움 된다.

(ⅲ) 교내외 활동의 시간을 제공하고 탐색적인 상상력을 사용할 수 있는 여유가 있어야 하며, 학생들이 자신의 목소리를 얼마간은 낼 수 있도록 허용되어야 한다.

(ⅳ) 학교 밖의 전문적인 기관이나 전문가들과 접촉하고 활동할 수 있는 파트너십 기회와 지역사회 문제를 창의적으로 해결해 보는 실험적인 실제의 경험을 제공하는 것은 매우 가치 있고 유용한 일이다.

교과외
활동과
창의력

이 장에서는 먼저 교과수업 이외의 교육 활동의 성격과 특징들을 개관해 보고 그것이 창의력 개발 그리고 학습의 파지와 전이에 미치는 효과를 살펴볼 것이다. 그리고 교과외 활동들을 탐색적 교과외 활동, 봉사학습 활동 및 창의적 사회실현 활동의 세 가지로 나누어 알아본다. 탐색적 교과외 활동은 다시 교과 학습과 관련된 실체험 활동과 개인의 적성 및 진로 탐색에 가까운 것의 두 가지로 나누어 논의해 볼 수 있는데 이들은 대개 보아 현행 교육 과정에 있는 '창의적 체험 활동'의 범주에 속하는 것들이다. 둘째는 봉사학습 활동인데 이것은 '봉사'와 '학습'의 두 개념이 합하여 하나를 이루고 있는 새로운 개념의 것으로 이러한 활동의 목적과 계획, 절차적 방법 및 창의적 파트너십 등에 대하여 개관해 볼 것이다. 그리고 창의적 사회실현 활동은 창의적 문제해결 능력을 개발하면서 동시에 실제의 사회문제를 해결하는 실체험적 활동으로, 달리 말하면 지역 사회 또는 산학의 문제해결 활동/프로젝트이다. 창의적 사회 실현 활동/프로젝트를 위한 창의적 문제해결 단계를 토픽의 발견에서 시작하여 해결 아이디어의 실행 계획 만들기, 행위 계획의 실행 및 프로젝트의 프리젠테이션과 반성 등으로 나누어 자세하게 음미해 볼 것이다.

I
교과 수업외 활동

1. 창의적 체험활동

교과외 활동과 창의력에 대하여 논의하려면 우선 2015 개정 국가 교육과정이 설명하고 있는 '창의적 체험활동'을 살펴보지 않을 수 없겠다. 거기에는 교과와 함께 우리나라의 교육과정을 구성하는 양대 영역 중 하나로 창의적 체험활동을 비교적 상세하게 설명하고 있다. 2015 개정 교육과정에서도 2009 개정 교육과정의 창의적 체험활동의 기본 구조(자율 활동, 동아리 활동, 봉사 활동, 진로 활동의 네 개 영역)는 그대로 유지되었으며, 학생의 소질과 잠재력을 계발하고 공동체 의식을 기르는 데 중점을 두고 있다. 아래와 같은 다소간 구체적인 설명을 제시하고 있다.

(i) 창의적 체험활동은 교과와 상호 보완적 관계 속에서 앎을 적극적으로 실천하고 심신을 조화롭게 발달시키기 위하여 실시하는 교과 이외의 활동이다.
(ii) 창의적 체험활동은 나눔과 배려를 실천함으로써 공동체 의식을 함양하고 개인의 소질과 잠재력을 계발·신장하여 창의적인 삶의 태도를 기르는 것을 목표로 한다. 특히 초등학교의 창의적 체험활동은 공동체 생활에 필요한 기본 생활 습관을 형성하고 개성과 소질을 탐색하고 발견하는 데 중점을 둔다.
(iii) 창의적 체험활동은 핵심역량의 함양을 통해 바른 인성을 갖춘 창의융합형 인재를 양성하는 데 기여한다.

(ⅳ) 창의적 체험활동은 자율 활동, 동아리 활동, 봉사 활동, 진로 활동의 4
개 영역으로 구성하되, 학생의 발달 단계와 교육적 요구 등을 고려하여
학교 급별, 학년(군)별, 학기별로 영역 및 활동을 선택하여 집중적으로
운영할 수 있다.

(ⅴ) 창의적 체험활동 교육과정의 편성·운영의 주체는 학교이며 국가 및 지
역 수준에서는 학교와 지역의 특색을 고려하여 전문성을 갖춘 인적·물
적 자원을 충분히 제공할 수 있는 기반을 마련하도록 한다(교육부,
2016a, pp. 59-60).

그리고 "창의적 체험 활동은 학교 스포츠 클럽 활동 및 자유학기에 이루어지
는 다양한 활동들과 연계하여 운영할 수 있다. … 자유학기에는 지역사회와 연
계하여 진로탐색 활동, 주제 선택 활동, 동아리 활동, 예술·체육 활동 등 다양
한 체험 중심의 자유학기 활동을 운영 한다"(pp. 12-18). 지금까지 인용해 본 것
들이 현행 교육과정에 있는 창의적 체험 활동에 대한 거의 전부의 내용 같이 보
인다. 이들을 살펴보면, 창의적 체험 활동이 교과외 활동들을 포괄하고 있지만
무엇이 어떻게 해서 그것이 '창의적'인지는 전혀 알 길이 없다. 화려한 언어의
인프레이션이란 느낌을 가진다.

2. 교과외 활동의 성격과 특징

교과외 활동(non-curicular, extra-curricular activity) 또는 비교과 활동은 전통
적으로는 과외활동이라 부르던 것이다. 현재의 개정 교육과정에서는 이러한 교
과외 활동을 포괄하여 창의적 체험활동이라 부르고 있다. 그런데 교과외 활동은
정규의 수업시간 외에 이루어지는 활동이지만 교과 학습과 무관한 것으로 이해
하는 것은 정확하지 아니하다. 교과외 활동은 별도의 수업이거나 또는 교과 수
업의 내용을 실제에 적용하고 실세계에서 경험하거나, 확대하거나 또는 탐색하
고 심화하는 활동으로 이해해 볼 수도 있겠다. 아래에서는 교과외 활동을 다음
과 같은 두 가지 조건의 것으로 제한하여 정의해 본다.

（ⅰ）교과외 활동은 교과 수업과는 독립적으로 또는 그와 연계하여 교내외에서 이루어지는 학습 활동으로, 학습자 주도적이고 실제(현실)를 대상으로 이루어지는 실체험적인 학습활동이다.

（ⅱ）교과외 활동은 직접적이고 목적적인 교육 활동이다. 직접적이란 어떤 활동이 실제의 현실에서 실체험적으로 이루어진다는 의미이고, 목적적이란 의도적이고 체계적인 교육목적을 가지고 수행되는 교육활동임을 의미한다.

이렇게 범위를 제한하면 순수 개인적인 호기심에 의한 활동이나 기타의 가치에 따른 사회적인 활동 같은 것은 교과외 활동에서 제외될 수 있다. 아래에서는 교과외 활동들을 세 가지 범주로 나누어 살펴볼 것이다. 여기에는 탐색적 교과외 활동, 봉사학습 활동 및 창의적 사회실현 활동 등이 포함된다. 이들 세 가지는 활동의 목적이 교과수업과 어떻게 직접적으로 관계되느냐에 따른 것이며, 대개보아 위계적인 수준으로 이해할 수도 있어 보인다.

그러면 이러한 교과외 활동은 왜, 어떻게 중요한 것일까? 교과외 활동은 경험 중심의 학습이다(따라서 이에 대한 개념적인 뿌리를 John Dewey의 경험 교육론에서 찾기도 한다). 따라서 무엇보다도 중요한 것은 교과외 교육활동의 교육적 효과/성과는, 그것이 지식과 같은 인지적인 것이든, 성격이나 태도와 같은 정의적인 것이든 또는 가치나 신념과 같은 가치 규범적인 것이든 간에 – 실제적인 것일 뿐 아니라 장기간 기억되어 새로운 장면에 쉽게 전이 되어 사용될 수 있다고 기대한다. 다시 말하면 교과외 교육활동은 습득하는 지식이 현실에 뿌리하고 있는 실제적이고 기능적인 것이고 그리고 장기기억과 전이에 효과적이란 것이다.

왜 교과외 활동인가에 대한 가능한 대답을 아래에서 좀 더 보태어 설명해 본다. 학습하여 습득하는 지식 내용이나 생각하고 문제해결 해 가는 방법과 전략은 오랫동안 기억되어야 하고, 그래서 새로운 도전적인 장면에 쉽게 전이되어 자동적으로 활용할 수 있어야 한다. 여러 연구는 교과외 활동은 학습한 지식이 장기적인 파지와 광범위한 전이에 매우 긍정적인 효과가 있음을 보여주고 있다. 왜 그럴까?

(1) 학습하는 지식과 그것을 실제로 조작하고 실행하는 실제 경험이 하나로 어울려 통합 될수록 기억이 잘되고 자동적으로 전이되어 적용될 수 있다.

문제해결에 숙달하려면 자신이 문제해결하고 있는 것에 대하여, 그 과정 자체에 대하여 주의를 기울려야 한다. 현실의 과제는 대개가 재미있고 직접적으로 중요하다. 그리고 전체를 살펴보고 점검하는 초인지적 사고가 중요하다고 말할 수 있다.

학생들이 공부해 가는 '학습경험'은 매우 다양할 것이고 그리고 이들 학습활동의 성격이나 가지고 있는 잠재력/가능성 또한 다양하고 복잡할 것이다. 교수−학습이란 교실에서 교과서 들고 설명하고 익히는 강의에 제한되지 않는다. Baer(2011)는 다양한 '학습경험'/교수−학습 활동들을 학습 피라미드로 표현하는 한 개의 다이아그램을 [그림 7−1]과 같이 보여주고 있다. 이 학습 피라미드는 학생들의 학습경험에 포함되어 있는 '미디어'(media)에 따라 학습의 효율성이 달라지는 것을 보여주기 위한 것이다. 다시 말하면 학습 경험이 이루어지는 추상적인 수준에 따라 학습의 효율성 정도가 달라짐을 보여주고 있다. 거기에는 여덟 가지의 학습활동/교수−학습 활동이 포함되어 있다.

피라미드의 맨 아래에는 언어적 기호만을 사용하는 '언어적 서술 듣기'가 있고, 바닥에서 꼭대기로 차례대로 독서경험, 청각적 표상물, 시각적인 관찰, 시청각물 관찰, 실제의 관찰, 인위적 경험 그리고 실제 생활경험 등이 있다. '실제 생활경험'은 '직접적이고 목적적인 경험이라 설명하고 있다.

"교과외 활동은 바로 꼭대기에 있는 '직접적이고 목적적인 경험'의 한 가지 교육활동이다. 여기서 '직접적'이란 무엇을 구경만 하는 것이 아니라 실제로 참여하고 조작/수행하는 실체험으로 활동하는 것을 말한다. 그리고 '목적적'이란 그러한 교수−학습에는 반드시 구체적인 교육 활동의 목표가 있어야 하고 모든 활동은 그러한 목표를 위하여, 그러한 목표를 중심하여 전개되어야 한다는 것이다"(김영채, 2010,p. 16).

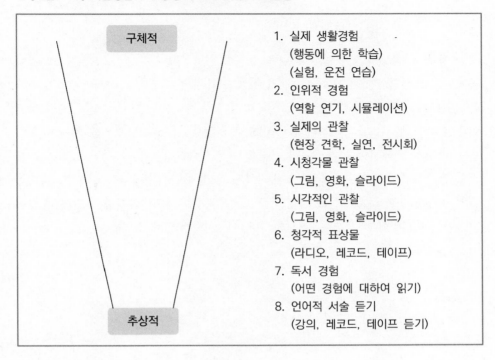

| [그림 7-1] 학습경험의 추상성 수준과 학습의 효율성

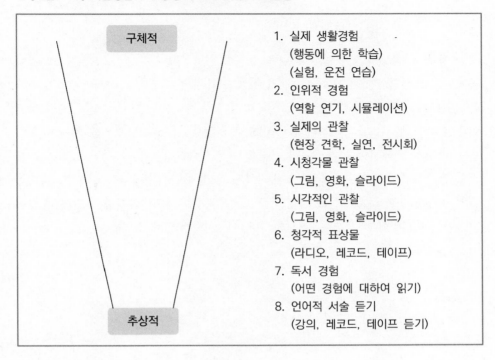

구체적

1. 실제 생활경험
   (행동에 의한 학습)
   (실험, 운전 연습)
2. 인위적 경험
   (역할 연기, 시뮬레이션)
3. 실제의 관찰
   (현장 견학, 실연, 전시회)
4. 시청각물 관찰
   (그림, 영화, 슬라이드)
5. 시각적인 관찰
   (그림, 영화, 슬라이드)
6. 청각적 표상물
   (라디오, 레코드, 테이프)
7. 독서 경험
   (어떤 경험에 대하여 읽기)
8. 언어적 서술 듣기
   (강의, 레코드, 테이프 듣기)

추상적

(2) 학습이 장기적으로 파지되려면 피상적인 지식이 아니라 기능적인 '깊은 이해의 지식'으로 개발해야 한다(2장과 3장 참조).

지식의 구조적인 조직뿐 아니라 문제해결해 가는 과정은 그 자체가 문제해결의 깊은 구조(심층이해 구조)의 이해이다. 부분과 전체를 철저하게 이해하면 깊은 지식을 습득할 수 있기 때문에, 문제해결의 각 단계와 이들 단계들이 어떻게 하나의 전체로 맞물려 있는지를 이해하고 전략적으로 사고하는 것이 중요하다. 그리고 '깊은 구조', 즉 문제해결의 과정을 다양한 맥락에서 실행해 보는 경험을 하면 장기적인 학습과 창의적 문제해결에 도움된다.

(3) 유능한 문제해결자가 되려면 이들 정신적 과정이 자동적인 것이 될 수 있게 충분히 연습해야 한다.

자동성은 반복적인 연습과 훈련을 통하여서만 개발되는데, 그것은 시초의 학습과 기능, 심지어 초기에 느끼는 '완전 학습'의 수준까지도 넘어서야 한다. 시간을 분산하여 연습하면 도움 된다. 실체험적 활동은 재미있고 적극적인 것이라서 이러한 측면에서도 효과적이다. 이상적으로 말하면 창의적 문제해결 기능이 최대로 개발되기 위해서는 문제해결의 과정을 ─문제해결의 부분과 전체 모두를─ 학교의 정규시간의 수업뿐 아니라 교내외 활동을 통하여 계속하여 연습하고 그리고 졸업 이후까지도 문제해결의 과정을 의도적으로 사용하고 실천하는 것이 최선일 것이다. 이미 앞에서 우리는 '전문가 10년설'을 지적한 바 있다.

II

탐색적 교과외 활동

탐색적 교과외 활동(explorative)은 호기심을 가지고 새로운 장면(상황)을 이해하고 문제를 발견하고 확인해 가는 다소간의 시행착오적인 과정이다. 그런데 이러한 활동도 교과 학습에 가까운 것과 개인의 적성이나 진로의 탐색에 보다 더 가까운 것으로 나누어 음미해 볼 수도 있겠다.

(i) **교과 수업과 어떻게든 관련된 것으로는 관찰, 실험, 조사, 실측, 수집, 노작, 견학 등의 실체험 활동이 있다.**

이들은 주로 단원/토픽과 관련된 장면을 탐색하는 활동으로 이미 알고 있는 선행 지식을 복원할 뿐 아니라 관련의 내용들을 직접적으로 탐구하고 체험함으로써 단원/토픽에 관한 전체적인 이해에 도움된다. 이러한 탐색적 교과외 활동은 동기부여적인 기능뿐 아니라 선행 조직자(advance organizer)로서 단원/토픽의 깊은 이해에도 도움이 될 것이다. "… 견학 등 학생이 직접 체험해 볼 수 있는 활동의 기회가 충분히 제공되어야 한다. 또한 학교 밖 현장 체험 학습은 교과 교육과정과 창의적 체험 활동을 연계하여 운영하는 것을 권장 한다"(교육부 2016a, p. 94).

"교사는 각 교과의 학습 내용을 가르칠 때 실생활의 문제를 파악하고 해결하는 데 지식과 기능을 활용할 수 있도록 교수·학습을 계획해야 한다. 실생활 문제를 해결하는 활동을 통해 학생은 새로운 지식과 기능을 획득할 수 있을 뿐 아니라 배운 내용을 적용하고 문제를 창의적으로 해결하는 기회를 가지게 된다. 따라서 학습의 소재 또는 자료는 교과서에 머물지 말고 학생의 일상생활에 활용할 수 있는 것을 찾아 사용하도록 노력한다"(교육부, 2016a,p. 96).

(ⅱ) 두 번째는 개인의 적성이나 진로 탐색을 위한 것으로 교과수업 시간 이외에 개인이 선택해서 각기 또는 부, 클럽으로 탐색하는 동아리 활동이나 여타의 문화 활동을 들 수 있다.

정범모(2009)는 다음과 같이 설명하면서 동아리 활동은 자발적이고 심각한 탐색활동으로 귀중한 장점이 있음을 지적하고 있다: "학생들이 선택할 수 있는 문화 활동에는 학문·예술·스포츠·사회활동에 걸친 다양한 활동이 포함된다. 문학부, 음악부, 생물부, 물리화학부, 역사부, 미술부, 공작부, 원예부, 축구부, 테니스부, 수영부 등등이다. 학교 자체의 계획과 시설 자원과 학생들의 흥미·적성에 따라 그 활동의 종류는 다를 수 있다. 대개는 학년과는 무관하게 선·후배가 같이 활동하는 동호회, 클럽 비슷한 활동이다"(p. 169).

동아리나 기타의 클럽 활동은 자신의 재능·흥미·적성을 스스로 발견하고 연마하는 기회를 가질 수 있는 진로 탐색적인 것이 될 수 있다. 또한 이러한 교과외 활동은 개별화된 활동을 통하여 자신을 보충하거나 심화하고 향상시킬 수 있는 탐색적인 기회도 될 수 있다. 교과외 활동은 실제 세상에서 실제로 손으로 만지면서 이루어지는 실체험적인(hands—on) 것이기 때문에 대부분의 경우 학생들은 재미있어 하고 즐거워한다. 이러한 탐색적 활동에는 비판적 사고와 발산적 사고를 통하여 다양한 것을 탐구하고 발견하고 해석하는 것을 격려해야 한다. 또한 그렇게 해서 얻은 결과를 정리하고 커뮤니케이션 하는 창의적 사고과정을 격려하고 연습해야 한다. 아울러 활동의 전체를 반성해 보는 기회를 가져야 비로소 의미 있는 학습이 가능할 것이다. 다시 말하면 여기서도 '창의력의 3C'를 실천하는 것이 중요하다(5장 참조).

Ⅲ
봉사학습 활동

1. 봉사학습의 의미

봉사학습(service-learning)은 '봉사'와 '학습'이라는 두 단어가 하나로 연결되어 이루어진 새로운 개념이다(그래서 'service learning'이나 'service-learning'이란 용어는 있지만 아직은 두 단어가 하나로 붙어 있는 servicelearning이란 단어는 발견할 수 없다).

- 강가에서 휴지를 줍는 것은 봉사(서비스, service)이다.
- 현미경으로 지역의 강물을 연구(스터디)하는 것은 학습(공부, learning)이다.
- 샘플의 물을 수집하여 분석하고, 얻은 결과를 기록하고 정리하고, 그리고 발견한 내용을 지역에 있는 오염관리 기관에 제시해 주거나 또는 배운 지식을 가지고 강물 오염방지 노력을 하는 것 - 이것은 봉사 학습(service-learning)이다.

그러면 봉사학습은 어떻게 정의할 수 있는가? 정의를 어떻게 내리느냐에 따라 무엇이 봉사학습이며, 그것을 어떻게 할 것이며, 그리고 미치는 효과는 어떻게 사정할 수 있는지가 결정 될 수 있다. 아래에서는 많이 인용되고 있는 미국의 '전국 청년 리더십 위원회'(National Youth Leadership Council, NYLC, www.NYLC.org)의 정의를 인용해 본다: "봉사학습은 학생들이 봉사 경험에 적극적으로 참여함으로써 학습하고 개발해 가는 방법이다. 그러한 봉사경험은 실제의 커뮤니티의 요구를 충족해야 하고, 학생의 학구적 교육과정에 통합되어 있어서 반성을 위한 구조적인 시간을 마련해 주어야 하고, 그리고 학생들의 학습을 교실을 넘어 커뮤니티로 확대함으로써 학교에서 배운 것을 향상시킬 수 있는 것이어야 한다."(p. 171). 또는 "전공 연계 봉사학습은 교수 활동에 지역사회 봉사를 통합하려는 교수학습전략으로 실천을 병행하는 경험적 학습이다"(Kendall, J., 1990, p. 137) 등과 같은 몇 가지 정의를 발견할 수 있다. 이러한 정의를 분석하여 정리해 보면 봉사학습에는 봉사, 학습, 상호 유용성 및 반성 등의 네 개 요소가 필수적으로 포함되어 있음을 발견할 수 있다.

> 첫째, '봉사'는 지역사회에 유용해야 하며, 그들이 요구하는 니즈(needs)의 것이어야 하고,
> 둘째, 봉사학습은 분명한 '학습'의 목표를 가지고 있어야 하고,
> 셋째, 봉사학습은 봉사를 받는 사람/기관과 봉사를 수행하는 사람의 양편의 모두에게 유용하고 편익이 되어야 하고,
> 넷째, 봉사를 학습과 연결시키는 의미와 가치를 반성하고 확인하는 기회가 있어야 한다.

이들 네 가지 가운데 특별히 중요한 것은 봉사학습은 봉사를 하는 사람과 봉사를 받는 사람 모두에게 유용해야 한다는 것과 봉사하는 것과 학습하는 것을 통합하는 것으로 봉사활동의 의미와 가치를 발견하고 부여하는 반성의 기회가 있어야 한다는 것이다.

그런데 봉사학습의 범주에 속할 것 같이 보이는 봉사중심 경험교육 프로그램에는 여러 명칭의 것이 있다(예컨대, 자원봉사, 지역사회와 봉사, 현장체험, 보건과 봉사, 인턴십 프로그램 등). 최근에 Sigmon(1979)은 '봉사'와 '학습'을 같이 조합하고 있는 여러 가지 프로그램을 비교할 수 있는 유형론을 만들어 봉사학습을 더욱더 정확하게 정의하고 있다. 그는 <표 7-1>이 보여주고 있는 바와 같이 봉사학습의 네 가지 유형을 제시하고 있는데 이들 유형은 봉사활동이 일차적으로 의도하는 목표와 초점에 따라 분류하고 있는 것이다. 각기의 프로그램의 유형은 봉사와 학습의 각기를 강조하는 정도와 봉사활동이 의도하는 수혜자가 누구냐에 따라 달라진다.

〈표 7-1〉 봉사학습의 유형

service-LEARNING(소대문자 봉사학습)	학습 목표 1차적, 봉사 2차적
SERVICE-learning(대소문자 봉사학습)	봉사 1차적, 학습목표 2차적
service-learning(소소문자 봉사학습)	봉사와 학습목표가 별개로 분리되어 있음
SERVICE-LEARNING(대대문자 봉사학습)	봉사와 학습에 동일한 무게를 두고 있고 각 기는 서로에게 도움이 됨

▌[그림 7-2] Furco의 봉사학습 프로그램의 유형분류

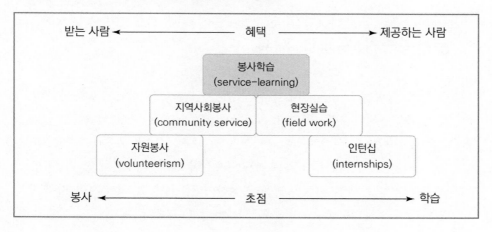

그리고 Furco(1996)는 봉사와 학습의 초점을 어디에 두는가, 그리고 봉사를 하는 사람과 봉사를 받는 사람의 누구가 편익의 수혜를 더 받느냐를 기준하여 '경험교육'을 하나의 연속선적인 것으로 보고 여기에 따라 여러 명칭의 봉사 프로그램을 정리하여 비교하고 있는데, 그것이 [그림 7-2]이다. 이것은 지역사회 봉사 관련의 코스나 프로그램을 디자인하거나 실행할 때 참고할 만한 것이다.

소소문자 봉사학습(service-learning)은 봉사활동과 학습목표가 서로 분리되어 있어 완전한 봉사학습이라 보기가 어려울 수도 있다. 여기에는 '봉사'와 '학습'이 모두 있으면서도 서로가 뚜렷하게 통합되어 있지 않기 때문이다. 이렇게 보면 이는 앞서 살펴본 바 있는 '탐색적 교과외 활동'에 가까운 것이라 생각할 수 있겠다. 사실 초중등학교에서 할 수 있는 체험활동 또는 현장 견학이나 실습은 대개가 이 범주에 속할 것이다. 그러나 이러한 활동에서도 봉사학습의 개념과 원리가 지켜져야 함을 강조했으면 한다. '소소문자 봉사학습' 'service-learning'의 다른 한편에

있는 '대대문자 봉사학습'(SERVICE-LEARNING)은 교과외 활동의 '수준(3)'에서 다루고 있는 '창의적 사회실현 활동'에 가까워 보인다. 여기서는 창의적 문제해결력을 학습하는 것과 지역사회 문제를 발견하고 실제로 해결하고 향상시키려는 노력이 함께 강조되고 있고 그리고 서로는 상호 의존적이기 때문이다. 다만 '창의적 사회실현 활동'에서는 봉사학습에 있는 '봉사'를 통하여 도움을 주는 것에서 적극적으로 교내외의 지역사회에 있는 문제를 스스로 발견하고, 이를 실제로 실체험적으로 문제해결하고 향상시키는 것으로 더욱 발전된 것임을 알 수 있다.

2. 봉사학습의 목적과 계획

봉사학습, 서비스 러닝은 매우 융통성 있는 학습/교육 방법이고 도구이기 때문에 연령 수준, 지역사회 요구 및 커리큘럼상의 목표에 따라 얼마든지 융통성 있게 조정하여 실행할 수 있다. 학교에서 학년도 전체에 걸쳐 전교적으로 할 수도 있고 단기간 소집단에서 할 수도 있고, 자신이 원하면 개인이 할 수도 있고, 또는 여러 학교의 학생들이 같이 팀을 구성하여 할 수도 있다. 심지어 지역 사회의 시민이 공동의 관심사를 가지고 학생들과 함께 수행할 수도 있고, 시민과 학생들이 협동하여 할 수도 있다. 앞으로는 팀이나 학교가 지역사회의 유관기관이나 조직과 파트너십을 만들어 창의적인 봉사학습 활동을 수행하는 것이 더욱더 활성화되리라 본다. 관련의 문헌들을 고찰해 보면 봉사학습 활동은 다음과 같은 목적을 가지고 있다.

(i) 행복하고 성공적인 삶을 사는 데 유용할 수 있는 실질적이고 기능적인 지식과 기능, 태도 및 사회적 안목을 향상시킨다.

(ii) 지역사회나 국가의 요구나 문제/과제에 참여하여 해결하고 도움을 주는 적극적인 주인의식의 자세와 경험을 가질 수 있다.

(iii) 지역사회와 상호작용하면서 봉사정신, 리더십 및 사교적인 친교를 쌓을 수 있다.

(iv) 실제 세상의 일을 처리해 가는 창의적인 문제해결 능력과 전략적 사고 능력을 개발할 수 있다.

(v) 여러 사람들에게 의미 있는 과제를 성취함으로써 내적인 만족과 긍정적

인 사고를 개발하는 데 도움 될 수 있다.

그런데 이러한 목적을 가지고 있는 봉사학습 프로그램이 성공할 수 있으려면 다음과 같은 것을 고려해야 한다. 이미 앞에서 언급한 바 있는 바와 같이 여기서는 봉사학습 활동이 가지고 있는 봉사, 학습, 상호 유용성 및 반성 등의 네 가지 요소를 유의해야 한다.

(ⅰ) 유의미한 봉사

봉사 활동은 지역 사회에 유의미하고 개인적으로 적절해야 한다. 연령과 능력에 맞아야 하고 활동이 재미있어야 하고, 그리고 지역 사회가 요구하는 것으로 의미가 있고 중요해야 한다. 서비스/봉사의 영역은 문화, 환경, 위생, 건강, 동물, 폭행, 시민 생활 등 매우 다양할 수 있다.

(ⅱ) 커리큘럼과의 연결

봉사 활동은 학습과정의 일부여야 한다. 그래서 교과 커리큘럼이나 교과외 활동의 목표에 맞아야 한다. 봉사 학습은 경험적이고 지식 응용적인 것이며, 각종의 자료를 이해하고 나아가 이를 활용하는 능력을 심화시킬 수 있다.

(ⅲ) 반성

학습이 유의미한 것이 되도록 창의적 사고와 비판적 사고를 사용하며, 반성 (reflection)하는 시간을 활동의 전, 중, 후의 모든 과정에서 반드시 가져야 한다. 그러면 학습을 내면화 하고 프로젝트를 평가하고 더욱 발전시키게 될 것이다. 봉사 경험을 학습/공부의 목표에 연결시키는 반성적 활동을 통하여 비로소 거기에 잠재해 있는 교육적 잠재력을 발견하고 실현하여 성과를 거둘 수 있다(Kelb, 1984).

보다 구체적인 방법들 가운데 하나는 '일지'(journals)를 만드는 것이다. 그것은 내가 무엇을 하려고 했는지, 무엇을 학습했는지(알게 되고 경험했는지), 그것을 왜 하려고 했는지 등에 대한 자기 자신의 기본적인 질문에 대답하는 것이다. 그리고 가능한 대로 활동 관련의 자료들을 포트폴리오로 수집 · 정리한다. 나아가 프로젝트를 수행하여 얻은 결과를 여러 사람이나 기관에게 프레젠테이션하고, 제공하며, 그리고 가능하면 전시하여 공유하고 학교에서는 시상 등으로 이러한 활동을 격려헌다.

(ⅳ) 다양성

참가자들 사이에 존재하는 다양성을 이해하고 상호 존중하도록 교육한다. 그러면 개인 간의 대인 기능과 갈등해결 기능을 개발하는 데 도움 된다.

(ⅴ) 자신의 목소리

봉사학습 프로젝트에서 적극적인 역할을 감당하고, 얼마만큼은 자신의 목소리를 내도록 노력해야 하며, 그리하여 프로젝트에서 주인 의식을 가질 수 있게 한다. 또한 자신의 학습을 스스로 통제하고 리더십 기능을 발달시킬 수 있어야 한다.

(ⅵ) 파트너십(partership)

젊은 학생들과 더 넓은 지역사회 사이에 파트너십을 구축할 수 있도록 노력한다. 거기에는 프로젝트의 목표와 관련 있는 비즈니스, 사회 및 정부기관 등이 모두 포함될 수 있다(이에 대하여서도 아래에서 다시 다룬다).

(ⅶ) 기간과 강도

프로젝트의 기간의 길이와 강도가 충분해서 지역사회의 요구를 다루고 프로젝트의 목표를 제대로 달성할 수 있어야 한다. 그래서 행위하고 분석하고, 정리하고 그리고 성취한 것을 발표하고 축하할 수 있어야 한다.

3. 봉사학습의 절차적 방법

봉사학습을 위한 프로젝트는 크게 보면 세 개 단계로 이루어진다. 이들은 관심을 가지고 있는 분야에서 중요해 보이는 과제/문제를 확인/발견하는 것, 수행할 행위를 계획 세우는 것, 그리고 계획을 실제 세계에서 실행하는 것 등이다. 이들은 바로 창의적 문제해결의 전체 단계이다. 그리고 이러한 세 개의 단계에 반드시(구조적으로) 포함시켜야 하는 것은 '반성의 기회'이다. 봉사학습은 단순한 자원봉사이거나 단순한 현장 견학이 아니다.

각 단계의 활동을 자세하게 기록해야 하며, 최종적으로는 프로젝트의 계획에서 종료에 이르는 전체의 과정과 자료를 정리하여 반성해 보고, 이들을 발표하고 공유해야 한다. 좀 더 자세히 정리해 보면 다음과 같이 될 것이다.

(i) 코치를 구한다. 봉사학습의 코치는 믿을 수 있는 멘토(mentor)이며 옆에서 도와주고 가이던스해 줄 수 있는 사람 또는 기관이어야 한다. 교사/교수뿐 아니라, 부모 또는 신뢰할 수 있는 기관의 사람이 맡을 수 있다.

(ii) 학급에서(또는 혼자서) 가지고 있는 특별한 재능을 사용하여 할 수도 있고, 학교 공부와 관련이 있는 재미있는 프로젝트를 찾아볼 수도 있다.

(iii) 신문이나 인터넷 등을 통하여 자신들이 살고 있는 지역사회에서 필요한 것이 무엇인지를 '연구'한다.

(iv) 행위 계획을 세운다. 거기에는 목표와 단계별 계획이 포함되어야 한다. 교사/교수나 부모와 함께 계획을 세우면 더욱 바람직하다.

(v) 필요하고, 또한 가능하면 학교 당국 또는 관련의 단체나 행정기관과 접촉하여 프로젝트를 설명하고 그리고 할 수 있으면 필요한 지원을 받는다.

(vi) 소정의 '양식'에 따라 모든 활동들을 기록하고 관련의 자료를 정리한다. 프로젝트가 완성되면 반성하는 기회를 가진다. 그리고 추수적인 프로젝트를 계획할 수 있다.

(vii) 프로젝트를 즐긴다. 학교 공부뿐 아니라 지역사회를 더 낫게 하는 일에 참여하고 주도하는 것에 대하여 커다란 자부심을 가져야 한다.

4. 봉사학습의 창의적 파트너십

학교와 지역사회의 기관이나 관련의 전문가들 사이에 파트너십(creative partnership)을 구축하여 창의적인 봉사학습의 기회를 설계하는 것은 많은 잠재력을 가지는 것 같이 보인다. 학교와 기관과 산업체가 가까워질수록 이러한 파트너십은 활성화될 것이다. 교사/교수, 창의 전문가 및 지역사회의 전문가(특히, 예술, 디자인, 건축 등) 그리고 전문기관이 서로 파트너가 되어 학생들이 호기심을 가지고 실제로 해 보고 싶은 실제 세계의 과제 또는 지역사회가 요구하는 중요한 일을 실체험적으로 실현해 보는 기회와 경험을 가지는 것이다(특히 직업 세계와 자신의 관심 영역을). 그리고 전문가들의 수업을 받거나 같이 새로운 아이디어를 작업하고 실험하고 그러는 과정에서 멘토링을 받을 수 있는 교육의 기회와 공간을 가지게 할 수 있게 하는 것이다. 이것이 바로 창의적인 봉사학습의 모습일 것이다.

(i) 기업, 공공기관, 대학, 단체, 개인 등이 보유한 인적·물적 자원과 재능을 학생들의 교육 활동에 직접 활용할 수 있게 한다.

이러한 창의적 파트너십을 통하여 학교는 지역사회에 있는 여러 기관이나 시설을 효과적으로 이용할 수 있게 된다(예컨대 예술 센터, 과학관, 박물관, 연극장, 봉제공장, 특수 재배의 그린 하우스 등등). 그리고 각 분야의 전문가(특히 예술 디자인, 건축, 체육 등)들의 '시간 기부'와 '기능 기부'를 받을 수 있다.

(ii) 학교는 각종 단체, 예컨대 예술 단체, 건축이나 디자인 단체, 특수한 전문적인 생산 단체와 이들 회원을 효과적으로 활용할 수 있으며, 또한 이들이 학교 수업과 프로젝트에 관심을 가지고 참여할 수 있게 한다.

(iii) 일반 시민이나 각종의 단체들이 학교에 교육 기부 또는 재능 기부를 할 수 있고, 또한 실제로 이러한 기부를 하려는 사람들이 적지 않을 것이다.

이들을 학교 교육과 연계하여 봉사하게 한다면 학생들의 창의적인 성취뿐 아니라 시민의 봉사 정신과 사회의 유대감을 신장하는 데도 도움이 될 것이다(우리 사회에는 퇴직 후 할일 없는 전문가들이 너무 많아 보인다).

(ⅳ) 행정 당국은 파트너십 네트워크를 구축하고 파트너십 실행과 관련하여 발생할 수 있는 이슈나 문제에 대한 계약이나 규칙을 마련해야 하며, 그리고 관련의 웹사이트도 운영하면 효과적일 것이다.

그리고 외국에서는 개인적으로 자신의 재능과 시간을 봉사하는 봉사학습에 참여하는 것을 후원하거나 주관하고 있는 기관도 찾아 볼 수 있다. 대표적인 기관 하나는 'National Youth Leadership Council'(NYLC, www.NYLC.org)이다. NYLC에서는 'The Generator School Network' (GSN)라 부르는 온라인 커뮤니티를 운영하고 있다. GSN에는 서비스 러닝을 통하여 세상을 향상시키고 변화시키고 있는 5,000명 이상의 청소년과 사회 성인이 참여하고 있다. GSN은 필요한 사전 교육이나 서비스 러닝(봉사학습)과 관련하여 컨설팅을 제공하고 있고, 참가자들 간에 쉽게 정보를 상호공유하게 하며, 그리고 인적·물적 소스 간에 네트워킹할 수 있게 도와주고 있다.

그리고 기능기부(교육기부)에 대한 대표적인 사례는 영국의 CCE이다. 영국의 CCE (Creativity, Culture and Education)은 학교의 내외에서 아동과 청소년들의 창의력을 개발하기 위한 국제적인 재단으로, 예술, 문화 및 창의적 접근을 교실에 가져온 역사적인 기구이다. CCE는 형식 교육의 내외에서 청소년들이 창의력을 발휘하게 하고, 그리고 다양한 창의적 및 문화적 활동에 접근하여 그것을 실제로 경험하는 것의 가치를 믿고 있다. 이러한 활동은 내재적 쾌감을 가져오며, 포부를 가지게 하고, 성취와 기능을 향상시키고, 상상력을 펼치게 하며 그리고 자신의 삶의 질에 영속적인 향상을 가져온다고 이들은 보고 있다. 그리고 CCE는 2002년 창의력 교육에 재능 기부/교육 기부를 접목하는 크리에이티브 파트너십 (Creative Partnership, CP) 프로그램을 개발하였다. 이것은 건축가, 화가, 음악가 등 문화 예술 분야의 전문가를 직접 교실에 파견하여 학생들을 가르치고 같이 활동하는 산학협동 형식의 교육 프로그램이었다. 영국 정부는 CP 프로그램에 고무되어 이를 확대하여 국가기관으로 설립한 것이 CCE이다. 처음은 잉글랜드 지방의 아동과 청소년들에게 창의력 개발을 위한 교육/수업을 위하여 예술가나 문화 예술 단체를 연결해 주는 역할을 하여 학교가 창의력 교육을 위하여 다양한 분야의 예술적, 문화적인 활동을 경험할 수 있도록 지원하였다. 학교와 창의 전문가(건축가, 과학자, 멀티미디어 개발자, 예술가 등) 사이에 파트너십을 구축하여 함께 과제를 발견하고 서비스하며, 새로운 아이디어로 새롭게 문제해결하고 실험하는 활동을 같이 경험하고, 논쟁하고, 리더로서 역할을 수행하고, 그리고 서로 네트워크를 가지게 하였다. 2011년에 정부의 재정지원이 종결되었으나, 그럼에도 현재도 이러한 활동을 영국에만 한정되지 아니하고 국제적으로도 확산시키려 노력하고 있다(www.creativitycultureeducation.org).

5. 봉사학습의 종합과 비판

봉사학습은 1980년대 후반 미국에서 그 개념이 성립되어 교육학 등 다양한 학문 영역의 교육과정과 연계하여 활용되고 있다. 미국에서는 1980년대 초반부터 자원봉사 활동이 급격하게 증가하게 되었고 현재는 단순한 사회봉사가 아니라 대학의 한 학과나 사회기관과 파트너십을 구축하여 교육과 연구가 사회문제 해결에 초점을 두는 방향으로 전개되고 있다. 그리고 정규교과와 사회봉사 활동을 연계시켜 사회봉사와 강의가 상보적으로 통합하는 것을 강조하는 듯하다. 우리나라에서는 1990년대 중반부터 대학에서 '사회봉사'를 정규교과목으로 개설하기 시작하였고, "1996년도에 한국대학 사회봉사 협의회가 창립된 이래 대학에서의 사회봉사, 봉사-학습 활성화를 위한 사업을 전개하고 있으며, 각 대학들은 교양 선택, 교양필수, 전공 선택 등의 과정에서 다양한 형태로 '사회봉사' 과목을 개설하여 봉사-학습을 실시하고 있다. … 특히 전공과 연계된 봉사-학습은 일반 사회봉사 활동과 달리 교육적 효과가 높다는 사실이 … 입증된 바 있으며, 최근 들어 학생들의 학습성과 목표와 지역사회 발전의 목표에 기여하는 전공연계 봉사-학습에 대한 대학의 관심과 참여가 늘어나는 추세에 … 있다"(원미순, 박혜숙, 2008, p. 58). 1990년대 중반부터 일부대학에서 교육과정에 봉사학습을 도입하기 시작하였으며 최근에는 다양한 전공 과목에 연계하는 노력이 이루어지고 있다(손승현 외, 2011; 조휘일, 2002; 원미순, 박혜숙, 2008; 황미연, 2009). 그리고 1995년 봄 학기부터 한양대 등 일부대학이 사회봉사 학점제를 도입하여 시행한 이후 지금 전국의 4년제 대학 중 약 40% 이상에서 다양한 형태의 사회봉사 교과과정을 운영되고 있다(조휘일, 2002). 또한 봉사학습과 관련하여 특히 대학교육과 관련하여, 다양한 연구들이 이루어지고 있으며, 여러 가지의 의미 있는 결과를 보고하고 있다.

봉사학습은 의미 있는 지역사회 봉사활동을 교육 과정에 통합시킬 수 있는 매우 효과적인 교수학습의 한 가지 접근법이다. 봉사학습의 과정을 사용하는 교사/교수는 이러한 접근법이 교실에 새로운 활기를 불어넣고, 학습 수행을 향상시키고, 교과학습에 대한 흥미를 불러일으키고, 창의적 문제해결 기능을 향상시킨다고 보고하고 있다(Bringle & Hatcher, 1995). Giles & Eyler(1994) 등의 여러 연구에서는 봉사학습 과정을 이수한 학생들은 지역사회 봉사에 대하여 아주 긍정적인 태도와 신념을 가지게 될 뿐 아니라 시험 성적도 올라가는 것을 발견하고 있다.

그런데 봉사학습에 관한 연구문헌을 고찰해 보면 적어도 두 가지의 중요한 사실을 주목할 수 있다. 첫째, 봉사학습에 관한 대부분의 논의와 연구는 대학의 교육과정이나 학점을 지역사회 봉사와 연결하는 것으로 Sigmon(1979)의 봉사학습 분류학에 따르면 '대대문자 봉사학습'(SERVICE-LEARNING)에 해당하는 것이다. 이것은 경험 중심과 산학협력이라는 차원에서 매우 중요한 발전이라 생각된다. 그러나 다시 생각해 보면 봉사학습을 너무 경직되게만 접근하는 것같이 보이기도 한다. 봉사학습을 Sigmon(1979)의 '소소문자 봉사학습'(service-learning)과 같이 무겁지 아니한 것으로 접근한다면 개인이나 팀에서 할 수 있는 다양한 활동을 디자인해 볼 수 있을 것이고 이것이 대학의 산학협력을 다양하게 발전시키는 중요한 방법이 아닐까 싶다. 그런데 불행하게도 대학 이외의 초중등학교 교육과 관련하여 봉사학습을 다루고 있는 연구는 찾아보기 어려웠다. 초중등학교의 교육과정에는 '체험학습'이나 '봉사활동'이 강조되고 있다. 그러나 이들의 대부분은 단순한 현장 견학이나 봉사활동 시간수 채우기에 머물고 있는 것이 현실인 것 같이 보인다. 만약에 여기에다 '학습'의 요소를 넣고 '진행 일지'를 작성하는 것과 같은 '반성의 기회'를 구조적으로 추가한다면 비로소 의도했던 잠재적인 교육효과가 실현될 수 있을 것이다. 그것은 바로 체험학습이나 봉사활동을 봉사학습의 형태로 강화하는 것을 의미할 것이다.

둘째, 봉사학습 활동을 설계하고 수행하는 과정에서 '비판적이고 창의적인 사고'를 의도적으로 그리고 체계적으로 실행하는 노력이 필요한 데도 불구하고 여러 선행 연구들은 이러한 부분에 대한 적극적인 관심이 부족해 보인다. 봉사학습 활동은 봉사를 수행하는 학습자의 학습/기능을 개발하는 데 중요하지만, 동시에 그것은 지역 사회가 요구하는 의미 있는 활동이어야 한다. 그러려면 교과에서 배운 지식을 단순히 적용하는 것을 넘어 이들을 확대하고 창의적으로 실험하고 발견하는 의도적 노력이 실행되어야 한다. 그리고 봉사학습 활동의 핵심 가운데 하나는 '반성의 기회'를 가진다는 것이다. 이것은 달리 말하면 되돌아보면서 다시 이해하고, 비판적으로 사고하고 그리고 더 나은 앞으로를 '창의'하는 것이다. 달리 보면 그것은 '자아실현'하는 과정이라 말할 수 있다. 마지막으로 '창의력이란 … 이것 저것을 보고 경험하면서 질문하고, 서로 연결시켜 보고, 그리고 문제해결을 위하여 상상하고, 그리고 혁신적인 접근을 취하는 능동적인 능력'이란 사실을 주목해 보았으면 한다.

IV

창의적 사회실현 활동

1. 활동의 내용과 전문화

(1) 내용과 목적

창의적 사회실현 활동(creative social-realization, CSR)은 창의적 사고를 개발하는 것과 실제의 사회문제를 해결하는 것의 두 부분으로 구성되어 있다. 봉사학습의 시각에서 보면 '대대문자 봉사학습'(SERVICE-LEARNING)의 상위에 있는 것, 또는 그것을 한 단계 넘어선 수준의 것이라 말할 수 있겠다. 왜냐하면 실체험적 지식을 학습하면서 사회에 '도움'을 주고 단순히 봉사하는 것을 넘어 학습한 것을 활용하여 스스로 지역사회의 문제 또는 전공 분야의 문제를 적극적으로 해결하고 향상시키는 것을 목적하고 있기 때문이다. 그러므로 CSR 활동은 크게 보아 실천적 지식의 학습과 사회/전공 문제를 창의적으로 해결하는 것의 두 부분으로 이루어져 있다고 볼 수 있다.

창의적 사회실현 활동 1부는 창의적 문제해결의 사고/과정을 적용하는 것이다. 이때 다루는 토픽(주제)은 교과수업의 내용에서 가져올 수도 있고, 관심 가는 사회문제 이슈 중에서 자유롭게 선택하여 사용할 수도 있다('교과 수업'과 관련/통합하여 사회실현 활동을 할 때는 먼저 수업내용을 깊게 이해해야 하고, 거기에서 중요하다고 생각되는 문제/이슈를 발견해 내어야 한다). 문제나 위기를 의식할 줄 아는 것은 모든 창의적 활동의 출발점이다. 그러므로 CSR 활동은 정규 교과목 수업과 관련하여 사용할 수도 있고, 또는 순수한 교과외 활동으로 사용할 수도 있다. 토픽(주제, 교과/단원 주제)이 결정되면 거기에서 가장 중요해 보이는 문제를 발견/확인하고, 이에 대한 해결 대안과 해결책을 생성한 다음, 이를 기초하여 창의적 문제해결을 위한 '행위 계획'을 만들어야 한다. 활동 2부는 이렇게 개발해 낸 '행위계획'을 현실에서 실제로 실행하고, 수행하면서 수정·보완하고, 관련 자료를 포트폴리오로 정리하고, 그리고 '반성'의 기회를 위하여 프리젠테이션하고 공유하며, 나아가 다음의 활동들을 성찰해 보는 것이다. 창의적 사회실현 활동은 다음과 같은 목적을 가질 것이다.

(i) 창의적인 문제해결의 과정을 현실 사회의 문제에 적용하는 구체적이고 실제적인 경험을 제공하고,

(ii) 창의적 문제해결의 기능을 개발하여 적극적인 문제 해결자가 되며,

(iii) 실제 문제를 연구하는 기능을 개발하고, 호기심, 애매성 감수, 모험과 상상력 등의 기능과 태도를 기르며,

(iv) 소속감과 협동할 줄 아는 태도와 기능을 개발하며,

(v) 독립심과 함께 학교, 사회, 국가에 대한 적극적인 태도와 시민의식을 함양한다.

그런데 창의적 사회실현 프로그램은, 특히 대학에서는 영역 일반적이고 대개 보아 사회과학적인 것과 전공분야의 전문 지식을 활용하는 보다 전문화된 것으로 나누어 볼 수 있다. 보다 영역 일반적인 프로그램의 대표적인 모형은 E. P. Torrance의 창의력 교육 프로그램에 있는 네 가지 요소 프로그램 가운데 하나인 CmPS(Community Problem Solving Program)을 들 수 있다. J. Renzulli(1994)가 말하는 영재교육의 '유형 Ⅲ 활동'(Type Ⅲ)도 이러한 범주에 속할 것이다. 그리고 후자의 대표적인 보기는 캡스톤 디자인 프로그램 같은 것이라 말할 수 있겠다. 전문지식을 기관이나 산업체의 실제 문제와 연결시키는 산학연 프로젝트에는 여러 형태가 가능할 것이다.

아래에서는 캡스톤 디자인 프로그램에 대하여 간단히 살펴본다. 이어지는 절에서는 창의적 사회실현 활동의 일반적인 모형을 CmPS에 따라 더욱 자세하게 알아볼 것이다.

(2) 캡스톤 디자인 프로그램

전공분야와 밀착된 창의적 사회실현 활동의 보기로는 캡스톤 디자인 프로그램(Capstone design)을 들 수 있다. 캡스톤 디자인 프로그램은 공학 분야에서 주로 사용되고 있으며 핵심은 창의성 개발과 산학협동을 통한 현장 적응력을 제고 하는 데 있다. 미국 공학교육학회(ASEE)에서는 1994년 '공학 교육 지침서'를 발표하였고, 2000년도부터는 새로운 공학 교육 인정 기준(ABET EC 2000)을 채택하게 되었다. 우리나라에서는 1994년 서울산업대학교에서 처음으로 정규과목을 개설한 이후 한국공학교육 인증원(ABEEK)에서 미국공학교육 인증원(ABBT)과 같은 취지 하에 종합적인 설계교육을 강화하도록 요구하고 있고, 이러한 공학인증제 확산을 기점으로 국내 공과대학 역시 캡스톤 디자인이 도입되기 시작하였다.

공학 교육은 실천성을 바탕으로 하는 실천 교육이기 때문에 '창의적 문제해결 과정'과 '이론적 지식'의 통합적인 교육이 요구된다. 기업체가 요구하는 공학 교육은 팀워크, 문제 해결능력, 커뮤니케이션 기술, 소비자 위주로 사고하기, 현실감각, 창의력 등이다. 특히 엔지니어로서의 성공에 다음과 같은 중요한 요소가 공대 졸업생에게 일반적으로 결여되어 있다고 보고 있다.

- 커뮤니케이션과 설득 기술
- 팀 구성원으로서 효과적으로 일할 수 있는 팀워크 능력과 지도력
- 엔지니어링 결정에 영향을 주는 비기술적 문제에 대한 이해와 통찰력
- 글로벌 시장과 국제 경쟁에 관한 인식
- 예리한 비즈니스 감각과 경영 기술(기업가적인 마인드)

이러한 전문가적인 기능과 숙달은 대개가 전통적인 강의실에서는 가르칠 수 없고 실습을 통해 가장 잘 개발할 수 있다. 그러므로 과거에 강의실이나 실험실 내에서 이루어지던 교과 이수 활동에서 교과외 활동을 인정하고 학점으로 이수할 수 있게 개발하고 있다. 공학교육은 다른 교과교육과는 달리 개념으로서가 아닌 구체적인 문제 해결과 그 결과물을 직접적으로 취급하는 교과이므로 문제해결 학습을 적극적으로 도입하고 창의적인 교수·학습 방법과 학생의 체험활동 중심의 수업이 적용 되어야 한다. 여러 대학의 공과대학 교육과정에서는 창의적

공학설계교육에 관련된 교과를 공학 필수 또는 선택과목으로 운영하고 있으며, 나아가 더욱 실질적이고 창의적인 교육을 위해서 교수, 학생 및 산업체가 팀을 구성하여 실제적인 문제를 창의적으로 해결하는 창의적이고 종합적인 공학설계 교육인 캡스톤 디자인이란 새로운 교육프로그램을 도입하여 추진하고 있다.

캡스톤(Capstone)이란 사전적으로는 건축에서 벽이나 건조물의 꼭대기에 얹힌 돌, 즉 건축에서 기둥 등의 구조상에서 가장 정점에 놓여 장식, 상징 등으로 마무리가 되는 갓돌이나 관석(冠石)을 의미한다. 여러 학자들에 의해 정의된 캡스톤 디자인 교육에 대한 정의를 종합해 보면 캡스톤 교육의 궁극적인 교육목표는 취업 후 재교육 없이 곧바로 현장에서 일을 할 수 있는 유능한 인재를 양성하는 것이라 말할 수 있다.

캡스톤 디자인은 창의적 문제해결 능력이라 정의할 수 있다(Lumsdaine, 1994). 이를 위하여 창의적 문제해결 모형에는 CPS 등 몇 가지가 있어 활용되고 있다. 박수홍, 정주영, 류영호(2008)은 캡스톤 디자인 수업 모형을 아홉 가지 단계로 제시하고 있는데, 여기에는 팀 빌딩하기, 산학통합 미팅하기, 과제 분석하기, 과제 명료화하기, 과제 해결방안 찾기, 해결 방안 설계/제작하기, 결과물 전시, 발표하기 및 종합성찰하기 등이 포함되어 있다.

미국 대학들에서 시행되고 있는 캡스톤 디자인 과목은 크게 보면 두 가지 형태로 나누어 볼 수 있다(임동진, 2000). 첫 번째는 현재 국내의 많은 대학에서 졸업 작품의 형태로 실행하고 있는 것과 유사한 것으로 학생들이 몇 명씩 팀을 조직하고 지도 교수를 정한 후 주제를 각각 선정해서 실행하는 형태이다. 즉, 프로젝트를 수행하는 학생들이 서로 다른 주제로 수행한다. 두 번째 형태는 모든 학생들에게 같은 주제를 부여하여 수행하도록 하는 것이다. 이 경우에는 같은 주제와 같은 목표를 주고, 종료 시에는 모든 학생들이 경쟁할 수 있는 경기 대회를 열어서 경기 결과에 따른 평가를 실시하기도 한다. 그런데 중요한 것은 이러한 캡스톤 디자인 활동에서도, 이미 앞에서 언급해 둔 바와 같이, 창의적 문제해결의 사고과정을 적용하여 활동을 계획하는 것과 이러한 활동계획을 실체험적으로 실행하는 두 개 부분이 분명하게 그리고 계획적으로 적용되어야 한다는 것이다. 이렇게 보면 다음에 있는 CmPS 모형이 중요한 참고가 될 수 있을 것이다.

2. 활동의 전개과정과 행위계획의 개발

창의적 사회실현의 활동/프로젝트는 크게 보면 세 개의 요소 과정에 따라 이루어질 수 있는데 거기에는 '토픽의 발견과 해결 아이디어의 실행계획 만들기, 문제해결을 위한 행위 계획의 실행, 및 프로젝트의 프리젠테이션과 반성 등이 포함된다. 이러한 활동을 하는 데 자세한 참고가 될 수 있는 것은 FPSP의 요소 프로그램인 GIPS와 CmPS이다(6장 참조).

(1) 토픽의 발견과 해결 아이디어의 실행계획 만들기

창의적 문제해결의 단계에 따라 프로젝트의 '토픽'(topic)을 선정하고, 거기에 있는 핵심문제를 진술하고, 해결 아이디어를 생성하여 해결책을 만들고 그리고 실행을 위한 '해결책의 실행계획'을 개발한다. 창의적 문제해결의 5단계의 각기의 이름과 개요의 내용은 <표 7-2>와 같다. 여기에 있는 기본적인 내용은 6장에서 다룬 학교 창의력 교육프로그램의 5단계와 매우 비슷하다. 그러나 '토픽'의 선정과 문제 발견에서, 그리고 실행 계획의 개발에서는 상당한 차이가 있는데 그것은 비즈니스나 지역사회 문제를 다루어야 하기 때문이다.

- 단계 1: 토픽(주제 영역)의 선정
- 단계 2: 도전의 확인
- 단계 3: 핵심 문제의 확인/발견과 진술
- 단계 4: 해결 아이디어의 생성과 선택
- 단계 5: 행위계획의 개발

〈표 7-2〉 창의적 사회실현 활동의 준비 과정

단계 1: 토픽(주제 영역)의 선정
(ⅰ) 프로젝트에서 '무엇을' 다룰 것인지를 결정하는데 이를 '토픽'(topic)의 선정이라 부른다. 토픽이란 용어 대신에 '주제' 또는 '주제 영역' 선정이라 말하기도 한다.
(ⅱ) 중요하고 재미있어 보이며 적당한 범위의 토픽이 되도록 관리한다. 너무 광범위하면 다루기 어렵고, 반대로 너무 구체적이면 창의적인 아이디어를 발휘할 공간이 좁아진다. 다

루는 토픽은 교과 단원에 있는 것일 수도 있고 학교 내외의 지역 사회의 이슈나 관심거리가 되는 것일 수도 있다. 교과 수업과 관련한 토픽을 선정하는 것이 보다 바람직하다.

(ⅲ) 토픽이 선정되면 이에 대하여 가능한대로 정보를 많이 수집하고 스터디 하여 장면(상황)을 이해한다. 이를 바탕하여 프로젝트를 어떻게 시작하였으며, 그것이 왜 필요하며, 그리고 토픽의 상황은 어떤 지를 개관하는 '시나리오'를 만들어 본다. DT에서는 이것을 '브리프'라 하였다 이것은 과제의 상황과 그것을 다루려는 프로젝트에 대하여 개관적으로 설명하는 것인데 관심 있는 사람이 프로젝트를 전체적으로 쉽게 이해하게 하는 데 목적이 있다.

단계 2: 도전의 확인

(ⅰ) 토픽의 영역에서 중요해 보이는 문제, 이슈, 걱정거리, 관심사들을 브레인스토밍 하여 요점으로 간단하게 나열해 본다(이들의 대부분은 범위가 넓은 것이기 때문에 '도전'들이라 부른다. '도전'이란 넓고 막연한 것이지만 '문제'라 할 때는 보다 구체적이고 정의가 보다 잘된 것을 말하는 것이 일반적이다).

(ⅱ) 이렇게 생성해 낸 도전을 분류하거나 정리하면서 그럴듯해 보이는 '몇 개의' 도전을 선택한다.

단계 3: 핵심문제의 확인/발견과 진술

(ⅰ) 앞 단계에서 선택한 몇 개의 '도전'들 가운데 가장 그럴듯해 보이는 1개를 선택하거나, 몇 개를 같이 조합하여 1개를 만든다.

(ⅱ) 다음으로 선택한 1개의 도전을 '토픽'의 프로젝트가 해결해 가야 할 구체적인 '핵심문제'(UP)로 진술한다. 진술은 다음의 4가지 요소들을 포함하며, 의문문의 행동적 진술이 되게 한다.

- 어간: 어떻게 하면 …? (H2)
  어떤 방법으로 …? (IWWM)
  어떻게 …? (HM)
- 문제의 소유자: 어떻게 하면 '우리가'(작업팀이, 클럽이) …?
- 핵심동사(구): 1개의 핵심적인 동사(구)를 사용한다. 그래야 핵심문제를 해결하기 위하여 무엇을 해야 할지를 분명하게 알 수가 있다.
- 목적: 프로젝트의 '목적'이 무엇인지를 기술한다.

(ⅲ) 시초의 문제 진술이 너무 넓어 보이거나, 반대로 너무 좁아 보이면 '동사'와 '목적'을 다른 것으로 바꾸어 보면서 문제의 진술의 추상성 수준을 조정할 수 있다.

- 어떻게 하면(H2) 우리 팀이 우리들 자신의 창의적인 행동을 향상시킬 수 있을까?
- 어떤 방법으로 하면(IWWM) 동아리 A가 독거노인들의 생활을 도와줄 수 있을까?

단계 4: 해결 아이디어의 생성과 선택

(ⅰ) 핵심 문제를 해결하기 위한 많은 아이디어를 브레인스토밍 한다.

(ⅱ) 수렴적 사고도구를 이용하여 이들 가운데 가장 그럴듯해 보이는 몇 개의 아이디어를 선택한다.

(ⅲ) 선택한 해결 아이디어를 다음의 것들이 포함되게 진술한다.

- 누가,
- 무엇을,
- 어떻게,
- 왜(그것을 할 것인가?)

(ⅳ) 선택한 몇 개의 해결아이디어를 자세하게 살펴보고 가장 그럴듯해 보이는 한 개를 선택하거나, 또는 몇 개를 조합하여 한 개의 해결 아이디어를 만들 수도 있다.

단계 5: 행위 계획의 개발

(ⅰ) 최종적으로 결정한 '해결 아이디어'를 실제로 실행에 옮길 수 있는 '해결책'으로 발전시킨다. 여기에는 실행하는데 도움되거나 유리한 요소('조력자')뿐 아니라 장애가 되고 방해가 될 수 있는 요소들을('저항자') 찾아 실행 계획에 반영해야 한다.

(ⅱ) 협력이나 지원 또는 후원을 받을 수 있는 곳을 찾아 도움을 받는다.

(ⅲ) 해결책을 진행 단계에 따라 24시간 단계, 단기적인 단계 및 장기적인 단계 등으로 나누어 자세한 실행계획이 되게 한다. 프로젝트에 몇 개의 부서가 있으면 부서별 계획을 마련한다.

---

(2) 문제해결을 위한 행위 계획의 실행

앞의 요소 과정에서는 프로젝트의 토픽을 찾는 데서 시작하여 보다 구체적인 문제를 찾아 진술하고, 이것을 해결할 수 있는 해결 아이디어를 생성하고, 그리고 이들 중 가장 그럴듯한 해결 아이디어를 선택하여 구체적인 실행을 위한 '행위 계획'을 만들었다. 행위 계획에는 실행에 도움 될 수 있는 것(조력자) 뿐 아니라 장애가 될 수 있는 것(저항자)도 확인하여 반영해야 하고, 가능한 지원을 찾아보고, 부서별로 역할을 분담하고, 그리고 전체가 몇 개의 장단기적인 일정에 따라 조직했을 것이다.

이제 이러한 실행 계획을 토픽의 장면에서 직접 손으로 만지고 몸으로 부닥치면서 실행하여 프로젝트의 목표를 성취해야 한다. 이것은 간단한 것도 쉬운 일도 아닐 수 있다.

(ⅰ) 실행 계획을 전체적으로 이해해야 하고 바로 수행해야 할 것과 그 다음에 할 일들을 체크하고 머릿속에 그림 그릴 수 있어야 한다.

(ⅱ) 계획의 진척 상황을 체크하고 계획서에 있는 것과 비교해 보며 계속하여 점검한다.

(iii) 프로젝트를 진척하면서 필요에 따라 계획을 수정하거나 새롭게 조정할 수 있다.

(iv) 수행한 것의 내용뿐 아니라 사용했던 자료나 기타 중요한 사항을 메모한 것들을 빠짐없이 포트폴리오로 정리한다. 진행하면서 느낀 반성의 내용이나 새로운 아이디어들도 함께 정리한다. 이들은 후속의 과제나 기타의 목적에 유용하게 사용할 수 있을 것이다.

(3) 프로젝트의 프레젠테이션과 반성

프로젝트의 실제를 시작부터 끝까지 정리하고 실행한 것들을 요약한다. 원래의 목표는 얼마나, 그리고 어떻게 성취되었는가? 장점은 무엇이었으며 기대에 미치지 못한 것은 어떤 것들인가? 다른 대안적인 접근은 무엇일까? 후속의 과제에는 어떤 것들이 있을까? 집단 프로젝트이면 이를 위한 미팅을 가진다.

그리고 프로젝트의 전체 과정에서 사용했던 자료들은 포트폴리오로 정리하고, 프레젠테이션하여 공유하고 뒤돌아 비판적으로 사고하고, 그리고 더 나아가 창의적으로 전망해 보는 기회를 가진다. 가능하면 학교에서는 일정 기간에 모든 팀들이 전시하고 프리젠테이션 할 수 있는 기회를 가지게 한다.

- 3~5분 비디오 제작(가능하다면, 프로젝트의 중요한 측면과 성취를 보여주는)
- 전시판 활용
- 30분 정도의 인터뷰(프로젝트를 설명한다.)

보고서와 프레젠테이션에 대하여 집단에서 또는 관심 있는 다른 사람들과 함께 논의하거나, 또는 평가하고 수상을 한다. 프로젝트 수행의 과정과 결과는 대개보아 다음과 같은 항목에 따라 정리하여 발표할 수 있다.

(가) 문제해결 과정에 대한 설명
   (i) 과제(문제)와 관련한 배경 내용
   (ii) 과제(문제)에 대한 설명
   (iii) 해결 아이디어와 해결책
   (iv) (계획했던) 행위를 위한 계획

(나) 행위 계획의 실행(실행했던 행위의 내용)
   (ⅰ) 실행의 절차와 행위
   (ⅱ) 사용한 자원의 발견과 활용
(다) 프로젝트의 성과
   (ⅰ) 성취한 결과 또는 산출
   (ⅱ) 반성
   (ⅲ) 추후 과제를 위한 제언
(라) 관련의 자료와 발표
   (ⅰ) 수집한 자료 및 프로진행과 관련한 자료의 제시
   (ⅱ) 발표 및 전시

---

3. 하나의 활동사례

　여기서는 앞에서 제시한 사회실현 활동의 연구 사례의 하나로 정미선(2019)
이 G대학의 교양학과 23명의 학생을 대상으로 '지역사회 문제해결' 학습을 실시
하고 효과분석한 것을 간략하게 인용해 본다. 이 연구는 전공 지식을 활용한 '스
포츠 재활학과' 학생 집단과 전공지식을 활용하지 아니하고 일상적인 주제를 선
택한 '간호학과' 학생 집단의 두 집단을 연구대상으로 하고 있다.

　스포츠 재활학과 집단에서는 여러 도전 가운데 '독거 노인'을, 그리고 간호학
과 집단은 '도로 교통'을 관심영역으로 선정하였다. 그리고 관련 자료를 발산적
으로 수집한 다음 이들을 수렴적 사고하여 스포츠 재활학과 집단에서는 '건강'을
가장 중요한 영역으로, 그리고 간호학과는 도로교통에 관한 정보를 정리하여,
각기의 상황을 보여주는 시나리오를 만들었다. 그러나 다음부터는 간호학과 팀
사례만을 살펴볼 것이다. [그림 7-3]은 간호학과 팀이 선정한 관심영역과 이에
관하여 실제로 수집한 정보들을 기초하여 만든 도전장면에 관한 '시나리오'이다.

A는 초등학생입니다. A는 엄마 B와 함께 학교를 가던 중 울퉁불퉁한 인도에 걸려 넘어지고 말았어요. A가 넘어져서 울자 B는 약국을 찾아 두리번거렸어요. 바로 건너편 길에 약국이 있는 것을 발견한 엄마 B는 횡단보도를 찾아보았는데 멀리 있었답니다. 그래서 B는 멀리 있는 횡단보도로 달려갔습니다. 하지만 그 횡단보도에는 신호등이 없었어요. 급하게 달려가던 B는 주변을 살피지 않고 횡단하다가 빠르게 달려오던 차에 치여 데구르르 굴렀습니다. 운전자는 C라고 해요. C는 매우 바빠요. 회사에서 회식 겸 회의를 마치고 왔어요. 방금까지 지나온 길에서는 외식을 나온 가족들이 무리로 차도에서 걷고 있어서 얼마나 짜증났는지 몰라요. 지금 C는 회의 내용을 정리해 보고해야 해서 차 안에서 바쁘게 일하고 있어요. 사실 회식을 하면서 술도 조금 했답니다. C가 한눈을 팔고 있을 때, B가 횡단보도에서 갑자기 튀어나왔어요. 놀란 C가 뒤늦게 브레이크를 밟았어요. 하지만 도로에 과속방지턱이 적었던지 속도는 이미 꽤 빨라요. 그리고 바퀴가 터졌는지 운전이 마음대로 되지 않았어요. 결국 C는 B를 차로 치어버렸어요. C는 마음이 급해요. 그래서 급하게 차에서 내려서 B를 확인합니다. 그리고는 주변을 두리번거려요. 아무래도 목격자나 cctv가 없는 모양이에요. C가 다시 차에 타요. 도망을 가는 것 같아요. 사실 이 모든 걸 본 사람이 있어요. 목격자 D에요. D는 가여운 아이를 돕기 위해 캠페인 활동을 하기로 해요. 하지만 참여가 저조해요.

⇒ 교통시설의 부족과 교통법규를 준수하지 않은 사람들로 인해서 교통사고가 일어난 상황에 대한 시나리오

출처: 사고개발, 15(3), p.42

　　다음으로 각 팀은 여러 도전 가운데 핵심문제를 진술하고 이를 해결하기 위한 해결 아이디어를 많이 생산해 내고 그런 다음 가장 중요해 보이는 것을 선택하기 위하여 평가행렬법을 사용하였는데 이들을 보여주고 있는 것이 [그림 7-4]이다. 그리고 이러한 과정을 통하여 팀에서는 최선의 해결 아이디어로 '도로 청소'를 선정하게 되었다.

　　다음으로 이러한 해결 아이디어가 실제에서 작동할 수 있게 '실행을 위한 행위 계획'을 만들었다. 이를 위하여 먼저 실행에 도움이 될 수 있는 조력자와 장애가 될 수도 있는 저항자를 찾아내고 있는데, 이를 보여주고 있는 것이 <표 7-3>이다. 그런 다음 이들을 고려하여 구체적인 행위계획을 만들고([그림 7-5]), 이를 실행하면서 발생하였던 문제들과 전체의 과정을 반성해 보는 기회도 가지고 있다. 연구자는 얻은 결과를 이렇게 요약하고 있다: "연구결과 … 지역사회 문제해결 학습 전보다 학습한 후에 대학생들의 지역참여 의식, 봉사활동 자기효능감, 협력적 자기효능감, 창의적 문제해결력 점수가 보다 유의하게 향상

핵심문제: 어떻게 하면 우리가 지역 사람들의 안전을 위해서 도로 및 교통상황을 개선할 수 있을까?

• 평가 행렬법:

	돈	시간	실현	효과	장소	총합
캠페인	6	5	6	7	6	30
도로청소	7	7	8	8	8	38
녹색어머니회	8	6	6	6	1	28
주의스티커(울퉁불퉁한 인도)	4	8	5	5	2	24
설문조사를 통한 심각성 파악	5	4	4	4	7	24
음주운전 방지 포스터,문구제작	3	3	3	3	5	17
교통사고 방지 포스터,문구제작	2	2	2	2	4	12
교통사고 위험지역에서 표지판 들고 있기	1	1	1	1	3	7

2 > 1 > 3 > 4, 6 > 7 > 8 > 9

되었다. … 따라서 대학생들을 위한 지역사회 문제해결 학습은 대학의 교육과정에 적용이 가능하다는 것과 대학생들에게 긍정적인 영향을 줄 수 있다는 것이 확인 되었다."(p. 31).

〈표 7-3〉 조력자와 저항자

(1) 조력자의 확인과 활용

해결책 : 도로 청소하기

누구? 지역사회 사람들(모두 조력자가 될 수 있음), 환경 미화원분들
무엇? 빗자루와 쓰레받기, 쓰레기 봉투, 장갑(위생을 위한 장갑), 조끼, 팻말
어디? 횡단보도, 인도 등의 도로, 주차장, 차가 다닐 수 있는 곳
언제? 평소에 꾸준히
왜? 깨끗하게 청소하면 여러 종류의 사고 예방에 도움이 된다.
어떻게? 청소해서 도로를 깨끗하게 만든다.

가장 도움 될 수 있는 조력자: 모든 사람들!!!

(2) 저항자

해결책: 도로 청소하기

누구? 쓰레기 버리는 사람들, 공사차량 및 공사 관련한 것들(사람들)
    – 해결방안: 청소를 마친 후 그 장소 및 타 장소에 포스터나 문구 붙여놓기
무엇? 예산의 부족, 날씨가 방해함
어디? 차량 이동량이 많은 도로, 지나치게 넓은 도로
언제? 늦은 밤(어두운 시간), 명절과 같이 차량 이동량이 많은 경우
왜? 시야 확보가 되지 않아서 불가능
어떻게? 열심히 청소한 도로에 쓰레기를 다시 버리는 행동
가장 도움 될 수 있는 조력자: 희희(쓰레기 버리는 사람)

▌[그림 7-5] 행위계획의 타임라인

시간 (요일)	활동	시간(요일)	활동
11/4	계획을 위해 모인다.(조원모임)	11/13	수업시간
11/5	계획 실천을 위해 필요한 물품구입	11/14	선정한 장소에서 도로 청소하기
11/5	장소물색을 위해 주변 탐방	11/14	프린트한 문구 부착
11/5	적합한 장소 투표로 2 결정하기	11/14	행위에 대한 평가하기
11/6	청소 후 부착할 문구 프린트하기	11/14	행위에 대한 소감 정리
11/6	수업시간	11/15	발표자료정리
11/7	선정한 장소에서 도로청소하기	11/16	발표시각자료 제작
11/7	프린트한 문구 적절한 위치에 부착	11/20	발표

4. 프로젝트 시작의 단계

    창의적인 사회실현을 위한 활동/프로젝트의 출발 지점은 현실의 상황에 따라 몇 가지로 다를 수 있다. 그러나 어느 지점에서 시작하든 간에 실제로는 <표 7-2>에 있는 바와 같은 5단계를 모두 거친다고 말할 수 있다.

    (i) 어떤 주제/토픽의 어떠한 문제를 다룰 것인지를 잘 모르는 경우는 <표 7-2>의 단계 1의 '토픽(주제 영역)의 선정'에서 단계 5 '행위 계획의 개발'에 이르기까지의 5단계를 차례대로 거쳐야 한다.

(ⅱ) 어떤 프로젝트는 '분명하게 정의되어 있는 문제'에서 시작할 수도 있다. 달리 말하면 다루는 문제가 주어지는 경우이다. 이런 경우에서도 문제가 가지고 있는 여러 측면을 살펴보아야 하고, 또한 '문제'의 범위를 좀 더 넓게, 또는 더 좁게 재정의 해 볼 필요가 있는지도 검토해 보아야 한다. 그러므로 <표 7-2>에 있는 전체 5단계에 따라 작업해 보는 것이 바람직하다.

(ⅲ) 어떤 프로젝트는 문제뿐 아니라 그에 대한 '해결책'(해결 아이디어)까지도 이미 마음속에 가지고 있거나 제시되어 있을 수도 있다(예컨대, 재활용 프로그램). 이 경우에도 다루는 토픽에서 다른 유용한 관심영역(주제 영역)이 있는지, 그리고 '해결 아이디어'가 핵심문제를 다루고 있는 지 등을 재검토해 볼 필요가 있을 수 있다. 그러므로 이러한 경우에도 전체의 단계를 거쳐 전체적으로 이해하고 접근하는 것이 바람직하다.

(ⅳ) 어떤 프로젝트는 자신이 또는 다른 누군가가(팀이) 이미 시작한 것이며 그래서 현재 창의적 문제해결의 어떤 단계에서 진행되고 있을 수도 있다. 이러한 경우에도 가능하면 5단계 전체를 차례대로 살펴보는 것이 도움된다. 그렇게 해야 프로젝트의 전체를 잘 이해할 수 있기 때문이다.

(ⅴ) 어떤 프로젝트는 더이상 진척해 갈 수 없는 '장애'에 직면하여 이전의 단계로 되돌아가야 할 수도 있다. 그러면 당연히 '단계 1'부터 다시 시작해야 한다.

요약하면 실제의 프로젝트가 어떤 지점에서 시작해야 하든 간에 주제(토픽) 영역과 거기에 대한 '연구'가 이루어져야 한다. 프로젝트가 다루게 되는 상황이나 요구는 여러 가지로 다를 수 있다. 어떤 핵심 문제는 주제 영역에 있는 다소간 일반적인 이슈일 수도 있고 또는 행위 계획을 실행해 갈 때 직면할 수 있는 어떤 구체적인 문제일 수도 있다. 어떠한 경우든 간에 모든 프로젝트는 핵심 문제를 분명하게 진술해야 하며 해결 아이디어와 행위 계획은 정확하고 적절하게 핵심 문제를 다루는 것이어야 한다. 그리고 과제의 수행은 적합하고 효과적인 것이어야 한다.

사고와
창의력의
평가

이 장에서는 먼저 인지적 사고기능의 위계적 분류와 Bloom 등의 인지적 교육목표 분류학에 따라 미시적 사고기능의 평가를 다루고 있다. 이어서 '독서이해의 체크리스트'와 '창의적 성격검사' 몇 가지를 알아보고 있다. 그리고 '창의적 문제해결의 단계별 평가'에서는 6장에서 다루고 있는 학교 창의력 프로그램의 여섯 개 단계별로 창의적 수행을 평가하는 요령을 자세하게 알아보고 있다. '창의적 산출의 평가'는 학생들이 교수학습의 과정을 통하여 생성해 내는 여러 가지 산출을 -글(작문), 그림, 작품, 연출등 - 평가하는 방법을 다루고 있다. 마지막은 '토란스 TTCT 창의력 검사'이다. 이 검사는 대표적인 '창의력(성) 검사이며 전 세계적으로 가장 광범위하게 사용되고 있는 창의력 검사인데, TTCT(언어) 검사와 TTCT(도형) 검사의 두 가지로 나누어 구성 내용에 대하여 개략적으로 살펴볼 것이다.

I
미시적 사고기능의 평가

1. 지식과 사고기능의 분류학

　교과 단원의 수업이 끝이 나면 수행평가를 하거나 대개는 '시험'을 친다. 수업에서 익힌 지적 능력을 평가하는 검사문항을 실시하고 얻은 결과를 확인하게 된다. 검사 문항은 학생들이 교과의 학습결과를 어떻게 배우고 있는지를 알아보기 위한 것이기 때문에 교과 내용의 목표를 반영해야 하며, 나아가 내용 지식이 어떠한 정신과정을 요구하는 것인지를 살펴보는 것이 중요하다. 아래에서는 Bloom 등(1956)의 교육목표 분류학(지적영역)에서 제시하고 있는 여섯 가지의 위계적인 '미시적 사고기능'(micro-thinking skills)에 따라 각기에서 시험문제/검사 문항을 어떻게 제작할 수 있는지를 알아본다. 지식에서 평가에 이르는 이들 미시적 사고기능은 문제해결과 비판적 사고기능 등의 기초가 된다. '미시적' 사고 기능이란 한두 개의 개념이나 원리를 사용하고 있기 때문에 적용의 장면이 보다 간단하고 덜 복합적이란 말이 된다.

(1) 교과 내용의 평가는 달리 보면 대개가 '사고기능'(사고력)의 평가이다.

　교육은 지식을 다룬다. 그리고 교과 지식과 사고(사고과정, 사고기능)는 거의 같은 성질의 것이지만 존재하는 양식이 다를 뿐이라고 하였다(3장 참조). 수업 받고 관찰한 것을 '어떻게 사고하여' 익혔느냐에 따라 '지식'(내용지식, 교과내용 지식)의 성질이 달라진다. 다시 말하면 지식을 습득할 때 사용하는 사고기능(사고기능의 양식)이 어떠한 것인가에 따라 지식(내용지식)의 형식이 결정된다. 단순 암기한 것은 단편적인 암기의 사실/정보로 저장될 것이다. 응용하고 적용하는 사고과정을 통하여 배우거나, 또는 부분의 이것과 저것을 연결시키고 조합하여 새로운 아이디어를 생각해 내는 사고의 과정(사고기능)을 통하여 익혔다면 이들은 적용할 줄 아는 적용력의 지식, 또는 새롭게 조합할 줄 아는 종합력의 지식으로 습득될 것이다. 학습하는 지식의 '내용'은 학습할 때 사용하는 사고기능에 의하여 결정된다. 시험지에 있는 검사 문항은 지식을 측정하는 것일 뿐 아니라 '사고'의 질과 수준을 평가하는 것이 된다. 각기의 검사 문항은 요구하는 '정신과정'이 다르다. 단순 암기한 지식은 쉽게 망각되며 설령 기억하고 있더라도 실제 장면에서 별로 소용이 없다. 그러나 고차적 사고의 과정을 통하여 습득한 지식은 창의적 문제해결과 비판적 사고에 쉽게 활용할 수 있다. 이런 지식을 산 지식, 쓸모 있는 지식, 또는 기능적 지식이라 부른다.

다시 '지식=사고'임을 기억하는 것이 좋겠다. 이들은 대개 보아 같은 것이지만 존재하는 양식은 다를 수 있음을 이미 여러 번 지적 하였다(4장 참조). 예컨대 '적용력'에서 바른 대답을 할 수 있는 사람은 그러한 '지식'을 가지고 적용의 사고를 할 줄 안다는 것이며, 마찬가지로 '종합력' 문항에서 바른 대답을 할 수 있는 사람은 그러한 지식을 가지고 종합, 즉 창의적 사고를 할 줄 안다는 것이 된다. 물론이지만 적용이나 종합을 할 수 있는 범위는 상당히 다를 수 있을 것이다. 창의적 생산의 기본은 지식을 상상적으로 활용하는 것이다.

(2) 사고기능의 위계적 분류에 대한 것이다.

학업 성취도의 평가는 바로 지적 능력의 평가이며 쉽게 말하면 습득한 지식을 사용할 수 있는 사고력(사고기능)의 평가이다. 지적능력의 수준은 바로 사용할 줄 아는 사고, 사고기능의 수준일 것이다. 인간의 지적 능력은 보다 단순한 것에서 보다 복합적인 몇 가지 위계로 정리해 볼 수 있다. 대표적인 것은 교육목표의 지적 능력을 지식, 이해, 적용, 분석, 종합 및 평가 등으로 위계적으로 분류한 Bloom 등의 교육목표 분류학이다. Stiggins, Rubel & Quellmalz(1988)은 최근에 정보처리론적으로 접근하면서 문제해결과 비판적 사고기능에 포함되어 있는 기본적인 인지 기능(기본적인 정보처리 기능)들을 재생(recall), 분석, 비교, 추

〈표 8-1〉 인지적 교육목표 분류학

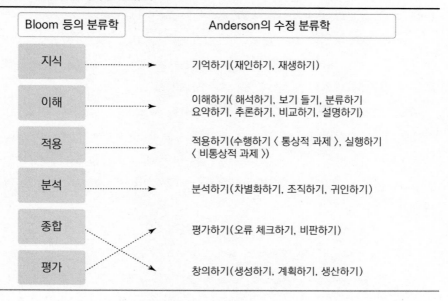

론 및 평가 등의 다섯 가지로 정리하고 있다. "이들 인지 기능은 우리가 문제나 이슈를 확인해 내고, 적절한 정보를 수집하거나 체크하며, 정보를 관계시키며, 그리고 해답이나 결론을 평가하는 것과 같은 것으로서 문제해결 등의 복합적 사고과정의 여러 지점에서 사용되고 있는 것이다"(김영채, 2004, p. 74). 분류학 (taxonomy)은 배열을 의미하는 희랍어의 taxis와 법칙을 나타내는 nomos의 합성어이다. Bloom 등(1956)과 Krathwohl 등(1964)은 교육 목표를 지적영역, 정의적 영역 및 심리운동적 영역(psychomotor)의 세 가지로 분류하였지만, 실제로는 지적 영역과 정의적 영역에 관한 저술만이 출판되었다.

Bloom 등의 인지적 목표 분류학(Taxonomy of cognitive objectives)은 질적으로 서로 다른 종류의 사고를 표현하기 위하여 개발한 것으로 오늘날까지도 교육계 등 여러 연구 분야에서 광범위하게 사용되고 있다. 이들은 지적 영역의 하위 영역을 지식, 이해력, 적용력, 분석력, 종합력 및 평가력의 여섯 가지로 분류하고 있다. 그리고 이들 하위 영역들을 단순한 것에서 더욱 복합적인 것으로 논리적으로 질서 정연하게 위계적으로 배열하고 있다. 그러나 같은 과제라 하더라도 선행의 경험/지식이 많으면 단순한 '기억'을 요구하는 것에 지나지 않지만 그것이 생소한 학생에게는 복잡한 고등정신 기능을 요구할 수도 있다. 즉 선행의 학습에 따른 효과가 작용할 수 있다.

그런데 1990년대에 Bloom의 제자인 Lorn Anderson는 이러한 분류학이 21세기에도 적합한 것인지를 분석하고 <표 8-1>과 같이 Bloom의 교육목표 분류학을 상당히 발전시킨 '수정 분류학'을 제시하고 있다(Pohl, 2000).

Anderson의 수정 분류학은 사용하는 용어, 구조 및 강조점에서 Bloom 등의 것을 상당히 수정하고 있는데 아래에서는 중요한 몇 가지만을 요약해 본다. 이들은 Bloom 등의 교육 목표 분류학을 활용하는데 중요한 참고가 될 수 있을 것이다. <표 8-1>에는 6개 범주별로 보다 구체적인 내용을 동사형으로 같이 제시하고 있다.

(ⅰ) 6개 범주 이름을 명사에서 동사형으로 수정하였다. '사고'란 적극적인 과정이며, 그러므로 '명사'가 아니라 '동사형'이 이를 더 잘 나타낸다고 본다.

(ⅱ) '지식'은 '기억하기'로, '이해'(comprehension)는 '이해하기'(understanding)로, '종합'은 '창의하기'(creating)로 명칭을 바꾸었다.

(ⅲ) '종합'과 '평가'의 위계 순위를 변경하였다. '창의하기'를 '평가하기'보다 더 상위의 것으로 두고 있다. 창의적 사고가 비판적 사고보다 더 복합적인 사고라고 본다.

(ⅳ) 그리고 그의 수정 분류학은 실제에서의 사용을 강조하며 그래서 보다 더 실제적인 것이라고 본다. Bloom 등의 것은 주로 초급학년 수준에서 사용 되고 있지만 수정 분류학은 초중등학교뿐 아니라 대학에서도 사용할 수 있을 만큼 사용자의 범위가 넓다.

2. 미시적 사고기능의 평가

아래에서는 Bloom 등에 따라 지적 영역의 하위분류 영역의 내용과 그에 따른 평가 문항을 간략하게 예시해 본다. 그러나 Anderson에 따라 '종합'과 '평가'의 위계는 바꾸었다.

학력 검사 등에서 학업 성취를 '이해력'과 '적용력'(응용력)으로 대별할 때는 이해력에는 지식과 이해력이, 그리고 적용력에는 적용력, 분석력, 평가력, 및 종합력을 포괄하는 것으로 사용하고 있다. 그리고 같은 검사 과제라 하더라도 선행 경험/지식에 따라 실제로 요구하는 '정신과정'이 다를 수 있음을 다시 주목하고자 한다. 동일한 문제라 하더라도 문제 장면이 생소한 학생에게는 고차적 정신과정을 요구하는 것이라도 이전에 익혔던 것이거나 경험해 본 것이라면 이런 사람에게는 단순한 '기억'을 요구하는 것일 수도 있다.

(1) 지식(knowledge)

'지식'이란 사실, 원리, 방법, 유형이나 장면 등의 정보를 기억해 내는 것이다. 이는 '기억하기'이며 '기억'에는 재인(recognition)하는 것과 재생(recall)하는 것이 모두 포함된다. 지식도 비교적 구체적이고 특수한 것에서 보다 복합적이고 추상적인 것 등으로 구조화할 수 있다.

---

1) 다음에서 습곡현상을 바르게 설명한 것은?
   ① 얕은 바다에 퇴적물이 쌓여서 침강하는 현상을 말함.
   ② 고온·고압의 마그마가 굳어지면서 주름쳐진 지층을 말함.
   ③ 지구의 자전에 의한 원심력의 영향을 받아 지층이 구부러지는 것을 말함.
   ④ 수평으로 퇴적한 지층이 횡압력을 받아 물결 모양으로 주름진 것을 말함.

2) 시와 시조의 차이점을 가장 바르게 설명한 것은?(답지 생략)
3) 다음 중 농촌에서 주로 생산되는 식품끼리 짝지어진 것은?
   ① 과일류, 채소류, 해초류
   ② 과일류, 채소류, 가축류
   ③ 생선류, 과일류, 채소류
   ④ 생선류, 채소류, 곡식류

---

(2) 이해력(comprehension)

여기서 말하는 '이해력'은 우리가 흔히 '이해'(understanding)라고 하는 것보다는 '하위'의 것이다. 우리가 일상에서 사용하는 '이해'에는 여기서 말하는 '이해'보다 더 높은 고등정신 기능이 포함된다.

이해력은 지식을 알기 쉽게 바꾸어 말하는 것, 요약하는 것, 불완전한 것에서 어떤 의미나 추후에 벌어질 결과를 추리하고 짐작하는 것 등이다.

1) 링컨의 유명한 '국민의, 국민에 의한, 국민을 위한 정치'에서 '국민에 의한'이 나타내는 의미는 어느 것인가?
   ① 주권재민   ② 국민복지
   ③ 국민주권   ④ 국민자치

2) 다음 중 앞에서 제시한 지도를 바르게 읽고 있는 사람은 누구인가? ('지도'와 '답지' 생략)

3) 위의 글은 주로 무엇에 대한 것인가?(지문과 답지 생략)

(3) 적용력(application)

선행적으로 주어진 정보의 의미를 파악하고, 이에서 더 나아가 그것을 새로운 장면에서 사용할 줄 아는 능력이다. 다시 말하면 배운 '지식'을 새로운 장면에 '전이'하여 사용하는 것이다. 여기에는 사실이나 원리의 적용, 원인과 결과 및 절차의 적용 그리고 사실의 재조직 등이 포함된다. 적용력은 '응용력'이라 말하기도 한다.

문헌에 따라서는 인지능력을 '이해력'과 '적용력'으로 크게 나누기도 하는데, 이런 경우의 '이해력'에는 지식과 이해력이 그리고 '적용력'에는 여기서 다루는 적용력뿐 아니라 그보다 높은 수준의 고차적 사고력인 분석력, 평가력 및 종합력까지를 포괄하는 것이다.

1) 다음의 사실을 설명하기 위해서 원용할 수 있는 이론이나 논리는? (답지 생략)
2) 승강기가 내려가고 있는데 어떤 승객이 위로 고무공을 던졌다. 승강기의 속도에 따른 공의 움직임은 어떻게 달라질까? (답지 생략)
3) 지금까지 지구와 지구의 자전에 대하여 알아보았다. 그렇다면 다음과 같은 가상적인 장면에서는 어떻게 될 것인가? (답지 생략)

(4) 분석력(analysis)

이것은 이해력이나 적용력 보다 좀 더 복합적이고 고등수준의 사고능력이다. 여기에는 자료를 구성 요소나 부분으로 분할하는 것, 부분의 확인, 부분 간의 관

계의 확인, 부분들의 조직 원리를 찾아내는 능력 등이 포함된다. 사건이나 물질이나 여러 자료나 사실에는 여러 하위 요소(부분)가 포함되어 있다. 체제는 어느 것이나 몇 가지의 요소/부분으로 이루어져 있다. 따라서 분석력은 전제의 인식, 사실과 의견의 구분, 또는 목적이나 견해를 찾아내거나 분류하는 것 등을 요구한다.

---

1) 위의 보기에서 보아 다음 중 어느 것을 가장 잘 알 수 있는가?
  ① 식물이 자라는 데는 꽃병과 화분이 필요하다.
  ② 식물이 자라는 데는 물이 필요하다.
  ③ 식물이 자라는 데는 양지쪽이 필요하다.
  ④ 봉숭아는 화분에서 국화와 마늘은 꽃병에서 자란다.

2) 다음의 진술문 중에서 사실이며, 또한 맞는 것이라 증명된 것이며 '사증', '사실이지만 틀린 것이면 '사위' 그리고 이론에 맞지 아니하면 '허위'로 구분하라. (답지 생략)

3) 위의 진술문에서 '전재'(가정)하고 있는 것은? (진술문과 답지 생략)

4) 위의 글은 어느 신문 사설에서 인용한 것이다. 그러한 주장을 하게 될 이유는 무엇인가? (답지 생략)

5) 위의 글에 나타나 있는 사상과 가장 맞지 아니한 것은? (답지 생략)

6) 위의 글에서 논쟁의 초점이 될 수 있는 이슈는? (답지 생략)

---

(5) 평가력(evaluation)

'평가력'은 어떤 기준(준거)을 사용하여 목적, 사상, 작품, 방법, 자료 등에 대하여 판단하는 능력이다. 판단은 양적인 것일 수도 질적인 것일 수도 있다. 그리고 기준(준거)은 정확성, 일관성, 및 논리성과 같은 내적 준거일 수도 있고, 효용성, 기능성, 가성비 등과 같은 외적준거일 수도 있다.

평가력에는 어떤 작품, 의사결정, 토론, 또는 진술을 어떤 준거에 따라(예컨대 적절성, 정확성, 기능성 등) 비판하는 것, 논리적 모순의 발견, 적용하려는 준거의 적절성 확인 및 목적－수단의 관계를 찾아내는 능력들이 포함된다.

1) 아래에 교육부의 역할에 대한 글이 주어져 있다. 이 글이 교육부의 할 일을 바르게 말하고 있다고 가정하고 주어진 결론이 논리적으로 맞는 것인지 아닌지를 평가하라. (문안 생략)

2) 다음의 진술문을 읽고 논리의 전개가 일관성이 있는지를 생각해 보라. 만약 논리적인 오류가 있다면 그것을 지적하라. (문안 생략)

3) 다음에 근로자의 생활 실태에 대한 보고서가 있다. 이 보고서는 얼마나 정교하며 논리적인지를 진단하라. (문안 생략)

4) 아래에 상반되는 갑의 주장과 을의 주장을 기록해 두었다. 그리고 그 아래 판단기준으로 사용할 수 있는 몇 가지 진술문으로 주어져 있다. 갑의 주장을 지지해 줄 수 있는 것은 어느 것인가? (문안 생략)

5) 아래에 어느 시인이 쓴 작품이 있다. 300자 내외로 이 시를 평가하라. 평가에는 당신이 사용하는 평가의 기준을 명백히 하라. (문안 생략)

(6) 종합력(synthesis)

'종합력'이란 달리 표현하면 '창의력'이다. 종합력이란 요소와 부분, 또는 이것과 저것을 연결(connecting)하고 조합(combination) 하여 새로운 하나의 전체를 만들어 내는 능력이다. 여기에는 요소나 부분(또는 이것과 저것)을 다루는 것과 (이해하고 분석하고 평가하는 등) 이들을 독특하게 조합/배열하여 이전에는 존재하지 아니하였던 새로운 어떤 것(새로운 구조, 양식, 산출)을 생산해 내는 것의 두 개 과정이 포함되어 있다. 그러므로 종합력은 아래의 하위에 있는 지식-이해-적용-분석-평가의 사고과정을 바탕하여 그 위에서 비로소 가능하다는 것을 의미한다.

그런데 창의적 사고는 크게 보면 두 개의 날개를 가지고 있는데 하나는 '발산적(확산적) 사고'이고 다른 하나는 '수렴적 사고'이다. 지금까지 다룬 목표 분류학에서 보면 '적용력, 분석력 및 평가력'은 수렴적 사고이고, '종합력'은 발산적 사고이다. 창의력을 '발산적 사고'로 정의하면 '종합력＝창의력'이게 된다. 그리고 '지식'과 '이해'는 비판적이고 창의적인 사고의 바탕이다. 지식과 지식 이해가 없으면 어떠한 고차적 사고도 불가능하다. 그래서 기억하고 이해하는 능력(지식＋이해력)을 기본적 사고기능이라 부른다.

종합력에는 어떤 아이디어, 소감 또는 경험을 어떤 형식이나 조건에 맞게 설득력 있게 제시할 줄 아는 것, 계획이나 조작을 계획하고 절차나 가설 검증의 방법을 제시하는 것, 그리고 주어진 자료, 현상 또는 이론을 분석하고 이를 바탕하여 새로운 가설, 이론, 법칙 등을 생산해 낼 줄 아는 것 등이 포함된다.

---

1) 다음에는 어느 학교 학생들의 결석 상황과 그들의 가정 배경에 관한 자료가 주어져 있다. 이러한 자료에서 가정 배경에 따라 결석률이 다른 것을 어떻게 설명할 것인가? 그리고 이러한 설명을 기초로 어떠한 건의를 할 수 있을까? (자료제시 생략)

2) 수소와 산소에서 물을 만드는 실험계획을 만들어 보라.

3) 당신이 제시한 가설을 증명하려면 어떠한 증거들을 수집해야 할까?

4) 당신의 가설들 가운데 가장 그럴듯해 보이는 것 하나를 골라 그 이유를 설명해 보라.

5) 앞에 제시한 이야기 글을 읽은 다음 적어도 반쪽 이상 길이의 계속되는 이야기를 추가로 쓰거나 말해보라. (지문 생략)

6) 다음에 있는 미완성의 작곡을 효과적으로 끝맺음해 보라. (지문 생략)

II

독서 이해 체크리스트

'독서 이해 체크리스트'는 학생이 텍스트(글)를 깊게 이해하는 데 필요한 이해 전략을 어떻게 효과적으로 사용하고 있는지를 확인하기 위한 체크리스트이다. 이 체크리스트에는 텍스트(글)를 이해하기 위한 중요한 이해 전략들이 제시되어 있다. 학생이 텍스트(글)를 이해하는 전략을 어떻게 활용하고 있는지를 사정(査定)하는 것은 매우 중요해 보인다. 텍스트의 이해를 위한 전략/방법을 어떻게 사용하느냐에 따라 이해의 깊이가 달라지며 또한 습득하는 지식이 얼마나 기능적인 것인지가 결정된다. 다행히 이해의 전략/방법은 의도적으로 가르칠 수 있고 배울 수 있다. 그러므로 독서 이해 체크리스트는 학생들이 이해를 어떤 요령으로 하고 있는지를 진단하고, 나아가 부족한 부분에 대한 교정적 피드백뿐 아니라 필요한 보충 교육을 실시하는데 중요한 참고 자료가 될 수 있을 것이다.

(i) 〈표 8-2〉에 있는 체크리스트는 텍스트(글)를 논증문의 경우와 이야기 글 (서사문)의 두 가지의 경우 모두를 포함하고 있다.

각기에 따라 중요한 이해전략이 다를 수 있기 때문이다. 1~7번까지는 논설문의 경우이고 8~13번까지는 이야기 글(서사문)의 이해전략을 다루고 있다.

(ii) 이 체크리스트는 학생들이 스스로를 사정하여 체크하는 것으로 되어 있다.

그러나 교사(또는 부모)가 학생들의 독서활동을 관찰하고 기록하는 '관찰 기록지'로 또는 보충 교육을 위한 진단 자료로도 효과적으로 활용할 수 있다. 이

〈표 8-2〉 독서 이해 체크리스트

이름:_____ 성별: (남 여)   실시:_____년____월____일

이 설문지는 당신이 텍스트(글)를 어떤 식으로 이해하고 있는지를 알아보기 위한 것입니다. 두 개의 부분으로 되어있어 '7번'까지는 논설문(논증문과 설명문 포함), 그리고 '8번'부터는 이야기 글(서사문)의 읽기를 다루고 있습니다. 이 설문지는 여러분들이 보다 효과적인 독서를 하는데 도움을 주기 위한 것입니다.

아래에 있는 7단계에 따라 체크해 주십시오. 만약 문항의 내용이 당신에게 **"전혀 그렇지 않다"**고 생각되면 "1"에, 그리고 **"절대로 그렇다"**면 "7"에, 그리고 문항의 내용이 당신에게 **"다소간 그렇다"**고 생각되면 "1"과 "7"사이의 숫자 가운데 자신을 가장 잘 나타낸다고 생각되는 숫자에 체크 하십시오. 설문지의 마지막에 있는 '기타'에서는 당신의 독서활동을 이해하는데 참고 될 수 있는 것들을 자유롭게 적어 주십시오. 감사합니다.

              1 ---- 2 ---- 3 ---- 4 ---- 5 ---- 6 ---- 7
              (전혀   (절대로
           그렇지 않다)   그렇다)

---

1. 글/텍스트의 중심 내용(핵심내용)을 확인한다.   1 - 2 - 3 - 4 - 5 - 6 - 7

2. '주장'을 뒷받침하는 내용(이유, 증거)을 찾아서   1 - 2 - 3 - 4 - 5 - 6 - 7
   요약해 본다.

3. 내용들을 구조적으로 적절하게 조직화한다.   1 - 2 - 3 - 4 - 5 - 6 - 7
   – 시간 순서적으로
   – 비교하고 대비하여
   – 개념/정의(定義)에 따라
   – 원리/일반화에 따라
   – 문제해결 과정이나 원인-효과에 따라 등

4. 여러 가지의 내용을 서로 연결시킨다.   1 - 2 - 3 - 4 - 5 - 6 - 7
   – 나 자신의 선행지식과 경험에
   – 다른 단원이나 다른 교과목의 내용에

5. 주요 내용을 추리/해석/설명해 본다.   1 - 2 - 3 - 4 - 5 - 6 - 7

6. 읽은 것이 논리적이고 그럴듯한지를 비판하고 자신의 생각을 해보는 창의적인 독서를 한다.　　1 - 2 - 3 - 4 - 5 - 6 - 7

7. 이해가 되었는지를 점검하고, 필요하면 이해했던 것들을 수정하는 전략을 사용한다.　　1 - 2 - 3 - 4 - 5 - 6 - 7

8. 이야기 글(서사문)을 읽을 때는 이야기의 배경을 확인한다.　　1 - 2 - 3 - 4 - 5 - 6 - 7

9. 이야기의 주인공(등장인물)과 그가 가지고 있는 목표를 확인한다.　　1 - 2 - 3 - 4 - 5 - 6 - 7

10. 이야기가 전개되는 주요 사건을 확인한다.　　1 - 2 - 3 - 4 - 5 - 6 - 7

11. 이야기가 어떻게 해결되고 끝이 나는지를 확인한다.　　1 - 2 - 3 - 4 - 5 - 6 - 7

12. 이야기가 전하고자 하는 메시지(교훈)가 무엇인지를 찾아본다.　　1 - 2 - 3 - 4 - 5 - 6 - 7

13. 이야기가 어떻게 재미가 있으며, 그리고 어떻게 다르게 만들어 볼 수 있는지를 생각해 본다.　　1 - 2 - 3 - 4 - 5 - 6 - 7

14. 다음을 참고하여 자신이 텍스트/글을 어떤 방법으로 '이해'하고 있는지를 자유롭게 적어 보세요.
    - 모르는 단어, 내용의 요약 및 선행의 경험과 지식에 관련시키기
    - 노트하기
    - 독서하는 환경

체크리스트는 사정(진단)에 그치지 아니하고 효과적인 독서 전략을 가르치기 위한 도구로 사용하면 유용할 것이다.

Ⅲ

창의적 성격검사

창의적인 사람이 가지고 있는 성격에 대한 검사들은 창의적 성격검사, 태도 검사, 흥미검사, 기질 검사 또는 창의적 스타일 검사 등의 다양한 이름으로 부르고 있다. 이들 검사는 창의적인 사람은 그렇지 못한 사람과 대비되는 여러 가지의 성격 특성을 가지고 있으며, 그리고 이러한 성격 특성은 창의적인 사람에서 매우 공통적이라고 본다. 창의적 성격검사들은 그러한 비교적 안정적인 성격 특성을 가지고 있는 창의적인 사람을 확인해 내려고 하는데, 이들 가운데는 표준화된 것도 있고 그렇지 아니한 것도 여럿 있다. 아래에서는 세 가지 창의적 성격들을 알아볼 것이다.

(i) '당신은 어떠한 사람인가?'(WKOPAY)
(ii) 재능 발견을 위한 GIFT 검사
(iii) 렌주리 − 하트만 창의력 평정척도

1. WKOPAY 창의적 성격검사

Khatena & Torrance(1976)는 KTCPI(Khatena − Torrance Creative Perception Inventory) 성격검사를 개발하였는데, 여기에는 '당신은 어떠한 사람인가?'(WKOPAY, What Kind of Person Are You?)와 '나의 창의적인 모습'(SAM, Something About Myself)의 두 가지의 창의적 성격검사가 함께 묶여 있다. WKOPAY와 SAM 검사는 모두 창의적

〈표 8-3〉 WKOPAY 검사의 하위요인들

요인 I : 권위의 수용(AA). 순종적이고, 예의바르고, 규칙을 잘 지키며, 힘 있는 사람을 쉽게 인정한다(비창의적인 내용의 문항들로만 구성됨).

요인 II : 자신감(SC). 자기 자신을 믿고, 에너지가 넘치며, 배우기를 원하고, 기억을 잘하며(창의적인 문항), 그리고 남과 잘 지내며, 시간을 지켜 일한다(비창의적인 문항).

요인 III : 탐구심(I). 항상 질문을 하고, 인정받기를 원하며, 강한 정서를 느끼고, 자기주장하고(창의적인 문항), 그리고 말을 많이 하고, 순종적이다(비창의적인 문항).

요인 IV : 타인에 대한 의식(AO). 남의 아이디어를 기꺼이 고려하며, 확고한 신념을 가지고 있으며, 남들과 마찰을 빚더라도 사실대로 말하며, 규칙을 잘 따르지 아니하며(창의적인 문항), 그리고 공손하고 예의바르고, 인기가 있고 다른 사람들이 좋아하며, 남들과 잘 지내며, 집단에서 남들과 더불어 일하기를 좋아한다(비창의적인 문항).

요인 V : 적극적인 상상(DI). 에너지가 넘치고, 상상적이고, 권태를 느끼지 않으며, 어렵고 도전적인 과제를 선호하며, 쉽게 포기하지 않고, 열심히 일하고, 그리고 모험을 추구한다(창의적인 문항으로만 구성됨).

성격 특성을 측정하고 있지만 이론적 기초가 다른 독립적인 자전적 체크리스트 성격검사이다. 여기서는 WKOPAY에 대하여서만 알아본다.

WKOPAY 검사는 창의적인 심리적 자아개념(psychological self-concept)에 기초하고 있으며 이렇게 말하고 있다: "개인들은 창의적인 또는 비창의적인 행동 방식에 대하여 자기 자신이 정의하고 있는 하위적인 자아개념을 가지고 있다"(Khatena & Torrance, 1976, p.5). 이 검사의 수검자는 쌍으로 되어 있는 50개 문항을 조심스럽게 읽어보고 자기 자신을 더 잘 나타낸다고 생각되는 것 하나를 반드시 선택해야 하는 강제선택법을 사용하고 있다. 예컨대 창의적인 사람은 '예의 바르다'보다는 '이타적이다'를 선호하며, 또한 '자신만만하다'보다는 '호기심이 많다'를 그리고 '순종적이다'보다는 '적극적이다'를 선택하는 경향을 보여주고 있다. 채점은 정답지에 따라 50개 문항 각기에 대하여 1점 또는 0점을 주어 요인별 성향점수를 계산한다. 5개 요인의 내용은 <표 8-3>과 같다. '권위의 수용' 요인은 비창의적인 성격 요인인 반면 절제된 '적극적인 상상' 요인은 창의적인 성격 요인이며, 기타의 요인은 창의적인 문항과 비창의적인 것이 섞여 있다.

2. 재능발견을 위한 GIFT 검사

이 검사(Group Inventory for Finding Talent, GIFT; Rimm, 1976)에는 세 가지 형이 있는데, 이들은 초등 1~2학년용의 '기초'형, 3~4학년용의 '초등'형, 그리고 5~6학년용의 '초등상급'형 등이다. 각기 32, 34 및 33개의 '예-아니오'식 문항으로 되어 있는 비교적 간단한 검사이다. GIFT 검사는 독립성, 융통성, 호기심, 인내심(에너지, 집착) 및 흥미 등의 특성과 과거에 창의적 활동을 했거나 취미가 있었는지도 평가하고 있다. 채점은 총점과 함께 '상상력', '독립성' 및 '흥미의 다양성' 등의 세 가지 하위척도 점수로 계산하고 있다. 이들이 측정하고 있는 특성을 예시해 주고 있는 것이 <표 8-4>이다.

〈표 8-4〉 GIFT의 문항과 특성

문 항	특 성
• 나는 새로운 노래를 작곡하기를 좋아한다.	창의적 활동
• 나는 그림 그리기를 좋아한다.	예술적 흥미
• 나는 새로운 게임보다 옛날 게임하는 것을 더 좋아한다.*	융통성
• 나는 정말 좋은 아이디어를 가지고 있다.	독립성
• 나는 어떤 물건이든 분해해서 각기의 기능을 찾아보기를 좋아한다.	호기심
• 나는 쉬운 수수께끼가 가장 재미있다.*	인내심
• 가끔씩 게임의 규칙을 바꾸는 것은 괜찮다.	융통성
• 나는 다른 아이들이 질문을 많이 하지 않으면 좋겠다.*	호기심
• 이야기를 작문하는 것은 시간의 낭비이다.*	작문에 대한 흥미
• 나는 어려운 일을 하는 것을 좋아한다.	인내심

* 는 창의력과 부적으로 관련된 '역'의 문항임.

3. 렌주리-하트만 창의력 평정 척도

이 평정 척도(Renzulli-Hartman Rating Scale, Renzulli & Hartman, 1971)는 교사들이 학생들의 창의력을 평가하기 위하여 사용할 수 있는 척도이다. 이 검사는 <표 8-5>와 같은 10개 문항으로 되어 있으며 평소 학생들을 잘 알고 있는 교사이면 쉽게 사용할 수 있는 것이다.

〈표 8-5〉 렌주리-하트만 평정척도

	1	2	3	4
1. (이 학생은) 여러 가지에 대하여 많은 호기심을 보인다. 그리고 많은 것에 대하여 끊임없이 질문을 한다.	…	…	…	…
2. 문제나 질문에 대하여 여러 개수의 아이디어를 생성해 낸다. 때로는 독특하고, 새롭고, 영리한 반응도 한다.	…	…	…	…
3. 의견을 억압하지 않고 표현한다. 때로는 급진적이고 상당한 정도로 반대되는 의견도 말한다.	…	…	…	…
4. 모험적이며 위험을 감수한다.	…	…	…	…
5. 지적인 유희를 하고, 상상할 줄 알며(…이면 어떻게 될까?), 아이디어를 조작하고, 대상, 기관 또는 체제 등을 개조, 향상, 수정하는 데 관심을 보인다.	…	…	…	…
6. 유머 감각이 있으며 남들에게는 특별하지 않게 보이는 장면에서도 유머를 즐길 줄 안다.	…	…	…	…
7. 자신의 충동을 자각하고 자기 속에 있는 비합리적인 것에 개방적이고 (소년이 소녀에 대하여 보이는 성적 관심의 표현, 소녀가 보이는 지나칠 정도의 독립성), 정서적 민감성을 보인다.	…	…	…	…
8. 아름다움에 대하여 민감하며, 사물이 가지고 있는 심미적 특성에 주의를 기울인다.	…	…	…	…
9. 비동조적이고, 무질서를 수용하며, 세부적인 것에는 관심이 적으며, 개인주의적이고, 남들과 의견이 달라도 두려워하지 아니한다.	…	…	…	…
10. 건설적으로 비판적이며, 권위적인 결정이나 의견을 생각 없이 아무렇게나 수용하지는 않으려 한다.	…	…	…	…

IV

창의적 문제해결의 단계별 평가

창의적 문제해결의 과정을 다루는 이론들은 대개가 단계설을 활용하며 대표적인 것은 CPS와 FPSP이다. FPSP에서의 창의력 교육은 주로 비경쟁적인 분위기에서 하고 있지만, 그럼에도 올림피아드와 같은 경쟁적인 조건도 창의력 개발에 매우 중요하다고 본다. FPSP에서는 '한국 창의력 FPSP 대회' 등 세계 각 지회의 올림피아드와 FPSP 국제 올림피아드(FPSP IC)를 매년 개최하고 있다. 경쟁적인 조건이든 일반적인 창의력 수업에서와 같은 비경쟁적인 조건이든 간에 효과적인 창의력 교육을 위해서는 창의력의 발달을 진단하고 그리고 교정적인 피드백을 제공해 줄 수 있어야 한다. 그러려면 평가 준거 내지 평가 척도가 필요해진다. 성적에 따라 시상을 하려면 평가는 필수적이다.

다음에서는 FPSP에서 사용하고 있는 각 단계별 채점의 요소와 그 내용을 알아볼 것이다. 각 단계에서는 발산적 사고, 수렴적 사고 및 커뮤니케이션의 창의력의 3C가 그대로 적용되고 있음을 발견할 수 있다. 사용하는 장면에 따라 '발산적 사고'에서 요구하는 아이디어의 개수는 얼마든지 달라질 수 있고, 그리고 '커뮤니케이션' 하는 진술의 형식도 당연히 차이날 수 있다. 이런 것들을 수정하면 여기서 제시하는 창의적 문제해결의 단계별 평가 준거는 창의적 문제해결의 어느 단계, 또는 전체 과정을 신뢰롭게 그리고 유용하게 평가하는 데 참고할 수 있을 것이다.

FPSP의 각 단계별 및 '전체적인 평가'의 요소와 그 내용은 다음과 같다. FPSP의 창의적 문제해결의 단계는 6장을 참고할 수 있다. 그리고 실제의 채점지는 <표 8-6>과 같다. 그러나 표에서는 단계 1, 단계 3, 단계 6의 평가만을 제시하고 있다.

1. 단계 1(도전 확인해 내기)

막연해 보이는 토픽의 장면 속에서 발산적 사고를 통하여 중요한 도전을(기회, 이슈, 꺼리) 많이 생성해 낸 다음 이들 가운데 16개를 수렴적 사고하여 진술한다. '도전'이란 용어는 '문제'와 상호교환적으로 사용할 수도 있지만 여기서 말하는 '도전'은 다소간 막연하고 일반적인 문제를 말한다. 평가자는 16개 각기에 대하여 그것이 일어날 가능성이 큰 도전인지를 결정한다(이를 'y도전'이라 부른다). 그런 다음 창의력의 세 개 요소에 따라 채점한다.

- 유창성: y도전의 총수에 따라 채점
- 융통성: y도전에서 사용하고 있는 범주의 총수에 따라 채점
- 명료성: 도전을 얼마나 분명하게 설명하고 있는가에 따라 채점

2. 단계 2(핵심 문제의 선정)

16개의 도전들 가운데서 핵심적인 한 개의 도전을 선택하여 그것을 아이디어 탐색을 자극할 수 있는 적극적 형태의 '문제'로 진술한다. 여기서는 문제 진술에서 조건구, 목적 및 핵심동사(구)가 있는가 그리고 문제의 초점이 분명하며 문제 장면에 적합한지 등에 따라 채점한다.

3. 단계 3(해결 아이디어의 생성)

핵심 문제를 해결할 수 있는 해결 아이디어를 발산적 사고하여 여러 개 생성해 내고 그런 다음 이들 가운데 16개를 선택하여 진술한다.

- 유창성: 적절한 해결 아이디어의 총수에 따라 채점
- 정교성: 정교하게 서술한 해결 아이디어의 총수에 따라 채점

- 융통성: 해결 아이디어들이 속하고 있는 상이한 범주수에 따라 채점
- 독창성: 독특한 창의나 통찰을 보여주는 해결 아이디어에 따라 채점

4. 단계 4~5(판단준거의 생성과 적용)

해결 아이디어의 잠재력과 중요도를 평가할 수 있는 준거(척도, 기준)를 발산적 사고한 다음 최종적으로 다섯 개 결정하고, 그런 다음 이들을 적용하여 최선의 해결 아이디어를 선택한다.

- 준거 서술의 정확성: 준거를 정확하게 기술하고 있느냐에 따라 채점
- 적용 가능성/적절성: 준거가 해결하려는 핵심 문제에 얼마나 구체적이고 중요한가?
- 사용의 정확성: 가장 그럴듯해 보이는 해결 아이디어를 선택하기 위한 평가 행렬표를 정확하게 사용하고 있느냐에 따라 채점

5. 단계 6(행위 계획의 개발)

최선의 해결 아이디어를 실천하기 위한 자세한 행위계획을 만든다.

- 적절성: 행위계획이 핵심 문제에 적절한가?
- 효과성: 행위계획이 핵심 문제를 효과적으로 해결할 수 있을까?
- 충격: 행위계획이 다루고 있는 미래장면에 얼마나 긍정적인 충격을 미칠까?
- 인도적 잠재력: 행위계획은 건설적인가, 거꾸로 파괴적인가?
- 행위계획의 개발: 얼마나 상세하게 설명하고 있는가?

6. 전체적인 평가

- 연구의 적용: 다루는 토픽에 관한 정보를 수집하여 연구한 것을 잘 사용하고 있는 정도에 따라 채점
- 창의적인 강점: 문제해결을 기록하고 있는 소책자 전반에서 나타나는 창의적이고 신선한 통찰의 정도에 따라 채점
- 미래지향적 사고: 자신의 아이디어가 미래에 미칠 수 있는 충격(효과)을 이해하고 있는 정도에 따라 채점

〈표 8-6〉 창의적 문제해결의 단계별 평가

창의력 한국 FPSP 〈6 문제해결 부문〉

단계 1의 채점 가이드라인

유창성 - Y 도전('예'도전)은 무엇이 도전이며, 그것이 도전이며, 그리고 어떻게 그것이 미래장면에 관련되는지를 말해준다. ( )점

유연성 - Y 도전에서 사용하고 있는 창의한 범주의 수를 측정 ( )점

명료성 - 도전을 얼마나 분명하게 설명하고 있는가? ( )점

독창성 - 미래장면에 대한 통찰과 독특한 창의성을 보여주는 Y 도전에 대하여 3명의 심사가 점수를 줌

유창성은 Y 도전의 수를 계산한 다음 아래의 척도를 사용하여 결정

	낮음								높음
Y 도전의 수	1	2	3	4	5-6	7-8	9-10	11-12	13-14	15-16
부여하는 점수	1	2	3	4	5	6	7	8	9	10

유연성 - Y 도전에서 사용하고 있는 창의한 범주의 수로 측정	Y 도전들이 3개 또는 2 이하의 범주와 관련되어 있다		4-7개의 창의한 범주와 관련되어 있 다		8-11개의 창의한 범주와 관련되어 있 다		12개 또는 그 이상의 다양한 범주와 관련되어 있다	
( )점	1 2 3		4 5 6		7 8		9 10	

명료성 - 도전을 얼마나 분명하게 설명하고 있는가?	도전이 미래장면과 관련되어 있지 않다: W와 D의 수가 Y와 P의 수보다 많다		진술이 기본적인 아이디어는 전달하 고 있으나 서술이 결여: P와 W의 수 가 Y의 수보다 적다		Y 도전들을 분명하게 설명: 유창성에서 도전들을 잘 기록하고 있고, 서술이 명료하고: Y의 수가 P의 수보다 많다	
( )점	1 2 3		4 5 6		7 8		9 10	

독창성 - 미래장면에 대한 통찰과 독특한 창의성을 보여주는 Y 도전에 대하여 3명의 심사 점수를 줌

번호	Y	O	P, W, S, D	단계 1 도전에 대한 피드백
1				
2				
3				
4				
5				
6				
7				
8				
9				
10				
11				
12				
13				
14				
15				
16				

단계 1의 논평: _____

범주 리스트

1. 예술과 취미	10. 정부와 정치
2. 기본적인 욕구	11. 법률과 정의
3. 사람과 무식	12. 운송
4. 커뮤니케이션	13. 신체적인 건강
5. 국방	14. 심리적 건강
6. 경제	15. 레크리에이션
7. 교육	16. 인간관계
8. 환경	17. 기술
9. 윤리와 종교	18. 기타

Y(예, Yes) - 도전이 일어날 가능성이 큼
P(아마도, Perhaps) - 일어날 가능성은 좀 있으나, 단어가 적절하지 않거나 애매함
W(왜, Why) - 도전에 대한 설명이 없거나 미래장면과 관련되어 있지 않음
S(해결, Solution) - 도전이 아니라 어떤 도전에 대한 해결책임
D(중복, Duplicate) - 다른 '예' 도전의 중복
O(독창적, Original) - 미래장면에 대한 비범한 통찰을 보여줌

단계 1의 점수

유창성	1-10
유연성	1-10
명료성	1-10
독창성	3×
단계 1의 총점	

단계 3의 채점 가이드라인

유창성 – 작성한 해결 아이디어는 조건구. KVP 및 목적을 다룸. ( )점

작성한 해결 아이디어의 총수를 가지고 다음의 척도에 따라 결정									
작성한 해결 아이디어의 총수	1	2	3	4	5-6	7-8	9-10	11-12	13-14	15-16
부여하는 점수	1	2	3	4	5	6	7	8	9	10

정교화 – '누구가, 무엇을 왜 및 어떻게'의 4가지 요소 중 적어도 3가지를 설명함. ( )점

작성한 해결 아이디어 가운데 3개 또는 그 이하를 정교화함	4-6개 해결 아이디어를 정교화 함	7-10개 해결 아이디어를 정교화 함	11개 또는 그 이상의 해결 아이디어를 정교화 함
1 2 3	4 5-6	7-8 9-10	11-12 13-14 15-16
1 2 3	4 5	6 7	8 9 10

융통성 – 작성한 해결 아이디어 속에 있는 범주(아이디어)의 수를 측정함. ( )점

작성한 해결 아이디어가 3개 또는 그 이하의 범주와 관련됨	4-7개 상이한 범주와 관련됨	8-11개 범주와 관련된 다양한 아이디어가 있음	12개 또는 그 이상의 범주와 관련하여 광범위하게 다양한 해결 아이디어가 있음
1 2 3	4 5 6	7 8	9 10

독창성 – 미래장면에 대하여 독특한 통찰을 보여주고 있는 해결 아이디어를 각자의 아이디어에 대하여 3점별 보너스를 줌

단계 3 한 개 해결 아이디어에 대한 피드백

번호	R	E	O	P, W 또는 D	범주
1					
2					
3					
4					
5					
6					
7					
8					
9					
10					
11					
12					
13					
14					
15					
16					

단계 3의 논평:

R(작성함) – 해결 아이디어는 KVP와 조건구에 부합하며 목적에 관련됨
P(아이디어) – UP의 목표와 핵심 동사구의 관련 부분을 함
E(정교화) – '누구가, 무엇을, 왜, 어떻게' 중 적어도 3가지를 표현하고 있음
O(독창성) – 비상한 통찰력과 창의적인 사고를 보임
W(왜?) – 해결 아이디어가 불명료하거나 부적절함
D(중복) – 다른 '작성함' 해결 아이디어와 중복됨

범주 리스트

1. 예술/취미	10. 정부와 정치
2. 기본적인 욕구	11. 법률과 정의
3. 사회와 문화	12. 운송
4. 커뮤니케이션	13. 신체적인 건강
5. 교육	14. 심리적 건강
6. 경제	15. 레크리에이션
7. 교육	16. 인간관계
8. 환경	17. 기술
9. 윤리와 종교	18. 기타

단계 3의 점수

유창성	1-10
정교화	1-10
융통성	1-10
독창성	3×
단계 3의 총점	

높음 ←———————→ 낮음

단계 6의 채점 가이드라인

	낮음 (1)	(2 3)	(4)	높음 (5)
적절성 – 행위 계획이 UP에 대하여 가지고 있는 관계 ( )점	행위 계획이 UP를 다루고 있지 않음	행위 계획이 UP와 얼마간의 관계를 가지고 있음: 그러나 다른 해결 아이디어가 더 좋았을 것임	UP를 그런대로 잘 다루고 있음	UP와 매우 훌륭한 관계를 가지고 있음
효과성 – 행위 계획이 UP를 해결할 수 있는 효과 ( )점	행위 계획이 UP를 별로 해결하지 못한다	UP의 어떤 측면을 해결할 수 있다: 정교화가 약하다	UP를 적절하게 해결할 수 있다: 계획이 정교하게 되어있다	UP를 창의적으로 해결하고 있으며 설명도 성세하다
충격(효과) – 행위 계획이 미래장면에 미치는 충격(효과) ( )점	행위 계획이 별로 효과가 없다: 단계 2에서 UP의 '적합성'의 점수가 낮다	미래장면에 미치는 효과가 그렇게 강력하지 않다: UP는 적합성에서 다소간 부족	미래장면에 효과가 있다: UP가 적합성 점수는 불균형적인 점수이다	미래장면에 강력한 충격을 미친다: UP의 적합성 점수가 높다
인도적 잠재력 – 행위 계획이 가지고 있는 긍정적, 인간적인 잠재력 ( )점	부정적 또는 파괴적인 행위 계획 (1 2)	행위 계획이 중립적 - 긍정적이지도 부정적이지도 않음 (3)	행위 계획이 긍정적인 잠재력을 가지고 있음	행위 계획이 실천적, 긍정적, 그리고 건설적임
행위 계획의 개발 – 행위 계획을 성세히 설명하고 있는 정도 ( )점	행위 계획을 최소로 서술하고 있다: 단계 3배 있는 아이디어를 다 쓰고 있다 (1 2 3)	어느 정도의 정교화를 하고 있다: 해결 아이디어를 보다 더 무분명히 필요가 있다 (4 5 6)	'누구가, 무엇을, 왜, 어떻게'를 자세히 설명하고 있다 (7 8)	정교화하고 있으며 취해야 할 행위를 자세히 설명하고 있다 (9 10)

단계 6의 점수	
적절성	1-5
효과성	1-5
충격	1-5
인도적 잠재력	1-5
행위 계획의 개발	1-10
단계 6의 총점	

단계 6의 논평:

V

창의적 산출의 평가

학교 창의력에서는 창의의 '과정'(過程)이 더 강조되지만 그러나 그러한 과정에는 대개가 어떤 '산출'(products)을 생성해 내기 마련이다. 학생들이 만들어 내는 산출에는 글(작문), 그림, 제품, 작품, 음악 발표, 연출, 서비스, 봉사학습, 발표 등이 다양하게 포함될 것이다. 여러 검사들은 창의적인 성격, 지능, 동기, 지식, 사고방식, 정서 등을 검사하고 있지만, 다시 살펴보면 무엇이 어떻게 창의적인 것인지는 생산해 내는 결과, 즉 산출에 따라 거꾸로 평가할 수밖에 없다. 산출이 창의적이면 관련의 사람, 과정, 반응, 동기 또는 환경변수는 창의적인 것이라 추론하게 된다. 그러면 창의적 산출은 어떻게 평가할 수 있는가? 아래의 세 가지에 따라 알아볼 것이다.

(i) Sternberg의 창의적 산출의 평가
(ii) Amabile의 합의에 의한 사정
(iii) 학생 발명품 평정척

1. Sternberg의 창의적 산출의 평가

Sternberg(1995)는 창의력에 대한 투자이론을 검증하기 위한 일련의 연구를 수행하면서(Sternberg & Lubart, 1996), 창의적 산출을 평가하는 새로운 방법을 사용하였다. 이들은 CAT라는 용어는 사용하지 않았지만 그들이 사용한 연구의 방

보다 창의적인 작문

나는 외계인이라는 생각이 드는 사람이 살고 있는 장면에서 많은 시간을 보낼 것이다. 그리고 역사, 문화, 세계사 등에 관한 장면에서 많은 시간을 보낼 것이다. 그리고 역사, 문화, 세계사 등에 관한 질문을 수 없이 해 볼 것이며 또한 개인적인 사항에 대하여서도 물어 볼 것이다.

'외계인'이란 영화도 같이 보면서 그 영화에 대한 반응도 자세하게 관찰해 볼 것이다. 또한 미국의 전통적인 서부 영화를 보게 하여 반응을 비교해 볼 것이다. 그래도 아무것도 알아내지 못하면 외계인을 놀려주고 조롱해 보고 그리고 지구 밖에 산다는 것이 우습다는 것 등으로 약을 올려 볼 것이다. 만약 외계인도 감정이 있다면, 그는 열을 내고 분노할 것이다.

덜 창의적인 작문

미국에서는 사회보장제도의 일련번호를 받기 위해서는 혈액 검사를 해야 한다. 외계인은 모양이 우리와 비슷하다고 하더라도 혈액 구조는 분명하게 다를 것이다. 지구 밖에서 온 외부인도 자기가 살고 있는 사회에 어울려야 하기 때문에 사회보장제도에 들지 않고는 미국에서는 살아남기가 어려울 것이다.

법은 다음에서 다루고 있는 Amabile의 CAT와 거의 같다.

Sternberg는 글쓰기, 그림 그리기, 광고 만들기 및 과학연구 등의 영역에서 검사자가 제시한 자료를 가지고 학생들이 나름대로의 작품을 만들어 보게 하였다. 그리고 전문가들이 이들 작품의 창의력 정도를 평가하였다. '글쓰기' 영역에서는 여러 가지 제목이 있는 리스트를 준 다음 그들 중 두 개를 골라 각기에 대하여 짧은 글을 써보게 한다. 제목에는 '모서리를 넘어', '다섯 번째의 기회', '구원', '책상 밑', '선 사이', '충분하지 아니한 시간', '열쇠 구멍', '2983', '뒤로 움직이고 있다' 등이 들어 있었다.

'그림 그리기' 영역에서도 여러 개의 제목을 주고 이들 중 두 개를 골라 각기에 대하여 그림을 그려보게 하였다. 제목은 그림의 소재가 될 것 같지 아니한 것들이었으며, '꿈', '희망', '분노', '쾌락', '곤충이 보는 지구', '대조', '긴장', '움직임' 및 '시간의 시작' 등이 포함되었다.

'광고' 영역에서는 두 개의 제품에 대하여 TV광고를 만들어 보게 하였다. 제시하고 있는 제품은 가능한 한 재미없는 것이었으며, '이중 창문', '걸레', '쇠', '나비넥타이', '손잡이' 및 '설탕 대용품' 등이었다.

그리고 '과학' 영역에서는 이전에 부딪혀 보았을 가능성이 거의 없는 종류의 과학 문제 두 가지를 해결해 보도록 하였다. 과학 문제에는 '외계인이 우리 가운데 살고 있다면 우리가 이들을 어떻게 찾아낼 수 있을까?', '어떤 사람이 지난 주 달에 다녀왔는지를 어떻게 하면 알 수 있을까?' 또는 '스타워즈 방위체제에서 유혹의 문제를 어떻게 해결할 수 있을까?' 등이었다. 연구자들은 평정자의 평정 신뢰도를 .92로 높게 보고하고 있다. 참고로 "과학: 외계인이 우리 가운데 살고 있다면 우리가 이들을 어떻게 찾아 낼 수 있을까?"라는 문제에서 '보다 창의적인' 작품과 '덜 창의적'인 작품 하나씩을 아래에서 예시해 본다.

2. Amabile의 '합의에 의한 사정 기법'

Amabile(1983a, 1983b)은 창의적 수행에 대한 사회심리학적 연구를 위하여 CAT(합의에 의한 사정 기법, Consensual Technique for Creativity Assessment)을 공식적으로 체계화 하였다. Sternberg는 CAT라 부르지는 않았지만 거의 같은 평가 방법을 사용한 바 있고 Getzels & Csikszentimihally(Hennessy & Amabile, 1999)도 비슷한 연구를 수행한 바 있다. 그러나 합의에 의한 사정기법(CAT)을 공식화하고 광범위하게 사용한 사람은 Amabile이다.

CAT는 경험적 연구에 쉽게 적용할 수 있게 창의력을 조작적으로 정의하는 데서 출발한다. CAT에서는 창의력을 창의적 과정이 아니라 창의적 산출에 따라 다음과 같이 조작적으로 정의 한다: "어떤 산출이나 반응은 적합한 관찰자들이 그것이 창의적인 것이라 동의하는 정도만큼 창의적이다. 적합한 관찰자란 그러한 산출을 창의하거나 그러한 반응을 표현하고 있는 영역에서 활동하는 정통한 사람들이다"(Hennessy & Amabile, 1999. p. 350).

그녀의 CAT는 사실 매우 간단하다. 참가자들에게 현장에서 어떤 작품을 산출해 내도록 요구하고(콜라주 그림, 이야기, 시 등), 그리고 전문가가 이러한 산출의 창의적 수준을 평정한다. 전문가들은 자기 분야의 창의적인 작품을 평가할 수 있는 '내현적 준거'(implicit criteria)를 이미 마음속에 내면화하고 있기 때문에 이들 전문가들이 사용할 준거를 실험에서 구체적으로 제시할 필요는 없다고 본다.

이러한 연구를 위한 창의적 산출의 평가에서는 이야기 만들기, 콜라주 만들기(collage-making), 또는 과학이나 수학 문제 등을 풀기하며 이에 따라 생산된 산출을 몇 명의 전문가가 평정하여 이들이 합의하는 정도에 따라 창의력의 수준을 측정하게 된다. 이러한 과제들은 피험자들이 가지는 이전까지의 지식, 기능 또는 경험의 영향을 별로 받지 아니하는 것일수록 더욱더 적절한 것이다. 이들이 사용한 활동 내용 몇 가지를 예시해 보면 다음과 같다.

(i) 이야기 만들기: 동화나 이야기 글의 도입 부분을 제시한 다음 거기에 이어서 기존의 내용과는 다른 새로운 이야기를 만들어 보게 하거나 '시'를 써보게 한다.
(ii) 콜라주 만들기: 수검자들에게 같은 모양과 크기의 색종이 그리고 콜라주 작품을 붙일 수 있는 큰 도화지와 풀 등을 제공해 주고 재미있는 작품을 만들어 보게 한다.
(iii) 수학 문제 만들기와 발명품 만들기: 재미있는 수학 문제를 할 수 있는 대로 많이 만들어 보게 한다. 과학적 발명품 만들기는 문제 상황을 제시하고 발명품을 만들어 보게 한다.

그리고 CAT 기법을 사용할 때는 다음과 같은 몇 가지의 요구 조건들을 만족시켜야 한다.

(i) 판단자(검사자)들은 과제가 다루고 있는 영역에 대하여 상당한 경험을 가지고 있어야 한다(그러나 모든 판단자들의 경험의 수준이 동일할 필요는 없다). 어떻든 이 사정 방법에서는 산출을 평정하는 모든 사람이 해당 과제의 영역에 충분히 친근하여 창의력 및 기술적인 우수성 등에 대한 내현적인 준거를 이미 가지고 있어야 한다.
(ii) 판단자는 독립적으로 사정해야 한다. 실험자는 이들이 서로 합의를 할 수 있게 훈련을 시키거나, 창의력을 판단하기 위한 구체적인 평가 준거를 제시하거나 또는 사정할 때 서로 의논하고 협의하는 것을 허용해서는 안 된다.
(iii) 판단자는 산출을 상대적으로 평정해야 한다. 어떤 절대적인 준거에 따라 평정해서는 안 된다.
(iv) 각기의 판단자는 산출을 상이한 순서에 따라 평정해야 한다. 모든 판단

자가 같은 순서로 평정하면 방법론적인 문제가 생긴다.

(ⅴ) 과거에 적용해 본 적이 없는 과제에 이 기법을 적용하여 수행을 평가하려면 판단자에게 산출이 가지고 있는 '창의'에 추가하여 다른 차원에 대하여서도 평정하도록 요구해 볼 수 있다. 최소한 산출의 기술적인 면에 대하여서는 반드시 평정토록 해야 하며, 그리고 가능하면 심미적인 매력도 평정하게 해야 한다. 그래야 주관적 판단에서 창의력 차원이 이들과는 독립적인지 또는 어떤 관계가 있는 지등을 살펴볼 수 있다.

CAT의 채점자간 신뢰도는 대개가 .90 이상으로 상당히 높게 나오고 있다. 그런데 CAT는 다음과 같은 두 가지 중요한 가정을 두고 있다.

첫째, 적합한 판단자 집단만 있으면 어떠한 '산출'의 창의력(창의적 수준)도 신뢰롭게 평가할 수 있다. 다시 말하면, 어떤 산출에 내포되어 있는 창의(력)는 구체적인 특징에 따라 정의하기는 어렵지만, 그러나 전문가 사람들이 그것을 보면 인식해 낼 수 있는 어떤 것이다. 더욱이 그러한 산출에 정통하고 익숙한 사람들은 이러한 지각(知覺)에 서로 동의할 수 있다.

둘째, 산출에 따라 창의의 정도가 다르며 그래서 관찰자들은 어떤 산출은 다른 것들 보다 더 또는 덜 창의적이라고 ―수용할 만한 합의의 수준에서― 말할 수 있다.

사회심리학 연구에서는 실험 과제에 대한 기저선 수행에서 개인차가 크지 않는 것이 바람직하기 때문에 전형적으로 CAT에서는 그림, 조각 또는 시와 같이 전문적인 기능이나 능력에 크게 의존하지 아니하는 과제를 사용하고 있다. 또한 그러한 과제는 '끝이 열려져 있는' 것이라서 피험자가 반응을 할 때 상당한 융통성을 가질 수 있고 또한 반응의 '새로움'도 보여줄 수 있다. 그리고 그것은 관찰 가능한 반응을 요구하는 과제여야 한다.

3. 학생 발명품 평정척

창의적 작품(산출) 가운데 중요한 한 가지는 '발명품'인데, 이것을 어떻게 평정할 것인가? 여기서 제시하는 '학생 발명 평정지'(Student Invention Rating Scale)는 Besmer & Treffinger(1981)가 The Journal of Creative Behavior에 보고한 것이다. 이 평정지는 창의적 작품이 가지는 평정 준거를 14개 항목으로 제시한 다음 각기를 5점 척도로 평정하고 있다.

창의적 작품의 평정 준거로 사용한 14개에는 "독창성, 발전 가능성, 변형 가능성, 적합성, 적절성, 논리성, 유용성, 가치성, 매력, 복합성, 우아함, 표현력, 조직성 및 기능적 솜씨" 등이 포함되어 있다. 그리고 발명품을 전체적으로 5단계에 따라 평정하게 하고, 나아가 '가장 좋은 점', '약점' 및 '가장 흥미로운 잠재적 가능성' 등을 간단하게 논평하게 하고 있다. 총점과 함께 발명품의 강점과 약점을 함께 사용하면 유용한 피드백이 될 수 있다.

14개 준거는 각기 하나의 문항을 가지고 있으며 준거의 내용이 무엇인지를 함께 설명해 주고 있다. 구체적인 내용은 다음의 <표 8-8>과 같다.

〈표 8-8〉 학생 발명 평정지

준 거					
1. 독창성. 이 발명은 새롭고 독특한 아이디어를 제시하고 있다. 이 발명은 흔히 볼 수 있는 그러한 것이 아니다.	1	2	3	4	5
2. 발전 가능성. 이 발명은 앞으로 새로운 작품을 만들어 낼 수 있는 새로운 아이디어들을 많이 시사해 주고 있다.	1	2	3	4	5
3. 변형 가능성. 이 발명은 사람들로 하여금 이 분야를 전혀 새로운 방식으로 보거나 생각하게 만들고 있다.	1	2	3	4	5
4. 적합성. 이 발명은 문제의 장면이나 의도하는 목적이 담고 있는 중요한 요구와 관심에 대하여 적합하게 반응하고 있다.	1	2	3	4	5
5. 적절성. 이 발명은 그럴듯해 보이며 목적이나 요구에 분명히 적절하다.	1	2	3	4	5
6. 논리성. 이 발명은 이 분야에서 인정하고, 이해하고 있는 규칙에 맞게 만든 작품이다.	1	2	3	4	5
7. 유용성. 이 발명은 실제에 적용하여 사용할 수 있음이 분명하다.	1	2	3	4	5
8. 가치성. 이 발명은 장래의 사용자들이 가치 있고 중요한 것이라 생각할 것이다.	1	2	3	4	5
9. 매력. 이 발명은 사람들의 주목을 받을 것이며 사용자에게 먹혀들 것이다.	1	2	3	4	5
10. 복합성. 이 발명은 몇 가지의 상이한 요소, 부분 또는 사용 수준을 복합적으로 포함하고 있다.	1	2	3	4	5
11. 우아함. 이 발명은 세련되어 있고 그리고 목적이나 목표를 은밀하게 표현하고 있다.	1	2	3	4	5
12. 표현력. 이 발명은 사람들이 쉽게 이해할 수 있으며, 그리고 그것이 가지고 있는 목적과 강점을 효과적으로 전달하고 있다.	1	2	3	4	5
13. 조직성. 이 발명은 전체성, 즉 완전하다는 느낌을 가지게 해 주고 있다.	1	2	3	4	5
14. 기능적 솜씨. 이 발명에는 정성, 열성적인 노력, 그리고 세련된 솜씨 같은 것이 들어나 보인다. 이것은 높은 수준의 성취이다.	1	2	3	4	5

VI

토란스 TTCT 창의력 검사

E. Paul Torrance(1966, 1990)의 TTCT 창의적 사고력 검사(창의력 검사, Torrance Tests of Creative Thinking, TTCT)는 발산적 사고의 대표적인 검사이며 현재 전 세계적으로 가장 광범위하게 사용되고 있다. 창의력 연구에 관한 종합적인 서베이에 의하면(Torrance & Presbury, 1984), 출판된 모든 창의력 연구들의 약 75% 그리고 대학생과 성인들이 포함되어 있는 모든 창의력 연구의 약 40%가 TTCT 검사를 사용하고 있다. TTCT에는 TTCT—언어 검사(Thinking Creatively with Words, TTCT: Verbal)와 TTCT—도형 검사(Thinking Creatively With Pictures, TTCT: Figural)의 두 가지 종류가 있고 이들 각기에는 A형과 B형의 두 가지 동형검사가 있다.

Torrance는 유치원에서 성인에 이르기까지 그리고 모든 문화권에서 사용할 수 있는 창의력 검사를 만들려고 노력하였다. Torrance는 창의력(창의성, 창의적 사고)은 매우 복합적인 현상이며 그래서 사람이 창의적일 수 있는 방법에는 여러 가지가 있다는 전제에서 출발하고 있다(TTCT의 한국판은 '창의력 한국 FPSP'(www.fpsp.or.kr)에서 제공하고 있다).

TTCT 창의력 검사는 '창의력'(creative thinking abilities)이란 창의적인 성취를 수행할 때 작용한다고 생각되는 '일반화된 정신 능력의 집합'(the constellation of generalized mental abilities)이라 정의한다. Torrance는 TTCT와 같은 검사에서 높은 점수를 받는 사람은 앞으로도 창의적으로 행동할 가능성이 높다고 주장한다. TTCT는 현재의 창의적인 능력뿐 아니라 창의적 잠재력을 검사하기 때문이다. 창의적인 능력이란 오늘의 창의력을 말하고, 창의적 잠재력이란 미래에서의 가능한 창의력을 말한다. 그러나 창의적 잠재능력을 가졌다고 하여 미래에 반드시 창의적으로 행동하리라 보증할 수 있는 것은 아니다. 거기에는 건강이나 교육 등 여타의 변수가 관여하기 때문이다. 그러나 고등학교 때 검사 받은 TTCT 점수와 성인이 되어 창의적 성취를 거두는 것 사이에는 .51의 상관이 있는 등 그의 주장을 뒷받침하는 연구는 많이 있다.

연구자들은 대개가 일반적, 특수화되지 아니한, 내용과는 무관한 정신적 창의력을 주장하였다. 새로운 내용을 창조할 수 있는 인간의 정신 능력은 아이디어를 표상하는 데뿐만 아니라 일상적으로 보고, 만지고, 듣는 것까지도 매력있게 제시할 수 있도록 정신영역을 확대시킨다고 말한다. TTCT의 저자 E. Paul Torrance는 이러한 능력을 '문제나 결손에 대한 민감성', '유창성', '융통성', '독창성', '정교성' 및 '재정의' 등으로 명칭을 붙이고 이들이 바로 창의력(창의력의 요소능력)이라 정의한다.

그리고 Torrance는 창의적인 산출보다는 창의적 과정에 관심을 가지기 때문에 '창의력 지수'(Creativity Quotient, CQ)와 같은 어떤 총점을 산출하는 것보다 세부적인 채점과 이의 해석을 강조하고 있다. 각 검사 과제마다 실시 시간이 있지만 엄격한 실시 시간을 정하지 않고 실시해도 좋다고 말한다. 일반적으로 보아 TTCT에는 인종이나 사회 경제적 수준에 따른 차이가 나타나지 아니한다. 그리고 TTCT의 검사 과제는 모든 문화에서 그리고 유치원에서 대학원생이나 성인에 이르기까지 모두가 사용할 수 있다.

1. TTCT(언어) 검사

'TTCT－언어'(TTCT: Verbal) 검사에는 아래와 같은 여섯 개의 하위검사가 포함되어 있다. 이들 각기의 검사과제를 그는 '활동'이라 부르고 있다(다만 '활동 6'은 '활동 5'와 상관 관계가 높다는 이유로 현재 사용하지 않는다). 이 검사에서 우리는 창의적 사고 과정에 대한 하나의 모형 같은 것을 발견할 수 있다. 여섯 개의 활동을 채점하면 '평균 창의력 지수'와 함께 '창의력의 세 가지 요소'에 따라 검사결과를 보고할 수 있다. 세 가지 요소에는 유창성, 융통성 및 독창성 등이 포함된다. 그리고 이들 창의력 지수와 세 개의 요소 점수는 표준점수와 백분위를 사용하여 표시한다.

표준점수는 평균치 100과 표준편차 20을 사용하고 있다. 이들 점수의 속성상

▌[그림 8-1] TTCT의 질문하고 추측하기

출처: Torrance(1995). p.88

통계처리를 할 때는 표준점수를, 그리고 일반인에게 검사결과를 해석할 때는 백분위를 사용해야 한다. 또한 한국판 TTCT 검사요강(김영채, 2002)에는 신뢰도와 타당도에 관한 자료도 제시되어 있다.

'질문하고 추측하기'(Ask−and−guess)에는 세 가지의 하위 검사가 있는데 이들은 '질문하기', '원인 추측하기' 및 '결과 추측하기' 등이다. 이들 하위 과제는 모두 [그림 8−1]과 같이 '이상해 보이는 그림'을 사용하고 있다.

(1) 활동 1: 질문하기(Asking)

이 활동 과제는 제시되어 있는 그림을 보고 그것에 대하여 여러 가지 질문을 할 수 있는 대로 많이 적어 보도록 요구한다. 그림을 보면 바로 대답할 수 있는 그런 것이 아닌 어떤 것이라도 좋으니 무슨 일이 일어나고 있는지를 확실하게 아는 데 필요한 질문을 적어 보도록 요구한다. 이 검사는 그림을 보고서는 바로 발견할 수 없는 것을 민감하게 알아차리고 그래서 지각에 있어서의 괴리를 메꿀 수 있는 질문을 할 줄 아는 능력을 측정한다.

(2) 활동 2: 원인 추측하기(Guessing causes)

이 활동 과제는 제시되어 있는 그림에 있는 행위가 일어나게 한 원인을 가능한 대로 많이 나열할 것을 요구한다. 그림에서 일어나고 있는 일의 바로 앞에서 일어났다고 생각되는 것이나 또는 오래 전에 일어났을 어떤 일들을 나열해도 좋다.

(3) 활동 3: 결과 추측하기(Guessing consequences)

이 활동 과제는 제시되어 있는 그림에서 현재 일어나고 있는 것의 결과로 앞으로 일어날 수 있을 것 같은 것을 가능한 대로 많이 나열해 볼 것을 요구한다. 바로 이 다음에 일어날 것 같은 것뿐 아니라 오랜 시간이 지난 다음 일어날 것 같은 것도 마음대로 추측해서 나열할 수 있다. 활동 2와 활동 3은 모두 원인과 효과(결과)에 대한 가설을 형성하는 능력을 알아보기 위한 것이다.

'활동 1-3'(질문하고 추측하기 검사)은 각기에 대한 지시를 하기 전에 먼저 [그림 8-1]과 같은 그림을 제시하고 일련의 지시를 한다. 전체적인 지시를 이해하게 한 다음 활동별로 지시하고 활동별 검사를 실시한다.

(4) 활동 4: 작품 향상시키기

이 활동 과제는 주어진 장난감 동물을 아이들이 더 즐겁고 재미있게 가지고 놀 수 있는 것으로 향상시킬 수 있는 현명하고, 재미있고 그리고 독특한 방법들을 가능한 대로 많이 생성해 낼 것을 요구한다. 예컨대 [그림 8-2]와 같은 장난감 개를 제시하고 더 즐겁고 재미있게 놀 수 있는 것으로 향상시킬 수 있는 방법들을 생각해 보게 한다.

▎[그림 8-2] TTCT의 작품향상 시키기

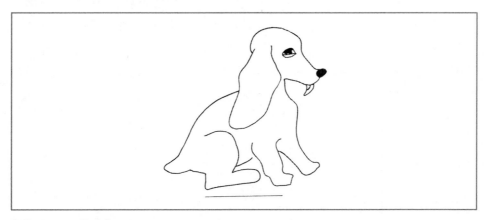

출처: Torrance(1995). p.89

(5) 활동 5: 독특한 용도

이 활동 과제는 마분지 상자나 속이 채워진 장난감 코끼리와 같이 우리가 흔히 접할 수 있는 대상을 재미있게 그리고 색다르게(독특하게) 사용할 수 있는 방법을 생각나는 대로 많이 나열할 것을 요구한다. 예컨대 알루미늄 깡통을 색다르게 사용하는 것이면 깡통의 크기나 종류는 어떠한 것을 사용해도 좋다.

(6) 활동 6: 색다른 질문

이 활동 과제에서는 알루미늄 깡통과 같이 우리가 흔히 볼 수 있는 대상에 대하여 가능한 많은 질문을 생각해 볼 것을 요구한다. 질문은 다양한 대답을 요구하는 것이어야 하고 사람들의 관심과 호기심을 불러일으킬 수 있어야 한다. 그 대상에 대하여 일반적으로 사람들이 생각해 보지 아니하는 측면에 대한 질문을 생각해 보게 한다. 그러나 '활동 6'은 현재의 TTCT(언어) 검사에서는 사용하지 않고 있다. '활동 5'와의 상관이 높기 때문이다.

(7) 활동 7: 가상해 보기

이 활동 과제에서는 수검자에게 실제로는 있을 것 같지 아니한 어떤 장면을 제시하고 만약에 그러한 불가능해 보이는 장면이 실제로 일어났다고 가상해 보게 한다. 만약 그렇게 된다면 그에 따라 일어날 수 있는 일들을 상상해 볼 것을 요구한다. 예컨대 "비가 오는데 모든 빗방울이 공중에서 바로 고체가 되어 움직이지 않는다고 가상해 보라. 그러면 무슨 일이 일어날까? 어떤 변화가 생길까?" 라고 묻고 생각나는 아이디어와 추측을 나열해 보게 한다. 이러한 '가상하기' 과제에서는 있을법하지 아니한 장면을 보여주는 재미있는 그림을 지시와 함께 제시한다.

2. TTCT(도형) 검사

'TTCT-도형'(TTCT: Figural) 검사는 그림들을(도형, 시각적인 재료, 비언어적) 이용하는 세 가지 활동으로 이루어져 있다. 이들 세 가지 활동에는 '그림 구성하기', '그림 완성하기' 및 '반복적인 닫힌 그림' 검사 등의 하위 검사가 포함되어 있다. 이들은 모두 불완전한 그림을 제시하고 그것을 유의미한 것으로 완성시킬 것을 요구한다. 그러나 그림의 모양은 각기 다르다. 그리고 이들 모든 하위검사에서는 자신이 그린 그림에 대하여 적절한 '제목'을 붙일 것도 요구하고 있다. 이들 세 가지 하위 검사는 유치원에서 대학원에 이르기까지 모든 학교 수준에서 그리고 여러 가지의 직업 집단에서 사용할 수 있다. 이들 세 가지 검사 과제는 창의적 사고기능의 다른 측면을 측정하는 것이기 때문에 각기는 상이한 창의적 경향성을 보여주고 있다.

세 개의 활동을 채점하면 '평균 창의력 지수'와 함께 '창의력의 다섯 가지 요소'에 따라 검사결과를 보고한다. 그리고 창의적 강점 리스트도 같이 제시한다. '유창성'은 주어진 자극을 유의미하게 사용하여 해석 가능한 반응으로 표현한 아이디어의 개수를 말한다. '독창성'은 그 반응이 통계적으로 보아 얼마나 드물게 일어나며 특별한 것인지에 따라 채점한다. '제목의 추상성'(Abstractness of titles)은 그림을 완성한 다음 거기에 붙인 제목이 그림에 포함되어 있는 정보의 내용을 요약하여 보여줄 수 있는 능력이다. '정교성'의 채점에는 두 가지의 가정이 있다. 하나는 자극 도형에 대한 최소적이고 일차적인 반응은 하나의 단일 반응이라는 것이다. 따라서 채점자는 "이것이 ---이 되려면 최소의 내용으로 무엇이 있어야 할까?"라고 물어보아야 한다. 두 번째 가정은 내용을 자세하게 상상하고 설명할 수 있는 능력을 정교성이라 부르며 이러한 능력이 창의력의 함수라 보는 것이다. 마지막으로 '성급한 종결에 대한 저항'(Resistance to premature closure)은 창의적인 사람은 성급한 종결을(아무렇게나 끝내 버리는 것) 지연시키고 그래서 가용한 정보들을 할 수 있는 대로 충분히 고려해 보는 경향이 있음을 나타낸다. 이들 평균 창의력 지수와 요소별 점수를 나타내는 척도는 TTCT-언어검사와 마찬가지로 표준점수와 백분위를 사용하고 있다.

(1) 그림 구성하기 검사는 곡선 모양의 형태를 하나 제시한 다음 그것이 일부가 되는 재미있는 그림이나 물건을 그려보게 한다.

이 검사 활동은 목적이 분명하지 아니한 어떤 그림에서 목적을 찾아내고 그러한 목적이 달성될 수 있게 그림을 정교화 시키는 방향의 창의적 경향성이 작용한다고 본다.

▍[그림 8-3] TTCT의 그림 구성하기

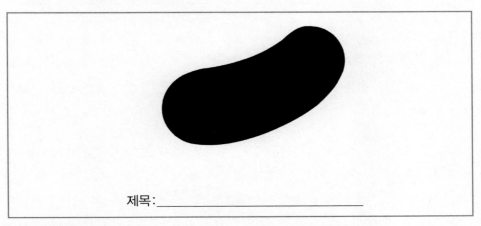

제목:_____

출처: Torrance(1995). p. 93

(2) '그림 완성하기' 검사에서는 10개의 불완전한 도형들을 제시하고 이들을 가지고 될 수 있는 대로 완전하고 재미있는 이야기의 물건이나 그림을 그릴 것을 요구한다.

이 활동은 불완전한 것을 의미 있게 구조화하고 통합시키는 식의 창의적 기능을 요구한다. 불완전한 그림은 보는 사람을 답답하게 하고 긴장감을 자아내게 한다. 이러한 긴장감을 통제하고 만족을 상당시간 동안 지연시킬 줄 모르면 독특한 반응을 생성하기가 어렵다. 불완전한 도형을 완성시키는 과제는 내용을 정교화 시키고 나아가 괴리가 있는 것을 메울 것을 요구한다.

┃ [그림 8-4] TTCT의 그림 완성하기

출처: Torrance(1995). p. 92

(3) '반복적인 그림' 검사에서는 쌍의 직선 또는 원을 여러 개 제시한 다음 거기에다 선을 그려 넣어 재미있는 어떤 물건이나 그림을 만들어 보게 한다.

이 활동은 반복적으로 제시되는 그림 재료를 다시 또 다시 접하면서도 그것들을 새로운 방식으로 생각해 볼 것을 요구한다. 여기서는 새로운 어떤 것을 만들기 위하여 기존의 구조를 파괴하는 방향의 창의적 경향성이 요구된다. 일반적으로 말하면 창의적 사고 점수가 높은 사람은 생성해 내는 아이디어의 개수가 많고 보다 독창적인 아이디어를 생성하고, 그리고 자기가 만들어 낸 그림에 대한 설명도 잘하는 경향이 있다.

참고문헌

교육부(2015). 초·중등학교 교육과정 총론. 교육부 고시 제2015-74호(별책1).

교육부(2016a). 2015 개정교육과정 총론 해설- 초등학교 교육부 고시 제 2015-80호.

교육부(2016b). 초·중등학교 교육과정 총론. 교육부 고시 제2015-74호(별책2).

김영채(2002). 토란스 TTCT(언어) 검사 검사요강. 창의력 한국 FPSP.

김영채(2004). CPS: 창의력 문제해결. 박영사.

김영채(2010). 창의, 인성, 봉사 그리고 창의적 체험활동. 사고개발, 6(2), 1-24.

김영채(2011). 독서이해와 글쓰기. 교육과학사.

김영채(2015). 창의적 행동에 대한 상호작용 주의적 접근: 체제적이고 변증법적인 창의의 과정. 사고개발, 11(3), 1-30.

김영채(2019). 창의력. 서울: 윤성사.

김영채(2020). 학교 창의력을 어떻게 교육할 수 있는가? 사고개발, 16(1), 1-21.

김영채, 정세영, 정혜인(2021). CPS 창의적 문제해결. 박영사.

김영채, 정혜인, 정세영, 조연순(2014). 해외 선진국 창의성 교육기관 벤치마킹 방안 연구. 서울시 산업진흥원.

김재은(2014). 아이들에게 예술을. 교육과학사.

김창수(2019). 포스코 기법 실무형 취업 교육에서 디자인 씽킹 과제 수행에서 나타난 발산적 사고와 수렴적 사고 사례. 대한사고개발학회 2019 연차학술대회 논문발표집, pp. 121-138.

김호권, 임인재, 변창진, 김영채(1978). 현대 교육 평가론, 교육출판사.

박수홍, 정주영, 류영호(2008). 창의적 공학 교육을 위한 캡스톤 디자인(Capstone Design) 교수 활동 지원 모형 개발. 수산해양 교육연구, 20(2), 184-200.

박재문(2003). 지식의 구조와 구조주의. 성경재.

손승현, 나경은, 문주영, 서유진(2011). 봉사학습을 통한 예비교사의 교육현장 참여경험에 관한 질적 분석. 교육방법연구, 23(3), pp. 529-553.

원미순, 박혜숙(2008). 전공연계 봉사-학습(Service-learning)의 효과에 관한 실험연구. 학교사회복지, 15, 57-76.

이순묵, 이효희(2015). 창의성 평가: 검사도구의 이해와 적용. 학지사.

임동진(2000). 외국 대학의 캡스톤 디자인(Capstone Design) 교육. 전기의 세계, 55(9), 58-61.

정미선(2019). 대학생의 지역사회 문제해결 학습에 대한 혼합연구. 사고개발, 15(3), 31-54.

정미선, 정세영(2019). 대학생의 창의성 개발을 위한 지역사회 봉사학습의 질적 사례연구. 교양교육연구, 13(1), 199−225.

정미선, 정혜인, 정세영, 김영채(2013). 2011−2012년 창의력 관련 연구의 통합적 분석. 사고개발, 9(1), 1−26.

정범모(2009). 교육의 향방. 교육과학사.

조연순, 이명자(2017). 문제중심 학습의 이론과 실제. 학지사.

조휘일(2002). 대학지역 사회봉사를 위한 봉사학습(Service−learning)의 개념고찰. 사회복지실천, 1, 1−21.

한선관(2019). 컴퓨팅 사고 신장을 위한 디자인 중심 코딩 교육 프로그램 연구. 교육논총, 39(1), 169−184.

황미연(2009). 참여학습형 법교육 방법으로서 봉사학습(Service−learning)의 적용에 관한 연구. 법교육연구, 4(2), 138−150.

Amabile, T. M. (1983a). Social psychology of creativity: A componential con−ceptualization. Journal of Personality and Social Psychology, 45, 357−376.

Amabile, T. M. (1983b). The social psychology of creativity. New York: Springer−Verlag.

Amabile, T. M. (1996). Creativity in context. Boulder, CO: Westview Press.

Anderson, L. (1999). A revision of Bloom's taxonomy of educational objectives. Paper Presented to the Flinders University School of Education. Bedford Park, Sth Aust: Flinders University of SA. Feb. 1999.

Baer, J. (2011). Why grand theories of creativity distort. distract, and disappoint? International Journal of Creativity & Problem Solving, 21(1), 73−100.

Beghetto, R. A. (2013). Killing ideas softly? The promise and perils of creativity in the classroom. Charlotte, NC: Information Age.

Beghetto, R. A. (2017). Creativity in teaching, In J. C. Kaufman, V. P. Glaveanu & J. Baer (Eds.), Cambridge Handbook of Creativity Across Domains (pp. 549−564). Cambridge University Press.

Beghetto, R. A., & Kaufman, J. C. (2014). Classroom contexts for creativity. High Ability Studies, 25(1), 53−69.

Besemer, S. P., Treffinger, D. J. (1981). Analysis of creative products: Review and synthesis. Journal of Creative Behavior, 15, 158−178.

Beyer, B. K. (1988). Developing a thinking skills program. Boston, MA: Allyn &

Bacon.

Bloom, B. S. et al. (1956). Taxonomy of educational objectives – Handbook 1: Cognitive domain. New York: Longman.

Bringle, R. G. & Hatcher, J. A. (1995). A Service – Learning curriculum for faculty. Michigan Journal of Community Service Learning, Fall, pp. 112 – 122.

Brown, T. (2009). Design thinking. Harvard Business Review, June 2008, 3.

Butler, M. (2013). Learning from Service Learning. DRIMUS, 23(11), 881 – 892.

Corporation for National and Community Service (1990). National and Community Service Act of 1990.

Csikszentmihályi, M. (1996). Creativity: Flow and the psychology of discovery and invention. New York: Harper Collins.

Damanpour, F., & Aravind, D. (2012). Organizational structure and innovation revisited: From organic to ambidextrous structure. In M. D. Mumford(ad.), Handbook of Organizational Creativity. Academic Press. (pp. 483 – 514).

Davies, D., Jindal – Snape, D., Collier, C., Digby, R., Hay, P., & Howe, A. (2012). Creative learning environments in education: A systematic literature reviews. Thinking Skills and Creativity, 8, 80 – 91.

Davis, G. A. (1989). Objectives and activities for teaching creative thinking. Gifted Child Quarterly, 33(2), 81 – 84.

Dewey, J. (1933). How we think. Lexington, MA: D. C. Heath & Co.

Eberle, B. (1971). SCAMPER. Buffalo, NY: DOK Publishers.

Eberle, B. (1996). SCAMPER. Pruprock Press.

Eggen, P. D., & Kauchak, D. P. (1988). Strategies for teachers. Englewood Cliffs, NJ: Prentice – Hall.

Ennis, R. H. (1962). A concept of critical thinking: A proposed basis for research in the teaching and evaluation of critical thinking ability. Harvard Educational Review, 32, 1, 81 – 111.

Ennis, R. H. (1989). Critical thinking and subject specificity: Clarification and needed research, Educational Research, 18(3), 4 – 10.

Florida, R. (2002). The rise of the creative class ... and how it's transforming work, leisure, community, & everyday life. New York: Basic Books.

Furco, A. (1996). Service learning: A balanced approach to experiential education.

Expanding boundaries: Service and Learning. The Cooperative Education Association.

Giles Jr., D. E. & Eyler, J. (1994). The theoretical roots of service learning in John Dewey: Toward of theory of service-Learning. Michigan Journal of Community Service Learning, 1(1), 77-85.

Giles, D., Jr., & Eyler, J.(1994). The impact of a college community service laboratory on student's personal, social, and cognitive outcomes. Journal of Adolescence, 17(4), 327-339.

Hennessy, B. A., & Amabile, T. M. (1999). Consensual assessment. In M. A. Runco & S. R. Pritzker (Eds.) Encyclopedia of Creativity. Vol. 1, 347-359. Academic Press.

Horwath, R. (2009). Deep dive: The proven method for building straegy, focusing your resource and taking smart action. Austin: Greenleaf Book Group Press.

IDEO. (2014). Design Thinking for Educators. Retrieved March, 2020. from http://www.designthinkingforeducators.com/toolkit/.

Isaksen, S. G., Dorval, K. B., & Treffinger, D. J. (2011). Creative approaches to problem solving: A framework for innovation and change. Sage.

Kaufman, J. C., & Beghetto, R. A. (2009). Beyond big and little c: The Four C model of creativity. Review of General Psychology, 13, 1-12.

Kendall, J. (1990). The service-learning eudcator: A guide to program management. In J. Kendall and Associates(Eds.), Combining service and learning: A resource book for community and public service, Vol. Ⅱ(pp. 17-23). Raleigh, NC: National Society for Internships and Experiential Education.

Khatena, G., & Torrance, E. P. (1976). Khatena-Torrance creative perception inventory. Chicago, IL: Stoelting.

Kolb, D. A. (1984). Experiential learning: Experience as the source of learning and development. Englewood Cliffs, NJ: Prentice-Hall.

Krajcik, J. & Blumenfeld, P. (2005). "Project-Based Learning". In Sawyer, R. (ed.), The Cambridge Handbook of the Learning Sciences. Cambridge University Press.

Krathwohl, D. R., & Bloom, B. S., & Masia, B. B. (1964). Taxonomy of educational objectives, Handbook Ⅱ: Affective Domain. New York: David McKay.

Lucas, B., Claxton, G., & Spencer, E. (2013). Progression in student creativity in school: First steps toward new forms of formative assessments. OECD Education Working

Papers, No. 86, OECD Publishing Paris, http://dx.dsi.org/101787/5k4dp59msdwk‐en.

Lumsdaine, E. (1994). Creative problem solving: Thinking Skill for a Changing World. McGraw Hill.

Mumford, M. D. (2012). Handbook of organizational creativity. Academic Press.

Murdock, M. C. & Keller‐Mathers, S. (2008). Teaching and learning creatively with the Torrance Incubation Model: A research and practice update. International Journal of Creativity & Problem Solving, 18(2), 11‐33.

National Research Council(2013). Educational for life and work: Developing transferable knowledge and skills in the 21st Century.

Nickerson, R. S., Perkins, D. N., & Smith, E. E.(1985). The teaching of thinking. Hillsdale, NJ: Erlbaum.

Niu, W., & Zhou, Z. (2017). Creativity in mathematics teaching: A Chinese perspective (An Update). In R. A. Beghetto & J. C. Kaufman (Eds.), Nurturing creativity in the classroom. Cambridge University Press. pp. 86‐107.

Norris, S., & Ennis, R. H. (1989). Evaluation critical thinking: The practitioners' guide to teaching thinking. Pacific Grove, CA: Midwest Pub.

Osborn, A. F. (1953). Applied imagination. New York: Chanles Scribneris Sons.

Osborn, A. F. (1963). Applied imagination: Principles and procedures of creative problem‐solving (3rd ed.). New York: Scribneris Sons.

Parnes, S. G. (1967). Creative behavior guide. New York, NY: Chanles Scribneris Sons.

Partnership for 21st Century Schools (P21). Framework for 21st century learning. Retrieved march 15, 2020, from http://www.p21.org/overview/skills‐framework.

Paul, R. W. (1982). Teaching critical thinking in the "strong" sense: A focus on self‐deception, world views and dialogical mode of analysis. Informal Logic Newsletter, 4(2), 2‐7.

Paul, R. W. (1993). Critical thinking. Santa Rosa, CA: Foundation for Critical Thinking.

Perkins, D. N. (1986). Knowledge as design. New Jersey: Lawrence Elbacm.

Pohl, M. (2000). Learning to think, Thinking to learn. Hawker Brownlow Education.

Renzulli, J. S. (1994). Schools for talent development: A practical plan for total school improvement. Mansfield Center, CT: Creavite Learning Press.

Renzulli, J., & Hartman, R. (1971). Scales for rating the behavioral characteristics of superior students. Exceptional Children, 38, 243 - 248.

Rhinow, A. C. Noweski & Meinell, C. (2012). Transforming constructivist learning into action: Design Thinking in education. Design and Technology/Education: An International Journal, 17(3).

Rimm, S. B. (1976). GIFT: Group inventory for finding creative talent. Watertown, WI: Educational Assessment Service.

Roberts, B. (1988). Managing invention and innovation. Research - Technology Management, 33, 1 - 19.

Rose, L. H., & Lin, H. T. (1984). A meta - analysis of long - term creativity training programs. Journal of Creative Behavior, 18, 11 - 22.

Saltmarsh, J. (1996). Education for critical citizenshig: John Dewey's contribution to the pedagogy of community service learning. Michigan Journal of Community Service Learning, Fall, 13 - 21.

Sigman (1994). Linking service with learning. Washington, D. C., Council of Independent College.

Sigmon, R. L. (1979). Service - learning: Three principles, Synergist. National Center for Service - Learning. ACTION, 8(1), 9 - 11.

Simon, H. (1969). The sciences of the artificial. Cambridge: MIT Press.

Spearman, C. E. (1930). Creative mind. New York: Cambridge University Press.

Sternberg, R. J. & Lubart, T. I. (1995). Defying the crowd: Cultivating creativity in a culture of conformity. New York: Free Press.

Sternberg, R. J. & Lubart, T. I. (1996). Investing in creativity. American Psychologist, 31(7), 677 - 688.

Sternberg, R. J. (1981). Intelligence as thinking and learning skills. Educational Leadership: ASCD, October, 18 - 20.

Sternberg, R. J. (1994). Answering questions and questioning answer. Phi Delta Kappan, 76(2), 36 - 138.

Sternberg, R. J. (1995). Investing in creativity: Many happy returns. Educational Leadership, December, 1995, 80 - 84.

Sternberg, R. J. (1996). Successful intelligence. New York: Simon & Schuster.

Stiggins, R. J., Rubel, E. & Quellmalz, E. (1988). Measuring thinking skills in the classroom. National Educational Association of the United States.

Taylor, C. W. (1985). Multiple talents. Journal for the Education of the Gifted, 8(3), 187-193.

Torrance, E. P. (1966). The Torrance Tests of Creative Thinking: Figural. Bensenville, IL: Scholastic Testing Service.

Torrance, E. P. (1972). Can we teach children to think creatively? Journal of Creative Behavior, 6, 114-143.

Torrance, E. P. (1979). The search for satori and creativity. Buffalo, NY: Creative Education Foundation.

Torrance, E. P. (1983a). Manifesto for children. Athens, GA: Georgia Studies of Creative Behavior.

Torrance, E. P. (1983b). The importance of falling in love with "something", Creative Child and Adult Quarterly, 8, 72-78.

Torrance, E. P. (1990). The Torrance Test of Creative Thinking: Norms-technical manual. Bensenville, IL: Scholastic Testing Service.

Torrance, E. P. (1995). Why fly? Norwood, NJ: Ablex publishing Corporation.

Torrance, E. P. (2000). The millennium: A time for looking forward and looking backward. The Korean Journal of Thinking & Problem Solving, 10(1), 5-20.

Torrance, E. P., & Presbury, J. (1984). The criteria of success used in 242 recent experimental studies of creativity. Creative Child & Adult Quarterly, 9, 238-243.

Torrance, E. P., & Safter, H. T. (1999). Making the creative leap beyond. Buffalo, NY: Creative Education Foundation Press.

Treffinger, D. J., Isaksen, S. G., & Dorval, K. B. (2000). Creative problem solving: An introduction. Prufrock Press.

Treffinger, D. J., Isaksen, S. G., & Firestien, R. L. (1982). Handbook of creative learning. Wlliamsville, NY: Center for Creative Learning.

Vincent-Lancrin, S., et al. (2019). Fostering, Students creativity and critical thinking: What it means in school, educational research and innovation. OECD publishing, Paris. http://doi.org/10.1787/62212c37-en.

Weisberg, R. W. (2006). Creativity: Understanding innovation in problem solving, science, invention, and the arts. Hoboken, NJ: John Wiley & Sons.

Willingham, D. T. (2009). Why don't students like school? San Francisco, CA: Jossey-Bass.

찾아보기

저자 소개

김영채(金濚埰)

경북대를 졸업하고, University of New Hampshire에서 석사, Michigan State University에서 철학박사 학위를 받았고 Univ. of Missouri와 Univ. of Michigan 박사추수과정에서 연구하였다. 계명대 심리학과 교수, 교육개혁심의회 상임 전문위원, 대학평가위원장 및 대한사고개발학회장 등을 역임하였다. 사고와 문제해결 심리학(박영사), 창의력의 이론과 개발(교육과학사), 사고력 교육(유원북스) 등의 다수의 저서, 역서와 논문들이 있다. 현재 '사고개발'(대한사고개발학회)과 'Gifted Child Quarterly"(NAGC)의 편집위원, 창의력 한국 FPSP 대표, 그리고 계명대 심리학과 명예교수이다.

학교 창의력

초판발행	2021년 5월 10일
지은이	김영채
펴낸이	안종만 · 안상준
편 집	이면희
기획/마케팅	장규식
표지디자인	BEN STORY
제 작	고철민 · 조영환
펴낸곳	(주) **박영사**
	서울특별시 금천구 가산디지털2로 53, 210호(가산동, 한라시그마밸리)
	등록 1959. 3. 11. 제300-1959-1호(倫)
전 화	02)733-6771
f a x	02)736-4818
e-mail	pys@pybook.co.kr
homepage	www.pybook.co.kr
ISBN	979-11-303-1262-0 93370

정 가   22,000원